城市轨道交通
工程施工安全风险管理实务

主编　王朝华
副主编　黄展军　陈文华

中国水利水电出版社
www.waterpub.com.cn
·北京·

内 容 提 要

　　本书立足于城市轨道交通工程土建施工期风险管理工作的实际需要，结合风险管理工作实践，从风险的识别分析方法到对风险的管理和监控措施实务进行了全方位的介绍，并给出了轨道交通中的基坑及隧道工程施工各阶段的具体工作方法和案例。

　　本书可为轨道交通工程土建施工期各参建单位进行风险控制所参考，也可供类似工程借鉴。

图书在版编目（CIP）数据

城市轨道交通工程施工安全风险管理实务 ／ 王朝华
主编. -- 北京 : 中国水利水电出版社，2016.12
　　ISBN 978-7-5170-5092-6

　　Ⅰ. ①城… Ⅱ. ①王… Ⅲ. ①城市铁路－铁路施工－
安全管理 Ⅳ. ①U239.5

中国版本图书馆CIP数据核字(2016)第323191号

书　　名	城市轨道交通工程施工安全风险管理实务 CHENGSHI GUIDAO JIAOTONG GONGCHENG SHIGONG ANQUAN FENGXIAN GUANLI SHIWU
作　　者	主编　王朝华　　副主编　黄展军　陈文华
出版发行	中国水利水电出版社 （北京市海淀区玉渊潭南路1号D座　100038） 网址：www. waterpub. com. cn E - mail：sales@waterpub. com. cn 电话：(010) 68367658（营销中心）
经　　售	北京科水图书销售中心（零售） 电话：(010) 88383994、63202643、68545874 全国各地新华书店和相关出版物销售网点
排　　版	中国水利水电出版社微机排版中心
印　　刷	北京博图彩色印刷有限公司
规　　格	184mm×260mm　16开本　19印张　450千字
版　　次	2016年12月第1版　2016年12月第1次印刷
印　　数	0001—2000册
定　　价	**188.00元**

编 委 会 名 单

主　　编：王朝华

副 主 编：黄展军　陈文华

编写人员：王烨晟　张荣锋　聂金生　吴　勇

　　　　　张文成　张文君　程三元　吴招锋

　　　　　李　佳　陈　奥　张世华

级、风险等级分级、风险识别方法、风险评估方法、风险管理体系及管控平台等，提供了各类工程案例，内容丰富翔实，对类似工程的建设具有一定的参考价值。本书也可供相关技术人员、科研工作者、工程管理人员及大专院校师生参考使用。

重大工程安全风险管理目前还是前沿性的研究课题。本书的出版将有助于普及地下工程风险管理知识，推广地下工程建设风险管理经验，提升轨道交通工程建设安全风险管理能力。

特此作序。

2016 年 7 月

序

　　城市轨道交通工程建设方兴未艾，地下工程施工引发的各类工程安全事故层出不穷，从而造成了较大的经济损失和不良的社会影响。地下工程施工受工程地质条件、水文地质条件、周边环境条件及"人、机、料、法"等影响，其风险具有不确定性和随机性，但又具有一定的规律性。因此，开展工程安全风险管理理论研究对城市轨道交通工程建设具有重要的指导作用。

　　近年来作者参与了杭州、南昌、宁波等城市的轨道交通地下工程安全风险管理，本书是上述工程实践成果的系统总结。这些城市轨道交通地下工程所涉及的主要地层有弱透水性、流变性的软土层和强透水性的富水砂层，在软土地层中建设地下工程的主要安全风险来自于时空效应引起的变形和失稳，在富水砂层中的主要安全风险则是由渗透破坏产生的突涌水（砂）。如何有效防范和控制安全风险及应急处置，在轨道交通地下工程建设中事关质量、进度及投资等重大问题。本书作者采用风险管理理论与应用研究成果，不断创新风险评估方法和预防及应急措施，并基于富水砂层渗透理论，提出了基坑支护止水体系渗透破坏的判断方法，研发了地下连续墙缺陷渗漏止排水结构及其施工方法，有效预防突涌水事故、次生灾害的发生和突涌水发生后的综合治理。

　　本书作者结合轨道交通工程建设实际，全面系统地介绍了轨道交通地下工程施工准备期和施工期的风险类型、风险发生的可能性与损失等

前　言

　　建设以地铁为特色的城市轨道交通是城市交通运输系统现代化的重要标志，轨道交通以其节能、快捷和大运量等特点，开拓了城市未来可持续发展的新空间。随着城市化进程的加快，"十二五"时期轨道交通高速、跨越式发展势态仍将延续，我国城市轨道交通已进入新一轮的建设高潮。

　　"无地铁，不城市"，城市轨道交通工程不仅是21世纪城市产生的必需品，也是地下空间开发的必然趋势。以地下工程为主的城市轨道交通工程，线路往往集中在城市中心地带，土建施工过程中具有建设规模大，周边环境保护要求高、地质条件复杂，修建难度大且工期紧，不可预见风险因素多，施工安全可控性差等"大规模、高风险"的工程特点。与此同时，国内各城市轨道交通遍地开花的建设规模及惊人速度，对轨道交通建设单位及参建委托各方的技术和管理水平提出了新的挑战，如何对轨道交通工程的风险进行控制、规避，成为了当务之急亟待解决的问题。近年来，风险管理的理念逐渐被城市轨道交通工程建设者所认识，利用风险评估方法梳理城市轨道交通土建施工过程中的风险源，并对风险源进行预报、跟踪和处置。在构建科学、合理的安全风险体系基础上，开展安全风险管理工作，实现安全风险控制的精细化，已经成为解决城市轨道交通施工事故频发问题的新思路。

本书在认真总结现有国内城市轨道交通土建施工风险管理的经验，充分吸收风险管理相关法律法规、规范标准要求，分析国内外隧道及地下工程建设领域安全风险控制理念和方法的基础上进行编写，内容较全面地涵盖了轨道交通土建施工阶段风险管理的基本方法、施工准备期风险管理实务、施工期风险管理实务等，具有较强的实用性，以期为从事轨道交通工程的建设、施工、监理、监测、风险管理等单位工程技术及管理人员参考使用，期望对我国如火如荼的城市轨道交通建设有所裨益，书中挂一漏万在所难免，并定多谬误不周，恳请广大读者批评指正。

编者

2016 年 7 月

目　录

 第 1 章　概述

 1.1　国内轨道交通建设状况

轨道交通（rail transit）是指具有运量大、速度快、安全、准点、保护环境、节约能源和用地等特点的交通方式，简称"轨交"，包括地铁、轻轨、快轨及有轨电车等。世界各国普遍认识到：解决城市的交通问题的根本出路在于优先发展以轨道交通为骨干的城市公共交通系统。现阶段，随着我国经济的发展，城市化进程不断加快，交通拥堵问题已成为城市发展的瓶颈，如不能有效地解决城市交通问题，将严重影响城市的可持续发展。21世纪以来，具有节能、快捷和大运量特征的城市轨道交通建设受到众多城市的关注，特别是地铁日益成为城市交通发展的一个主流发展方向。中国自从 1969 年第一条城市轨道交通线路——北京地铁 1 号线投入运营以来，城市轨道交通的发展历程基本如下：

第一阶段为主要以战备为主，兼顾交通阶段（1965—1989 年）。处于计划经济体制时代，城市交通需求被压制。轨道交通工程建设基本以人防战备为基本原则，同时兼顾部分城市交通需求。

第二阶段为以交通为主，起步建设阶段（1990—1994 年）。真正以交通为主开始轨道交通项目建设，上海、广州及北京启动地铁建设，天津、南京及深圳等步入审批排队阶段。

第三阶段为调整整顿阶段（1995—1998 年）。除上海地铁 2 号线项目外，所有地铁项目一律暂停审批。忽视经济承受能力和社会发展需要，轨道交通建设存在很大的盲目性。因车辆、设备全部大量引进致工程造价过高，因此国内开始着手研究轨道交通车辆、设备国产化实施方案。

第四阶段为蓬勃发展阶段（1999 年至今）。实现轨道交通车辆、设备国产化目标，轨道建设造价显著降低。国家通过积极的财政政策给予资金支持，深圳、重庆等多个城市地铁项目开工建设。

经过近 50 多年的发展和建设，目前中国已成为地下空间开发利用的大国，城市轨道交通建设速度、地铁建设规模均位居世界首位，史无前例。据有关数据统计，截至 2016 年 7 月，我国（内地）共有 27 个城市开通运营城市轨道交通，营运里程总计 3288km，线路超过 100 条，车站 2083 座（不完全统计）。截至 2016 年 8 月，已获得国务院城市轨道交通建设项目批复达 43 个城市，规划的线路总规模 5020km，总投资 3 万亿元，计划于"十三五"期间开始建设。

不管是规划的线路总长 5020km，还是规划的投资额 3 万亿元，都是巨大的。1978—2015 年，我国轨道交通总投资规模才 2 万亿元，运营通车线路总长也才近 3300km。可见，未来 5～10 年，将是我国城市轨道交通建设的最顶峰时期，并将开启城市发展的"地铁新时代"。2016 年国内各城市轨道交通运营线路总里程排序如图 1.1－1 所示。

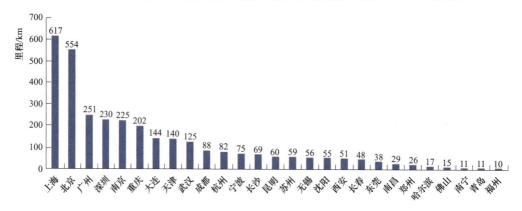

图 1.1－1　2016 年我国 27 个城市的轨道交通运营情况（截至 2016 年 6 月）

今后一段时期内，中国城市轨道交通建设市场将进一步扩大。首先，北京、上海等一线城市的城市轨道交通网络化进一步呈现密集态势，城市轨道交通也将利用市域快轨的形式向城市外围延伸，形成更大的网络化格局；其次，已经建有城市轨道交通的城市，在新型城镇化的大背景下，其城市轨道交通网络化进程将进一步加快，二线城市将形成地铁和其他制式轨道交通共同发展的格局；第三，在中小城市，由于经济发展规模和城市人口的限制，有轨电车这种新型的轨道交通方式预计将会有着更大的作为。

1.2　安全风险管理实施的必要性和紧迫性

国内轨道交通建设规模大、发展快的客观事实以及地下工程严峻的安全形势决定了轨道交通工程风险管理实施的必要性和紧迫性。由于城市轨道交通工程建设的特殊性和复杂性，"大规模、高风险"的工程特点在地铁建设中体现得尤其明显。地下工程具有隐蔽性大、作业循环性强、作业空间有限、施工技术复杂、岩土物理力学参数不准确、作业环境恶劣、投资大、施工周期长、施工项目多、不可预见风险因素多和对社会环境影响大等特点，而以地下工程为主的城市轨道交通工程更具有几大显著特点：①大部分位于城市中心地区即周边环境复杂，各种建（构）筑物、地下管线多且对施工变形控制要求高；②工程地质与水文地质复杂，不确定因素多；③结构型式及施工方法交叉变换多，施工难度大、工期压力较大、社会影响大、专业技术人员匮乏等。这些特点都集中表现为工程的高风险性。由于规模大、发展快，技术和管理力量难以充分保证的客观原因，加上对地下工程安全风险的认识不客观、风险管理不科学、风险管理的投入不到位的主观原因，造成城市轨道交通地下工程建设中，事故频发，形势非常严峻，令人堪忧！

随着轨道交通工程规模的快速增长，安全事故总体呈上升趋势，重大安全事故时有发生。2007 年北京、南京地铁施工事故分别造成 6 人和 2 人死亡，其中南京地铁 2007 年 3

月发生地铁施工导致燃气管断裂，引起燃气溢出发生爆炸大火的事件；2008年杭州地铁发生基坑坍塌事故，造成21人死亡，10余人受伤；在经济损失上，以上海地铁4号线事故最为严重，损失逾人民币6亿元；2014年4月28日晚11时30分许，兰州地铁1号线施工工地东方红广场段发生塌方事故，造成2名工人死亡；2015年莞惠城际轨道常平段联邦大厦广场发生塌陷，造成1名工人死亡。面对国内轨道交通地下工程的安全形势，传统的经验型、事后型、人盯人的安全管理模式已无法应对，进行安全风险管理体系建设、技术及相关标准研究刻不容缓。因此，建立风险管理制度，对拟建和在建的城市地铁工程项目进行风险评估，继而进行风险控制十分必要，建立一套可执行的风险管理体系，实施规范化管理迫在眉睫。

1.3 安全风险管理现状及存在问题

1.3.1 国内外现状

自2004年以来，安全、费用与风险已成为国际隧道与地下空间协会每年年会的主题。地下工程安全风险管理在地下工程中的应用研究在美国、欧洲正积极开展，欧共体行政院于1992年发布了"欧共体就在临时或移动施工现场实施最低安全和健康要求的指令"，意大利政府于1996年由总统签字发布了相应的指令。国际隧道与地下空间协会2004年发布了风险管理的指导方法；英国隧协和保险业协会于2003年9月联合发布了《英国隧道工程建设风险管理联合规范》；国际隧道工程保险集团（ITIG）于2006年1月发布了基于上述英国联合规范而编制的《隧道工程风险管理实践规程》。

在实际地下工程应用方面，国外安全风险管理主要由各个岩土工程咨询公司进行。如意大利GeoDATA公司针对地下工程施工风险管理推出了名为GDMS（GeoDATA Master System）的信息化管理平台，该系统运用了GIS和WEB技术，由建筑物状态管理系统（Building Condition System，简称BCS）、建筑风险评估系统（Building Risk Assessment，简称BRA）、盾构数据管理系统（TBM Data Management，简称TDM）、监测数据管理系统（Monitoring Data Management，简称MDM）以及文档管理系统（Document Management System，简称DMS）5个子系统构成，具备完善的风险管理方案，并在俄罗斯圣彼得堡、意大利罗马和圣地亚哥等地铁工程中得到应用。中国台湾亚新工程顾问股份有限公司针对台湾地下工程施工安全问题开发出监测资料处理系统（IDEAL），该系统对监测数据有效性检查和处理考虑得比较全面，但监测信息的可视化功能较弱。总体而言，在国际上，风险管理正成为大型项目发展中的一个例行程序。

国内安全风险管理在地下工程中的应用虽然刚起步，但是地下工程安全风险及其相关学科的研究自20世纪末已陆续开展。进行较多的是隧道和基坑开挖对环境影响的力学分析。在风险管理方面，各大高校率先开展了各项研究工作。同济大学对我国广州地铁首期工程、上海地铁1号线工程等地铁建设中的风险和保险模式进行了研究；上海隧道建设设计研究院以可靠度理论为基础，提出了地下结构的抗风险设计概念；中国科学院地质研究所针对边坡工程开挖而开发了"综合地质信息系统"；同济大学李元海和朱合华开发了"岩土工程施工监测信息系统"；孙钧主持了"城市地下工程施工安全的智能控制预测与控制及其三维仿真模拟系统研究"。此外，黄宏伟等在地下工程安全风险研究方面开展了大量的工作，在这些工作基础上，2005 年中国土木工程学会召开了中国第一次全国范围的地下工程安全风险分析研讨会，推动了地下工程安全风险研究的全面开展。

中国政府对地下工程的风险管理也相当重视，每年组织国内专家对在建工程进行质量安全方面的巡视检（抽）查。2003 年建设部等九部委联合印发了《关于进一步加强地铁安全管理工作的意见》，对做好地铁规划、设计、施工、运营的安全工作提出了具体要求。2007 年，又编发了《地铁与地下工程建设技术风险控制导则》及《地铁及地下工程建设风险管理指南》，初步实现我国地铁及地下工程安全风险管理的标准化、程序化和规范化。《城市轨道交通地下工程建设风险管理规范》（GB 50652—2011）则作为我国首部轨道交通工程风险管理规范，其颁布实施标志着我国城市轨道交通地下工程建设风险管理步入一个崭新的阶段。

近几年在安全风险管理的实际应用方面，在我国也得到迅速发展，特别是在地铁建设方面，从上海、北京开始，新建地铁项目大都进行了风险分析与评估，北京、广州及上海等大城市已经建立一整套较完善的风险管理体系。另外，随着大数据时代的到来，轨道交通安全风险管理信息化建设取得了快速发展，如上海地铁依托"安程地铁工程远程监控管理系统"，基于网络传输、无线通信、网络数据库、数据分析以及自动预测预警等技术，综合了施工、监理、监测、管理以及多媒体等多种信息，已在上海地铁工程中得到应用。针对盾构法隧道施工，上海隧道工程股份有限公司开发了"盾构法隧道施工智能管理系统"，在掌握施工信息的前提下，通过数据分析，对工程施工进行有效管理和技术支持。在上海沪崇长江隧道、钱塘江隧道等大型隧道建设项目中也进行了风险分析与评估研究，并取得了实际成果。2007 年以来，解放军理工大学与意大利 GeoDATA 公司合作，借鉴意大利先进的风险管理经验和风险管理信息系统，开展了南京地铁建设的安全风险管理的实际工作，并进而与北京市轨道交通建设管理公司合作开展了北京地铁建设的安全风险管理工作。2012 年中国电建集团华东勘测设计研究院在总结大型水电地下工程建设安全风险监测系统经验基础上，基于《城市轨道交通地下工程建设风险管理规范》建设期间风险管理的要求，开发完成轨道交通工程安全风险管理信息系统，该系统集成了施工工况录入及回放、监测原始数据采集、第三方监测与施工监测数据比对、实现了风险源的发布、更新、跟踪等功能，并在杭州、宁波、福州、南昌、武汉及郑州等地铁建设城市应用开展风险管理的工作。

可以看到，中国地下工程安全风险管理研究与实践已经取得了实质性进展，部分成果已服务于各大城市轨道交通项目的决策，但并没有达到"风险管理化解地下工程建设之痛"的程度。

1.3.2　国内风险管理现状

轨道交通工程建设风险管理应是参建各方和有关单位，对工程建设各阶段潜在的风险进行辨识、评估、预防与控制的全过程，并贯穿于自身专业技术和管理工作中，并以一定的成本取得最大的安全保障的工程实践的总称。

2004 年，北京市地铁建设相关单位在地铁 11 条新线建设中已全面推广应用"北京市轨道交通工程建设安全风险技术管理体系"；上海大部分地铁线路在工程可行性研究阶段、初步设计阶段开展土建工程安全风险辨识与评估，在施工阶段，组建安全监控中心与监控分中心两级监控机构，采用远程视频监控和远程监控管理信息系统手段，并委托第三方监测单位和专门咨询机构开展监控管理咨询；2010 年 11 月，广州地铁受住建部委托牵头开展"城市轨道交通工程风险评估试点应用研究"项目，通过研究、应用、创新和总结提炼出"六评六管一平台"安全风险管理体系。此外，深圳地铁 5 号线全线远程视频监控，并引入"监理总体"加强对各标段监理的管理；杭州地铁施工阶段在地铁 2 号线、4 号线、5 号线、6 号线工程建设过程中建立由业主、保险顾问和共保体成员共同组成的保险风险管控小组，实施保险安全风险管理；南昌地铁 1 号线、2 号线通过择优引进国内优秀的第三方单位，建立了从集团公司到工程施工现场的全员全过程的风险管理体系；天津地铁编制完成《天津市轨道交通地下工程质量安全风险控制指导书》；武汉、郑州、厦门等许多城市轨道交通土建建设期均引入了第三方风险咨询单位。

总体归纳起来，国内地铁建设的风险管理实践主要内容有以下几个方面。

（1）构建风险管理责任体系。建立以建设单位为龙头矩阵式组织管理模式的安全风险管理组织体系及工程参建单位遵循法律责任和相应合同约定的工程安全风险管控责任体系，开展了基于勘察阶段、设计阶段、施工准备阶段、施工阶段风险管理工作。

（2）构建专项设计及审查论证体系。目前，国内各大城市均开始实施地铁安全风险分级。基于轨道交通工程与周边环境的接近程度、工程影响分区、周边环境的重要程度和自身特点、新建轨道交通工程工法特点和工程难度、工程地质和水文地质对不同工法的影响程度，对危及工程自身和周边环境安全的风险划分为自身风险工程和环境风险工程。在工程建设的不同阶段邀请外部专家进行评审论证。

（3）建立施工阶段安全风险监控管理模式。国内开展地铁建设的城市，基本上都通过引入第三方咨询机构协助业主单位进行安全风险监控与监测管理，建立轨道交通工程监测监控的多方协作、全方位的科学化、信息化风险管理模式。

（4）建立预警响应体系。轨道交通工程建设采用三类预警模式，即监测预警、巡视预警和综合预警。各类预警均设置黄色、橙色及红色三道预警标准，并相应建立预警管理体系，按照分层分级管理的响应模式，严格把控。

（5）建立风险管控咨询保障体系。通过引入第三方咨询机构对全线安全风险进行咨询管控及对所辖线路工程施工阶段进行安全巡视和风险状态评估。

（6）建立施工安全风险监控信息系统。借助于现代化的通信手段，建立施工安全风险监控系统。实现文档管理、工程信息管理、工作流程控制管理，共同处理和预防紧急事件。不仅可以加快信息传输速度，而且可以提高管理的效率和科学水平，增加项目各方的责任。

1.3.3 国内安全风险的管理存在的问题

轨道交通工程建设风险控制随其所处阶段的不同，相应的风险不断变化，虽然国内各大城市地铁施工安全风险控制方面已进行了积极探索，在管理和技术方面取得了相关经验，但对于风险管理在认识上仍存在许多误区和实施中不完善、不规范的地方，主要存在以下问题。

1.3.3.1 相关技术标准、规范需进一步完善

地铁工程建设安全风险评估、管理的内容、方法、程序和标准等仍需进一步分析和研究。风险分级有待统一认识并进行科学划分,使风险控制在合理范围内,达到经济、工期、质量和安全间的平衡。同时,分级体系应充分体现地区的地质、环境、工法、风险事故等特点,更加具有针对性。

现有规范有的已不满足于轨道交通工程建设的快速发展,实际工程建设实践中仍会遇到依据不足或没有依据的情况。例如在某些风险等级较高的地下工程施工中,常会出现现有规范中的某个控制标准取值偏危险,而有些工程的该值又偏安全的情况。因此,编制地下工程施工不同工法的技术规范,研制不同城市、不同工法、不同风险等级的适应不同岩土岩性的工程地质、水文地质、环境条件的风险阈值等标准已是当务之急。

1.3.3.2 安全管理的重视程度不够

轨道交通工程建设在安全管理方面,建设单位普遍均设立专门的机构(质量安全部或安全监察部)对在建的轨道交通工程进行安全管理。但在人员配备及经验积累的要求上把关不严,面对多线路、多站点同时开工的轨道交通工程建设城市,仅有的安全管理人员很显然无法满足建设过程中安全管理的要求。此外,部分建设单位管理层在进度、质量和安全三方面取舍时仍存在不重视安全等问题。

1.3.3.3 管理模式、工作内容及责任体系尚需规范化和系统化

国内各地虽然不同程度地开展了地铁工程建设安全风险管理工作,但地铁建设各方,特别是施工单位、监理单位、设计单位的各阶段安全风险管理的组织机构、工作内容及流程、职责划分有待进一步明确,在完整性、有效性和可操作性方面仍存在不足。

1.3.3.4 安全管理人员水平参差不齐

国内对安全风险管理咨询评估的从业单位和人员没有明确的资质管理,许多工程实践中安全风险评估工作还停留在由院校科研单位以科研项目的形式承担,对于工程安全风险咨询评估工作的内容、质量评价标准、咨询工作的责任认定、从业人员资格认定、法律地位、风险管理档案及成果移交等都没有统一的管理,使得工程安全风险管理人员水平参差不齐。如果进行风险评估的专家队伍水平不够,可以想象,再好的风险监控体系也不能保证全线工程的安全。

1.3.3.5 风险控制信息化应加强

采用信息化的管理手段是安全风险控制的趋势,目前各地铁建设城市已经开始应用安全风险信息平台,但在实际应用效果方面存在不足。当前信息平台还只是立足于监测数据管理平台,缺乏针对地铁建设施工主要工法,面对工程主要风险,兼具监控预警、分析处理和各方交流功能,以及风险事务处理功能,同时将工程参建各单位紧密结合,涉及监测数据、巡视数据等各方面监控信息,包含预警信息上报、发布、处理、消警全过程的综合性风险管理系统。

第2章 风险管理的基本方法

 ## 2.1 风险管理基本规定

2.1.1 风险类型

城市轨道交通地下工程建设应保障人员安全，减小对周边环境影响，将建设风险造成的各种不利影响、破坏和损失降低到合理、可接受的水平。根据风险损失进行分类，风险类型应包括以下几个方面。

（1）人员伤亡风险，包括工程建设直接参与人员及场地周边第三方人员发生的伤害、死亡及职业健康危害等。

（2）环境影响风险，包括施工对邻近既有各类建（构）筑物、道路、管线或其他设施等的破坏；工程建设活动对周边区域的土地与水资源的破坏、对动（植）物的伤害；施工发生的空气污染、光电磁辐射、光干扰、噪声及振动等；周边环境改变或第三方活动对本工程造成的破坏。

（3）经济损失风险。

（4）工期延误风险。

（5）社会影响风险。

2.1.2 风险发生可能性与损失等级

城市轨道交通地下工程建设风险管理应根据工程建设阶段、规模、重要性程度及建设风险管理目标等制定风险等级标准。工程建设风险等级标准宜以长度在10km以上的城市轨道交通单条线路为基本建设单位制定。工程建设风险等级标准应按风险发生可能性及其损失进行划分。

风险发生可能性等级标准宜采用概率或频率表示，可参考表2.1-1的规定。

表 2.1-1　　　　　　　　　　风险发生可能性等级标准

等级	1	2	3	4	5
可能性	频繁的	可能发生的	偶尔发生的	很少发生的	不可能的
概率或频率值	$P \geqslant 10\%$	$1\% \leqslant P < 10\%$	$0.1\% \leqslant P < 1\%$	$0.01\% \leqslant P < 0.1\%$	$P < 0.01\%$

风险损失等级标准宜按损失的严重性程度划分五级，可参考表2.1-2的规定。

工程建设人员和第三方伤亡等级标准宜按风险可能导致的人员伤亡类型与数量划分为

五级，可参考表2.1-3的规定。

表 2.1-2 风险损失等级标准

等级	A	B	C	D	E
严重程度	灾难性的	非常严重的	严重的	需考虑的	可忽略的

表 2.1-3 工程建设人员和第三方伤亡等级标准

对象	等级				
	A	B	C	D	E
建设人员	死亡（含失踪）10人	死亡（含失踪）3~9人，或重伤10人以上	死亡（含失踪）1~2人，或重伤2~9人	重伤1人，或轻伤2~10人	轻伤1人
第三方	死亡（含失踪）1人以上	重伤2~9人	重伤1人	轻伤2~10人	轻伤1人

城市轨道交通地下工程环境影响等级标准宜按建设对周边环境的影响程度划分为五级，并符合下列规定：

(1) 导致周边区域环境影响的等级标准符合表2.1-4的规定。

(2) 造成周围建（构）筑物影响的经济损失等级标准符合表2.1-5的规定。

表 2.1-4 环境影响等级标准

等级	影响范围及程度
A	涉及范围非常大，周边生态环境发生严重污染或破坏
B	涉及范围很大，周边生态环境发生较严重污染或破坏
C	涉及范围大，区域内生态环境发生污染或破坏
D	涉及范围小，邻近区生态环境发生轻度污染或破坏
E	涉及范围很小，施工区生态环境发生少量污染或破坏

经济损失等级标准宜按建设风险引起的直接经济损失费用划分为五级，工程本身和第三方的直接经济损失等级标准符合表2.1-5的规定。

表 2.1-5 工程本身和第三方直接经济损失等级标准

对象	等级				
	A	B	C	D	E
建设人员	死亡（含失踪）10人	死亡（含失踪）3~9人，或重伤10人以上	死亡（含失踪）1~2人，或重伤2~9人	重伤1人，或轻伤2~10人	轻伤1人
第三方	死亡（含失踪）1人以上	重伤2~9人	重伤1人	轻伤2~10人	轻伤1人

针对不同的工程类型、规模和工期，根据关键工期延误量，工期延误等级标准可采用两种不同单位进行分级，短期工程（建设工期 2 年以内，含 2 年）采用天（d）表示，长期工程（建设工期 2 年以上）采用月表示。工程延误等级标准符合表 2.1-6 的规定。

表 2.1-6 　　　　　　　　　　　　工 期 延 误 等 级 标 准

对象	等 级				
	A	B	C	D	E
长期工程	延误大于 9 个月	延误 6～9 个月	延误 3～6 个月	延误 1～3 个月	延误少于 1 个月
短期工程	延误大于 90d	延误大于 60～90d	延误 30～60d	延误 30～60d	延误少于 10d

2.1.3 风险等级分级标准

根据风险发生的可能性和风险损失，工程建设风险等级标准宜分为四级，并符合表 2.1-7 的规定。

表 2.1-7 　　　　　　　　　　　　风 险 等 级 标 准

可能性等级	损失等级	A	B	C	D	E
		灾难性的	非常严重的	严重的	需考虑的	可忽略的
1	频繁的	Ⅰ级	Ⅰ级	Ⅰ级	Ⅱ级	Ⅲ级
2	可能的	Ⅰ级	Ⅰ级	Ⅱ级	Ⅲ级	Ⅲ级
3	偶尔的	Ⅰ级	Ⅱ级	Ⅲ级	Ⅲ级	Ⅳ级
4	罕见的	Ⅱ级	Ⅲ级	Ⅲ级	Ⅳ级	Ⅳ级
5	不可能的	Ⅲ级	Ⅲ级	Ⅳ级	Ⅳ级	Ⅳ级

针对不同等级风险，应采用不同的风险处置原则和控制方案，各等级风险的接受准则应符合表 2.1-8 的规定。

表 2.1-8 　　　　　　　　　　　　风 险 接 受 准 则

等级	接受准则	处置措施	控制方案	应对部门
Ⅰ级	不可接受	必须采取风险控制措施降低风险，并至少应将风险降低至可接受或不愿接受的水平	应编制风险预警与应急处置方案，或进行方案修正或调整等	政府主管部门、工程建设各方
Ⅱ级	不愿接受	必须加强监测，采取风险处理措施降低风险等级，且降低风险的成本不应高于风险发生后的损失	应实施风险防范与监测，制定风险处置措施	
Ⅲ级	可接受	宜实施风险管理，可采取风险处置措施	宜加强日常管理与监测	工程建设各方
Ⅳ级	可忽略	可实施风险管理	可开展日常审视检查	

2.2　风险分析方法

2.2.1　风险辨识常用方法

2.2.1.1　专家调查法

专家调查法是由专家通过调查研究对问题做出判断、评估和预测的一种方法。基于专家个人的经验及其所掌握的信息的完整程度，是一种较为主观的评价方法。采用专家调查法应遵循以下步骤：

（1）明确具体分析的风险问题。

（2）组成专家评议的风险辨识、分析小组。

（3）举行专家会议，对提出的风险问题进行分析、讨论。

（4）分析、归纳专家会议的结果。

其优点在于适用于客观资料或数据缺乏情况下的长期预测，或其他方法难以进行的技术预测；其缺点在于存在主观性过大的情况，不能精确地考虑形成未来事件之间的内在联系。

常用的专家调查法主要有头脑风暴法和德尔菲法。

1. 头脑风暴法

头脑风暴法是一种刺激创造性、产生新思想的技术，其主要规则是不进行讨论和判断性评论，更注重发现风险的数量，而非质量。通过专家间的信息交流和相互启发，从而诱发专家产生"思维共振"，以达到相互补充产生"组合效应"，获取更多的未来信息，使预测和识别的结果更加准确。头脑风暴法作为一种创造性的思维方法在风险识别中得到广泛应用。它适用于探讨的问题比较单纯，目标比较明确、单一的情况。

2. 德尔菲法

德尔菲法是利用专家的经验、知识、智慧，对不能量化且带有较大模糊性的信息，发挥专家的集体智慧，通过多次的信息交换来解决某个复杂问题的方法。其一般采用匿名函询的方法，通过调查表向专家们进行调查，并通过有控制的反馈进行调查分析。为了使专家能够进行书面讨论，德尔菲法多采用多轮调查的方式，即在每一轮调查表返回后，由调查工作组将各专家提供的信息和资料进行综合、整理、归纳与分类，再随同下一轮调查表一起函送给各位专家，使专家了解预测调查的全面情况。这样，可促使专家进行再思考，完善或改变自己的观点，或者做出新的判断。调查信息的这种有力反馈促进了专家之间的交流。德尔菲法是系统分析方法在意见和判断领域的延伸，它突破了传统的数据分析限制，为更合理地决策开阔了思路。

【专家调查法案例】

1. 工程概况

某地铁盾构工程，先后下穿铁路桥、古建筑、城市主干道、带压管线等，下穿区域内人员密集、车流量大，存在重要的文物遗址；穿越地层主要为富水砂层，透水性好，这些因素不可避免地给工程带来一定风险。

2. 风险分级

结合风险发生的可能性和风险损失，将风险等级分为四级（表2.1-7），作为专家调查工作的参考基础；同时，允许专家们根据具体工程、地域特点等对工程风险分级进行调整，最大程度发挥专家作用。

3. 调查因子

针对盾构法施工调查因子分为环境风险、地质风险、施工风险，结合当地地铁工程的特点，细分工程风险因素辨识及风险损失后果分析，共辨识了20项风险因素，分析了22项风险损失后果，各风险分项因素及后果数量见表2.2-1。

表 2.2-1

风险分项因素及后果数量

工　法	风险分类	风险因素辨识	风险损失后果
	地质风险	4 项	5 项
盾构法	环境风险	11 项	12 项
	施工风险	5 项	5 项

4. 专家组成

结合地铁工程建设实际，要求专家组应具备熟悉各类不同的工法，具有丰富的经验，对不同区域的地铁工程特点都具有积累，且有现场施工管理经验。专家的构成主要以高级工程师为主，学历多为硕士及本科，具有当地施工经验的占多数。

5. 结果分析及建议

针对该22项损失综合风险各等级调查结果比率为：Ⅰ级3个、Ⅱ级9个、Ⅲ级10个、Ⅳ级0个，可见，所列的风险因子都是应考虑的，并不存在可忽略的风险。

综合风险为Ⅰ级的风险均属于环境风险发生的损失，风险源主要为施工影响范围内的古建筑、下穿既有铁路线。通过以上分析，可见环境因素对工程风险有着重要的影响，尤其是近距离的周边环境。

2.2.1.2　检查表法

检查表法是最为基本的风险辨识方法，已在各工程实践中广泛应用，针对轨道交通工程方面，《城市轨道交通地下工程建设风险管理规范》中已给出相应的检查表格式及相应检查要点，本书主要结合该规范，介绍对检查表法在工程中实际应用情况。

（1）收集基础资料。

1）工程周边水文地质、工程地质、自然环境及人文、社会区域环境等资料。

2）已建线路的相关工程建设风险或事故资料，类似工程建设风险资料。

3）工程规划、可行性分析、设计、施工与采购方案等相关资料。

4）工程周边建（构）筑物（含地下管线、道路、民防设施等）等相关资料。

5）工程邻近既有轨道交通及其他地下工程等资料。

6）可能存在业务联系或影响的相关部门与第三方等信息。

7）其他相关资料。

（2）制定风险识别检查表法。

风险辨识时可按表 2.2-2 填写风险识别表和按表 2.2-3 填写风险清单表。

表 2.2-2　　　　　　　　　　　　　风 险 辨 识 表

工程名称			工程标段	

进展阶段	□规划阶段　　□可行性研究　　□勘察与设计 □招标、投标与合同签订　　□施工

参与单位	1. 建设单位：　　　　　　5. 监理单位： 2. 设计单位：　　　　　　6. 第三方监测单位： 3. 勘察单位：　　　　　　7. 其他单位： 4. 施工单位：

填写人			填写日期	

编号	风险事件名称	发生位置	风险因素（可能成因）	风险损失（不利影响/危害后果）	概率	损失	风险等级	建设单位	设计单位	勘察单位	施工单位	监理单位	监测单位	备注
					等级			处置负责单位						
1														
2														
3														
4														
5														
6														
7														
8														
9														
10														
11														

填表说明	1. 按照不同阶段和建设内容填写表格。 2. 表格由参与调研的单位自行组织，参与单位填写"√"。 3. 风险名称栏中填写名称或风险描述。 4. 发生位置栏中填写风险发生的里程桩号或具体位置、周边环境等。

表 2.2 - 3 风 险 清 单 表

工程名称				工程标段			
进展阶段	□规划阶段　　□可行性研究　　□勘察与设计 □招标、投标与合同签订　　□施工						
参与单位	1. 建设单位： 2. 设计单位： 3. 勘察单位： 4. 施工单位：			5. 监理单位： 6. 第三方监测单位： 7. 其他单位：			
风险类别	分部工程	风险名称	编码	风险等级	风险因素	备注	
设计风险 /施工风险 /地质风险 /自然风险							
编制人				编制日期			
审核人				审核日期			
批准人				批准日期			
填表说明							

2.2.1.3 改进的 WBS—RBS 风险耦合分析法

WBS—RBS 风险辨识方法主要基于工程结构分解思想，并结合风险矩阵进行耦合分析以达到风险全面辨识的目的。目前该方法应用较为广泛，但也存在结构分解类型多，分级不全面等弊端，不少学者也就该方面进行了研究优化，本书编者基于王烨晟等[46]提出的改进 WBS 结构分解方法，结合工程实际介绍该方法的应用特点，重点在于更为全面且不遗漏辨识工程风险，另避免了重复辨识风险及重复计算风险量等问题。

1. 具体思想

将评估范围内的工程结构及其风险结构同时进行分解，然后结合工程结构分解（WBS）结果和风险结构分解（RBS）结果进行对号入座，并将 RBS 中的具体风险与 WBS 中的工程部位——对应，识别出具体风险发生的工程部位和范围，并对可能发生的风险进行因果分析和描述，从而达到风险辨识目的的一种方法。该方法具有逻辑性强、思路清晰、风险识别针对性强等优势。

2. 具体操作

采用 WBS 方法进行分解，将其施工工艺中的施工工序进行列表表示出来，形成大的风险工程列向量，如：$W^T = (W_1, W_2, W_3, W_4, W_5)$，在其下进一步对各风险工程进行分解形成风险单元列向量。其次，将风险因素同样进行分类分析，并进行列表，并最终形成行向量（即基本风险因素）如：$R = (R_1, R_2, R_3, R_4, R_5, R_6)$，具体分解实例见图 2.2-1、图 2.2-2。最后将二者进行耦合计算（这里采用两向量相乘的方法即 $W \times R$），并最终形成耦合矩阵，通过对耦合矩阵进行人为判断，具体可见表 2.2-4（其中数字 1 表示两者耦合产生风险事故，而数字 0 表示不产生），同时依此分析出其所可能产生的所有安全风险事故及其对应的风险因素。

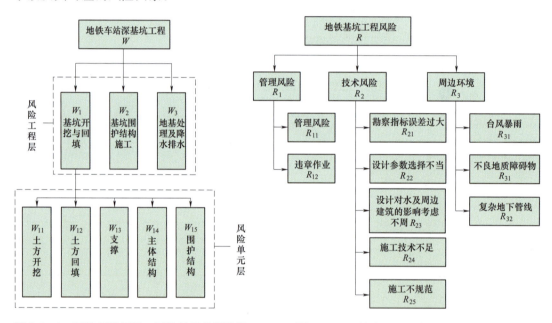

图 2.2-1　基坑风险工程—风险单元分解结构　　图 2.2-2　基坑工程风险因素分解结构

表 2.2-4　　　　　　　　　　　　　WBS—RBS 耦合矩阵表

风险因素向量 / 风险工程向量		W_1						W_2	W_3	W_4	W_5
		W_{11}	W_{12}	W_{13}	W_{14}	W_{15}	W_{16}				
R_1	R_{11}	0	0	1	1	0	0	0	1	0	0
	R_{12}	0	0	1	1	0	0	0	0	1	0
R_2	R_{21}	0	1	0	0	0	0	1	0	0	0
	R_{22}	0	1	0	0	0	0	0	1	1	0
	R_{23}	0	0	0	0	0	0	0	1	1	0
	R_{24}	1	1	1	0	1	1	1	1	1	0
	R_{25}	0	1	1	1	1	1	1	1	1	1
R_3	R_{31}	0	0	0	0	0	0	0	1	0	1

3. WBS 工程结构分解准则说明

轨道交通工程土建施工过程中所发生的风险事件无外乎包含于三种情况中：①存在于有实体产生的施工过程中，如地下连续墙的施工，其产生的实体为地下连续墙本身；②存在于无实体产生的施工过程中，如盾构进洞，整个过程就是盾构机从区间掘进段到达接收井，这里只发生盾构机的平移，而无工程实体产生；③存在于周边环境实体受工程影响所发生的风险中。

基于以上风险事件发生特征，可根据施工工序分解工程结构，将各分解结构模块的命名取为对应的"风险单元"，然后再在各自的"风险单元"模块下分析所产生的风险事件。

（1）分解准则。针对某项单位工程，在施工"风险工程"模块下，按照施工工序（或分部、分项工程）进行分解形成第二级的"子风险工程"模块，然后在各"子风险工程"模块下，按照实体产生过程，进一步分解成实体"风险单元"及非实体"风险单元"两类模块。

（2）归集准则。实体"风险单元"：施工过程中所发生的风险事件，以及此实体在以后施工过程中自身所发生的风险事件，均归集到此实体名所属的分类中去。非实体（某施工工序或过程）"风险单元"：只对应于其施工过程所产生的特有风险事件的总和，并不包括在先前施工过程中由于各实体的存在而所引发的风险事件，这是为了分类和避免重复统计的需要。

4. WBS 总体分解结构

为将整个工程项目进行分解，根据风险事件归类的层级关系，将各单位工程进一步划分为"风险工程"和"风险单元"。其中，第一层级"风险工程"对于每个轨道交通建设工程来说是基本上不变，其名称也是固定的，具体如下。

（1）施工部分"风险工程"：工程施工过程所发生的所有风险事件归集的统称。

（2）周边环境"风险工程"：所有因工程施工引起其影响范围内第三方建筑物、构筑物其自身所引发的风险事件归集的统称。

（3）地质"风险工程"：工程实施过程中所有因重大或特殊不良地质因素而引发风险事件归集的统称。

（4）自然"风险工程"：工程实施过程中所有因自然因素而引发风险事件归集的统称。

总体分解流程如下。

（1）对于施工过程中的各"子风险工程"可首先按照分部、分项工程的划分方法进行划分，然后在"子风险工程"下的"风险单元"具体划分确认流程，如图2.2-3所示。

（2）对于周边环境各"子风险工程"模块，其"风险单元"的确认流程为：首先确定工程影响范围，然后将影响范围内的所有第三方建（构）筑物进行命名，如已存在名字的就采用此名字命名，对于没有具体名称的，需依据此建（构）筑物典型特征进行命名，其名称即此"风险工程"下的"风险单元"名称。

（3）对于地质"风险工程"模块，其"风险单元"的确认流程为：分析某基坑段或区间，是否存在重大的或特殊的不良地质因素，将不良的地质因素作为相应的名称进行命名。

（4）对于自然"风险工程"模块，将工程时间跨度内，所可能发生的某种自然灾害或在某种自然因素作用下所发生的风险事件名作为其"风险单元"名称。

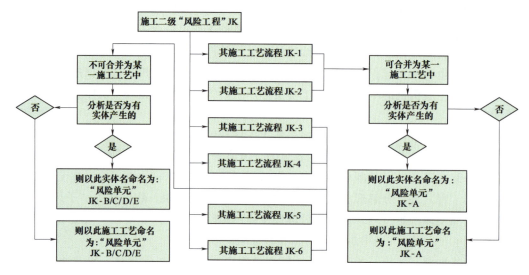

图 2.2 - 3 各施工 "子风险工程" 下其 "风险单元" 确认流程图

5. 辨识实例

以盾构法施工过程为例，其一般施工流程如图 2.2 - 4 所示。

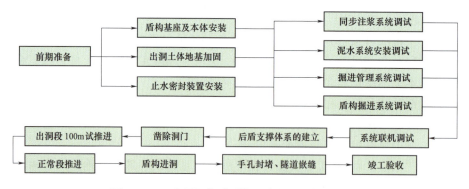

图 2.2 - 4 土压平衡式盾构具体施工工艺流程图

根据以上施工工艺，按分部、分项工程进行分解，可初步分为以下几个风险工程。

（1）前期准备。

（2）系统机械调试。

（3）支撑系统建立。

（4）盾构出洞。

（5）盾构掘进。

（6）盾构进洞。

综合以上分析可见，只要给定施工工艺就可进行风险工程的分类命名工作。在实际操作中，可依据施工组织设计，将比较详细的施工工艺首先进行归类、简化为几个比较简洁的施工工艺流程，然后再按流程及分部分项工程进行分类，最后得出风险工程的名称。具体的风险评估过程即风险辨识过程的逆过程，以 "盾构掘进" 为例的辨识分析如图 2.2 - 5 所示。

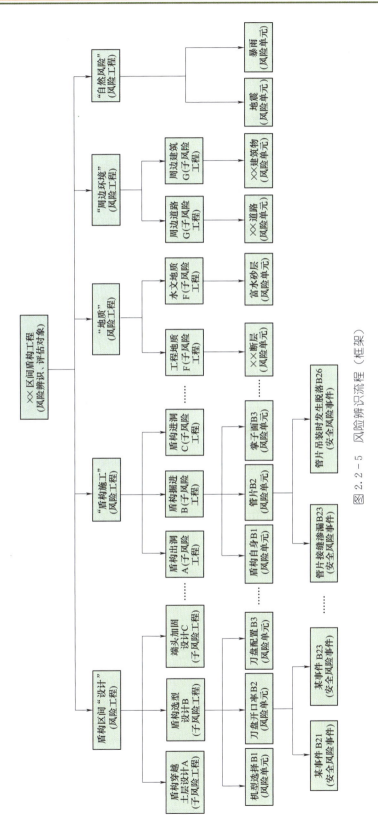

图 2.2 – 5　风险辨识流程（框架）

风险辨识。根据图 2.2－5 的辨识流程，结合改进的 WBS—RBS 风险辨识方法，取得"盾构掘进"此风险工程的风险单元、安全风险事件、风险因素辨识结果，具体见表 2.2－5。

表 2.2－5　　　　　"盾构掘进"子风险工程分析辨识结果表（参考）

子风险工程	风险单元	安全风险事件及其编号		风险因素
盾构掘进 DGJJ	盾构自身 DGZS	DGZS1	掘进后发现盾构选型不合理	1. 地质勘察失误； 2. 设计选型考虑失误
		DGZS2	盾构后退	千斤顶漏油回缩
		DGZS3	盾构沉陷	1. 遇流塑状淤泥质地层； 2. 盾构自身发生故障
		DGZS4	盾构内出现涌土、流砂、漏水	1. 舱压计算有误； 2. 地质条件极差（裂隙、泥水）开挖面覆水压力大
		DGZS5	盾尾密封装置泄漏	1. 盾构推进偏斜量过大（使得盾尾空隙不均匀）； 2. 盾构推进过程中发生后退现象
		DGZS6	掘进轴线偏离设计轴线	1. 施工过程没有及时测量或施工测量出现差错； 2. 通过的岩层或土层软硬不均或千斤顶参数设置不对（导致受力不均导致千斤顶在不同位置的推进量不一致导致偏差）
	掌子面 ZZM	ZZM1	盾构掘进面土体失稳	1. 舱压计算不准确（螺旋运输机排土速度过慢（土压平衡盾构）； 2. 泥水压力不够（泥水平衡式盾构）
		ZZM2	遇见障碍物	1. 地质勘查不明； 2. 选线等因素
		ZZM3	遇不明地层气体泄漏	1. 地质勘查不明； 2. 未注意此方面（未进行监测）； 3. 通风不力
		ZZM4	遇到溶洞	1. 地质勘察原因； 2. 设计选线
	管片 GP	GP1	管片破损	1. 管片运输过程发生碰撞； 2. 管片施工过程中发生碰撞； 3. 管片吊时发生磕碰
		GP2	管片就位不准确	1. 管片拼装系统存在问题； 2. 管片吊装不当，沉降异常

续表

子风险工程	风险单元	安全风险事件及其编号		风 险 因 素
盾构掘进 DGJJ	管片 GP	GP3	螺栓连接失效	1. 管片拼装质量不合格； 2. 螺栓本身质量问题； 3. 螺栓没有固紧
		GP4	管片接缝渗漏	1. 管片纵缝出现内外张角、前后喇叭（缝隙不均匀，止水条失效）； 2. 管片碎裂； 3. 密封材料失效； 4. 管片拼装质量不合格
		GP5	管片发生上浮	1. 设计计算失误（抗浮力不足）； 2. 泥水包裹已建成隧道； 3. 注浆参数不正确
		GP6	管片开裂、渗漏、失稳	1. 管片质量不合格； 2. 开口部位支撑系统失效； 3. 开口部位土体加固效果不好
		GP7	管片吊装时发生脱落	管片吊装机密封失效
	隧道注浆 SDZJ	SDZJ1	注浆质量不合格	浆液质量差
		SDZJ2	二次注浆不及时导致地表沉降	施工过程急慢
		SDZJ3	注浆效果不佳	1. 注浆配比设计有误； 2. 地质勘查有误
		SDZJ24	注浆压力低或高导致地面不正常隆起或沉陷	1. 设计计算有误； 2. 注浆过程控制失误
	机械设备 JXSB	JXSB1	盾构内气动元件不工作	1. 管路存在严重漏气点； 2. 气动控制阀的阀杆发生锈蚀； 3. 气动元件发生疲劳断裂（气压太高，回位弹簧过载）； 4. 工作压力失常致使元件损坏
		JXSB2	盾构刀盘轴承失效	1. 刀盘轴承密封失效； 2. 刀盘两侧压力不平衡
		JXSB3	刀盘与刀具出现异常磨损	1. 未对刀盘进行维修； 2. 遇到的复杂地层（前期考虑不足）
		JXSB4	数据采集系统失灵	未进行保养维护和经常检查
		JXSB5	管片拼装系统失效	隧道刚度不够（纵向弯曲过大导致管片不能及时拼装，盾构停止前进造成土体坍塌，引起地表沉降）

注 以上是为说明分类分析过程而举的一个例子，而实际中遇到的安全风险事件应更多，不只包括如上一些风险事件，各单位在编制评估报告过程中应针对实际情况，开展具体详细的风险辨识工作。

2.2.1.4 事故树法

1. 方法介绍

事故树分析法（Fault Tree Analysis，简称 FTA）是 1961 年美国贝尔实验室对导弹发射系统进行安全分析时，由默恩斯（Mearns）和沃森（Watson）提出的一种对复杂系统进行风险分析和评价的方法。它的定义是"在系统设计过程中，通过对可能造成系统事故的各种因素（包括硬件、软件、环境、人为因素）进行分析，画出逻辑框图（即事故树），从而确定系统事故原因的各种组合方法或其发生概率，来计算系统事故概率并采取相应的纠正措施，以提高系统可靠性的一种设计方法"。

在建立事故树时，一般将最不希望发生的事故状态放在树的顶端，定义为顶事件。然后找出导致这一事件可能发生的直接因素和原因（定义为中间因素或中间事件），再继续推导出导致中间事故可能发生的基本原因（定义为底事件），由相应的代表符号和逻辑门将顶事件、中间事件和底事件连接成树形图，称之为事故树。建立事故树的方法主要有演绎法、计算机辅助建立合成法和决策表法。采用演绎法建立事故树，主要是通过人的思考去分析顶事件发生的过程。它主要有以下特点。

（1）它能识别导致事故的基本事件（基本的设备故障）与人为失误的组合，可为人们提供设法避免或减少导致事故基本原因的线索，从而降低事故发生的可能性。

（2）顶事件的选取既可以是已经发生的风险事件，又可以是预计可能发生的风险事件，通过事故树分析可以采取相应的措施来预防风险的发生，对导致灾害事故的各种因素及逻辑关系能做出全面、简洁和形象的描述。

（3）便于查明系统内固有的或潜在的各种危险因素，为设计、施工和管理提供科学依据。

（4）使有关人员、作业人员全面了解和掌握各项防灾要点。

（5）事故树分析法既可用于定性分析又可以用来定量分析。根据定性分析可以确定各种风险因素对顶事件的影响程度，明确风险控制的重点；通过定量分析可以计算出各风险因素的重要程度，为工程的风险管理提供依据。

2. 分析步骤

（1）确定和熟悉分析系统。在采用事故树法进行分析前要明确分析的范围和边界。要熟悉系统的情况，包括系统的构成、性能、工艺过程、运行情况、作业环境等。同时还应调查总结类似工程中的风险因素，比如设计方案、地质情况、施工工艺、设备情况、员工素质、企业管理水平等，为下一步建立事故树中的风险分析提供资料。事故树分析的一般步骤如图 2.2-6 所示。

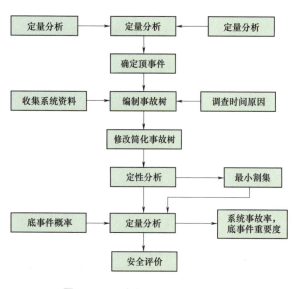

图 2.2-6 事故树分析的一般步骤

（2）确定顶事件。顶事件就是所要研究的风险事件。一个工程中所发生的风险可能有多个，这就要求充分了解工程情况以及风险事件发生的可能性和严重程度，并依此来确定顶事件。在确定顶事件时，要坚持一个风险事件建立一个事故树的原则，并且定义要明确。

（3）分析造成顶事件的原因。顶事件确定之后，需要将可能导致顶事件发生的所有直接或间接风险因素找出来，包括地质资料不明确、设计存在缺陷、施工的安全隐患、管理漏洞等。

（4）建立事故树。构建事故树，需依据图形演绎法，按照从上到下、从整体到局部，逐步深入。首先建树人员需全面掌握系统的结构和功能；其次需正确地选择顶事件（将系统最不希望发生的事件作为顶事件）；然后全面分析每一层中间事件的直接原因和间接原因，最后查明所有基本事件。构建事故树主要有以下四个步骤。

1）熟悉系统。构建系统的事故树之前，要求建树人员广泛收集和整理系统的设计资料、实际运行状态、整体流程和技术规范等，同时需全面熟悉系统是什么结构、具有什么功能、运行的原理是什么、故障有哪些形式、故障的原因有哪些等，只有掌握了系统的基础资料，才能正确地建立事故树，也才能进行合理的故障分析。

2）确定顶事件。如何分辨系统哪些事件作为顶事件，是建立事故树的核心，建树人员一般可依据自己不同研究角度和解决实际问题的角度来合理选取顶事件。同时定义顶事件时要概念清晰，这样便于查找顶事件的直接原因，并以此进行定性与定量分析。在研究系统的故障时，如果发现系统有很多不希望发生的事件，那么应根据系统的原理选取多个顶事件，建立多个事故树来进行分析。

3）拓展与梳理事故树。当事故树顶事件明确后，从树顶端（即顶事件）开始，逐层查明每层事件的所有可能的直接原因，然后利用事件符号和逻辑门符号进行连接组合，并将事故树的逻辑关系表述清楚，一直分析到底事件为止。

4）简化事故树。在上一步事故树建立后，全面分析系统的事故树，将那些对事故树顶事件影响甚小的事件忽略掉，将冗余的部分消除，利于事故树的正确分析。

（5）求解最小割集的方法。所谓割集是指能导致顶事件发生的一些底事件的集合，如果这些事件都发生，那么顶事件必然发生。假如割集中的任何一个底事件都不发生那么顶事件就不发生时，则该割集称为最小割集。

1）下行法。下行法主要是利用逻辑与门来增加事故树割集的容量，同时利用逻辑或门来增加事故树割集的数量。下行法求解最小割集的思路为：由事故树的顶事件着手，按照事故树从上自下的顺序将上层事件换为下层事件。在求最小割集的下行法表中，存在逻辑与门时便将每个逻辑与门的输入事件在表格中分别水平向排列出来；存在逻辑或门时便将每个逻辑或门的输入事件竖向串列出来，这样事故树的一个割集便引出来了。依此类推，一直将事故树中的底事件转换完为止。经过这样的转换后，就得到了事故树的割集，只不过在现实中还需要简化。

以图 2.2-7 所示的简单系统的事故树模型求解事故树的最小割集的具体步骤如下。

（a）顶事件 T 从上自下的第一层是逻辑或门结构，故将它的三个输入事件 X_1、M_1 和 X_2 在下行法表（图 2.2-6）中写成一列（或三行），结果列于下表的第 2 列。按照下

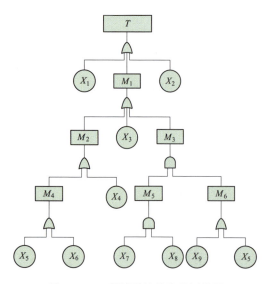

图 2.2 - 7　简单系统的事故树模型

行法求解的思路，第一层每个输入事件都引出了一个割集。

（b）中间事件 M_1，下一层是逻辑或门结构，所以将它的三个输入事件 M_2、X_3 和 M_3 也在下行法表中写成一列（或三行），结果列于表 2.2 - 6 的第 3 列。

（c）中间事件 M_2 下一层是逻辑或门结构，所以将两个输入事件 M_4 和 X_4 在下行法表中写成两行，结果列于表 2.2 - 6 的第 3 列。

（d）中间事件 M_3 下一层是逻辑与门结构，所以将输入事件 M_5 和 M_6 在下行法表中写成一行，结果列于表 2.2 - 6 的第 4 列。

（e）中间事件 M_4 下一层是逻辑或门结构，引出了两个割集 X_5 和 X_6，所以将输入事件在下行法表中写成一列，结果列于表 2.2 - 6 的第 5 列。

中间事件 M_5 下一层是逻辑与门结构，引出两个割集 X_7 和 X_8，代替了 M_5 成为了新的割集；事件 M_6 下一层是逻辑或门结构，引出了两个割集 X_9、X_5，所以将输入事件在下行法表中写成一列，结果列于表 2.2 - 6 的第 6 列。

表 2.2 - 6　　　　　　　　　　　　　　求最小割集的下行法表

步骤	1	2	3	4	5	6
过程	X_1	X_1	X_1	X_1	X_1	X_1
	M_1	M_2	M_4	M_4	M_5	M_5
	X_2	X_3	X_4	X_4	X_6	X_6
		M_3	X_3	X_3	X_4	X_4
		X_2	M_3	M_5，M_6	X_3	X_3
			X_2	X_2	M_5，M_6	X_7，X_8，X_9
					X_4	X_7，X_8，X_5
						X_2

经过下行法的逐步分析，系统的事故树的最后割集如下：

$\{X_1\}$，$\{X_2\}$，$\{X_3\}$，$\{X_4\}$，$\{X_5\}$，$\{X_6\}$，$\{X_7，X_8，X_9\}$，$\{X_7，X_8，X_5\}$

在通常情况下求解含有逻辑与门结构的事故树的割集时，并不是所有的割集都是最小割集，所以就必须对初步求解出的割集进行简化。例如上述采用下行法求得的 8 个割集中，割集 X_5 与割集 $\{X_7，X_8，X_5\}$ 之间存在着紧密联系，其事件 $\{X_7，X_8，X_5\}$ 发生故障时，则顶事件必然会发生，而在割集 $\{X_7，X_8，X_5\}$ 中任意去掉 X_7、X_8 后，事件 X_5 发生故障时，也会导致顶事件发生，所以割集 $\{X_7，X_8，X_5\}$ 不是使顶事件 T 发生的必要条件，故割集 $\{X_7，X_8，X_5\}$ 就不是事故树的最小割集。经简化分析后，得到了系统的

事故树所有最小割集为

$$\{X_1\}, \{X_2\}, \{X_3\}, \{X_4\}, \{X_5\}, \{X_6\}, \{X_7, X_8, X_9\}$$

2）上行法。利用上行法来求解事故树的最小割集时，与下行法有些区别。主要是按事故树从下至上的顺序进行求解，将事故树中那些底事件的集合符号代替对应的逻辑门符号，然后用事件符号和集合运算符号按照事故树的结构函数进行计算，得出所有的事故树割集，最后对所有的割集利用集合运算规则进行化简，从而求解出事故树的最小割集。

试用上行法求解系统事故树的所有最小割集，事故树最下层底事件的上一层表达式为

$$M_4 = X_5 \bigcup X_6, M_5 = X_7 \bigcap X_8, M_6 = X_9 \bigcup X_5$$

再向上一层的表达式为

$$M_2 = M_4 \bigcup X_4 = X_5 \bigcup X_6 \bigcup X_4$$
$$M_3 = M_5 \bigcap M_6 = (X_7 \bigcap X_8) \bigcap (X_9 \bigcup X_5)$$

再向上一层的表达式为

$$M_1 = M_2 \bigcup X_3 \bigcup M_3 = X_5 \bigcup X_6 \bigcup X_4 \bigcup X_3 \bigcup (X_7 \bigcap X_8) \bigcap (X_9 \bigcup X_5)$$
$$= X_5 \bigcup X_6 \bigcup X_4 \bigcup X_3 \bigcup (X_7 \bigcap X_8 \bigcap X_9)$$

最上层顶事件的表达式为

$$T = X_1 \bigcup M_1 \bigcup X_2 = X_1 \bigcup X_5 \bigcup X_6 \bigcup X_4 \bigcup X_3 \bigcup (X_7 \bigcap X_8 \bigcap X_9) \bigcup X_2$$

在事故树结构函数的集合运算中，由于重复包含的集合已被并集运算时简化了，故采用上行法求解时已对事故树的割集进行了简化处理，得到所有的割集为事故树的最小割集，它们分别为

$$\{X_1\}, \{X_2\}, \{X_3\}, \{X_4\}, \{X_5\}, \{X_6\}, \{X_7, X_8, X_9\}$$

（6）事故树分析。通过事故树可以比较直观地发现风险发展的规律。可以用布尔代数表示事件之间的逻辑关系，再求出事故树的最小割集。明确最小割集后，可以求解计算基本事件的结构重要度系数，同时在知晓事故树中各基本事件发生概率的前提下，还可以进行定量分析，计算出顶事件的发生结构、概率、关键等重要度。

在结构重要度、概率重要度和关键重要度中，结构重要度是从事故树结构上来反映基本事件的重要程度，概率重要度反映了基本事件发生概率的变化对顶事件发生概率影响的敏感度，关键重要度是指底事件故障概率的变化率与由它引起顶事件发生概率的变化率之比。通过定性定量分析，可以找到工程的薄弱环节，确定主要的风险因素，从而采取相应措施，提高整个系统的可靠性和安全性。

与事故树定性分析一样，在事故树定量分析中仍需考虑两个假设：①事故树中底事件彼此独立，即底事件 X_i 是否发生故障对底事件 $X_j(i \neq j)$ 没有任何影响；②事故树中顶事件和底事件的取值只能是 0 或 1。

（a）顶事件的发生概率。针对一个具有 n 个最小割集 X_1，X_2，$\cdots$，X_n 的系统事故树而言，根据事故树分析的条件假设得到各个最小割集的底事件相互独立、彼此不相交，所以该系统的事故树顶事件发生的概率为

$$Q = 1 - \prod_1^n [1 - q(M_i)] \tag{2.2-1}$$

式中：Q 为顶事件的发生概率（也就是系统的失效概率），等于各个最小割集的发生概率

的和。

（b）结构重要度。对于单调关联系统，第 i 个部件的状态从 0 变到 1，但相应系统的 Q 状态可能有下述 3 种变化：

a) $Q(0_i, X) = 0 \rightarrow Q(1_i, X) = 1, Q(1_i, X) - Q(1_i, X) = 1$

b) $Q(0_i, X) = 0 \rightarrow Q(1_i, X) = 0, Q(1_i, X) - Q(1_i, X) = 0$

c) $Q(0_i, X) = 1 \rightarrow Q(1_i, X) = 1, Q(1_i, X) - Q(0, X) = 0$

对于 i 部件某一给定状态，其余 $n-1$ 个部件存在状态组合有 2^{n-1}，定义

$$n_i^Q = \sum_{2^{n-1}} [Q(1_i, X) - Q(0_i, X)]$$

n_i^Q 可作为第 i 个部件对系统故障贡献大小的量度，为使每个部件的结构重要度小于 1，定义部件的结构重要度为

$$I_i^a = \frac{1}{2^{n-1}} n_i^Q$$

式中：I_i^a 为第 i 个底事件的结构重要度；n 为系统事故树中底事件的数量；n_i^Q 为第 i 个底事件的状态由故障转化为正常时，增加的系统正常状态的数量。

（c）概率重要度。所谓 Birnbaum 结构重要度又称概率结构重要度，它是指在只有第 i 个部件由正常状态变为故障状态时，使顶事件发生概率的变化率，其定义可表示为

$$I_i^{pr}(t) = \frac{\partial Q[q(t)]}{\partial q_i(t)} = Q[1_i, q(t)] - Q[1_i, q(t)] \tag{2.2-2}$$

从数学定义上可以解释为：i 部件的概率重要度就是 i 部件状态取 1 时顶事件概率和 i 部件状态取 0 值时顶事件概率值的差。

从物理意义上可以解释为：系统处于当且仅当部件 i 失效系统即失效状态的概率，亦即部件 i 的概率重要度就是系统处于部件 i 为关键部件状态的概率。

（d）关键重要度。所谓部件 i 的关键重要度是指底事件故障概率的变化率与由它引起顶事件发生概率的变化率之比。其定义可表示为

$$I_i^{cr}(t) = \lim_{\Delta q_i(t) \to 0} \frac{\dfrac{\Delta Q[q(t)]}{Q[q(t)]}}{\dfrac{\Delta q_i(t)}{q_i(t)}} = \frac{q_i(t)}{Q[q(t)]} \frac{\partial Q[q(t)]}{\partial q_i(t)} \tag{2.2-3}$$

因为

$$I_i^{pr}(t) = \frac{\partial Q[q(t)]}{\partial q_i(t)}$$

所以

$$I_i^{cr}(t) = \frac{q_i(t)}{Q(t)} I_i^{pr}(t)$$

进行结构重要度分析时，Iambert 提出一种新的处理方法，对于部件 i，令

$$q_j = \begin{cases} 1, & j=i \\ 1/2, & j \neq i \end{cases}$$

则部件的结构重要度可变为

$$I_i^{br}(t) = I_i^{st}(t)$$

可见，用概率结构重要度乘上因子 $\dfrac{q_i(t)}{Q(t)}$，∂Q 求出关键重要度 $I_i^{cr}(t)$。

（7）完善事故树。事故树中的各个事件之间的逻辑关系必须合理、严密。所以对事故树的审定要十分慎重，一定要进行反复的修改、推敲，直到符合实际情况。同时工程风险管理又是一个动态的过程，随着工程的进展，工程的环境及各项条件发生了变化，需要对风险进行再识别、再评估和再决策。

3. 辨识案例

（1）工程概况。设计坑底标高 4.30m，开挖深度（坡高）8.46m，开挖坡度为 1:1.5，要求设置二级井点降水；根据基坑开挖深度和设计边坡坡度，要求地面堆土应距基坑边大于 3m，堆上高度小于 2m。设计对地基上采用二轴不固结不排水抗剪强度指标，以简单条分法计算求取最危险滑动面的稳定安全系数 K 在基坑边不堆土情况下为 1.29，在离坑边 3m、堆上高度为 2m 的情况下则略大于 1。

（2）建立事故树，如图 2.2-8 所示。图中符号的意义见表 2.2-7。

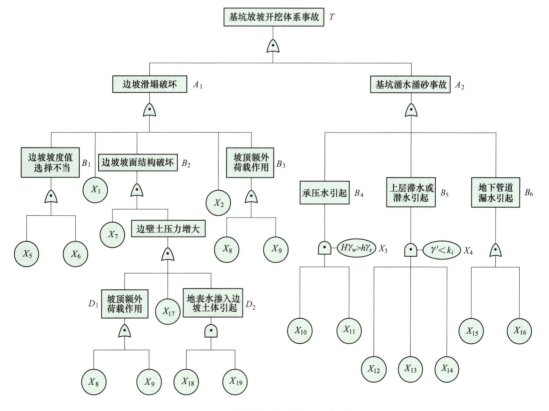

图 2.2-8　基坑放坡开挖体系事故树图

表 2.2 - 7　　　　　　　　　　　事故树相关符号意义表

符 号	意 义	符 号	意 义
X_1	超挖	X_{11}	封底有缺陷
X_2	基坑暴露时间过长	X_{12}	静压力水头过大
X_3	$H\gamma_w > h\gamma_s$	X_{13}	存在砂性土层
X_4	$\gamma' < k_j < k_i$	X_{14}	封底或止水有缺陷
X_5	土体特性参数负偏差	X_{15}	开挖前水管已破裂
X_6	没进行边坡稳定验算	X_{16}	开挖后土体变形引起水管开裂
X_7	坡面防护方法不当	X_{17}	忽视邻近建筑物的附加应力影响
X_8	坡顶超额堆载	X_{18}	降雨或地下管道漏水
X_9	机具作用荷载过大	X_{19}	排水设施不当
X_{10}	承压水压力水头过大		

（3）最小割集确定。根据布尔代数规则，由上行法确定事故树的最小割集：

$$T = A_1 + A_2 = (B_1 + X_1 + B_2 + X_2 + B_3) + (B_4 + B_5 + B_6)$$
$$= (X_5 + X_6) + X_1 + (X_7 + C_1) + X_2 + (X_8 + X_9) + X_3 X_{10} X_{11}$$
$$\quad + X_4 X_{12} X_{13} X_{14} + X_{15} + X_{16}$$
$$= X_5 + X_6 + X_1 + X_7 + (D_1 + X_{17} + D_2) + X_2 + X_8 + X_9 + X_3 X_{10} X_{11}$$
$$\quad + X_4 X_{12} X_{13} X_{14} + X_{15} + X_{16}$$
$$= X_5 + X_6 + X_1 + X_7 + X_8 + X_9 + X_{17} + X_{18} X_{19} + X_2 + X_3 X_{10} X_{11}$$
$$\quad + X_4 X_{12} X_{13} X_{14} + X_{15} + X_{16}$$

可知事故树有 13 个最小割集，即该基坑放坡开挖体系有 13 种潜在的破坏模式：

$\{X_5\}$、$\{X_6\}$、$\{X_1\}$、$\{X_7\}$、$\{X_8\}$、$\{X_9\}$、$\{X_{17}\}$、$\{X_{18} X_{19}\}$、$\{X_2\}$、$\{X_2 X_{10} X_{11}\}$、$\{X_4 X_{12} X_{13} X_{14}\}$、$\{X_5\}$、$\{X_6\}$

（4）顶事件发生概率计算及关键故障度计算。根据以往实际工程经验，请有关工程技术人员对放坡开挖事故树中底事件发生的概率进行了打分，综合结果如表 2.2 - 8 所示。作为试探性工作，本文采用的概率值与事件发生的可能性及严重程度间的对应关系是：0.01 为不可能，0.1 为可能性较小，0.3 为可能但不经常，0.5 为可能且一般较为严重，0.7 为相当可能且相当严重，0.9 为完全可能且非常严重。

表 2.2 - 8　　　　　　　　　底事件概率及关键重要度评分表

符号	概率	关键重要度 $\lg(i)$	符号	概率	关键重要度 $\lg(i)$
X_1	0.3	1.139×10^2	X_{11}	0.01	2.657×10^8
X_2	0.2	6.644×10^3	X_{12}	0.3	2.392×10^7
X_3	0.01	2.657×10^8	X_{13}	0.01	2.392×10^7
X_4	0.3	2.392×10^7	X_{14}	0.01	2.392×10^7
X_5	0.2	6.644×10^3	X_{15}	0.2	6.644×10^3
X_6	0.01	2.684×10^4	X_{16}	0.4	1.771×10^2
X_7	0.3	1.139×10^2	X_{17}	0.01	2.684×10^4
X_8	0.7	6.201×10^2	X_{18}	0.7	1.431×10^2
X_9	0.1	2.953×10^3	X_{19}	0.5	1.431×10^2
X_{10}	0.01	2.657×10^8			

1) 顶事件故障度计算，即

$$Q = 1 - \prod_1^n \left[1 - q(M_i) \right]$$

式中：$q(M_i)$ 为第 i 个最小割集的发生概率。

当最小割集为多个底事件组成时，发生概率为多个底事件的乘积，求得本基坑工程放坡开挖发生事故的概率为

$$
\begin{aligned}
Q = & 1 - (1-q_5)(1-q_6)(1-q_1)(1-q_7)(1-q_8)(1-q_9)(1-q_{17}) \\
& \times (1-q_{18}q_{19})(1-q_2)(1-q_3q_{10}q_{11})(1-q_4q_{12}q_{13}q_{14})(1-q_{15})(1-q_{16}) \\
= & 0.9741
\end{aligned}
$$

2) 重要度计算。由 $q_i = 1/2$ 得结构重要度为

$$
\begin{aligned}
I_i^{st}(t) = & \frac{\partial Q[q(t)]}{\partial q_i(t)} = (1-q_5)(1-q_6)(1-q_7)(1-q_8)(1-q_9)(1-q_{17})(1-q_{18}q_{19}) \\
& \times (1-q_2)(1-q_3q_{10}q_{11})(1-q_4q_{12}q_{13}q_{14})(1-q_{15})(1-q_{16}) \\
= & 0.001202
\end{aligned}
$$

按照 $I_i^{pr}(t) = \dfrac{\partial Q[q(t)]}{\partial q_i(t)}$ 计算概率重要度为

$$I_1^{pr}(t) = \frac{\partial Q[q(t)]}{\partial q_1(t)} = 0.03699$$

各事件的关键重要度按照

$$I_i^{cr}(t) = \lim_{\Delta Q_i(t) \to 0} = \frac{\dfrac{\Delta g[q(t)]}{g[q(t)]}}{\dfrac{\Delta q_i(t)}{q(t)}} = \frac{q_i(t)}{g(t)} \frac{\partial g[q(t)]}{\partial q_i(t)}$$

计算为

$$
\begin{aligned}
I_1^{cr}(t) = & \frac{q_1(t)}{g(t)} \frac{\partial g[q(t)]}{\partial q_1(t)} \\
= & \frac{0.3}{0.9741}(1-q_5)(1-q_6)(1-q_7)(1-q_8)(1-q_9)(1-q_{17})(1-q_{18}q_{19}) \\
& \times (1-q_2)(1-q_3q_{10}q_{11})(1-q_4q_{12}q_{13}q_{14})(1-q_{15})(1-q_{16}) \\
= & 1.139 \times 10^{-2}
\end{aligned}
$$

由关键重要度可以得出 X_8 关键重要度较大应重点控制，X_{16}、X_{18}、X_{19} 也是引起事故的主要原因。

2.2.2 风险评估常用方法

2.2.2.1 模糊层次综合评估法

1. 分析流程

在完成了风险辨识和风险分解工作后，下一步是对风险项目进行风险估计与风险评价。依据规范 GB 50652—2011 第 3.4.4 条：工程施工风险管理中宜采用综合风险分析方法，即一般采用专家调查法（定性）和层次分析法（定量）的综合分析方法开展施工阶段的风险分析。针对该分析方法，本节中将根据表 2.2－10 的风险辨识结果进行介绍。首先，利用专家经验，对辨识出的安全风险事件进行打分，其中需打分的内容包括安全风险

事件发生的概率大小，以及此安全风险事件发生的后果（即非效用值）大小。其次，采用层次分析法对打分后的安全风险事件、风险单元、风险工程进行重要性等级排序分析（其中排序过程采用专家打分并结合九标度矩阵分析法进行），得出各级层次单元的风险系数大小。

2. 确定各层次间各要素重要性等级的两两判断矩阵说明

风险权重评价分值见表 2.2 - 9。

表 2.2 - 9　　　　　　　　　　风险权重评价分值表

分值 a_{ij}	定　　义
1	i 风险比 j 风险发生重要性一样大
3	i 风险比 j 风险发生重要性略大
5	i 风险比 j 风险发生重要性稍大
7	i 风险比 j 风险发生重要性大得多
9	i 风险比 j 风险发生重要性大很多
2，4，6，8	i 风险比 j 风险发生重要性比较结果处于以上结果的中间
倒数	j 风险比 i 风险发生重要性比较结果是 i 风险比 j 风险发生重要性比较结果的倒数

注　风险评价模型基本假定为：每一风险的分值为 1～9 共 9 个标度。其中，1 表示相对重要性程度相同，9 表示相对重要性程度差别最大。上述假定即为建立工程项目风险评估模型各层次之间两两判断矩阵的依据。

3. 层次分析法计算步骤说明

层次分析法基本计算流程见图 2.2 - 9。判断矩阵见表 2.2 - 10。

表 2.2 - 10　　　　　　　　　　判　断　矩　阵　表

事件	1 JZZY	2 JZJQ	3 JZBT	4 JZJJ	5 JZJG	6 JZDZ	7 JZJC	8 JZGD
1 JZZY	a_{11}	a_{12}	a_{13}	a_{14}	a_{15}	a_{16}	a_{17}	a_{18}
2 JZJQ	a_{21}	a_{22}	a_{23}	a_{24}	a_{25}	a_{26}	a_{27}	a_{28}
3 JZBT	a_{31}	a_{32}	a_{33}	a_{34}	a_{35}	a_{36}	a_{37}	a_{38}
4 JZJJ	a_{41}	a_{42}	a_{43}	a_{44}	a_{45}	a_{46}	a_{47}	a_{48}
5 JZJG	a_{51}	a_{52}	a_{53}	a_{54}	a_{55}	a_{56}	a_{57}	a_{58}
6 JZDZ	a_{61}	a_{62}	a_{63}	a_{64}	a_{65}	a_{66}	a_{67}	a_{68}
7 JZJC	a_{71}	a_{72}	a_{73}	a_{74}	a_{75}	a_{76}	a_{77}	a_{78}
8 JZGD	a_{81}	a_{82}	a_{83}	a_{84}	a_{85}	a_{86}	a_{87}	a_{88}

图 2.2 - 9 中相关参数的计算公式为

$$\overline{\omega}_i = \sqrt[n]{\prod_{j=1}^{n} a_{ij}}, \quad \omega_i = \frac{\overline{\omega}_i}{\sum_{i=1}^{n} \overline{\omega}_i}, \quad \lambda_{\max} = \sum_{i=1}^{n} \frac{(A\omega)_i}{n\omega_i}, \quad CI = \frac{\lambda_{\max} - n}{n - 1}$$

式中：N 为判断矩阵阶数；a_{ij} 为判断矩阵第 i 行、第 j 列元素；A 为 $n \times n$ 维判断矩阵；CI 为一致性检验参数值。

一致性检验：$CR = CI/RI$，其中 $CI = (\lambda_{\max} - n)/(n-1)$，$RI$ 为平均随机一致性指标，当 $CR \leqslant 0.10$ 时，判断矩阵具有满意的一致性，否则应予以调整。平均一致性指标 RI 值见表 2.2-11。

4. 总体评估流程

模糊层次分析风险评估总体流程见图 2.2-10。

5. 评估实例

以上内容介绍了该方法的基本分析程序及流程，基于 2.2.1.3 部分的盾构辨识实例，下面将对该方法进行实例分析，以供参考。

（1）构造"盾构自身"风险单元两两判断矩阵（具体数字含义见表 2.2-12）。风险权重评价分值见表 2.2-13。

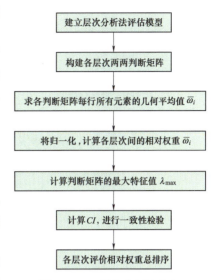

图 2.2-9 层次分析法基本
计算流程图

表 2.2-11　　　　　　　　　平均一致性指标 RI 值

n	2	3	4	5	6	7	8	9	10	11	12	13	14	15
RI	0.00	0.58	0.90	1.12	1.24	1.32	1.41	1.45	1.49	1.52	1.54	1.56	1.58	1.59

表 2.2-12　　　　　　　　　"盾构自身"判断矩阵

安全风险事件	DGZS1	DGZS2	DGZS3	DGZS4	DGZS5	DGZS6
掘进后发现盾构选型不合理 DGZS1	1	1/2	1/3	1/4	1/3	1/3
盾构后退 DGZS2	2	1	1/2	1/3	1/3	1/3
盾构沉陷 DGZS3	3	2	1	1/2	1	1
盾构内出现涌土、流砂、漏水 DGZS4	4	3	2	1	2	2
盾尾密封装置泄漏 DGZS5	3	2	1	1/2	1	1
掘进轴线偏离设计轴线 DGZS6	3	2	1	1/2	1	1

表 2.2-13　　　　　　　　　风险权重评价分值表

分值 a_{ij}	定　义
1	i 风险比 j 风险发生重要性一样大
3	i 风险比 j 风险发生重要性略大
5	i 风险比 j 风险发生重要性稍大
7	i 风险比 j 风险发生重要性大得多
9	i 风险比 j 风险发生重要性大很多
2，4，6，8	i 风险比 j 风险发生重要性比较结果处于以上结果的中间
倒数	j 风险比 i 风险发生重要性比较结果是 i 风险比 j 风险发生重要性比较结果的倒数

注 风险评价模型基本假定为：每一风险的分值为 1~9 共 9 个标度。其中，1 表示相对重要性程度相同，9 表示相对重要性程度差别最大。上述假定即为建立工程项目风险评估模型各层次之间两两判断矩阵的依据。

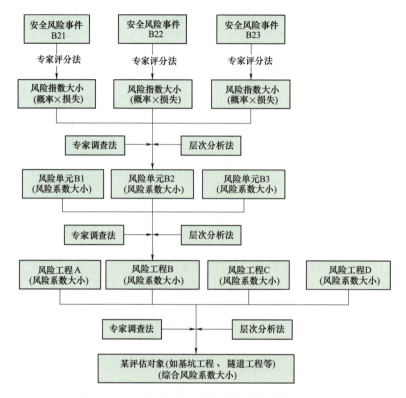

图 2.2-10　模糊层次分析法风险评估总体流程图

特征向量（相对权重）为

$$W_1^T = \begin{bmatrix} 0.06 & 0.09 & 0.18 & 0.32 & 0.18 & 0.18 \end{bmatrix}$$

风险指数向量（即 P、C 值乘积向量）为

$$F_1^T = \begin{bmatrix} 5 & 5 & 5 & 15 & 12 & 15 \end{bmatrix}$$

则此风险单元的风险指数为

$$R_1 = W_1^T \cdot F_1 = 11.21$$

（2）构造"掌子面"风险单元两两判断矩阵，见表 2.2-14。

表 2.2-14　　　　　　　　　　　　"掌子面"判断矩阵

安全风险事件	ZZM1	ZZM2	ZZM3	ZZM4
盾构掘进面土体失稳 ZZM1	1	1/3	1/3	1/3
遇见障碍物 ZZM2	3	1	1	1
遇不明地层气体泄漏 ZZM3	3	1	1	1
遇到溶洞 ZZM4	3	1	1	1

特征向量（相对权重）为

$$W_2^T = \begin{bmatrix} 0.10 & 0.30 & 0.30 & 0.30 \end{bmatrix}$$

风险指数向量（即 P、C 值乘积向量）为

$$F_2^T = \begin{bmatrix} 15 & 16 & 8 & 8 \end{bmatrix}$$

则此风险单元的风险指数为

$$R_2 = W_2^T \cdot F_2 = 11.1$$

（3）构造"管片"风险单元两两判断矩阵，见表 2.2-15。

表 2.2-15　　　　　　　　　　　　　"管 片" 判 断 矩 阵

安全风险事件	GP1	GP2	GP3	GP4	GP5	GP6	GP7
管片破损 GP1	1	1	2	1/2	1	1	1/2
管片就位不准确 GP2	1	1	1/2	2	1	1	2
螺栓连接失效 GP3	1/2	1/2	1	1/4	1/2	1/2	1/4
管片接缝渗漏 GP4	2	2	4	1	2	2	1
管片发生上浮 GP5	1	1	2	1/2	1	1	1/2
管片开裂、渗漏、失稳 GP6	1	1	2	1/2	1	1	1/2
管片吊装时发生脱落 GP7	2	2	4	1	2	2	1

特征向量（相对权重）为

$$W_3^T = \begin{bmatrix} 0.11 & 0.14 & 0.06 & 0.23 & 0.11 & 0.11 & 0.23 \end{bmatrix}$$

风险指数向量（即 P、C 值乘积向量）为

$$F_3^T = \begin{bmatrix} 9 & 9 & 12 & 15 & 10 & 5 & 3 \end{bmatrix}$$

则此风险单元的风险指数为

$$R_3 = W_3^T \cdot F_3 = 8.82$$

（4）构造"隧道注浆"风险单元两两判断矩阵，见表 2.2-16。

表 2.2-16　　　　　　　　　　　　"隧 道 注 浆" 判 断 矩 阵

安全风险事件	SDZJ1	SDZJ2	SDZJ3	SDZJ4
注浆质量不合格 SDZJ1	1	1/2	1	1/2
二次注浆不及时导致地表沉降 SDZJ2	2	1	2	1
注浆压力低 SDZJ3	1	1/2	1	1/2
注浆管堵塞等故障 SDZJ4	2	1	2	1

特征向量（相对权重）为

$$W_4^T = \begin{bmatrix} 0.17 & 0.33 & 0.17 & 0.33 \end{bmatrix}$$

风险指数向量（即 P、C 值乘积向量）为

$$F_4^T = \begin{bmatrix} 6 & 12 & 6 & 6 \end{bmatrix}$$

则此风险单元的风险指数为

$$R_4 = W_4^T \cdot F_4 = 8$$

（5）构造"机械设备"风险单元两两判断矩阵，见表 2.2-17。

表 2.2－17　　　　　　　　　　　　　"机械设备"判断矩阵

安全风险事件	JXSB1	JXSB2	JXSB3	JXSB4	JXSB5
盾构内气动元件不工作 JXSB1	1	1	1/3	1/3	1/2
盾构刀盘轴承失效 JXSB2	1	1	1/3	1/3	1/2
刀盘与刀具出现异常磨损 JXSB3	3	3	1	1	2
数据采集系统失灵 JXSB4	3	3	1	1	2
管片拼装系统失效 JXSB5	2	2	1/2	1/2	1

特征向量（相对权重）为

$$W_5^T = \begin{bmatrix} 0.10 & 0.10 & 0.31 & 0.31 & 0.18 \end{bmatrix}$$

风险指数向量（即 P、C 值乘积向量）为

$$F_5^T = \begin{bmatrix} 9 & 9 & 12 & 8 & 8 \end{bmatrix}$$

则此风险单元的风险指数为

$$R_5 = W_5^T \cdot F_5 = 9.09$$

（6）构造"盾构掘进"风险工程两两判断矩阵，见表 2.2－18。

表 2.2－18　　　　　　　　　　　　　"盾构掘进"判断矩阵

安全风险事件	DGZS	ZZM	GP	SDZJ	JXSB
盾构自身 DGZS	1	2	5	7	5
掌子面 ZZM	1/2	1	4	6	5
管片 GP	1/5	1/4	1	2	1
隧道注浆 SDZJ	1/7	1/6	1/2	1	1/2
机械设备 JXSB	1/5	1/5	1	2	1

特征向量（相对权重）为

$$W_6^T = \begin{bmatrix} 0.46 & 0.32 & 0.09 & 0.05 & 0.09 \end{bmatrix}$$

各风险单元风险系数向量为

$$F_6^T = \begin{bmatrix} 11.21 & 11.1 & 8.82 & 9 & 9.09 \end{bmatrix}$$

则此风险工程的风险指数为

$$R_6 = W_6^T \cdot F_6 = 10.66$$

（7）据以上计算分析，可得"盾构掘进"此风险工程风险等级大小。其评估结果见表 2.2－19。

表 2.2－19　　　　　　　　　　　　"盾构掘进"风险工程评估结果表

风险工程	盾 构 掘 进					
风险单元	盾构自身	掌子面	管 片	隧道注浆	机械设备	总风险
风险指数	11.21	11.1	8.82	9	9.09	10.66
风险级别	Ⅱ级	Ⅱ级	Ⅲ级	Ⅲ级	Ⅱ级	Ⅱ级

（8）风险控制。依据风险评估等级即可确定风险接受准则，《城市轨道交通地下工程建设风险管理规范》（GB 50652—2011）第 4.3.2 条：针对不同等级风险，应采用不同的风险处置原则和控制方案，各等级风险的接受准则应符合表 2.2 - 20 的规定。

表 2.2 - 20　　　　　　　　　　　风 险 接 受 准 则 表

等级	接受准则	处 置 措 施	控制方案	应对部门
Ⅰ级	不可接受	必须采取风险控制措施降低风险，并至少应将风险降低至可接受或不愿接受的水平	应编制风险预警与应急处置方案，或进行方案修正或调整等	政府主管部门、工程建设各方
Ⅱ级	不愿接受	必须加强监测，采取风险处理措施降低风险等级，且降低风险的成本不应高于风险发生后的损失	应实施风险防范与监测，制定风险处置措施	
Ⅲ级	可接受	宜实施风险管理，可采取风险处置措施	宜加强日常管理与监测	工程建设各方
Ⅳ级	可忽略	可实施风险管理	可开展日常审视检查	

例如，根据表 2.2 - 19，"盾构掘进"此项风险工程为重大风险源，风险等级为Ⅱ级，为不愿接受风险，必须采取风险控制措施降低风险，并至少应将风险降低至可接受或不愿接受的水平，需要制定风险处置措施。

2.2.2.2　模糊事故树综合分析法

1. 总体分析流程

模糊事故树分析法是将模糊数学原理与事故树分析技术相结合而产生的新的事故概率估计方法，它包括建立事故树、用数值表达自然语言、确定专家意见权重、计算事件的模糊概率和主要风险事故的模糊概率等过程。

模糊事故树分析法利用专家调查法和模糊综合评判法得到各类基本事件的模糊概率，然后将基本事件的模糊概率用于事故树中进行计算，最后得到风险事故概率。模糊事故树分析法主要步骤如下。

（1）建立事故树。

（2）将自然语言用数学表达。

（3）专家意见权重的确定。

（4）基本事件模糊概率的确定。

（5）风险事故概率的确定。

模糊事故树分析法是综合应用了事故树法与模糊数学方法两种方法，因此兼有这两种方法的优点，同时，该方法利用模糊数学方法得到事故树法中最难得到的基本事件的发生概率，解决了事故树法中的一大难题，避免了对统计资料的强烈依赖性，为事故概率的估计提供了新思路。

2. 分析实例

与常规事故树方法相比，模糊事故树方法不仅能达到常规方法的分析目的，而且可以得到工程失效可能性的分布规律。现以 SMW 工法桩支护结构为例，说明如何把模糊数学应用到计算基坑支护结构失效概率中。

（1）深基坑工程支护系统的事故树编制。事故树分析的主要任务是寻找导致系统事故的全部事故模式，并找出发生概率较大的事故，这些事故就是系统薄弱环节。找出这些事故模式后，就可以针对性地加强系统的薄弱环节，减小这些事故模式的发生概率从而提高系统可靠性。本例研究对象是深基坑 SMW 工法支护结构体系本身的事故情况，故不考虑甲方、设计、监理和施工单位管理不善的原因，也不考虑工程施工对周围建筑、路面、管线等不利影响。深基坑 SMW 工法支护结构体系的事故树如图 2.2-11 所示。

（2）事故发生概率计算。在编制完事故树后，需要计算顶上事件，即深基坑工程支护结构体系事故可能发生的概率。FTA 分析法中计算顶上事件的概率，通常是先求导致顶上事件发生的最小基本事件的集合，即先求事故树的最小割集。每个最小割集对应于一种事故模式。一个事故树的最小割集有若干个，但各最小割集发生的概率不同，发生概率最高的最小割集就是事故最可能的危险源。最小割集通常用布尔代数法求得。对于图 2.2-11 的事故树按布尔代数法计算如下：

由计算结果可知，顶上事件为 30 个交集的并集，这 30 个交集即为该事故树的最小割集，即 $\{X_4 X_{19}\}$、$\{X_4 X_{20}\}$、$\{X_4 X_{28}\}$、$\{X_4 X_{29}\}$、$\{X_4 X_{21}\}$、$\{X_4 X_{30} X_{31}\}$、$\{X_5 X_2\}$、$\{X_5 X_{21}\}$、$\{X_5 X_{22}\}$、$\{X_5 X_{23}\}$、$\{X_5 X_{24}\}$、$\{X_5 X_{19}\}$、$\{X_5 X_{25}\}$、$\{X_1 X_2\}$、$\{X_6 X_{22}\}$、$\{X_6 X_{26}\}$、$\{X_6 X_{28}\}$、$\{X_6 X_{29}\}$、$\{X_6 X_{21}\}$、$\{X_6 X_{30} X_{31}\}$、$\{X_7\}$、$\{X_{27}\}$、$\{X_{26}\}$、$\{X_8\}$、$\{X_9\}$、$\{X_{10}\}$、$\{X_{11}\}$、$\{X_3\}$、$\{X_{12} X_{13} X_{14}\}$、$\{X_{15} X_{16} X_{17} X_{18}\}$。$T = A_1 + A_2 + A_3 + A_4 + A_5 = B_1 + B_2 + X_1 X_2 + B_3 + B_4 + B_5 + B_6 + X_3 + B_7 + B_8 = X_4 (C_1 + C_2) + X_5 (C_3 + C_4 + C_5) + X_1 X_2 + X_6 (C_6 + C_7) + X_7 + C_8 + X_8 + X_9 + X_{10} + X_{11} + X_{12} X_{13} X_{14} + X_{15} X_{16} X_{17} X_{18} = X_4 (X_{19} + X_{20} + X_{28} + X_{29} + X_{21} + X_{30} X_{31}) + X_5 (X_2 + X_{21} + X_{22} + X_{23} + X_{24} + X_{29} + X_{25}) + X_1 X_2 + X_6 (X_{22} + X_{26} + X_{28} + X_{29} + X_{21} + X_{30} X_{31}) + X_7 + X_{26} + X_{27} + X_8 + X_9 + X_{10} + X_{11} + X_3 + X_{12} X_{13} X_{14} + X_{15} X_{16} X_{17} X_{18} = X_4 X_{19} + X_4 X_{20} + X_4 X_{28} + X_4 X_{29} + X_4 X_{21} + X_4 X_{30} X_{31} + X_5 X_2 + X_5 X_{21} + X_5 X_{22} + X_5 X_{23} + X_5 X_{24} + X_5 X_{19} + X_5 X_{25} + X_1 X_2 + X_6 X_{22} + X_6 X_{26} + X_6 X_{28} + X_6 X_{29} + X_6 X_{21} + X_6 X_{30} X_{31} + X_7 + X_{26} + X_{27} + X_8 + X_9 + X_{10} + X_{11} + X_3 + X_{12} X_{13} X_{14} + X_{15} X_{16} X_{17} X_{18}$，分别对应于导致顶上事件发生的 30 种事故发生模式。在实际工程中，顶事件的发生概率 P_T 一般用近似的独立事件和的概率公式，即

$$P_T = 1 - \prod_{i=1}^{n} [1 - P(M_i)]$$

式中：$P(M_i)$ 为第 i 个最小割集的发生概率。

如 $P(M_i)$ 表示第一个最小割集 $\{X_4 X_{19}\}$ 的发生概率，它取决于基本事件 X_4 和 X_{19} 发生的概率之积。在 FTA 分析中，最重要也是最难的就是如何确定这些基本事件的发生概率。各基本事件和条件事件发生概率估计如下。

1）二值基本事件：发生时 $P=1$，不发生时 $P=0$，基本事件有 6 个，分别为 X_{12}、X_{13}、X_{15}、X_{16}、X_{21}、X_{30}。

2）随机基本事件：发生概率通过统计估算得到。基本事件有 20 个，分别为 X_1、X_2、X_3、X_7、X_8、X_9、X_{10}、X_{11}、X_{17}、X_{19}、X_{20}、X_{22}、X_{23}、X_{24}、X_{25}、X_{26}、X_{27}、X_{28}、X_{29}、X_{31}。

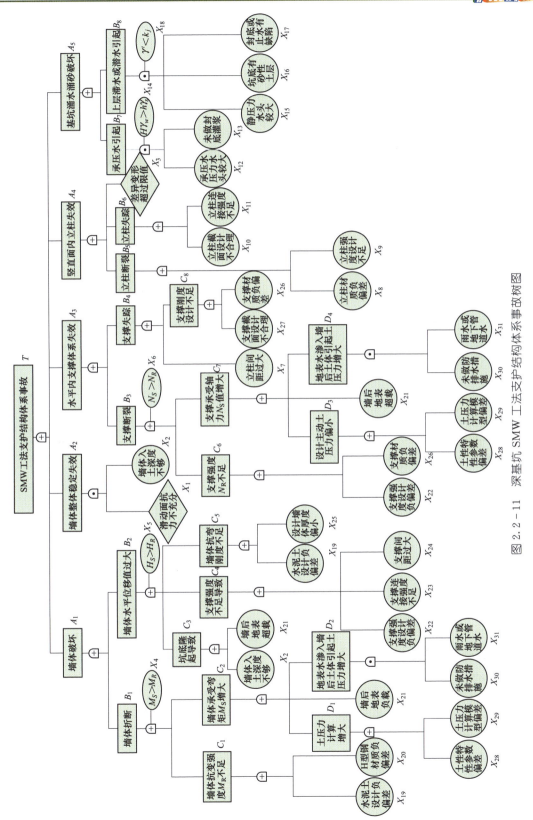

图 2.2 — 11　深基坑 SMW 工法支护结构体系事故树图

根据三角形模糊数的论述，假设

$$a_i = 0.95m_i$$

$$b_i = 1.05m_i$$

运用以上两式对各随机基本事件的发生概率模糊化，得到各随机基本事件的模糊概率，如表 2.2 - 21 所示。

表 2.2 - 21 　　　　　　　　　　　　事故树中各随机基本事件模糊概率

基本事件编号	模 糊 概 率 值			基本事件编号	模 糊 概 率 值		
	a	m	b		a	m	b
X_1	0.01425	0.0150	0.01575	X_{20}	0.00123	0.0013	0.00137
X_2	0.03325	0.0350	0.03675	X_{22}	0.00257	0.0027	0.00283
X_3	0.00114	0.0012	0.00126	X_{23}	0.00133	0.0014	0.00147
X_7	0.00513	0.0054	0.00567	X_{24}	0.00133	0.0014	0.00147
X_8	0.00133	0.0014	0.00147	X_{25}	0.00238	0.0025	0.00262
X_9	0.00133	0.0014	0.00147	X_{26}	0.00133	0.0014	0.00147
X_{10}	0.00114	0.0012	0.00126	X_{27}	0.00114	0.0012	0.00126
X_{11}	0.00133	0.0014	0.00147	X_{28}	0.00513	0.0054	0.00567
X_{17}	0.02660	0.0280	0.02940	X_{29}	0.01710	0.0180	0.001890
X_{19}	0.00770	0.0081	0.00850	X_{31}	0.03710	0.0390	0.04090

3）条件事件：发生概率根据经验估计得到。事件有 5 个，分别为 X_4、X_5、X_6、X_{14}、X_{18}，根据三角形模糊数的论述，假设

$$a_i = 0.9m_i$$

$$b_i = 1.1m_i$$

运用上式对各条件事件的发生概率模糊化，得到各条件事件的模糊概率，见表 2.2 - 22。

表 2.2 - 22 　　　　　　　　　　　　事故树中各条件事件模糊概率

基本事件编号	模 糊 概 率 值			基本事件编号	模 糊 概 率 值		
	a	m	b		a	m	b
X_4	0.09	0.1	0.11	X_{14}	0.18	0.2	0.22
X_5	0.18	0.2	0.22	X_{18}	18	0.2	0.22
X_6	0.09	0.1	0.11				

根据前面所述的模糊数区间运算法则，用模糊数的减法运算和乘法运算分别代替普通概率的减法和乘法运算，将上述基本事件和条件事件的模糊概率值代入顶事件的发生概率 P_T 计算公式，即可得到几种不同情况下顶事件发生的模糊概率，见表 2.2 - 23。

表 2.2 - 23　　　　　　　　顶事件的模糊概率值

P_{12}	P_{13}	P_{15}	P_{16}	P_{21}	P_{30}	P_T $(a,\ m,\ b)$
0	0	0	0	0	0	(0.0279, 0.0309, 0.0341)
0	0	1	1	0	0	(0.0325, 0.0364, 0.0404)
0	0	0	0	1	0	(0.3399, 0.3720, 0.4033)
0	0	0	0	0	1	(0.0344, 0.0385, 0.0428)
1	1	0	0	0	0	(0.2029, 0.2247, 0.2466)
1	1	1	1	1	1	(0.4649, 0.5043, 0.5417)

　　从表 2.2 - 22 中可以看出，墙后地表是否超载，对 SMW 工法支护结构发生事故概率影响很大；地下水位较高时，特别是存在较大承压水压力水头时，发生事故概率明显增大，基坑地表是否做了防排水措施，对发生事故概率有一定影响，但影响不大。

　　在各二值基本事件均取 1 的条件下，顶事件的模糊概率如图 2.2 - 12 所示。从图可知，顶事件的模糊概率仍可用三角形模糊数近似表示，其参数为（0.4649, 0.5043, 0.5417）。其顶事件的发生概率为 46.49%～54.17%，但发生概率为 50.43% 的可能性最大，其隶属度为 1。顶事件发生概率的模糊性由基本事件发生概率的模糊性决定，这种模糊性的描述更能反映事物的本质。

　　严格说来，三角形模糊数的减法运算结果是三角形模糊数，而三角形模糊数的乘法运算结果一般不是三角形模糊数，但可以用三角形模糊数来近似表示。因为它们有相同的中心值（$\mu=1$）和覆盖区域，仅是某些点的隶属度不同，且近似误差很小，在三角形模糊数的有限次乘法运算中，这种近似误差可以忽略。

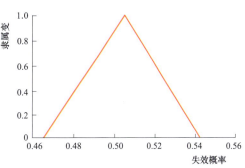

图 2.2 - 12　SMW 工法支护结构
失效概率的可能性分布

　　（3）敏感性分析。敏感性分析的目的是找出在事故树中对顶事件发生概率影响较大的基本事件，从而采取有效的措施减小这些基本事件的失效概率，以减小顶事件失效概率。目前的事故树分析中有几种基本事件的敏感性评价指标，如采用一阶导数表示的模糊概率重要度、临界模糊重要度、关键重要度等。根据上述所定义的模糊数类型，可以定义基本事件的敏感性评价指标 V。以 $P_T\%$ 表示事故树顶事件的发生概率，$P_{T_i}\%$ 表示当第 i 个基本事件不发生时顶事件的失效概率，则第 i 个基本事件的敏感性评价指标为

$$V_i=(P_T\%-P_{T_i}\%)/P_T\%$$

　　如果有 $V_i \geqslant V_j$，则表明通过减小第 i 个事件的发生可能性更有利于减小顶事件发生的可能性。

　　对图 2.2 - 11 所示 SMW 工法支护结构事故树进行敏感性分析，得到各基本事件敏感性指标。这里只选取敏感性指标大于 5% 的基本事件：$V_{21}=53.4\%$，$V_{12}=V_{13}=24.5\%$，

$V_{30}=V_{31}=7.3\%$，$V_{15}=V_{16}=V_{17}=7.2\%$。所以第 21、第 12、第 13、第 30、第 31、第 15、第 16、第 17 个事件对顶事件的发生概率影响较大。墙后地表超载，未做封底灌浆或封底止水有缺陷、降雨或地下水渗入土三个基本事件是最大的风险源，通过适当的措施，减小这些事件的发生概率，可以减小 SMW 支护结构事故发生的。

2.2.2.3　蒙特卡罗（Monte - Carlo）数值模拟法

1. 总体分析流程

蒙特卡罗方法亦称为随机模拟（random simulation）方法，有时也称为随机抽样（random sampling）技术或统计试验（statistical testing）方法。它的基本思想是，为了求解数学、物理、工程技术以及生产管理等方面的问题，首先建立一个概率模型或随机过程，使它的参数等于问题的解，然后通过对模型或过程的观察或抽样试验来计算所求参数的统计特征，最后给出所求解的近似值。而解的精确度可用估计值的标准误差来表示。

蒙特卡罗方法是为解决计算困难而设计的。这种方法可看成是实际可能发生情况的模拟，是一种试验。我们对未来的情况不能确定，只知各输入变量按一定概率分布取值，就可以用一个随机数发生器来产生具有相同概率的数值，赋值给各输入变量，计算出各输出变量，这就对应于实际上可能发生的一种情况，是种试验，或者是一个幕景。如此反复试验，例如试验 k 次，便可得出 k 个幕景，由这 k 组数据便可求出输出量的概率分布。其基本假定是风险因素相互独立，随机发生，在此前提下，进行统计试验，从而得出目标函数的概率分布及其统计特征值。

蒙特卡罗方法也是风险评估中常用的一种方法。它是对未来情况的幕景分析和模拟。由于对大型工程项目不能进行物理实验，蒙特卡罗方法也可看作是一种实验研究的方法。这种方法的精度和有效性如何，决定于仿真计算模型的精度和各输入量概率分布估计的准确度。

蒙特卡罗方法模拟的步骤如下。

（1）确定随机变量及其分布规律。

（2）建立问题的数学模型。

（3）确定随机数产生的方法和模拟次数。

（4）抽样模拟。

（5）统计分析。

应用 Monte - Carlo 模拟法的前提条件是确定工作持续时间所遵循的规律。

2. 分析实例

（1）深基坑支护结构失效概率的蒙特卡罗有限元模拟。深基坑支护结构的可靠度一般包括强度可靠度和刚度可靠度。强度可靠度计算，其关键在于寻找结构可能的失效模式。深基坑支护结构型式和受力均十分复杂，失效模式多，寻找起来非常困难。因此，一般在分析计算中，将支护结构分解成挡墙结构、水平支撑结构和竖向支撑结构等三种二维子结构，挡墙按弹性地基梁分析，水平和竖向支撑体系均按平面框架分析，三种子结构无论哪一个失效，都将导致整个支护结构的失效，这样就将三维支护结构的失效模式问题转化成了三种子结构的失效模式问题。针对每一种失效模式计算其失效概率，进而计算整体结构体系的可靠度。深基坑支护结构刚度可靠度计算的关键是如何确定刚度失效的判别标准。本例主要研究对象是基于支护结构变形过大破坏的失效概率及其环境影响，因此，支护结构可靠度计算的关键是如何确定支护结构变形失效的判别准则，定义支护结构的极限状态为

$$Z[X(t)] = d_0 - d[X(t)] = 0 \qquad (2.2-4)$$

式（2.2-4）中，d_0 是深基坑挡土墙允许最大水平位移，可参考相关规范和设计允许值，$d[X(t)]$ 是计算得到的 t 时刻挡土墙最大水平位移。由于支护结构是随着基坑开挖而逐步形成的，支护结构的变形性状，都是动态变化的，十分复杂。为了便于结构分析，支护结构的计算是以各个典型工况为对象，采取连续迭代，前后衔接的方法进行，对施工过程进行连续完整的计算。根据式（2.2-4）计算得到深基坑支护结构的失效概率只是考虑基于挡土墙刚度失效的失效概率，实际上深基坑支护结构失效方式有多种，失效概率也大于根据式（2.2-4）计算得到失效概率，因此，实际的支护结构的失效概率应该在由式（2.2-4）计算得到失效概率上加以修正。

深基坑支护结构的可靠度计算很难写出功能函数的明确表达式，对于这类问题，可以采用蒙特卡罗法结合有限元方法加以解决。蒙特卡罗法是随着电子计算机的发展而逐步发展起来的一种独特的数值方法。

由概率定义知，某事件的概率可以用大量试验中该事件发生的频率来估算。因此，可以先对影响结构可靠度的随机变量进行大量随机抽样，然后把这些抽样值一组一组地代入功能函数式，确定结构失效与否，然后从中求得结构的失效概率。

蒙特卡罗有限元法计算支护结构的失效概率分析流程见图 2.2-13。

（2）深基坑支护结构的时变风险分析。深基坑工程在施工过程中，存在着大量不确定性因素，因而施工过程中存在着很大的风险。深基坑支护结构的时变风险可定义为某典型工况下支护结构的失效概率与失效后果的乘积，设某典型工况下支护结构的失效概率为 $P_f(t)$，失效后果为 $C(t)$，则时变风险为

$$R(t) = P_f(t) \cdot C(t) \qquad (2.2-5)$$

根据式（2.2-5）计算支护结构的时变风险关键是要确定 $C(t) = \xi C_1(t)$ 和 $C(t)$。

要计算 $P_f(t)$，关键在于寻找支护结构可能的失效模式，深基坑工程支护结构十分复杂，失效模式较多，对每种失效模式计算其失效概率是非常困难也是不现实的。在本例的分析计算中，只考虑支护结构基于刚度失效的失效概率，即在某一典型工况下，根据式（2.2-4）定义的极限状态方程，用蒙特卡罗有限元法计算得到支护结构的失效概率为 $P_f(t)$。

支护结构失效后果的损失与初期投资有关，初始投资越高，失效损失越大，而影响初期投资的主要因素是支护结构设计和施工方案的选择。有支护坑工程一般包括基坑加固、降水、围护结构施工、支撑体系施工、土方开挖等部分，初期投入计算主要是计算这些工程的投资。初期投入的计算可以采用工程造价的计算方法，不过只计算直接费的直接工程费，不计算间接费、利润以及税金等部分。直接费的直接工程费一般包括人工费、材料费和机械使用费三部分。先将各部分造价计算如下。

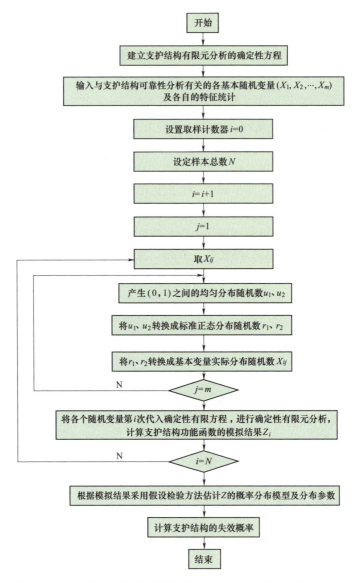

图 2.2－13　蒙特卡罗有限元法计算支护结构失效概率分析流程图

1）基坑加固，即

$$C_{JG} = P_1 Q_1 \qquad (2.2-6)$$

式中：C_{JG} 为加固总费用；P_1 为每立方米加固费用；Q_1 为土体加固体积。

2）基坑降水，即

$$C_{JS} = P_2 Q_2 + P_3 Q_2 D \qquad (2.2-7)$$

式中：C_{JS} 为降水总费用；P_2 为每套井点安装费用；Q_2 为井点套数；P_3 为每套井点每天使用费用；D 为使用天数。

3）围护结构。围护结构种类繁多，这里仅以钻孔灌注桩加搅拌桩为例进行计算，其他围护结构可参照计算。其计算公式为

$$C_{WH} = P_3 Q_3 + P_4 Q_4 + P_5 Q_5 + P_6 Q_6 \qquad (2.2-8)$$

式中：C_{WH} 为围护结构造价；P_3 为每立方米钻孔灌注桩造价；Q_3 为钻孔灌注桩体积；P_4 为每立方米搅拌桩造价；Q_4 为搅拌桩体积；P_5 为每立方米圈梁造价；Q_5 为圈梁体积；P_6 为每立方米压密注浆造价；Q_6 为压密注浆体积。

4）支撑体系，即

$$C_{ZC} = P_7 Q_7 + P_8 Q_8 \qquad (2.2-9)$$

式中：P_7 为每立方米支撑造价；Q_7 为支撑体积；P_8 为每立方米立柱造价；Q_8 为立柱体积。

5）土方开挖，即

$$C_{TF} = P_9 Q_9 \qquad (2.2-10)$$

式中：P_9 为每立方米土方开挖和外运造价；Q_9 为开挖土方体积。

支护结构方案在 t 时刻（根据工况确定）的初始投资为

$$C_1(t) = C_{JG} + C_{JS}(t) + C_{WH} + C_{ZC}(t) + C_{TF}(t) \qquad (2.2-11)$$

式中：各分项可根据具体工程的施工情况加以取舍。

支护结构失效损失后果与初始投资的关系可表示为

$$C(t) = \xi C_1(t) \qquad (2.2-12)$$

式中：ξ 为一常数。

支护结构失效损失的后果除支护结构本身的直接经济损失外，还可能造成其他附加损失，例如支护结构的失效有可能导致人员伤亡，对周围的建（构）筑物造成破坏以及工期损失。这方面的精确分析比较困难，可以根据深基坑工程的不同安全等级，通过笼统调整 ξ 的大小来估算其影响，当不考虑环境影响时，ξ 可取 1，即认为支护结构失效时，初期投资全部损失。

把式（2.2-12）代入式（2.2-5），可以计算得到某典型工况下支护结构的风险为

$$R(t) = P_f(t) C(t) = \xi P_f(t) C_1(t) \qquad (2.2-13)$$

2.3 风险管理的方式方法

当前经过近 20 年的快速发展，我国轨道交通工程领域风险管理已形成一套较为完善的理论体系，包括从规划、设计、施工到试运营及运营阶段，均有相应的规范、规章制度、管理办法等要求及理论模型。虽然各阶段风险管理具体细化内容及操作指南尚未完全成型，但整体框架已搭建完成。

针对轨道交通工程施工期的风险管理，主要侧重于整体风险防控体系的建设，具体包括如下几个方面体系的建设。

（1）风险组织管理体系建设。

（2）风险管理基本体系建设。

（3）风险监控预警管理体系建设。

（4）风险应急管理体系建设等。

以下就各阶段风险管理内容及体系的建设主要内容作简要介绍。

2.3.1　施工阶段风险管理主要内容

2.3.1.1　施工准备期

1. 管理目的

通过加强施工准备期的施工安全设计交底、地质踏勘、环境核查和空洞普查、安全风险深入识别及风险工程分级调整等，加强施工过程的安全风险监控、评估预警、信息报送和预警处理等风险预防和控制措施，及时发现安全隐患并采取有效控制措施，避免工程事故和环境事故的发生。

2. 管理职责

（1）建设各方施工风险分析及职责划分。

（2）制定现场工程建设风险管理实施制度。

（3）编制关键节点工程建设风险管理专项文件。

（4）编制突发事件或事故应急预案。

（5）必须实施动态风险管理。

（6）应编制风险控制预案，建立重大风险事故呈报制度。

3. 管理内容

（1）施工安全设计交底。

（2）地质踏勘、环境核查和空洞普查及分析。

（3）设计文件分析。

（4）风险因素深入识别与风险工程分级调整。

（5）安全专项施工方案的编制与审查。

（6）施工风险预告。

（7）征地、拆迁、管线切改、交通疏解及场地准备等风险分析。

（8）邻近建（构）筑物（包括建筑物、管线、道路、既有轨道交通）的影响风险分析。

（9）工程建设工期及进度安全风险分析。

（10）工程施工组织设计及技术方案可行性风险分析。

（11）施工监测布置及监测预警标准风险分析。

（12）现场风险管理制度及组织的建立。

（13）现场施工安全防范措施及抢险物资准备。

（14）设计方应配合开展施工图设计风险交底，应根据现场施工反馈信息，对施工图设计风险进行动态管理。

4. 风险识别要点

（1）自然灾害风险。

（2）不良工程地质及水位地质及不明障碍物等。

（3）施工机械与设备，施工技术、工艺、材料等。

（4）周边环境影响因素。

（5）其他各类突发事件。

5. 风险评估要点

（1）征地、拆迁、管线改迁、交通疏解及场地准备等的风险评估。

（2）场地地质条件风险分析与评估。

（3）邻近建（构）筑物等周边环境的影响风险分析与评估。

（4）工程建设工期及进度安排风险分析与评估。

（5）工程施工组织设计及技术方案可行性风险分析与评估。

（6）施工监测点布置及监测预警风险分析与评估。

2.3.1.2　施工期

1. 管理目标

城市轨道交通地下工程风险管理是工程建设风险管理过程核心，也是工程建设风险能否得到有效控制的关键。

2. 管理内容

（1）施工中的风险辨识和评估。

（2）编制现场施工风险评估报告，并应以正式文件发送给工程建设各方，经各方交流后形成现场风险管理实施文件记录。

（3）施工对邻近建（构）筑物的影响风险分析。

（4）施工风险动态跟踪管理。

（5）施工风险预警预报。

（6）施工风险通告。

（7）现场重大事故上报及处置。

（8）安全风险监控、评估与预警的信息报送。

（9）参与审查安全风险有关的施工方案或专项方案。

（10）随施工进度工点风险源的动态更新与增补。

（11）现场安全风险巡视。

（12）风险源动态预告与提示。

（13）各类方案变更的风险评估与管理。

（14）应急救援机制（包括组织体系、信息报送与反馈、应急响应等）。

（15）视频管理。

3. 风险辨识要点

（1）邻近或穿越既有或保护性建（构）物、军事区、地下管线设施区等。

（2）穿越地下障碍物段施工。

（3）浅覆土层施工。

（4）小曲率区段施工。

（5）大坡度区段施工。

（6）小净距隧道施工。

（7）穿越江河段施工。

（8）特殊地质条件或复杂区段施工。

4. 风险评估要点

（1）施工过程中动态的风险辨识及评估。

（2）施工过程中对邻近建筑物的影响风险分析与评估。

（3）施工过程中动态风险跟踪与管理。

（4）施工过程中重大风险源动态分级与评估。

2.3.2 风险组织管理体系建设

目前，各城市地铁建设单位内部管理机构多，分别与其他参建单位负责响应阶段的工作相对应，而参建单位也在不同的建设阶段介入。同时，城市地铁建设领域普遍存在着开工线路多、工期压力大、安全风险高、包括建设单位在内的工程参建各方力量摊薄较为严重的特点。因此，为在有限的技术资源条件下更好地开展好安全风险管控工作，需要就整体风险管控组织模式及架构进行研究。

《城市轨道交通地下工程建设风险管理规范》（GB 50652—2011）在充分调研国内外地铁建设公司的管理模式、主体责任、组织机构、项目管理方式、地方政府要求、投资主体、运营主体、参建主体、建设阶段和资源情况等基础上，提出并建立了以建设单位为安全风险管理的主体单位、根据安全风险管理分级的要求实行分层管理、涵盖工程建设全过程控制的安全风险管理的组织架构，建设单位牵头、工程建设其他参建方全面参与并各负其责的安全管理责任机制。

目前，对于北京、上海、广州等已建成并运营多条轨道交通线的城市，其建设及其风险管理组织模式较为成熟，一般为三层级管理模式：即公司领导层的公司安全质量监察总部或安全监控中心，项目管理层的建设事业总部或项目管理中心的安全质量部或风险监测部，现场执行层的业主代表和监理、施工等单位。其主要组织框架包括政府监管层、建设单位母公司（总公司）的决策层、建设单位子公司（建设分公司）的管理层和与建设单位签订合同并依法履行建设任务的各相关参建单位组成的实施层。为强化安全风险管理，也可设置监控管理中心。该中心可根据建设单位的实际情况，单独运行或下设于某一职能部门运行。各个层级的组成概况见图 2.3-1。

监控管理中心是地铁工程安全风险管理的信息枢纽，负责组织各线各阶段的安全风险监控、综合预警发布、信息管理和相关咨询工作，并进行监督管理。为保证风险管理工作的权威性、专业性和可靠性，监控管理中心的具体工作可以政府购买服务方式选择社会单位（风险咨询单位）负责，监控管理中心的所有指令可以建设单位的名义发出。各参建单位在安全风险管理中的关联性可参考图 2.3-2。

在轨道交通建设工程风险管理中，对管理责任分担应遵循以下原则：

（1）工程建设各方的责、权、利平等、互利与均衡。

（2）责、权、利的分配应与工程建设目标和特点相匹配。

（3）从工程整体效益出发，制定的责、权、利应最大限度地调动工程建设参与各方的积极性。

（4）建设单位是工程风险管理的监管与决策责任，不同工程建设阶段中，工程建设执行方是风险管理的实施责任，对工程建设期的风险承担合同规定的相应责任。

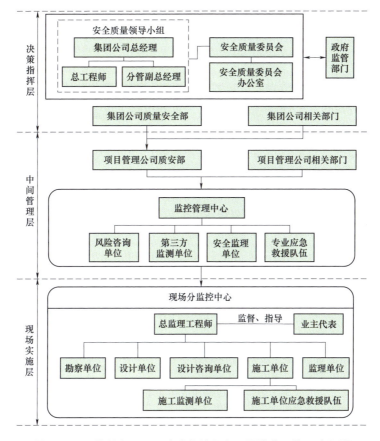

图 2.3-1 轨道交通工程建设各阶段安全风险分层管理流程图

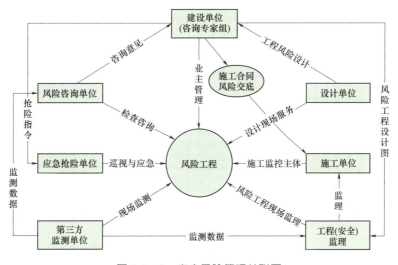

图 2.3-2 安全风险管理关联图

2.3.2.1　参建各方职责分工

从各参建单位的职责与分工来讲，主要应包括建设单位、勘察单位、设计单位、施工单位（含施工监测）、监理单位、风险咨询单位及第三方监测单位等。具体的风险管控职责可梳理制定如下。

1. 建设单位

（1）公司决策层。一般负责监督检查施工单位、监理单位和第三方监测单位等相关参建单位安全风险管理体系的建立和落实情况，审查风险工程分级调整，参与施工安全设计技术交底、安全专项施工方案、重大工程环境施工过程评估、预警处理方案的论证，全面掌握全线安全状态并进行监督检查，参加预警处理。

1）统管建设单位承担的轨道交通工程线网工程建设的安全风险管理工作，组织监督和检查、建立并批准的公司体系的落实、执行情况，监督监控管理中心工作开展情况。

2）负责监督及明确总体安全风险管理组织机构的职责与分工，提供安全风险管理的资源保障。

3）主管全线重大安全风险管理方案和处理措施的技术论证和过程监督、协调，向建设单位公司总经理汇报全线工程建设期安全风险管理情况。

4）负责向政府部门汇报全网工程建设期安全风险管理情况和重大突发风险事件，配合政府主管部门、相关管理部门和产权单位对安全风险管理活动的检查、监督和重大突发风险事件的处理、决策。

5）当风险工程可能达到红色综合预警状态时，负责加强风险监控和事务处理工作的组织协调和监督、检查。

（2）项目管理层（含监控管理中心）。

1）在建设单位公司主管总经理的领导下，负责全线工程建设施工阶段的安全风险监控信息管理（即报送、汇总、筛选处理、评估预警和信息化平台管理等），并落实公司体系文件。

2）组织制定工程建设各方建立风险管理培训制度。

3）直接管理第三方监测单位，对其第三方监测、信息汇总管理、评估预警和相关咨询管理等工作进行监督、检查。

4）直接管理风险咨询单位，并监督、检查其安全风险监控、评估咨询和信息平台维护管理工作。

5）负责对全线施工单位、监理单位的安全风险管理体系建立和执行情况及施工过程安全风险监控、评估预警、风险事务处理和信息报送、反馈及其执行情况进行监督和指导。

6）定期组织工程建设各方开展风险管理工作的沟通和交流，并对风险状况进行记录。

7）对施工阶段各线安全风险状况进行总体评价，负责掌控各线施工阶段的安全风险状态，负责对各线监控信息进行汇总、筛选和预警快报，并定期编制各线施工阶段的监控管理报告，上报公司领导。

8）监督、检查现场监控各方及时报送信息，进行综合预警状态判定、消警的签认和启动，并组织、督促第三方监测单位及时反馈监理和施工单位、设计单位。

9）配合建设单位公司层对重大突发风险事务处理的信息报送、组织协调和政府主管部门的处理、决策，并加强监督、检查工作。

10）在安全风险咨询单位的协助下对红色综合预警状态风险工程事务处理的组织协调和加强监督、检查，参与现场分析和专家论证。

11）负责本职责范围内与建设单位公司相关职能部门、建设单位项目管理层和相关参建单位的协调工作。

2．勘察单位

勘察单位负责参与施工过程中出现新的地质问题或工程险情时的地质鉴定或处置工作。其具体职责如下。

（1）接受建设单位的监督和检查，配合其组织的对勘察和环境调查实施纲要的技术论证和报告成果的成果验收。

（2）参与施工验槽工作。

（3）参与建设单位、设计单位、施工单位、风险咨询单位等相关参建单位组织的重大安全风险评估、风险处置方案的技术论证、预警判定、事物处理方案的论证和评审，并提出合理建议。

3．设计单位

设计单位（含总体设计单位、工点设计单位）负责施工安全技术交底和施工过程变更设计，参与风险工程分级调整、安全专项方案施工、重大工程环境施工过程评估、预警处理方案的论证及处理等。其具体职责如下。

（1）负责施工阶段的设计交底，派出设计代表参与并配合监理、施工单位施工过程中的现场安全风险管理活动。

（2）负责施工过程中设计方案变更，在分析监控数据、预警信息和专家意见的基础上，优化设计方案，并反馈施工单位及相关其他部门。

（3）参与安全专项施工方案、实施监测方案、预警建议和风险事务处理方案的论证，并提供相关建议或处理措施。

（4）制定工程重大风险预警控制指标，明确现场监控检测要求。

（5）参与制定施工注意事项及事故应急技术处置方案。

（6）配合施工进度进行重大风险沟通与交流。

（7）参与建设单位风险管理，检查现场施工注意事项落实情况。

（8）指导审查施工单位风险管理方案、处置措施与应急预案。

（9）协调实施现场施工风险跟踪管理。

4．施工单位（含施工监测）

施工单位负责施工阶段安全风险管理的全面实施和执行，主要包括设计文件的学习与分析、开展地质踏勘学习、环境核查和空洞普查及其结果的分析，风险因素深入识别、分级调整，安全专项方案编审（含监控实施方案），以及施工过程安全风险监控、评估、预警、信息上报和预警响应、处置等。其具体职责如下。

（1）落实以项目经理为第一负责人的现场安全风险处置及监控管理机制，全面接受建设单位项目管理层、监控管理中心和监理的监督、检查。

（2）负责施工现场建设风险管理的执行和落实。

（3）结合施工组织设计拟定风险管理计划，建立工程施工风险实施细则。

（4）对Ⅲ级及以上风险，根据设计单位技术要求等，确定工程施工预警监控指标及标准。

（5）对Ⅱ级及以上建设风险编制事故应急处置预案。

（6）现场区域作业人员必须严格执行登记制度，对作业层技术人员进行施工风险交底，制定工程建设风险管理培训计划。

（7）负责完成工程施工风险动态评估，分析并梳理Ⅲ级及以上风险，提交施工重大工程建设风险动态评估报告。

（8）结合工程施工进度及时上报工程施工信息，向工程建设各方通告现场施工风险状况。

（9）工程设计、施工方案如有重大变更，应根据变更情况对工程建设风险进行重新分析与评估。

（10）参加设计交底及对施工图设计文件的审查，并及时将审图过程中发现的问题以书面形式报告监理和设计代表。

（11）编制安全专项方案、应急预案（含监控实施方案）和环境保护措施并组织或配合监理、建设单位项目管理层和监控管理中心进行评审。

（12）采集、汇总和及时上传监控中心规定的监测数据、工况和环境巡视信息，确保监控数据、巡视信息的及时、准确和真实有效，并进行预警快报，定期编制施工监控报告。

（13）当发现风险工程可能处于某级预警状态时，立即报监理并启动相关预案先期处理，并将实施方案、处理过程、事务记录及时上报监控分管中心。

（14）落实监控分管中心反馈的预警信息、控制措施建议等，按风险工程和预警状态的不同等级，由企业不同级别的负责人组织建设单位、相关参见单位不同层次的负责人参与风险事务处理。

（15）负责提出消警建议报告，报监理审核。

（16）执行各级综合预警状态风险工程的风险事务处理，并及时将处理结果和变化情况上报监理和监控管理中心。

5. 监理单位

监理单位负责对施工单位施工阶段安全风险管理工作的全面监督和管理，主要包括：监督设计文件学习及地质踏勘、环境核查和空洞普查工作及其结果的分析，对风险工程分级调整进行监督审查，审批安全专项施工方案，监督检查施工单位风险管理体系建立及执行情况；加强施工安全巡视和评估、预警和信息报送，审查和监督施工监控、评估、预警、信息报送和预警的响应与处置等。其具体职责如下。

（1）负责监督、检查施工单位安全风险管理体系的建立和落实情况，评估施工监控的组织、人员、资质、设备和监测实施的有效性。

（2）协助建设单位（监控管理中心）、项目管理层（监控分管中心）对施工单位（含施工监测）进行安全风险管理监控、信息报送、反馈等指导、培训教育和考核。

（3）参加设计交底，督促检查施工单位进行审图，并及时参与、监督施工单位将审图过程中发现的问题以书面的形式报告项目管理层及设计单位。

（4）督促和审查施工单位在施工过程中的现场（作业面等）巡视和地质超前探测、预报工作。

（5）审查或组织专家评审施工单位提供的安全专项施工方案、应急预案（含监控实施方案）和环境保护措施。

（6）全面负责现场施工的监督管理，全过程监督施工单位安全风险监控、处置，监测数据和信息的及时上报和风险事务处理的执行情况，并接受建设单位项目管理层和监控分管中心的监督、检查。

（7）审查施工监测、巡视及预警信息，审查监控和施工安全风险处理方案、监控分析报告和消警建议报告。

（8）负责安全监理交底、召开监理例会，配备专职安全监理人员进行日常巡视、安全检查等现场安全监理工作，定期编制安全监理报告。

（9）负责全面、及时和真实地进行安全监理记录和编制监理报告。

（10）当审核或监理发现风险工程处于预警状态时，立即组织施工单位召开现场会议，采取专家论证、组织施工单位自行处理、下达安全隐患报告书、整改通知书、停工令等措施进行处理，并及时上报监控分管中心且监督落实监控分管中心反馈的意见。

（11）负责对综合预警状态的风险工程事务处理加强监督、检查，并将处理结果和变化情况及时上报监控分管中心。

（12）对于施工重大风险，应在施工前检查施工单位风险预防措施，并应进行旁站监理，做好监理现场记录。

（13）对施工单位存在的风险或违反风险管理规定的行为，监理单位有责任向施工单位提出警告，不听劝阻或情节严重的，监理单位有权利予以停工处置，并及时上报建设单位。

（14）对施工现场监测和第三方监测进行监理。

6. 第三方监测单位

第三方监测单位负责第三方监测实施、巡视和风险评估、预警、信息报送和相关的安全风险监控咨询服务，参与施工监测实施方案、重大工程环境施工过程的评估、预警处理方案的论证与处理等。其具体职责如下。

（1）负责全线工程建设施工阶段的第三方监测工作和风险评估、预警建议和信息报送等咨询管理工作，定期编制第三方监测分析报告。

（2）在监控管理中心的领导下，负责全线的施工监控指导、信息汇总管理、风险评估和预警建议工作，并接受建设单位项目管理层和监控分管中心的监督、检查和管理。

（3）协助监控管理中心、风险咨询单位对项目管理层信息平台进行基础信息录入。

（4）负责整理、汇总和分析自身监测、巡视信息和施工监控信息、监理巡视信息及其预警建议信息等，提出综合预警级别，及时进行预警快报，提供监控跟踪和风险控制的咨询意见，报监控分管中心并及时反馈监理、施工单位和设计单位，以有效指导施工。

（5）协助建设单位项目管理层和监控管理中心对预警状态风险处理的监控和事务处

理，加强监督和检查，组织和参与现场分析和专家论证。

（6）负责对施工单位提交的经监理签认的消警建议进行复审、消警签认。

（7）确保第三方监测数据和信息的及时、准确、真实和有效性，对监控信息及预警信息的完整性、可追溯性负责，必要时提供作为有关机构评定和界定相关单位责任的依据。

7. 风险咨询单位

（1）在监控管理中心的领导下，负责对全线轨道交通工程建设施工阶段安全风险监控信息的咨询、管理，并接受建设单位公司层的监督、检查和管理。

（2）负责根据监控咨询管理内容和施工功法的不同配备足够的专业技术人员和相应专家组。

（3）负责合同标段内的工程建设施工监控信息平台的维护管理工作，包括基础信息资料的录入、信息平台的建立、维护和升级等，以确保其正常运转。

（4）协助监控中心对全线施工单位、监理单位、第三方监测单位体系的建立与执行情况、监控、信息报送及反馈、预警评估等进行检查和指导，参与对施工监控方案、风险处置方案的评审。

（5）负责合同标段范围内的监控信息汇总、复核及深入分析，进行风险评估和分析综合风险预警状态，提出综合预警和预警快报的建议，并提供监控跟踪和风险控制的咨询意见，报监控管理中心签认后，及时上报、反馈。

（6）协助监控管理中心对施工各阶段全线安全风险状况进行总体评价，掌控全线施工阶段的风险状态，定期编制全线施工阶段监控管理报告，上报建设单位领导。

（7）配合建设单位领导和监控管理中心组织协调对重大突发风险事件的信息报送和加强监督、检查，对红色综合预警状态风险工程的监控和事务处理加强监督、检查，组织和参与现场分析和专家论证。

（8）对监控信息及预警信息的完整性、可追溯性负责。

8. 工程保险单位

（1）负责现场的保险评估检查与风险赔偿。

（2）保险单位可协商决定承保政策，并提供保单信息。

（3）进入施工现场，检查评估施工风险控制情况。

（4）可要求被保险单位及时提供工程施工进度及风险信息。

（5）如发现存在违反保险条款的施工风险，必须通知被保险人。

（6）施工中如发生保险合同中约定承保的风险损失，应及时支付风险赔偿。

2.3.2.2　制度文件

管理体系的运行需要一系列管理制度及技术性文件予以支撑，目前，基于在其他各城市轨道交通工程中实施的经验及总结，基于满足体系运行的要求，主要需制定的管理制度及管理办法（第三层次文件）主要包括如下方面。

1. 地铁工程安全风险管理体系总文件

该文件作为安全风险管理体系总文件，系统提出各阶段安全风险管理工作的相关流程、目的及技术要点，并强调了技术方案及成果的审查制度，主要可包括如下系列文件：

（1）岩土工程勘察指南。

（2）工程环境调查指南。

（3）风险工程设计指南。

（4）环境安全风险评估指南。

（5）第三方监测工作指南。

（6）施工安全风险监控指南。

（7）地铁工程突发事故应急机制。

（8）地铁工程突发事件预防及应急措施。

（9）相关参建各方风险管理职责及工作要求。

（10）土建施工各阶段安全风险管理目标、内容、方法、流程。

（11）各阶段安全风险评估技术规范要求与流程。

（12）预警信息报送管理办法。

（13）地铁工程建设安全风险监控技术指标体系研究成果。

2. 各类管理办法及实施细则

该部分内容主要作为管理体系运行的制度要求及相关技术支撑，进一步完善安全风险管理体系，主要包括内容如下。

（1）质量安全检查管理办法。

（2）工程质量管理办法。

（3）工程质量管理实施细则。

（4）工程安全管理实施细则。

（5）地铁工程施工期现场安全风险管理办法（该办法主要对地铁施工期现场的安全风险管控要求进行了规定，有助于现场分监控中心安全风险管控工作的落实）。

（6）地铁安全风险管理交底文件（办法就安全风险交底内容及交底流程进行了规定，有助于更好地开展安全风险管理技术交底工作）。

（7）地铁工程施工期重大风险源管理办法（该办法重点就整个地铁工程较重大的安全风险源如何管控提出了明确要求，使得安全风险管控更有重点，针对性更强）。

（8）地铁工程现场分监控中心管理办法。

（9）地铁工程监控中心管理办法。

（10）地铁工程重大风险源领导带班作业制度。

（11）地铁工程建设施工期现场巡视管理办法（该规定对巡视预警的分级，巡视预警方法、巡视预警内容、巡视职责、巡视频率等都做了详细的规定）。

（12）地铁工程安全风险信息报送管理办法（该办法对风险信息的报送流程、信息格式要求等作了规定）。

（13）地铁基坑与隧道工程远程监控系统管理实施细则。

（14）地铁工程建设风险监控信息平台录入资料管理规定（该办法的目的是为了规范和统一轨道交通工程建设中信息平台录入基础资料的内容和要求）。

（15）地铁工程企业安全文化建设指南。

（16）地铁第三方单位立功竞赛考评办法及考评细则。

（17）专业应急抢险救援队伍管理、考核实施细则。

（18）监测监控标准化系列文件（统一监控量测技术标准，提高监控量测技术水平，根据相关规范、规程，明确参建各方在轨道交通工程建设监测工作中的职责、监督管理和检查、监测基本技术要求、监测信息反馈和紧急情况下的应急监测措施，更好地规范和协调各有关单位在工程监测中的工作准则和关系）。

2.3.3　风险监控预警管理体系建设

风险监控预警管理体系是整个轨道交通工程风险防控的最关键一环，其运转成效直接决定当前轨道交通施工期建设过程中的风险是否处于受控状态，地铁工程风险一般存在如下特征。

1. 生成的突发性

地铁施工灾害往往是当事人无法预见的突发性的灾难，其发生往往是众多诱发因素及其组合的随机性和突发性产生的结果，如操作违规、现场监测失误、施工器具、环境信息、组织管理等，使灾害的发生具有偶然性、突发性、不确定性及随机性。

2. 成因的综合性

地铁施工现场管理复杂，涉及安全检查、地面保障、器具维修、行为人因素等多方面的计划、组织、协调和指挥，同时受环境因素的影响较大。地铁施工灾害的发生，通常是外部环境的突变、人为失误与施工器具等多种因素相互作用的结果，其成因具有综合性。

3. 后果的双重性

地铁施工灾害的后果，一是灾害本身对人、环境和社会造成的伤害和破坏，包括生命及财产的损失；二是灾害发生后产生的社会心理影响，即地铁施工范围内的灾害伤害范围不大，但造成的社会影响却很大。一次地铁施工灾害事故产生的不良影响远远超过一次人员伤亡和财产损失程度相当的自然灾害。

因此，预警管理针对控制及降低工程风险，将事故限制在萌芽状态具有重要意义，其预警管理体系主要建设内容包括如下。

2.3.3.1　预警原则

1. 一般性与特殊性相结合原则

地铁施工灾害预警是预警理论在工程施工领域的应用，同时又是社会预警的分支，因此研究的过程中应该遵循预警的规律，贯彻预警的基本思路，即明确警情，寻找警源，分析警兆，再到预报警度的一般过程，还要有针对性的利用社会预警中已得到检验的成熟理论和方法，例如五色预警方法。特殊性原则是指在研究中要注意地铁施工的实际情况，在方法选择、模型设定、指标选取等方面要考虑地铁施工的自身特性，对一般方法作补充和修改，从而形成一套适用的地铁施工灾害的预警系统。

2. 实用原则

地铁施工预警系统的设计目的在于评价地铁施工管理状态是否异常，为地铁施工管理实践与决策提供依据，因此预警分析，还必须坚持实用性的原则，既要使预警系统同地铁施工及其管理等各种实际情况相吻合，同时还要注意研究结果和管理建议能满足各利益相关者的特殊要求，使得他们能根据警度、警源的情况作出合理的决策。

3. 定性分析和定量分析相结合原则

对预警分析的研究离不开定性分析，例如对地铁施工预警概念的理解与重新界定，按研究需要确定事故发生率、器具操作失误率以及各警限的确定等，这些都需要定性分析。同时，随着社会经济和现代科学技术的发展，可供选用的分析工具大大增多，定量分析已在经济学研究中广泛运用。如多个警兆指标合成综合预警指标时所用的主成分分析法和加权指数法，衡量各警兆指标相关关系时应用的模分离重叠源法等。然而必须强调的是定量分析一定要有足够的可信的统计资料，否则结果可能与实际相差甚远。不过，无论是定量分析还是定性分析，其目的都是为了找出事物发生发展的规律性。两者是相互统一的，在一定程度上可以互补。

4. 规范分析和实证分析相结合原则

规范分析主要是为了理顺整个地铁施工预警模型研究的理论和方法体系，使各部分之间相互衔接，形成严密科学的逻辑体系。实证分析即是通过对案例的研究，对理论和方法体系进行验证。规范分析和实证分析的有机结合，有助于更为科学地认识地铁施工预警的理论和方法，为地铁施工管理的持续、健康发展提供有效的理论分析和方法选择。

2.3.3.2　预警分类与分级

1. 预警分类

轨道交通工程安全风险预警是当施工过程中监测、巡视或综合分析发现工程施工存在安全风险时，由参建方负责人及时发送预警事件给相关责任人，并记录预警事件处理过程。预警事件类型可分为单项预警及综合预警两类。单项预警主要包括如下几个类型：

（1）监测预警。监测数据按变形量与变形速率双控指标进行预警报警，可阶段性调整控制指标。一般包括监控量测预警、施工指标参数预警。

（2）巡视预警。根据现场巡视，一旦出现异常，经核实或会议讨论确定为预警事件。

（3）视频监控预警。根据定期查阅权限各工点的视频监控录像，当发现现场重大违规操作以及施工作业面不安全与不稳定因素时，启动视频监控预警。

综合预警主要结合各类单项预警，如监测数据、巡视、视频监控图像以及其他信息，结合施工工况综合判定工点的预警状态。

2. 预警分级

施工过程中通过巡视，发现安全隐患或不安全状态而进行的预警，目前无明确的判断标准，一般凭借巡视人员相关工程经验进行判断，也可分为黄色巡视预警、橙色巡视预警和红色巡视预警三级。

2.3.3.3　监控预警指标体系建设（巡视定性、指标定量）

地下工程技术指标判定分为单项技术指标判定和综合技术指标判定，单项技术指标判定是在所采集的信息与事先制定的技术指标对比分析的基础上进行的，而综合技术指标判定又是在多个单项技术指标判定的基础上进行，综合技术指标判定流程见图2.3-3。

1. 单项预警指标

目前，单项技术判断指标主要体现于监测数据判定上，一般根据设计单位所提出的监控量测控制指标值，将施工过程中监测点的预警状态按严重程度由小到大分为三级：黄色监测预警、橙色监测预警和红色监测预警。

基于各城市的调研，一般情况下以设计给定的各监测项目控制指标值的80％作为黄色监测预警指标界值，控制指标值作为橙色监测预警指标界值，而速率和累计值均超过设

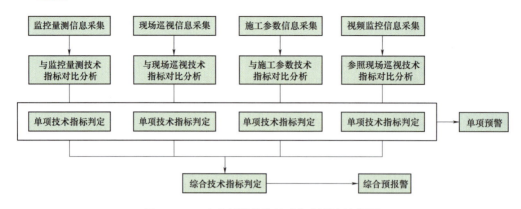

图 2.3 - 3 安全风险监控技术指标判定流程图

计控制指标值作为红色监测预警指标界值。

2. 综合预警指标及模型研究

当前,对于工程综合预报警的评判,尚无明确客观的评判标准,需要结合施工工况,以及根据现场参与各方的监测、巡视信息,并通过核查、综合分析和专家论证等,综合判定出风险工程不安全状态而进行的预警。

目前,中国电建集团华东勘测设计研究院有限公司基于各类工程实际案例及各监测项关联关系等因素,经研究得出了一套初步的定量化综合预警模型,其具体的模型建设如下,可供参考。

(1)建筑物定量化综合预警模型。假定设计给定各单项监测控制指标值为 K,其具体形式见表 2.3 - 1。

表 2.3 - 1　　　　　　　　建筑物沉降控制值参考标准

保护等级	允许沉降控制值 K_s /mm	差异沉降控制值 K_c /mm	速率控制值 K_v /(mm/d)	倾斜速率控制值 K_{qs}	倾斜控制值增量 K_q	倾斜控制值总量 K_z
特级	≤10	≤3	1	$0.0001H/d$	≤0.001	≤0.002
一级	≤15	≤5	2	$0.0001H/d$	≤0.002	≤0.003
二级	≤20	≤10	2	$0.0001H/d$	≤0.002	≤0.004
三级	≤60	≤20	3	$0.0001H/d$	≤0.003	≤0.005

1)将各测点沉降量(S_i)取绝对值,根据先前输入的建筑物保护等级,开展第一步的安全评估工作。评判标准如下:

$$S_i \leqslant 0.8K_s (安全)$$

$$0.8K_s < S_i \leqslant 1.2K_s (预警)$$

$$1.2K_s \leqslant S_i (报警)$$

式中: K_s 为允许沉降控制值,其标准见表 2.3 - 1。

2)将各测点位移速率(V_i)取绝对值,开展第二步安全评估工作。评判标准如下:

$$V_i \leqslant 0.8K_v (安全)$$

$$0.8K_v < V_i \leqslant 1.2K_v (预警)$$

$$1.2K_v \leqslant V_i (报警)$$

式中：K_v 为速率控制值，其标准见表 2.3-1。

3）将各点的整体倾斜速率值 Q_i（如果已测）进行分析，开展第三步安全评估工作。评判标准如下：

$$Q_i \leqslant 0.8K_{qs} (安全)$$

$$0.8K_{qs} < Q_i \leqslant 1.2K_q (预警)$$

$$1.2K_{qs} \leqslant Q_i (报警)$$

式中：K_{qs} 为整体倾斜速率控制值，其标准见表 2.3-1。

4）根据差异沉降值（C_i）开展第三步安全评估工作。评判标准如下：

$$C_i \leqslant 0.8K_c (安全)$$

$$0.8K_c < C_i \leqslant 1.2K_c (预警)$$

$$1.2K_c \leqslant C_i (报警)$$

式中：K_c 为差异沉降控制值，其标准见表 2.3-1。

5）根据沉降坡度或实测倾斜值（增量）开展第四步安全评估工作。沉降坡度或倾斜值（P_i）绝对值小于控制值的 80% 为安全，大于控制值预警，大于控制值的 20% 报警。评判标准如下：

$$P_i \leqslant 0.8K_q (安全)$$

$$0.8K_q < P_i \leqslant 1.2K_q (预警)$$

$$1.2K_q \leqslant P_i (报警)$$

式中：K_q 为倾斜值（增量）控制值，其标准见表 2.3-1。

6）根据实测整体倾斜值总量（如果已测）Z_i 开展第四步安全评估工作。倾斜值（Z_i）绝对值小于控制值的 80% 为安全，大于控制值预警，大于控制值的 20% 报警。评判标准如下：

$$Z_i \leqslant 0.8K_z (安全)$$

$$0.8K_z < Z_i \leqslant 1.2K_z (预警)$$

$$1.2K_z \leqslant Z_i (报警)$$

式中：K_z 为对应保护等级下的整体倾斜值控制值，其标准见表 2.3-1。

7）综合安全评估模型。

安全：$\qquad (S_i \bigcap V_i \bigcap Q_i \bigcap C_i \bigcap P_i \bigcap Z_i) \leqslant 0.8K$

预警：$\qquad 0.8K \leqslant (S_i \bigcup V_i \bigcup Q_i \bigcup C_i \bigcup P_i \bigcup Z_i) \leqslant 1.2K$

报警：$\qquad 1.2K \leqslant (S_i \bigcup V_i \bigcup Q_i \bigcup C_i \bigcup P_i \bigcup Z_i)$

危险：$\qquad 1.2K \leqslant (S_i \bigcap V_i \bigcap Q_i \bigcap C_i \bigcap P_i \bigcap Z_i)$

（2）基坑围护结构变形定量化综合预警。基本同建筑物的综合评定模式，假定设计给定的各单项监测控制指标值为 K，其具体形式见表 2.3-2。

表 2.3 - 2 　　　　　　　　　　　基坑支护结构监控预警指标参考标准

监测项目	测点位置/支护结构类型	基坑本体监测等级					
		一　级		二　级		三　级	
		位移绝对值（mm）或相对坑深比值（两者取小值）	位移最大速率/(mm/d)	位移绝对值（mm）或相对坑深比值（两者取小值）	位移最大速率/(mm/d)	位移绝对值（mm）或相对坑深比值（两者取小值）	位移最大速率/(mm/d)
测斜 K_x/K_{xv}	水泥土墙	30 或 $0.3\%H$	5	65 或 $0.7\%H$	12	80 或 $1.0\%H$	20
	钢板桩	50 或 $0.6\%H$	3	85 或 $0.8\%H$	4	100 或 $1.0\%H$	5
	型钢水泥土墙	50 或 $0.5\%H$		80 或 $0.8\%H$		90 或 $1.0\%H$	
	灌注桩	40 或 $0.2\%H$		50 或 $0.4\%H$		60 或 $0.6\%H$	
	地下连续墙	40 或 $0.2\%H$		50 或 $0.4\%H$		60 或 $0.6\%H$	
受力指标 K_w/K_j	支撑内力	$60\%f$	—	$75\%f$	—	$75\%f$	—
	墙体内力（弯矩、剪力）						

注 　 H 为基坑设计开挖深度；f 为荷载设计值。

具体评判流程如下。

1）将实测测斜累计位移值（S_i）取绝对值，根据先前输入的基坑重要性等级，开展第一步的安全评估工作。评判标准如下：

$$S_i \leqslant 0.8K_x（安全）$$
$$0.8K_x < S_i \leqslant 1.2K_x（预警）$$
$$0.8K_x \leqslant S_i（报警）$$

式中：K_x 为测斜累计位移控制值，其标准见表 2.3 - 2。

2）将测斜各测点位移速率（V_i）取绝对值，开展第二步安全评估工作。评判标准如下：

$$V_i \leqslant 0.8K_{xv}（安全）$$
$$0.8K_{xv} < V_i \leqslant 1.2K_{xv}（预警）$$
$$0.8K_{xv} \leqslant V_i（报警）$$

式中：K_{xv} 为测斜变化速率控制值，其标准见表 2.3 - 2。

3）根据测斜变形拟合计算弯矩值（W_i）开展第三步安全评估工作。评判标准如下：

$$W_i \leqslant 0.8K_w（安全）$$
$$0.8K_w < W_i \leqslant 1.2K_w（预警）$$
$$0.8K_w \leqslant W_i（报警）$$

式中：K_w 为围护结构承载极限弯矩值大小，由结构计算得出。

4）根据测斜变形拟合计算剪力值（J_i）开展第四步安全评估工作。评判标准如下：

$$J_i \leqslant 0.8K_j（安全）$$
$$0.8K_j < J_i \leqslant 1.2K_j（预警）$$
$$0.8K_j \leqslant J_i（报警）$$

式中：K_j 为围护结构承载极限剪力值大小，由结构计算得出。

5) 综合安全评估。

安全： $\qquad (S_i \cap V_i \cap W_i \cap J_i) \leqslant 0.8K$

预警： $\qquad 0.8K \leqslant (S_i \cup V_i \cup W_i \cup J_i) \leqslant 1.2K$

报警： $\qquad 1.2K \leqslant (S_i \cup V_i \cup W_i \cup J_i)$

危险： $\qquad 1.2K \leqslant (S_i \cap V_i \cap W_i \cap J_i)$

式中：K 为保护等级三级时所对应的数值，标准见表 2.3-2。

3. 现场巡视定性化预警指标

针对现场巡视技术指标，主要指施工过程中通过巡视，发现安全隐患或不安全状态而进行的预警，但目前同样无明确的判断标准，一般凭借巡视人员相关工程经验进行判断，也可分为黄色巡视预警、橙色巡视预警和红色巡视预警三级。结合相关文献调研及日常工程实践总结，提出一套针对周边环境、基坑及隧道的巡视预警指标评判建议标准（表 2.3-3~表 2.3-5），可供参考。

表 2.3-3　　　　　　　　周边环境巡视参考预警指标表

巡视内容		巡视状况描述	安全状态评价			
			正常	黄色预警	橙色预警	红色预警
建（构）筑物	建（构）筑物开裂、剥落	施工造成建（构）筑物承重墙体、柱或梁出现开裂、剥落				★
		施工造成建（构）筑物非承重墙体出现开裂、剥落，影响正常使用			★	
		施工造成建（构）筑物非承重墙体出现开裂、剥落，不影响正常使用		★		
	地下室渗水	墙面或顶板涌水			★	
		墙面或顶板渗水、滴水		★		
桥梁	墩台或梁体开裂、剥落	墩台、梁板或桥面裂缝 0.5mm 以上，混凝土剥落、露筋				★
		墩台、梁板或桥面裂缝 0.2~0.5mm			★	
		墩台、梁板或桥面裂缝 0.2mm 以下		★		
既有线（铁路）	结构开裂、剥落	结构裂缝 0.5mm 以上，混凝土剥落、主筋外露				★
		结构裂缝 0.2~0.5mm			★	
		结构裂缝 0.2mm 以下		★		
	结构渗水	涌水			★	
		渗水、滴水		★		
	道床结构开裂	结构裂缝 0.5mm 以上				★
		结构裂缝 0.2~0.5mm			★	
		结构裂缝 0.2mm 以下		★		
	变形缝开合及错台	出现明显错台				★
		变形缝开合较大，填塞物与结构脱开，或填塞物被挤坏			★	

续表

巡视内容		巡视状况描述	安全状态评价			
			正常	黄色预警	橙色预警	红色预警
道路（地面）	地面开裂	强烈影响区内地面产生开裂，其裂缝宽度、深度或数量有增加情形				★
		开挖施工影响区内造成局部地面开裂，裂缝宽度在5～10mm，暂无扩大情形			★	
		开挖施工影响区内造成局部地面开裂，裂缝宽度在50mm以下，暂无扩大情形		★		
	地面沉陷、隆起	在基坑边坡滑移面附近或隧道中心线上方出现沉陷或隆起，或沉陷严重影响交通				★
		地面出现明显沉陷或隆起，轻微影响交通			★	
		地面出现沉陷或隆起，暂不影响交通，或在建（构）筑物、墩台周边出现明显的相对沉陷		★		
	地面冒浆/泡沫	盾构背面注浆/泡沫、矿山法隧道超前支护注浆等施作时引起地面冒浆		★		
河流湖泊	水面漩涡、气泡	在施工隧道上方河流湖泊水面出现漩涡或密集的水泡				★
	堤坡开裂	在施工隧道上方河流湖泊水面出现稀疏的水泡			★	
		施工影响范围内堤坡裂缝宽度在5～10mm			★	
		施工影响范围内堤坡裂缝宽度在5mm以下		★		
地下管线	管体或接口破损、渗漏	地下管线持续漏水（气），且有扩大趋势			★	
		地下管线持续漏水（气），暂无扩大趋势		★		
		地下通讯电缆被切断				★
		地下输变电管线破坏				★
	管线检查井等附属设施的开裂及进水	施工影响范围内地下管线的检查井等附属设施出现开裂或进水		★		
邻近施工		严重扰动工程周边地质，支护结构受力变化大，对支护体系产生不利影响			★	
		扰动工程周边地质，支护结构受力变化较大，对支护体系产生不利影响		★		

表 2.3 - 4　　　　　　　　基坑开挖施工安全巡视参考预警指标表

巡视内容		巡视状况描述	安全状态评价			
			正常	黄色预警	橙色预警	红色预警
开挖面土质情况	土层性质及稳定性状况	支撑或围护结构周围出现土体塌落范围大，严重影响围护体系的稳定				★
		土体塌落范围较大，影响围护体系的稳定			★	
		其他部位，土体塌落范围较小，仅局部影响围护体系发挥，但不影响稳定		★		
		导致围护结构变形，引起土压力增大，土体自稳能力降低		★		
	开挖面土体渗漏水情况	大股涌水并带砂，或导致周边地面局部塌陷				★
		大股涌水，影响围护结构稳定，有恶化情形				★
		小股涌水，引起围护结构较大变形，暂时稳定				★
		小股涌水，未引起围护结构变形			★	
	地下水控制效果	抽水持续出砂，附近地面有明显沉陷			★	
		地下水位降不下去，施工安全性受到影响		★		
		降水系统能力不足		★		
支护结构体系	渗漏水情况	墙面出现喷水、涌水现象并带砂				★
		墙面出现流水现象（包括点漏、线漏、面漏），并带有少量砂				★
		墙面出现滴水现象，无带砂			★	
		墙面有湿渍		★		
	支护体系开裂、变形变化情况	安全风险较高部位（如阳角、明暗挖结合等关键部位）支护与背后土出现脱开，暂无扩大情形			★	
		其他部位支护与背后土出现脱开，且有扩大情形		★		
		安全风险较高部位（如阳角、明暗挖结合等关键部位）支护与背后土出现脱开，暂无扩大情形		★		
		支撑明显扭曲变形				★
		支撑目视可见变形、移位			★	
		开挖施工造成围护变形开裂，有扩大情形			★	
		开挖施工造成围护变形开裂，暂无扩大情形		★		
	支护体系施工质量缺陷	支撑装设、螺栓衔接、焊接或围檩、支撑补强不符规定		★		
		安全风险较高部位（如阳角、明暗挖结合地下连续墙接缝等关键部位）出现狗洞、严重夹泥			★	
		其他部位出现空洞、严重夹泥		★		
	支护体系施作及时性情况	支撑施作不及时		★		

续表

巡视内容		巡视状况描述	安全状态评价			
			正常	黄色预警	橙色预警	红色预警
施工工艺	开挖坡度	土体边坡不符合设计，出现直坡或较大范围内超出设计坡度30%以上			★	
		土体边坡较大范围内坡度超出设计坡度10%～30%		★		
	基坑开挖面暴露时间	开挖面暴露时间过长，局部土体出现剥落、开裂，支护产生较大变形			★	
		开挖面暴露时间过长，局部出现剥落、开裂		★		
		开挖面暴露时间过长，支护产生较大变形		★		
	工序	工序不符合施工组织设计，引起土体、支护体系出现较大位移			★	
		工序不符合施工组织设计，影响工程和周边环境的安全性			★	
		工序不符合施工组织设计		★		
	超挖	靠近围护侧，大范围内超挖超过1m，一定程度上影响支护结构或周围土体的稳定			★	
		靠近围护侧，局部超挖超过1m，其他位置大范围内超挖超过1m		★		
		其他位置大范围超挖超过1m		★		
基坑周边环境	基坑影响区域内超载情况	基坑强烈影响区荷载超出设计，围护受力变化大，支护体系产生不利影响			★	
		基坑强烈影响区外荷载超出设计，围护受力变化较大，支护体系产生不利影响		★		
	地表积水	强烈影响区大面积积水，地面硬化不完善，且截排水系统不完善，流入开挖区或下渗、冲刷或掏空，或引起支护结构受力变化，可能严重影响安全系数			★	
		显著影响区大面积积水，地面硬化不完善，且截排水系统不完善，地表水下渗，影响安全系数		★		

表 2.3-5　　　　　盾构法施工巡视预警参考表

巡视内容	巡视状况描述	安全状态评价			
		正常	黄色预警	橙色预警	红色预警
铰结密封情况	严重漏水				★
	滴水—小股流水			★	
	渗水—滴水		★		

续表

巡视内容	巡视状况描述	安全状态评价			
		正常	黄色预警	橙色预警	红色预警
管片破损情况	严重破损（对隧道安全影响严重，立刻停工组织专业人员）				★
	较严重破损（对隧道安全影响较大，需要立即修复）			★	
	一般破损（对隧道安全影响较小，今后修复即可）		★		
管片错台情况	＞15mm				★
	10～15mm			★	
	5～10mm		★		
管片渗漏水情况	流水				★
	滴水—小股流水			★	
	渗水—滴水		★		
盾尾漏浆状况	浆液剧烈喷出（喷出长度大于0.5m）				★
	浆液喷出（喷出长度小于0.5m）			★	
	一般流浆		★		
测量基点情况核查	＞10″				★
	5″～10″			★	
	3″～5″		★		

4. 基坑围护结构渗透破坏定量化预警指标

对于富水砂性地质条件，例如南昌地区，其基坑开挖过程中地下墙接缝渗漏水是普遍现象，应在巡检中更应高度关注并加强夜间的巡视工作。其参考标准可基于前面提到的针对各类围护结构的巡查指标。此外，基于新近研究成果，还可通过临界水力梯度指标参数，分析基坑围护结构在一定水头差条件下的渗透破坏概率及风险度大小。

陈文华、王烨晟等[44]基于对富水砂层基坑发生渗漏水情况的综合分析后认为，并非存在地连墙施工缝以及相应的水力梯度的情况下就必然发生涌水、涌砂现象，也可能存在只发生渗漏水，并不带砂，基坑尚处于较为安全的状态，因渗漏点与坑外的水头差未超过其临界值，因此，针对富水砂层基坑涌砂风险预防判断其临界水力梯度大小也是一项较为重要的研究课题。基于《基坑工程手册》中有关描述，基坑发生渗流破坏的主要模式包括流砂破坏图2.3-4和管涌破坏图2.3-5。

两者的成因不同，根据其定义，如果发生流砂现象，其原因是渗透力过大，当其大于表面土体的浮容重时，表面土体被渗透水带出来。

具体判定指标为采用临界水力坡降值，当渗透力等于土的浮容重时，土粒就处于被渗透水流挟带走的临界状态，此时的水力坡降即为临界水力比降。由其定义可知，临界水力比降主要与土的浮容重与孔隙率有关。

根据地连墙基坑，如果其围护结构存在缺陷的情况下，其渗流应该符合流砂或管涌的

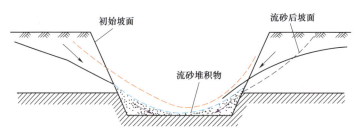

图 2.3-4　流砂破坏示意图

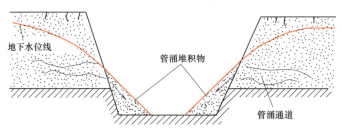

图 2.3-5　管涌破坏示意图

模式，当前针对流砂及管涌的临界水力梯度的研究，至今尚无成熟的理论，目前，国内外关于管涌的研究大都集中在临界渗透破坏条件上。

（1）相关理论。一般土力学论著中，就管涌和流砂的相关概念定义如下。

1）潜蚀（管涌）的概念。在渗流情况下，地下水对岩土矿物、化学成分产生溶蚀、容滤后这些成分被带走以及水流将细小颗粒从较大的孔隙中直接带走，这种作用称为潜蚀。潜蚀作用久而久之，在岩土内部形成管状涌水并带出细小颗粒，所以潜蚀也称为管涌。形成条件如下。

（a）水动力条件。渗流及动水压力存在时，才能有潜蚀，这是最基本的条件。渗流力的计算公式为

$$j = \gamma_w i$$

但是，动水压力究竟多大就会发生潜蚀，及形成潜蚀的临界水力梯度 i_{cr} 应该如何确定，目前没有一个公认的标准。实际工程中可参考下列公式进行判断。

a）自下而上渗流时

$$i_{cr} = C \frac{d_3}{\sqrt{k/n^3}}$$

b）侧向渗流时

$$i_{cr} = C \frac{d_3}{\sqrt{k/n^3}} \tan\varphi$$

式中：d_3 为土中小于某粒径的颗粒重量占总重 3% 时的该粒径值，cm；k 为渗透系数，cm/s 或 m/d；C 为常数，根据工程经验，可取 $C=42$；φ 为土体的内摩擦角。

（b）土粒大小及粒径级配情况。潜蚀（管涌）是在土石孔隙中渗流的水带走细小颗粒，因此，土石内部的孔隙必须有一定大小，以便细小的颗粒可以通过，这种状况和颗粒

大小、颗粒级配、细粒含量有关。根据工程经验，发生潜蚀的临界水力梯度 i_{cr} 和粒径不均匀系数 $C_u = \dfrac{d_{60}}{d_{10}}$ 之间存在一定函数关系，C_u 值越大，i_{cr} 越小。

　　2）流砂的概念。

　　（a）流砂现象及形成条件。在实际工程中自下而上渗流的情况很多，例如：有承压含水层的地基中，降低地下水位时钢板桩、地连墙等围护结构内侧的渗流。

　　因为流土现象比较容易在粉细砂层发生，所以工程上称为流砂。在黏土中，因其渗透系数 k 值太小，黏土的黏结强度较高，所以不易发生流土。中粗砂、砾砂、颗粒较大，要使其较大的粒径产生流动、悬浮，必须有较大的渗流速度及渗流压力，工程中通常达不到那么大的值。

　　（b）土颗粒的粒径级配状况。当土的粒径级配不均匀系数 $C_u < 10$，土的孔隙率 n 较大，在粗粒之间的细粒材料（$d < 2.0\mathrm{mm}$）所占比例大约 $30\% \sim 50\%$，且土质疏松、透水快时，容易发生流砂。

　　（c）水动力条件。产生流砂的水动力条件是，自下而上渗流，动水压力的方向向上，大小为

$$G_d = \gamma_w i \geqslant \gamma'$$

$$i_{cr} = \frac{\gamma'}{\gamma} = (d_s - 1)(1 - n) = \frac{d_s - 1}{1 + e}$$

因为在渗流过程中总有水头损失，工程中的 i_{cr} 可表示为

$$i_{cr} = (d_s - 1)(1 - n) + 0.5n$$

$$i_{cr} = 1.17(d_s - 1)(1 - n)$$

式中：d_s 为土颗粒相对密度，无量纲；n 为孔隙率，无量纲。

　　（2）渗透破坏的类别分析。渗透变形破坏主要形式有流砂（土）和管涌两类：管涌定义为细颗粒在渗流作用下沿着骨架颗粒孔隙通道的移动或流失，发生管涌的土体其颗粒大小比值差别较大，磨圆度较好，孔隙直径大而互相连通；流土定义为局部土体或颗粒群体被渗流冲动流失，流砂多发生在颗粒级配均匀而细的粉、细砂中，流砂的破坏一般是突然发生的。

　　而作为支挡结构之一的围护结构，在坑内外存在水头差情况下实际上类似于"挡水坝"，因此可利用水力学知识分析其发生管涌及流砂的可能性。当地连墙存在缝隙以后，砂及水会填充孔隙，形成渗流通道，通道两侧水头压力即为当前渗漏位置高程与当前水位高程之差。当此水头压力超过临界水力坡降时，孔隙内的土无法靠自重形成的坡面压住动水压力即会随着水流运动形成流砂，或者土中细小的颗粒在水动力条件下逐步带走发生管涌。

　　（3）水力梯度判断指标演算实例。取某富水砂层站地质参数作为计算依据，根据勘察报告，其中细砂层土颗粒不均匀系数 $C_u = 14$，$d < 2.0\mathrm{mm}$ 所占比例大约 68%，根据上述数据分析，其土质并不适宜产生流砂，但由于为赣江一级沉积阶地，其土质较为疏松，在足够水动力条件下发生流砂的可能性也同样较大，下面根据其地质参数分别计算其发生管涌及流砂的临界水力梯度值，见表 2.3 - 6。

表 2.3-6   土层水力及岩土参数

土层类别	厚度 /m	渗透系数 /(m/d)	压缩模量 /MPa	密度 /(kg/m³)	孔隙率 n	d_3 /cm	内摩擦角 φ
冲填土	8.6	6.912	2.8	1800	—	—	13
细砂+中砂	8	25.92	6.8	1950	0.446	0.0075	28
粗砂	3.6	86.4	9.5	2000	0.88	0.0075	30
中风化泥质砂岩	3.5	0.005184	500	2500	—	—	37

1）如按管涌（潜蚀）计算则有

$$i_{cr} = C\frac{d_3}{\sqrt{k/n^3}}\tan\varphi$$

取细、中砂层时：$d_3 = 0.0075\mathrm{cm}$，$k = 0.03\mathrm{cm/s}$，$n = 0.446$，$\varphi = 28$，$C = 42$ 计算得 $i_{cr} = 0.288$。

2）如按流砂计算则有

$$i_{cr} = (d_s - 1)(1 - n) + 0.5n$$

取中砂层时：$d_s = 2.68$，$n = 0.446$，计算得 $i_{cr} = 1.15$。

综上分析，在典型富水砂性地质条件下，当地墙结构存在缺陷发生渗漏时，其发生管涌和流砂的临界水力梯度可以分别计算出来，基于计算结果分析，其抗流砂破坏水力梯度值远远大于抗管涌破坏对应值，因此，可判断当地连墙存在缺陷时，如水力梯度较小，地墙发生的是管涌破坏，如水力梯度较大，直接发生流砂破坏。

（a）按流砂破坏模式进行分析。基坑地墙渗漏渗流破坏时，其水力梯度计算公式为

$$i = h_w/H$$

式中：h_w 为渗漏点处于坑外水头差，m；H 为渗漏点处开挖深度，m。

基于上式，发生流砂或管涌与否与坑外水位高程密切相关，当坑外水位高程上升至接近地面高程时，其水力梯度就接近于 1，而从上述计算可知，临界值为 1.15，因此发生流砂的可能性就相当大，而发生管涌的临界值更低，基本上渗漏点位于坑外水位 1m 以下，且刚好处于易产生管涌地层，就极有可能发生管涌。

按《上海市基坑工程设计规程》（DB J08—61—97）

$$k_s = i_k/i$$

一般取安全系数 $k_s = 1.5 \sim 2.0$，在此取 1.5 进行分析。

则有

$$i_y = i_k/k_s = i_k/1.5$$

将发生流砂临界条件，$i_k = 1.15$ 代入，则 i_y 取值为

$$i_y = 0.77$$

接下来进行渗流路径及临界渗流速度的计算，见图 2.3-6。

如图 2.3-6 所示，按地墙渗透破坏处计算其渗流路径，为渗漏破坏点处到基坑顶面土体的垂直距离即 H，而水头差值为 h_w，因此可得如下公式：

$$i_y = \frac{h_w}{H} \leqslant 0.77$$

由上式可得当基坑发生渗流时，其是否发生流砂破坏与渗漏点位置及坑内外水头差有关。

设地下水位埋深为 a，则 $h_w = H - a$，代入上式得

$$i_y = \frac{H-a}{H} \leqslant 0.77$$

$$H(1-i_y) \leqslant a$$

综上可得出渗漏点的临界深度值 H 为

$$H \leqslant \frac{a}{1-i_y}$$

上式说明，当地下水位埋深一定时，渗漏点的临界深度与临界水力梯度成正比，当临界水力梯度越大，取该站实测地下水位埋深 $a = 9\text{m}$，则渗漏点位置距离基坑顶面距离的最小临界值约为 39.13m 左右，由于其临界值大于基坑开挖深度，因此对应一般的富水砂层基坑，基本无发生流砂渗透破坏的可能。

（b）按管涌破坏模式进行分析。上部分分析可判断该站发生流砂的可能性较小，而理论计算也表明，发生流砂的临界水力梯度要远远大于发生管涌的临界值，因此针对处于富水砂层基坑，发生管涌的可能性大于发生流砂的可能性。

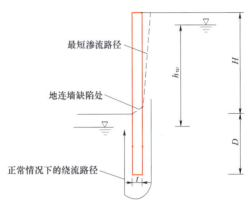

图 2.3 - 6　基坑渗漏水及一般情况下的渗流路径示意图

同样依据上述评判模型，取安全系数 1.5 进行分析如下：

$$i_y = 0.192$$

按地墙渗透破坏处计算其渗流路径，为渗漏破坏点处到基坑顶面土体的垂直距离即 H，而水头差值为 h_w，因此可得如下公式：

$$i_y = \frac{h_w}{H} \leqslant 0.192$$

进而得出渗漏点的临界深度 H 为

$$H \leqslant \frac{a}{1-i_y}$$

上式说明，当地下水位埋深一定时，渗漏点的临界深度与临界水力梯度成正比，当临界水利梯度越大，取该站实测地下水位埋深 $a = 9\text{m}$，则渗漏点位置距离基坑顶面距离的最小临界值为 11.138m 左右，可见发生管涌的临界深度要远远小于发生流砂的临界深度，因此该站基坑发生管涌的可能性很大，只要渗漏点与地下水位存在约 2.138m 的水头差即可能发生管涌，而该站发生涌砂时的水头差达 11m，因此发生了严重的管涌涌砂现象。

另根据达西定律，渗流速度与水力梯度的关系如下：

$$v = ki_y$$

由上分析，取其中中砂层渗透系数参数值为 25.92m/d，计算其临界渗流速度如下：

$$v = ki_y = 25.92 \times 0.192 = 4.97 (\text{m/d})$$

由上述计算可知，当渗流速度到达 4.97m/d 时土体即将发生破坏。

以上为根据某富水砂层基坑特例进行的分析，当采用多参数分析（以适应多用地层条件）时，各类地质条件下的渗流参数取值分析如下（取临界水力梯度值变化范围 0.1～0.5）。

1）临界渗漏深度与临界水力梯度及水位埋深影响关系分析，见图 2.3-7。

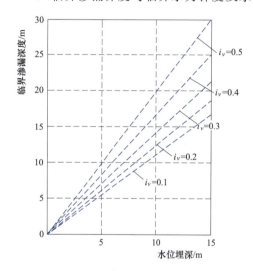
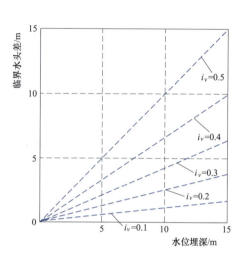

图 2.3-7　临界渗漏深度与临界水力梯度
及水位埋深影响关系图

图 2.3-8　临界水头差与临界水力梯度
及水位埋深影响关系图

2）临界水头差与临界水力梯度及水位埋深影响关系分析，见图 2.3-8。由图 2.3-7、图 2.3-8 分析可知，无论是临界水头差还是临界渗漏深度都随着水位埋深的增加而增大，成正比例关系；而临界水力梯度（i_y）与渗漏深度及临界水头差的关系为反比关系，随着临界水头差的减小，相同水位埋深下，临界渗漏深度也减小。

由此，对于可能发生的墙体渗漏，可通过临界渗漏深度的验算确定当前开挖面位置其是否满足渗透破坏安全性要求，而预先进行一定的堵漏处理（如坑外注浆等），可有效降低基坑由于墙体渗漏导致的管涌破坏。

综上分析，针对富水砂性地层基坑工程，如果地墙存在缺陷的情况下就极易发生管涌或流砂，可采用该临界水力梯度指标值进行风险量大小的分析判断。对于判断出较大风险基坑来说，需严格控制坑内外水位差，另需严格控制地连墙施工质量，方能有效预防及控制各类涌砂事故的发生。

第 3 章　施工准备期风险评估实务

3.1　风险分析总述

施工准备阶段风险评估工作的主要目的在于通过施工准备期的施工安全设计交底、地质踏勘、环境核查和空洞普查、安全风险深入识别及风险工程分级调整等,加强施工过程的安全风险监控、评估预警、信息报送和预警处理等风险预防和控制措施,及时发现安全隐患并采取有效控制措施,避免工程事故和环境事故的发生。

施工准备阶段主要的风险因素识别包括以下几个方面:

(1) 自然灾害风险。

(2) 不良工程地质及水位地质及不明障碍物等。

(3) 施工机械与设备,施工技术、工艺、材料等。

(4) 周边环境影响因素。

(5) 其他各类突发事件。

施工准备期风险评估工作总体实施流程如图 3.1-1 所示。

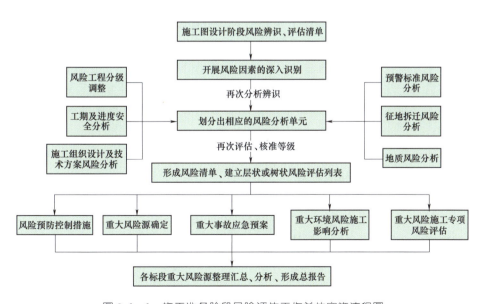

图 3.1-1　施工准备阶段风险评估工作总体实施流程图

3.1.1　风险辨识分析具体流程

以盾构法施工过程为例，其一般施工流程如图 3.1-2 所示。

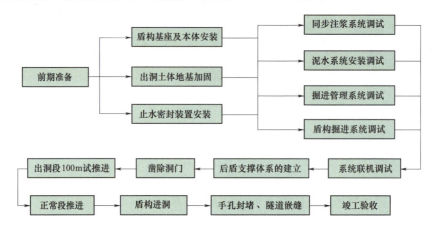

图 3.1-2　泥水平衡式盾构具体施工工艺流程图

根据以上施工工艺，按分部、分项工程进行分解，可初步分为如下几个子风险工程：

（1）前期准备。

（2）系统机械调试。

（3）支撑系统建立。

（4）盾构出洞。

（5）盾构掘进。

（6）盾构进洞。

以"盾构掘进"子风险工程为例，风险辨识流程如图 3.1-3 所示。

3.1.2　风险估计、风险评价总体流程

在完成了风险辨识和风险分解工作后，下一步是对风险项目进行风险估计与风险评价。依据规范 GB 50652—2011 第 3.4.4 条：工程施工风险管理中宜采用综合风险分析方法。本书着重介绍利用专家调查法和层次分析法相结合的综合分析方法进行风险分析的总体流程，它通过一定数量的专家对底层风险因素发生可能性以及发生后果，作为衡量风险因素风险水平的最终指标，进而根据风险等级的评定标准来判断各风险因素的风险等级。

总体评估流程如图 3.1-4 所示。

3.1.3　风险辨识及评估分析成果表

"盾构掘进"子风险工程风险辨识及评估分析样例见表 3.1-1。

主要依据《城市轨道交通地下工程建设风险管理规范》（GB 50652—2011）附件 A：风险辨识表及安全风险事件的具体评分标准开展打分工作。

底层安全风险事件依据发生概率和损失等级进行评分，其评分标准依据规范 GB 50652—2011 第 4.2 条：风险发生的可能性与损失等级，具体如下：

（1）安全风险事件概率发生等级评判标准见表 3.1-2。

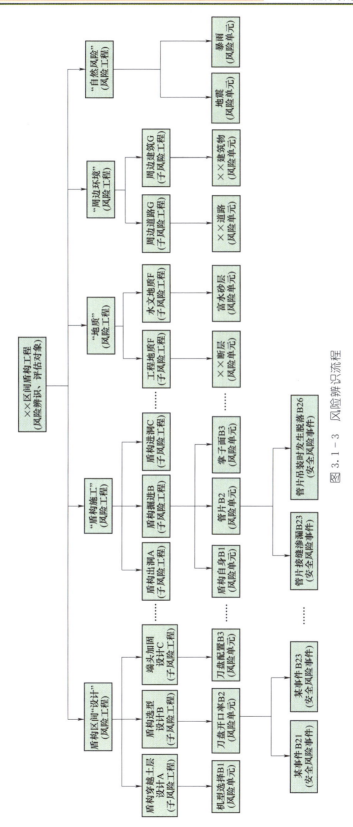

图 3.1-3 风险辨识流程

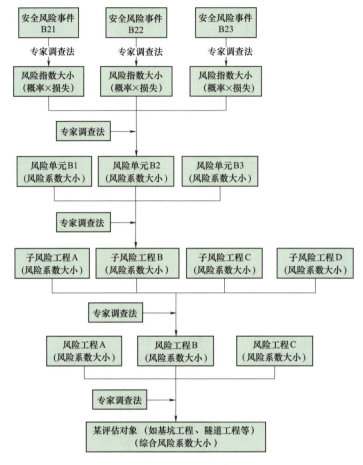

图 3.1-4　风险评估总体流程图

（2）对于安全风险事件发生的损失按照严重程度同样分为五级，见表 3.1-3。

（3）对于安全风险事件损失，根据不同的类别，将风险损失等级标准进行分级。

1）工程经济损失类。城市轨道交通地下工程经济损失等级标准采用工程直接经济损失费用总量表示，见表 3.1-4。

2）工程工期延误类。工期延误针对不同的工程类型和建设工期，采用两种不同单位标准表示，短期工程Ⅰ（建设工期两年以内）采用天表示，长期工程Ⅱ（建设工期两年以上）采用月表示。非合理性的工期提前所引起的工程损失也可参考本标准执行，对于非关键线路可适当降低要求。具体分级见表 3.1-5。

3）人员伤亡类。人员伤亡是指在城市轨道交通地下工程建设中受工程活动直接影响所发生的人员伤害甚至死亡等事故，根据人员伤亡的类别和严重程度分级。具体分级按可能导致的人员伤亡类型与数理划分为五级，具体见表 3.1-6。

4）环境影响类。城市轨道交通地下工程环境影响等级标准宜按建设对周边环境的影响程度划分为五级，并宜符合下列规定：

（a）导致周边区域环境影响的等级标准，见表 3.1-7。

表 3.1-1   "盾构掘进" 子风险工程风险辨识及评估分析样例

子风险工程	风险单元	安全风险事件及其编号	风险因素	风险事件指数 $P×C/R$ 值	风险分析说明	风险单元等级（综合指数）1~25表示	是否为重大风险源	总风险等级（指数）
盾构掘进 DGJJ	盾构自身 DGZS	DGZS1 掘进后发现盾构选型不合理	1. 地质勘察失误；2. 设计选型考虑失误	2×4/8				10.05
		DGZS2 盾构后退	千斤顶漏油回缩	1×5/5				
		DGZS3 盾构沉陷	1. 遇流塑状淤泥地层；2. 盾构自身发生故障	1×4/4				
		DGZS4 盾构内出现涌土、流砂、漏水	1. 舱压计算有误；2. 地质条件极差（裂隙、泥水）开挖面覆水压力大	3×4/12				
		DGZS5 盾尾密封装置进漏	1. 盾构推进偏斜量过大（使得盾尾空隙不均匀）；2. 盾构推进过程中发生后退现象；3. 盾尾密封装置质量不过关；4. 盾尾油脂失效或密封失效流失	3×4/12	结合地质勘察报告分析，本区间段存在有较多淤泥质软土、砂、卵石层、地质变化大，对盾构刀盘磨损较大，盾构选型存在一定风险	10.39	属重大风险源	
		DGZS6 掘进轴线偏离设计轴线	1. 施工过程没有及时测量或施工测量出现差错；2. 通过的岩层或土层软硬不均或受千斤顶设置力不均，导致千斤顶设置在不同位置，导致推进量不一致，导致偏差；3. 刀盘自重的影响（盾构纠偏不及时，或纠偏不到位）	3×5/15				

续表

子风险工程	风险单元	安全风险事件及其编号	风险因素	风险事件指数 $P×C/R$ 值	风险分析说明	风险单元等级（综合指数）1~25表示	是否为重大风险源	总风险等级（指数）
盾构掘进 DCJJ	掌子面 ZZM	ZZM1 盾构掘进面土体失稳	1. 舱压计算不准确（螺旋运输机排土速度过慢（土压平衡式盾构）；2. 泥水压力不够（泥水平衡式盾构）；3. 推进速度控制不准确	3×5/15	基于勘察资料分析，本区段盾构穿越地层存在上软下硬情况及岩溶，盾构穿越过程中，掌子面失稳、透水等风险较大	12.42	属重大风险源	10.05
		ZZM2 遇见障碍物	1. 地质勘查不明；2. 选线等因素	4×4/16				
		ZZM3 遇不明地层气体泄漏	1. 地质勘查不明；2. 未注意此方面（未进行监测）；3. 通风不力	2×4/8				
		ZZM4 遇到溶洞	1. 地质勘察原因；2. 设计选线	3×5/15				
	管片 GP	GP1 管片破损	1. 管片运输过程发生碰撞；2. 管片施工过程中发生碰撞；3. 管片吊运时发生碰撞；4. 管片受力过大	3×3/9	盾构隧道推进处于砂层，所受应力大，管片开裂，缺角的风险较大	7.38		
		GP2 管片就位不准确	1. 管片拼装系统存在问题；2. 管片吊装不当，沉降异常	3×3/9				
		GP3 螺栓连接失效	1. 管片本身质量不合格；2. 螺栓本身质量问题；3. 螺栓没有固紧	3×3/9				

续表

子风险工程	风险单元	安全风险事件及其编号	风险因素	风险事件指数 $P×C/R$ 值	风险分析说明	风险单元等级（综合指数）1~25 表示	是否为重大风险源	总风险等级（指数）
盾构掘进 DCJJ	管片 GP	GP4 管片接缝渗漏	1. 管片纵缝出现内外张角，前后喇叭（缝隙不均匀，止水条失效）；2. 管片碎裂；3. 密封材料失效；4. 管片拼装质量不合格	1×5/5				10.05
		GP5 管片发生上浮	1. 设计计算失误（抗浮力不足）；2. 泥水包裹已建成隧道；3. 注浆参数不正确	2×5/10	盾构隧道推进处于砂层，所受应力大，管片开裂、缺角的风险较大	7.38		
		GP6 管片开裂、渗漏、失稳	1. 管片质量不合格；2. 开口部位支撑系统失效；3. 开口部位土体加固效果不好	1×5/5				
		GP7 管片吊装时发生脱落	管片吊装机密封失效	1×3/3				
	隧道注浆 SDZJ	SDZJ1 注浆质量不合格	浆液质量差	1×5/5				
		SDZJ2 二次注浆不及时导致地表沉降	施工过程缓慢	1×4/4				
		SDZJ3 注浆效果不佳	1. 注浆配比设计有误；2. 地质勘查有误	3×4/12	基于地质情况分析，本区段隧道掘进断面内存在富水砂层，土层孔隙大，存在注浆液流失及注浆效果差，风险较大	8		
		SDZJ24 注浆压力低或注浆不正常导致地面起或地面沉陷	1. 设计计算有误；2. 注浆过程控制失误	1×5/5				

表 3.1-2　　　　　　　　　　　　风 险 概 率 等 级 标 准

等　级	1	2	3	4	5
可能性	频繁的	可能发生的	偶尔发生的	很少发生的	不可能发生的
概率或频率值	$P\geqslant10\%$	$1\%\leqslant P<10\%$	$0.1\%\leqslant P<1\%$	$0.01\%\leqslant P<0.1\%$	$P<0.01\%$

表 3.1-3　　　　　　　　　　　　风 险 损 失 等 级 标 准

等　级	A	B	C	D	E
严重程度	灾难性的	非常严重的	严重的	需考虑的	可忽略的

表 3.1-4　　　　　　　　　　　　经 济 损 失 等 级 标 准

等　级	A	B	C	D	E
工程本身	1000 万元以上	500 万～1000 万元	100 万～500 万元	50 万～100 万元	50 万元以下
第三方	200 万元以上	100 万～200 万元	50 万～100 万元	10 万～50 万元	10 万元以下

表 3.1-5　　　　　　　　　　　　工 期 延 误 等 级 标 准

等　级	A	B	C	D	E
长期工程	延误大于 9 个月	延误 6～9 个月	延误 3～6 个月	延误 1～3 个月	延误少于 1 个月
短期工程	延误大于 90d	延误大于 60～90d	延误 30～60d	延误 30～60d	延误少于 10d

表 3.1-6　　　　　　　　　　工程建设人员和第三方伤亡等级标准

等　级	A	B	C	D	E
建设人员	死亡（含失踪）10 人	死亡（含失踪）3～9 人，或重伤 10 人以上	死亡（含失踪）1～2 人，或重伤 2～9 人	重伤 1 人，或轻伤 2～10 人	轻伤 1 人
第三方	死亡（含失踪）1 人以上	重伤 2～9 人	重伤 1 人	轻伤 2～10 人	轻伤 1 人

表 3.1-7　　　　　　　　　　　　环 境 影 响 等 级 标 准

等　级	影 响 范 围 及 程 度
A	涉及范围非常大，周边生态环境发生严重污染或破坏
B	涉及范围很大，周边生态环境发生较严重污染或破坏
C	涉及范围大，区域内生态环境发生污染或破坏
D	涉及范围小，邻近区生态环境发生轻度污染或破坏
E	涉及范围很小，施工区生态环境发生少量污染或破坏

（b）照成周围建（构）筑物影响的经济损失等级标准，见表 3.1-8。

施工对周边环境影响包括施工导致周边建（构）筑物（包括建筑物、道路和管线等）发生破坏，或引起周边环境发生污染及社会安全转移安置等。其中，由于工程施工导致周边区域环境污染或社会安全转移安置的风险影响，应根据其影响程度进行分级（见表3.1-7）；由于城市轨道交通地下工程施工对周围建（构）筑物的破坏或损害分级标准可参考经济损失等级标准评估（见表3.1-8）。

表3.1-8 工程本身和第三方直接经济等级标准

等 级	A	B	C	D	E
工程本身	1000万元以上	500万～1000万元	100万～500万元	50万～100万元	50万元以下
第三方	200万元以上	100万～200万元	50万～100万元	10万～50万元	10万元以下

3.1.4 风险控制及应对措施

针对上述辨识风险事件，需要逐一进行控制措施的分析与制定，以"管片"风险单元为例，实际评估过程还应包括上面评估出的各项风险单元，见表3.1-9。

表3.1-9 "管片"风险单元的风险控制及应对措施

风险单元	风险事件编号	风险事件	预控措施
管片GP	GP1	管片破损	1. 管片使用翻身架翻身，或用专用吊具翻身，保证管片翻身过程中的平稳； 2. 设计吊运管片的专用吊具，使钢丝绳在起吊管片的过程中不碰到管片的边角，并定时更换； 3. 采用运输管片的专用平板车，加设避振设施；叠放的管片之间垫好垫木； 4. 工作面储存管片的地方放置枕木将管片垫高，使存放的管片与隧道管片不产生碰撞； 5. 管片运输过程中，使用弹性的保护衬垫将管片与管片之间隔离开，以免发生碰撞而损坏管片；在起吊过程中要小心轻放，防止磕坏管片的边角； 6. 管片拼装时要小心谨慎，动作平稳，减少管片的撞击； 7. 提高管片拼装的质量，及时纠正环面不平整度、环面与隧道设计轴线不垂直度、纵缝偏差等质量问题； 8. 拼装封顶块时，润滑油涂抹封顶块止水条，使封顶块能顺利地插入； 9. 发现盾尾间隙过小，应在下一环盾构推进时立即进行纠偏； 10. 每环管片拼装时都对环面平整情况进行检查，发现环面不平，及时地加贴衬垫予以纠正，使后拼上的管片受力均匀； 11. 及时调整管片环面与轴线的垂直度，使管片在盾尾内能居中拼装
	GP2	管片就位不准确	1. 加强施工管理； 2. 定期检查管片拼装系统
	GP3	螺栓连接失效	1. 提高管片拼装质量，及时纠正环面不平或环面与隧道轴线不垂直度等，使每个螺栓都能正确地穿过螺孔； 2. 严格控制螺栓的加工质量，定期抽查，发现问题及时更换，不符合质量要求的螺栓应退换； 3. 加强施工管理，做好自检、互检、抽检工作，确保螺栓穿进及拧紧的质量； 4. 对螺栓和螺帽进行材质复检，检验合格后才能使用

续表

风险单元	风险事件编号	风险事件	预 控 措 施
管片 GP	GP4	管片接缝渗漏	1. 提高管片的拼装质量，及时纠环面，拼装时保证管片的整圆度和止水条的正常工况，提高纵缝的拼装质量； 2. 拼装前做好盾壳与管片各面的清理工作，防止杂物夹入管片之间； 3. 环面的偏差及时进行纠正，使拼装完成的管片中心线与设计轴线误差减少，管片始终能够在盾尾内居中拼装； 4. 管片正确就位，千斤顶靠拢时要加力均匀，除封顶块外每块管片至少要有两只千斤顶顶住； 5. 盾构推进时骑缝的千斤顶应开启，保证环面平整； 6. 对破损的管片及时进行修补，运输过程中造成的损坏应在贴止水条以前修补好；对于因为管片与盾壳相碰而在推进或拼装过程中被挤坏的管片，也应原地进行修补，以对止水条起保护作用； 7. 控制衬垫的厚度，在贴过较厚衬垫处的止水条上应按规定加贴一层遇水膨胀橡胶条； 8. 应严格按照粘贴止水条的规程进行操作，清理止水槽，胶水不流淌以后才能粘贴水条； 9. 使用盾构机自带同步注浆机对管片直接进行二次注浆，注浆压力以管片不发生错台为准，尽可能多注浆。采用水泥砂浆作为主要填充物
	GP5	管片发生上浮	1. 调整注浆参数； 2. 重新配置注浆浆液
	GP6	管片开裂、渗漏、失稳	1. 提高管片质量； 2. 提高拼装质量； 3. 降低千斤顶推力
	GP7	管片吊装时发生脱落	设置专用信号和紧急制动装置，固定好电瓶车上的管片，防止脱落伤人，并经常进行维修保养

3.1.5　重大风险源梳理成果（样表）

基于重大风险源定义，即对应于评估等级为Ⅱ级及以上的风险工程或某个地质、环境风险单元。根据评估结果（模板）中的"盾构出洞""盾构掘进""盾构进洞""联络通道""周边建筑""周边道路""周边管线"风险工程均列出重大风险源，见表3.1-10。

表 3.1-10　　　　　　　　　　重大风险源列表（参考）

盾构进、出洞工程（施工）	Ⅱ级	××建筑	Ⅱ级
盾构掘进（施工）	Ⅱ级	××道路	Ⅱ级
联络通道工程（施工）	Ⅱ级	××管线	Ⅱ级

注　对于重大风险源的界定，对于工程本体，统一按子风险工程或某个重大风险单元进行界定。对于地质及周边环境，按风险单元统一进行界定，即对每一栋建筑、每一根管线、每一条道路、每一个地质风险点分别进行界定。

3.1.6　风险评估报告格式

在完成风险评估后，应着手编制相应的风险评估报告，其报告主要内容应包含如下方面。

（1）封面。

（2）工程概况。

（3）风险评估所需资料、所参考规范及相关说明。

（4）风险评估工作范围划定及相关依据。

（5）风险评估所使用方法简介。

（6）风险辨识、评估过程及结果。包括区间工程风险辨识及评估结果和车站工程风险辨识及评估结果。

（7）相关风险控制及应对措施。

（8）重大风险源梳理结果（列表）。

（9）重大风险源相关风险事故的预防控制措施。

（10）重大风险事故的应急处置措施及预案。

3.2　施工准备期风险评估实例

本节主要从风险评估报告编制要点、评估工作依据及内容、评估报告格式，以及结合现场工程实践所编制的评估报告实际案例入手，力求全面介绍地铁施工过程中风险评估工作内容及实际操作。

3.2.1　风险评估与报告编制

3.2.1.1　评估目标及内容

1. 目标

有效进行风险源辨识、安全风险分析，进行风险源分类与分级，列出风险清单，提出风险控制措施建议，将风险控制在源头，同时为领导决策和指导轨道交通安全生产的层级化管理提供依据。

2. 内容

（1）结合工程详细勘察报告和现场调研情况，根据施工图设计、建（构）筑物的保护方案、建（构）筑物和施工组织设计等既有资料，分类分析风险源和风险因素，并列出风险（源）清单。

（2）车站深基坑（出入口）工程安全风险评估。

（3）区间暗挖隧道工程安全风险评估。

（4）制定安全风险分级标准。

（5）邻近建（构）筑物和重要管线的安全风险评估。

（6）给出工点的安全风险总体等级。

（7）针对重点工点的风险特点，提出控制措施建议。

（8）编制、形成风险评估报告，并组织专家评审通过。

3.2.1.2　评估工作依据

1. 与评估工作相关的技术文件和资料

评估工作范围内的各种基础技术文件与资料具体如下。

（1）各工点《岩土工程详细勘察设计报告》。

（2）各工点结构专业施工设计文件。

（3）施工组织设计文件、专项施工方案、应急预案。

（4）周边建（构）筑物保护方案及管线保护方案。

（5）特殊工法及涉及"新工法、新工艺、新材料、新设备"的设计、施工文件。

（6）周边建（构）筑物、基础与管线调查资料。

（7）针对全线重难点的既有研究成果等。

（8）现场调查、访问记录，专家调研意见和建议等。

2. 国家法律、法规

（1）《中华人民共和国建筑法》。

（2）《中华人民共和国安全生产法》（中华人民共和国主席令第七十号）。

（3）《突发事件应急预案管理办法》（国办发〔2013〕101 号）。

（4）《中华人民共和国突发事件应对法》。

（5）《建设工程安全生产管理条例》。

（6）《建设工程勘察设计管理条例》。

（7）《生产安全事故报告和调查处理条例》（国务院第 493 号令）。

（8）《建筑工程五方责任主体项目负责人质量终身责任追究暂行办法》（建质〔2014〕124 号）。

（9）《国务院关于特大安全事故行政责任追究的规定》。

（10）《国家突发公共事件总体应急预案》。

（11）《国家处置城市地铁事故灾难应急预案》。

3. 部委及行业标准指南

（1）《城市轨道交通地下工程建设风险管理规范》（GB 50652—2011）。

（2）《地铁工程施工安全评价标准》（GB 50715—2011）。

（3）《城市轨道交通工程监测技术规范》（GB 50911—2013）。

（4）《建筑基坑工程监测技术规范》（GB 50497—2009）。

（5）《城市轨道交通工程周边环境调查指南》（建质〔2012〕56 号）。

（6）《建筑地基基础设计规范》（GB 50007—2011）。

（7）《城市轨道交通岩土工程勘察规范》（GB 50307—2012）。

（8）《岩土工程勘察规范》（GB 50021—2001）（2009 年版）。

（9）《地铁设计规范》（GB 50157—2013）。

（10）《混凝土结构设计规范》（GB 50010—2010）。

（11）《建筑抗震设计规范》（GB 50011—2010）。

（12）《工程测量规范》（GB 50026—2007）。

（13）《建筑变形测量规范》（JGJ 8—2007）。

（14）《地铁及地下工程建设风险管理指南》（中国土木工程学会主编，2007）。

（15）《隧道工程风险管理作业守则》（国际隧道工程保险集团与慕尼黑再保险公司联合编纂）。

(16)《城市轨道交通工程安全质量管理暂行办法》(建质〔2010〕5 号)。

(17)《危险性较大的分部分项工程安全管理办法》(建质〔2009〕87 号)。

(18)《关于加强重大工程安全质量保障措施的通知》(发改投资〔2009〕183 号)。

(19)《建设工程重大质量安全事故应急预案》(建质〔2005〕105 号)。

(20)《建筑施工安全检查标准》(JGJ 59—2011)。

(21)《地铁工程施工安全评价标准》(GB 50715—2011)。

(22)《建筑施工现场环境与卫生标准》(JGJ 146—2004)。

(23)《施工企业安全生产评价标准》(JGJ/T 77—2003)。

(24)《职业健康安全管理体系规范》(GB/T 28001—2011)。

3.2.1.3　评估方法

采用改进后的 WBS—RBS 风险识别技术,开展风险辨识及评估工作。

3.2.1.4　评估报告格式

参见 3.1.6 节。

3.2.2　盾构工程风险分析案例

盾构工程风险分析可参照施工准备期安全风险评估技术、流程及分级标准开展相应的区间盾构隧道工程安全风险辨识及评估工作,主要包括如下工作内容。

(1)区间隧道组段划分。主要对地质、环境条件进行安全风险评估并对隧道穿越的地层进行综合安全风险组段划分。

1)盾构施工参数的合理选取和控制是有效减少和避免盾构施工安全风险的必要措施。建立适宜不同工程地质条件、水文地质条件、地层环境条件和其他特殊条件下盾构施工参数控制标准或控制范围,实现盾构施工的规范化和施工管理的标准化,对有效控制盾构施工安全风险是非常有必要的。

2)盾构施工参数必须根据项目环境条件〔包括地面和地下建(构)筑物等〕和工程、水文地质条件来确定。盾构施工过程中穿越的地层及其工程地质、水文地质条件并非一成不变,当项目环境条件或工程地质、水文地质条件发生变化时,盾构施工参数也必须响应调整,因此必须根据盾构施工过程中的工程、水文地质条件、地面和地下环境条件以及隧道埋深等因素对盾构法施工的区间隧道进行组段划分,确定适宜各个组段的盾构施工参数控制标准和/或控制范围。组段划分是进行盾构法隧道施工安全风险评估的重要工作和首要内容。

3)盾构法施工的区间隧道组段划分主要基于以下两点。

(a)盾构隧道穿越的土层性质。盾构施工参数确定的基本原则,首先是依据盾构开挖的地层情况。

(b)盾构施工环境条件的组合影响。除考虑盾构隧道穿越的地层情况外,还须考虑盾构施工环境条件的组合效应,亦即盾构隧道上方地层情况及是否有重要管线,盾构隧道上方地面和地下建(构)筑物存在与否,盾构隧道下方地下建(构)筑物存在与否等。地面沉降控制要求,盾构隧道穿越特殊地层条件,如巨型漂石、水体下穿越等,都会影响到盾构区间组段的划分。

4）进行盾构施工环境的组合安全风险因素划分时主要考虑以下四点因素。

（a）隧道的埋深。

（b）地面和地下环境条件（建筑基础、管线、既有轨道线路）。

（c）特殊地质情况（漂石、隧道上方有河流等水体）。

（d）盾构穿越地层的上覆土层性质。

5）盾构施工环境组合安全风险因素分为以下三级。

Ⅰ级：盾构下穿或上穿既有轨道线路，或下穿或者临近重要建（构）筑物，或者下穿重要市政管线和河流工程，或土层中有漂石、孤石等特殊地质情况，或隧道埋深小于 9m 的浅埋隧道，或以上两种及以上情况的组合。

Ⅱ级：隧道埋深大于 9m，或隧道上方地层中有一般的市政管线，或隧道临近或者下穿一般建筑物，下穿重要市政道路，或地层中的不良地质情况对盾构施工影响较小并没有特殊地质情况。

Ⅲ级：隧道埋深大于 13m，或隧道上方地层中没有管线或者只有对沉降不敏感的管线（如电力管线、电信管线、广播管线等）且管线埋深较浅，或隧道与建筑物基础和重要市政道路距离较远，或地层中无不良地质情况等特殊地质情况。

6）盾构施工区间隧道组段的综合划分是在盾构穿越土层组段划分的基础上按照盾构施工环境的组合安全风险级别对各个组段进行更详细的划分，将 A、B、C 等六个土层组段划分为 $A_Ⅰ$、$A_Ⅱ$、$A_Ⅲ$、$B_Ⅰ$、$B_Ⅱ$、$B_Ⅲ$、$C_Ⅰ$、$C_Ⅱ$、$C_Ⅲ$、…、$F_Ⅰ$、$F_Ⅱ$、$F_Ⅲ$ 等 18 个组段，即将每个土层组段按照盾构施工环境安全风险级别划分为Ⅰ、Ⅱ、Ⅲ三个组段。盾构施工区间隧道组段的综合划分如图 3.2-1 所示，对任何一个盾构区间隧道而言，都是由以上 18 种组段中的一种或几种组段组合而成。

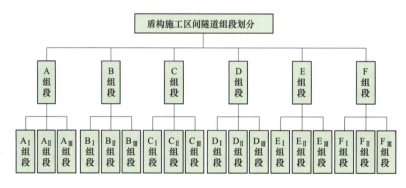

图 3.2-1　盾构施工区间隧道组段的划分图

（2）盾构法加固设计方案实施安全风险识别与分析。主要对盾构始发/到达端头加固设计方案的实施重难点、区间联络通道/泵房等区间构筑物的位置、加固设计方案的实施重难点及可能的安全风险进行分析，区间联络通道暗挖部分将在矿山法中进行。

1）盾构始发/到达端头、区间联络通道/泵房等区间构筑物加固的目的如下。

（a）减少拆除围护结构（地下连续墙或围护桩等）、隧道管片时震动对土体的扰动影响。盾构始发和到达前的围护结构拆除施工、联络通道/泵房等区间构筑物施工前的管片破除时，均会对地层有较大的扰动，这些扰动对地层稳定极为不利。地层加固的一个重要作用就是增加土层的稳定性，防止拆除围护结构时扰动对土体稳定的影响。

（b）在满足相关规范要求的前提下，根据地质和环境条件的变化，适当调整联络通道或泵房等区间构筑物的位置，是减少或根除联络通道和/或泵房等区间构筑物施工安全风险的有效措施。

（c）盾构进入洞门前地层能够长时间稳定。盾构始发前拆除围护结构会使开挖面土体处于暴露状态且持续时间较长，围护结构拆除后盾构需要一定时间才能进入洞门至开挖面，地层加固一定要确保地层能够在一定时间内保持稳定。

（d）保持连接处的土体稳定性。联络通道和/或泵房等区间构筑物与隧道连接处管片的破除需要一定时间，管片破除方法和无法完全封闭的土体初期支护均对该处施工安全带来不利影响，该处土体需在一定时间内自稳。

（e）减小土体的渗透系数，防止发生突水、涌水和涌砂事故。土体的渗透性是影响地层稳定的重要因素，地层加固既提高地层土体的强度，也降低该土体的渗透系数；单纯提高土体强度而不减小土体的渗透系数，地下水的作用可能诱发生突水、涌水、涌沙和塌方等事故，严重影响盾构始发和到达、区间联络通道和/或泵房等区间构筑物施工的安全。

（f）防止土压建立期间引起的过大地面沉降或坍塌。盾构进入洞门后在一定的掘进距离长度内土舱压力较小，不足以维持开挖面压力的稳定，地层加固必须确保盾构在土压建立前开挖面不会因为压力不足而引起地面过大沉降或坍塌。

2）盾构始发/到达端头加固设计评估的主要内容如下。

（a）加固后土体强度，如加固土体的 C、φ 值、单轴抗压强度等。

（b）加固范围，主要考虑纵向加固长度 L、加固宽度 B、上方加固高度 H_1 和下方加固高度 H_2。

（c）加固后土体的渗透性，主要评估指标为土体的渗透系数 K。

（d）设计采用的加固方法。

3）盾构区间联络通道和/或泵房等区间构筑物加固设计评估的主要内容如下。

（a）加固后土体强度，如加固土体的 C、φ 值、单轴抗压强度等。

（b）加固范围，如隧道加固长度 L、加固宽度 B、上方加固高度 H_1 和下方加固高度 H_2。

（c）加固后土体的渗透性，主要评估指标为土体的渗透系数 K。

（d）设计采用的加固方法。

（e）拆除管片的形式（混凝土管片、钢管片或其他）与管片拆除期间区间隧道的安全性。

4）联络通道或泵房等区间构筑物暗挖施工的安全风险评估工作将在暗挖法中进行评估。

（3）盾构及其重要配套设备适应性评估。主要根据隧道穿越的地层情况对盾构及其重要配套设备进行评估，包括可能的换刀地点选择、换刀方案等。

1）盾构区间隧道施工中，盾构隧道穿越的地层复杂多变，一台盾构不可能做到对任何地层条件都适宜，每台盾构都有一个最佳的适宜范围。盾构及重要配套设备的适应性评估主要根据项目工程地质、水文地质条件和地面状况、地层分层情况和设计要求以及施工中可能遇到的各种安全风险因素对选定的盾构及重要配套设备进行评估。

2）在进行组段划分对已经考虑了项目的工程地质、水文地质条件和地面状况、地层分层情况和施工中可能遇到的各种安全风险因素，因此盾构及重要配套设备的适应性评估只需结合该项目的组段划分情况进行适应性评估即可。

3）盾构及其重要配套设备适应性评估的主要内容如下。

（a）刀盘形式和刀具布置与地层条件的适应性、可能的换刀地点和换刀方案。

（b）盾构推力和刀盘扭矩与地层条件的适应性。

（c）螺旋输送机设计与地层条件的适应性（弃渣状态和施工进度要求等）。

（d）注浆设备的适应性评价。

（e）皮带传送设备的适应性评价。

（f）泡沫设备的适应性评价。

（g）油脂设备的适应性评价。

（4）盾构法施工组织合理性评估。主要对盾构施工组织设计进行评估，包括施工组织、专项方案、应急预案、人员队伍和环境适应性等方面。

1）盾构施工组织设计应全面考虑拟建工程的各种具体施工条件，确定合理的施工方案、施工顺序、应急方法和人员组织，合理统筹安排施工进度，在施工准备期应该对盾构施工组织设计进行评估以减小施工阶段盾构施工出现安全风险事件的可能性。

2）施工组织设计评估的主要内容如下。

（a）施工前工程地质和水文地质条件调查情况。

（b）施工环境调查情况，主要包括各类管线、建筑物、构筑物、地下基础和其他施工环境的调查情况。

（c）换刀地点的选择和换刀方案的确定。

（d）工期安排和施工场地布置情况。

（e）施工组织机构、施工队伍、人员安排情况。

（f）施工组织设计、专项施工方案和应急施工预案情况。

3.2.2.1　盾构区间隧道风险分级

盾构隧道风险分级，由盾构隧道的围岩类别与不良地质条件、盾构隧道的空间状态（坡度、覆土厚度、转弯半径、与相邻隧道的空间距离）、地层受扰动的程度和环境对地层变形的敏感程度等因素确定。具体因素采用定性划分和定量指标两种方法综合确定。隧道的围岩类别与不良地质条件影响的风险分级作为盾构隧道的基本分级，而具体风险级别则是在基本风险分级的基础上，考虑盾构隧道的空间状态、地层受扰动的程度和环境对地层变形的敏感程度等必要的因素进行修正。综合各种因素后，建议施工单位盾构隧道风险分为四个等级。

3.2.2.2　盾构区间隧道风险分析

根据地下工程风险评估经验和研究成果，指导施工单位采用专家调查打分法（预先进行风险源事故树识别、设计复核、可靠度数值模拟及敏感性分析、工程类比）与层次分析法相结合的综合分析方法来分析盾构区间隧道风险。

3.2.2.3 盾构区间隧道风险评价

根据制定的工程风险分级标准和接受准则，指导施工单位对工程风险进行等级分析、危害性评定和风险排序，给出评估工点的安全风险总体等级。分别对各盾构区间隧道进行风险评价，给出各盾构区间安全风险总体等级。

3.2.2.4 盾构区间隧道风险控制要点

针对一般的盾构区间，其风险控制措施建议见表 3.2-1。

表 3.2-1 一般盾构区间风险控制措施建议

风险单元	风险事件	风 险 应 对 措 施 建 议
盾构出洞	拆除封门时出现涌土、流砂	1. 创造条件使盾构尽快进入洞口，并对洞门圈进行加固封堵，如双液注浆、直接冻结等。 2. 加强监测，观测封门附近、工作井和周围环境的变化。 3. 加强工作井的支护结构体系
	洞口土体流失	1. 洞口土体加固应提高施工质量，保证加固后土体强度和均匀性。 2. 洞门密封圈安装要准确，在盾构推进的过程中要注意观察，防止盾构刀盘的周边刀割伤橡胶密封圈；密封圈可涂牛油增加润滑性；洞门的扇形钢板要及时调整，改善密封圈的受力状况。 3. 在设计、使用洞门密封时要预先考虑到盾壳上的凸出物体，在相应位置设置可调节的构造，保证密封的性能
	盾构推进轴线偏离设计轴线	1. 盾构基座中心夹角轴线应与隧道设计轴线方向保持一致，当洞口段隧道设计轴线处于曲线状态时，可考虑盾构基座沿隧道设计曲线的切线方向放置，切点必须取洞口内侧面处。 2. 对基座框架结构的强度和刚度进行验算，以满足出洞时盾构穿越加固土体所产生的推力要求。 3. 控制盾构姿态，尽量使盾构轴线与盾构基座中心夹角轴线保持一致。 4. 盾构基座的底面与始发井的底板之间要垫平垫实，保证接触面积满足要求。 5. 在推进过程中合理控制盾构的总推力，使千斤顶合理编组，避免出现不均匀受力
	后盾系统出现失稳	1. 对体系的各构件必须进行强度、刚度校验，对受压构件一定要作稳定性验算。各连接点应采用合理的连接方式保证连接牢靠，各构件安装要定位精确，并确保电焊质量以及螺栓连接的强度。 2. 尽快安装上部的后盾支撑构件，完善整个后盾支撑体系，以便开启盾构上部的千斤顶，使后盾支撑系统受力均匀
盾构掘进	遇见障碍物	1. 对开挖面前方 20m 超声波障碍物探测，及时查出大石块、沉船、哑炮弹；附设从密封舱隔板中向工作面延伸的钻机，对障碍物破除。 2. 设置石块破碎机，将块石破碎到粒径 10mm 以下，以便泥浆泵排出。 3. 选择有经验的勘察单位，采用先进的勘探技术，或多种勘探技术综合应用。 4. 加密地质勘探孔的数量，准确定位障碍物的位置
	掘进面土体失稳	1. 正确地计算选择合理的舱压，舱压应采用静止水土压力的 1.2 倍左右；掘进由膨润土悬胶液稳定，水压力可以精细调节。膨润土悬胶液由空气控制，随时补偿正面压力的变化。 2. 流砂地质条件时，要及时补充新鲜泥浆。事前检验泥浆物理性质，包括流变试验、渗透试验、成泥膜的检验。测定固体颗粒的密度、泥浆密度、屈服应力、塑性黏滞度、颗粒大小分布。泥浆可渗入砂性土层一定的深度，在很短时间内形成一层泥膜。这种泥膜有助于提高土层的自立能力，从而使泥水舱土压力泥浆对整个开挖面发挥有效的支护作用。对透水性小的黏性土可用原状土造浆，使泥浆压力同开挖面土层始终动态平衡。 3. 控制推进速度和泥渣排土量及新鲜泥浆补给量。 4. 超浅覆土段，一旦出现冒顶、冒浆随时开启气压平衡系统

风险单元	风险事件	风 险 应 对 措 施 建 议
盾构掘进	地面隆起变形	1. 详细了解地质状况，及时调整施工参数。 2. 尽快摸索出施工参数的设定规律，严格控制平衡压力及推进速度设定值，避免其波动范围过大。 3. 按理论出土量和施工实际工况定出合理出土量
	盾构内出现涌土、流砂、漏水	1. 采用全封闭、高度机械化、自动化的现代化盾构机。 2. 正确地计算选择合理的舱压。 3. 控制推进速度和泥渣排土量及新鲜泥浆补给量。 4. 设置气压平衡系统
	盾尾密封装置泄漏	1. 严格控制盾构推进的纠偏量，尽量使管片四周的盾尾空隙均匀一致，减少管片对盾尾密封刷的挤压程度。 2. 及时、保量、均匀地压注盾尾油脂。 3. 控制盾构姿态，避免盾构产生后退现象。 4. 采用优质的盾尾油脂，要求有足够的黏度、流动性、润滑性、密封性能
	盾构沉陷	1. 加密地质勘探孔的数量，确定不良地层的位置，分析对盾构掘进施工的影响。 2. 对开挖面前方 20m 进行地质探测，及时查出不良地层或障碍物。 3. 定期检查盾构机，使盾构机保持良好的工作性能，减小推进施工时盾构机出现故障的发生概率。 4. 合理地组织施工，并对施工人员进行专业培训和安全教育，确保各施工环节的正常运转，减小产生质量或安全问题
	盾构掘进轴线偏离设计轴线	在推进施工过程中，对每一环都必须提交切口、盾尾高程及平面偏差实测结果，并由此计算出盾构姿态及成环隧道中心与设计轴线的偏差。将测量结果绘制成隧道施工轴线与设计轴线偏差图，一旦发现有偏离轴线的趋势，必须及时告知施工工程师采取及时、连续、缓慢的纠偏方法。每推进 100 环，请专业测量队伍用高精度经纬仪和水准仪进行三角网贯通测量校核
管片工程	管片破损	1. 行车操作要平稳，防止过大的晃动。 2. 管片使用翻身架翻身，或用专用吊具翻身，保证管片翻身过程中的平稳。 3. 地面堆放管片时上下两块管片之间要垫上垫木。 4. 设计吊运管片的专用吊具，使钢丝绳在起吊管片的过程中不碰到管片的边角。 5. 采用运输管片的专用平板车，加设避振设施；叠放的管片之间垫好垫木。 6. 工作面储存管片的地方放置枕木将管片垫高，使存放的管片与隧道不产生碰撞。 7. 管片运输过程中，使用弹性的保护衬垫将管片与管片之间隔离开，以免发生碰撞而损坏管片；在起吊过程中要小心轻放，防止磕坏管片的边角。 8. 管片拼装要小心谨慎，动作平稳，减少管片的撞击。 9. 提高管片拼装的质量，及时纠正环面不平整度、环面与隧道设计轴线不垂直度、纵缝偏差等质量问题。 10. 拼装时将封顶块管片的开口部位留得稍大一些，使封顶块能顺利地插入。 11. 发生管片与盾壳相碰，应在下一环盾构推进时立即进行纠偏。 12. 每环管片拼装时都对环面平整情况进行检查，发现环面不平，及时地加贴衬垫予以纠正，使后拼上的管片受力均匀。 13. 及时调整管片环面与轴线的垂直度，使管片在盾尾内能居中拼装
	管片就位不准	1. 加强施工管理。 2. 定期检查管片拼装系统

续表

风险单元	风险事件	风险应对措施建议
管片工程	螺栓连接失效	1. 提高管片拼装质量，及时纠正环面不平或环面与隧道轴线不垂直等，使每个螺栓都能正确地穿过螺孔。 2. 严格控制螺栓的加工质量，定期抽查，发现问题及时更换。不符合质量要求的螺栓应退换。 3. 加强施工管理，做好自检、互检、抽检工作，确保螺栓穿进及拧紧的质量。 4. 对螺栓和螺帽进行材质复检，检验合格后才能使用
	管片接缝渗漏	1. 提高管片的拼装质量，及时纠环面，拼装时保证管片的整圆度和止水条的正常工况，提高纵缝的拼装质量。 2. 拼装前做好盾壳与管片各面的清理工作，防止杂物夹入管片之间。 3. 环面的偏差及时进行纠正，使拼装完成的管片中心线与设计轴线误差减少，管片始终能够在盾尾内居中拼装。 4. 管片正确就位，千斤顶靠拢时要加力均匀，除封顶块外每块管片至少要有两只千斤顶顶住。 5. 盾构推进时骑缝的千斤顶应开启，保证环面平整。 6. 对破损的管片及时进行修补，运输过程中造成的损坏应在贴止水条以前修补好；对于因为管片与盾壳相碰而在推进或拼装过程中被挤坏的管片，也应原地进行修补，以对止水条起保护作用。 7. 控制衬垫的厚度，在贴过较厚衬垫处的止水条上应按规定加贴一层遇水膨胀橡胶条。 8. 应严格按照粘贴止水条的规程进行操作，清理止水槽，胶水不流淌以后才能粘贴止水条
隧道注浆	注浆管堵塞	1. 单液注浆 （1）停止推进时定时用浆液打循环回路，使管路中的浆液不产生沉淀。若长期停止推进，应将管路清洗干净。 （2）拌浆时注意配比准确，搅拌充分。 （3）定期清理浆管，清理后的第一个循环用膨润土泥浆压注，使注浆管路的管壁润滑良好。 （4）经常维修注浆系统的阀门，使它们启闭灵活。 2. 双液注浆 （1）每次注浆结束都应清洗浆管，清洗浆管时要将橡胶清洗球取出，不能将清洗球遗漏在管路内引起更厉害的堵塞。 （2）注意调整注浆泵的压力，对于已发生泄漏、压力不足的泵及时更换，保证两种浆液压力和流量的平衡。 （3）对于管路中存在分叉的部分，清洗球清洗不到，应经常用人工对此部位进行清洗
机械设备	盾构刀盘轴承失效	1. 设计密封性能好、强度高的土砂密封，保护轴承不受外界杂质的侵害。 2. 密封壁内的润滑油脂压力设定要略高于开挖面平衡压力，并经常检查油脂压力。 3. 经常检查轴承的润滑情况，对轴承的润滑油定期取样检查
	刀盘与刀具出现异常磨损	设气压进出闸门，局部气压下进入密封舱排障，维修刀盘
	盾构内气动元件不工作	1. 安装系统时连接好各管路接头，防止泄漏；使用过程中经常检查，发现漏点及时处理。 2. 经常将气包下的放水阀打开放水，减少压缩空气中的含水量，防止气动元件产生锈蚀。 3. 根据设计要求正确设定系统压力，保证各气动元件处于正常的工作状态

续表

风险单元	风险事件	风 险 应 对 措 施 建 议
机械设备	数据采集系统失灵	1. 经常检查数据采集系统。 2. 对操作人员进行培训。 3. 对数据系统进行保养。 4. 设置数据系统的保护装置
	管片拼装系统失效	1. 盾构接收基座要设计合理，使盾构下落的距离不超过盾尾与管片的建筑空隙。 2. 将进洞段的最后一段管片，在上半圈的部位用槽钢相互联结，增加隧道刚度。 3. 在最后几环管片拼装时，注意对管片的拼装螺栓及时复紧，提高抗变形的能力。 4. 进洞前调整好盾构姿态，使盾构标高略高于接收基座标高
隧道进洞	盾构姿态突变	1. 盾构接收基座要设计合理，使盾构下落的距离不超过盾尾与管片的建筑空隙。 2. 将进洞段的最后一段管片，在上半圈的部位用槽钢相互联结，增加隧道刚度。 3. 在最后几环管片拼装时，注意对管片的拼装螺栓及时复紧，提高抗变形的能力。 4. 进洞前调整好盾构姿态，使盾构标高略高于接收基座标高
	洞口土体流失	1. 洞口土体加固应提高施工质量，保证加固后土体强度和均匀性。 2. 洞口封门拆除前应充分做好各项进、出洞的准备工作。 3. 洞门密封圈安装要准确，在盾构推进的过程中要注意观察，防止盾构刀盘的周边刀割伤橡胶密封圈；密封圈可涂牛油增加润滑性；洞门的扇形钢板要及时调整，改善密封圈的受力状况。 4. 在设计、使用洞门密封时要预先考虑到盾壳上的凸出物体，在相应位置设置可调节的构造，保证密封的性能。 5. 盾构进洞时要及时调整密封钢板的位置，及时地将洞口封好。 6. 盾构将进入洞口土体加固区时，要降低正面的平衡压力
	盾构基座变形	1. 盾构基座形成时中心夹角轴线应与隧道设计轴线方向一致，当洞口段隧道设计轴线曲线状态时，可考虑盾构基座沿隧道设计曲线的切线方向放置，切点必须取洞口内侧面处。 2. 基座框架结构的强度和刚度能克服出洞段穿越加固土体所产生的推力。 3. 合理控制盾构姿态，尽量使盾构轴线与盾构基座中心夹角轴线保持一致。 4. 盾构基座的底面与始发井的底板之间要垫平垫实，保证接触面积满足要求
	偏离目标井或对接错位	1. 盾构机有可靠的轴线定位，如激光导向、陀螺仪定位系统。 2. 可靠的地面三角网及井下引进导线系统，每50m设吊架（栏）对轴线跟进测量。 3. 每环衬砌测量与设计轴线的偏差。 4. 发现偏差及时缓慢纠偏。 5. 两盾构地下对接，盾构进工作井前100m反复对比测量，确保对接及出洞精度。 6. 测量仪器全站仪、水准仪，精度高，经常校验
联络通道	管片开裂、渗漏	1. 加强对进场管片的检查，对不合格管片进行更换。 2. 加强管片拼装时的质量控制，避免出现管片破损。 3. 支撑体系必须具有足够的强度和刚度，支撑体系检查不合格不得拆除管片。 4. 对加固区土体施工进行全过程控制，拆除管片前，对加固土体进行检测。 5. 控制管片注浆液的质量、注浆压力和注浆量
	出现涌土、流砂或涌水	1. 详细调查隧道开挖范围的地质条件。 2. 对地层采用有效的加固处理方法。 3. 降低地下水位，减小地下水对开挖面土体的影响。 4. 选择合理、有效的施工工艺

续表

风险单元	风险事件	风 险 应 对 措 施 建 议
联络通道	开挖面土体失稳	1. 合理选择地基加固方案。 2. 加强地基加固施工管理。 3. 事先掌握开挖范围的地址变化情况。 4. 合理预测地下水位变化情况。 5. 选择合理、先进的开挖工艺
	支护结构失稳	1. 事先详细掌握周围地层条件，对不良地层进行加固处理。 2. 检查支护结构强度，对支护结构进行强度和变形验算，必要时进行试验。 3. 加强现场管理，增强现场人员的风险意识

3.2.2.5 盾构区间隧道风险辨识及评估样例

根据上述评估内容，结合相应的风险辨识及评估方法，形成风险辨识、评估参考模板（盾构区间）。

1. 风险辨识参考模板

隧道区间工程（盾构法）风险（源）辨识、风险因素分析清单（参考）见表 3.2 - 2。

表 3.2 - 2　　隧道区间工程（盾构法）风险（源）辨识、风险因素分析清单（参考）

风险工程	子风险工程	风险单元	风险事件及其编号		风 险 因 素
施工风险工程	盾构施工准备DGSG	盾构选型DGXX	DGXX1	刀盘异常磨损、刀具损坏	未进行地质样品刀盘磨损试验、滚刀数量配置不足、刀具选择与组合不合理
			DGXX2	注浆系统故障	1. 注浆系统选型不当； 2. 注浆系统对注浆材料的适应性不好
			DGXX3	盾构选型风险	1. 盾构机使用的适应性和可靠性评价不细； 2. 出厂和施工工地现场组装、测试、验收不细； 3. 未组织有关方面的专家进行方案论证
		施工组织设计SGZZ	SGZZ1	进度风险	1. 地质核查和环境补充调查不充分； 2. 技术力量和管理班子配置不足； 3. 工程进度安排余量不足； 4. 材料设备订货供应不足，对工程的风险估计不足
			SGZZ2	质量风险	1. 技术力量不足； 2. 施工队伍经验不足，组织培训不够，人员操作不熟练； 3. 对设计资料理解不够； 4. 工期安排不合理； 5. 设备组织和材料选择不合理
			SGZZ3	安全、文明施工、环境保护事故频发	1. 地质核查和环境补充调查不充分； 2. 安全专项管理不充分，应急预案不合理或缺少； 3. 安全组织、制度不到位； 4. 工期和场地安排不合理； 5. 对工程中的风险估计不足

续表

风险工程	子风险工程	风险单元	风险事件及其编号		风险因素
施工风险工程	土体加固及降水 TTJG	进、出洞门区域土体加固 TTJG	TTJG1	洞门土体坍塌，流失	加固不理想，失效
		进、出洞口降水 JS	JS1	水土喷涌	1. 降水失败； 2. 洞口土体加固效果不好； 3. 洞口密封装置失效； 4. 掘进面土体失稳
	盾构出洞 DGCD	盾构设备吊装拼装 DGPZ	DGPZ1	设备损坏	1. 吊装时操作失误发生碰撞； 2. 吊装、拆装时机械掉落摔坏
		洞门破除 DMPC	DMPC1	拆除封门时出现涌土、流砂	1. 封门处土体未加固或加固强度低； 2. 地下水位发生变化/封门外土体暴露时间过长； 3. 工作井支护体系失效
			DMPC2	洞口土体流失	1. 洞门比盾构直径大（客观）； 2. 洞口土体加固效果不好； 3. 洞口密封装置失效； 4. 掘进面土体失稳
			DMPC3	盾构推进轴线偏离设计轴线	1. 盾构基座变形； 2. 盾构后靠支撑发生位移或变形； 3. 出洞推进时盾构轴线上浮
			DMPC4	后靠系统出现失稳	1. 反力架失效； 2. 钢支撑失稳； 3. 后靠系统设计有误/施工质量差； 4. 系统受力不均
	盾构掘进 DGJJ	盾构自身 DGZS	DGZS1	掘进后发现盾构选型不合理	1. 地质勘察失误； 2. 设计选型考虑失误
			DGZS2	盾构后退	千斤顶漏油回缩
			DGZS3	盾构沉陷	1. 遇流塑状淤泥质地层； 2. 盾构自身发生故障
			DGZS4	盾构内出现涌土、流砂、漏水	1. 舱压计算有误； 2. 地质条件极差（裂隙、泥水）开挖面覆水压力大
			DGZS5	盾尾密封装置泄漏	1. 盾构推进偏斜量过大（使得盾尾空隙不均匀）； 2. 盾构推进过程中发生后退现象； 3. 盾尾密封装置质量不过关； 4. 盾尾油脂失效或流失
			DGZS6	掘进轴线偏离设计轴线	1. 施工过程没有及时测量或施工测量出现差错； 2. 通过的岩层或土层软硬不均或千斤顶参数设置不对（导致受力不均导致千斤顶在不同位置的推进量不一致导致偏差）； 3. 刀盘自重的影响（盾构纠偏不及时，或纠偏不到位）

风险工程	子风险工程	风险单元	风险事件及其编号		风 险 因 素
施工风险工程	盾构掘进DGJJ	掌子面ZZM	ZZM1	盾构掘进面土体失稳	1. 舱压计算不准确（螺旋运输机排土速度过慢（土压平衡盾构）； 2. 泥水压力不够（泥水平衡式盾构）； 3. 推进速度控制不准确
			ZZM2	遇见障碍物	1. 地质勘查不明； 2. 选线等因素
			ZZM3	遇不明地层气体泄漏	1. 地质勘查不明； 2. 未注意此方面（未进行监测）； 3. 通风不力
			ZZM4	遇到溶洞	1. 地质勘察原因； 2. 设计选线
		管片GP	GP1	管片破损	1. 管片运输过程发生碰撞； 2. 管片施工过程中发生碰撞； 3. 管片吊运时发生磕碰
			GP2	管片就位不准确	1. 管片拼装系统存在问题； 2. 管片吊装不当，沉降异常
			GP3	螺栓连接失效	1. 管片拼装质量不合格； 2. 螺栓本身质量问题； 3. 螺栓没有固紧
			GP4	管片接缝渗漏	1. 管片纵缝出现内外张角、前后喇叭（缝隙不均匀，止水条失效）； 2. 管片碎裂； 3. 密封材料失效； 4. 管片拼装质量不合格
			GP5	管片发生上浮	1. 设计计算失误（抗浮力不足）； 2. 泥水包裹已建成隧道； 3. 注浆参数不正确
			GP6	管片开裂、渗漏、失稳	1. 管片质量不合格； 2. 开口部位支撑系统失效； 3. 开口部位土体加固效果不好
			GP7	管片吊装时发生脱落	管片吊装机密封失效
		隧道注浆SDZJ	SDZJ1	注浆质量不合格	1. 浆液质量差； 2. 注浆量小于设计值
			SDZJ2	二次注浆不及时导致地表沉降	1. 施工过程缓慢； 2. 注浆量少
			SDZJ3	注浆效果不佳	1. 注浆配比设计有误； 2. 地质勘查有误
			SDZJ24	注浆压力低或高导致地面不正常隆起或沉陷	1. 设计计算有误； 2. 注浆过程控制失误

续表

风险工程	子风险工程	风险单元	风险事件及其编号		风 险 因 素
施工风险工程	盾构掘进 DGJJ	机械设备 JXSB	JXSB1	盾构内气动元件不工作	1. 管路存在严重漏气点； 2. 气动控制阀的阀杆发生锈蚀； 3. 气动元件发生疲劳断裂（气压太高，回位弹簧过载）； 2. 工作压力失常致使元件损坏
			JXSB2	盾构刀盘轴承失效	1. 刀盘轴承密封失效； 2. 刀盘两侧压力不平衡
			JXSB3	刀盘与刀具出现异常磨损	1. 未对刀盘进行维修； 2. 遇到的复杂地层（前期考虑不足）
			JXSB4	数据采集系统失灵	未进行保养维护和经常检查
			JXSB5	管片拼装系统失效	隧道刚度不够（纵向弯曲过大、导致管片不能及时拼装，盾构停止前进，造成土体坍塌，引起地表沉降）
	盾构进洞 DGJD	机械设备 JXSB	JXSB1	辅助设备损坏	不按规范操作/操作失误
			JXSB2	盾构基座变形	1. 盾构基座的中心夹角与隧道轴线不平行； 2. 盾构基座整体刚度、稳定性不够； 3. 盾构基座受力不均匀； 4. 盾构基座固定不坚固
		盾构接收 DGJS	DGJS1	偏离目标井或对接错位	盾构轴线偏差过大，使纠偏距离不够
			DGJS2	洞口土体流失	1. 洞口封门材料强度低、抗渗能力差，不能起到挡土止水作用； 2. 洞口密封装置失效； 3. 掘进面土体失稳
	联络通道 LLTD	支护结构 ZHJG	ZHJG1	开挖面土体失稳	1. 冻结壁强度偏低； 2. 开挖后未及时支护； 3. 地质条件发生突变
			ZHJG2	支护结构失稳	1. 支护结构设计强度不足； 2. 施工质量问题； 3. 施工人员违规操作
		冻结壁 DJB	DJB1	开挖面渗水	冻结壁部分解冻（开挖面气温过高、对流换热强烈）
			DJB2	冻结壁变形过大	冻结壁强度不够（盐水循环问题，平均温度偏高）

续表

风险工程	子风险工程	风险单元	风险事件及其编号		风 险 因 素
施工风险工程	联络通道 LLTD	冻结壁 DJB	DJB3	冻土帷幕出现涌土、流砂或涌水	1. 冻结机故障; 2. 盐水循环系统故障; 3. 监测不力; 4. 地层缺陷（冻土帷幕设计范围内及其附近存在沼气包、溶洞和暗浜等地层缺陷）; 5. 支护体系失效
			DJB4	联络通道融沉变形	1. 冻结区域土体属冻结融沉敏感土体; 2. 未对解冻过程进行跟踪监测、及时注浆等; 3. 强制解冻时未进行分区、分段解冻
			DJB5	冻胀导致隧道结构破坏和地表隆起	1. 地质条件（地层冻胀敏感性）; 2. 冻胀时间过长; 3. 一次冻结冻土体积过大; 4. 冻胀控制措施不力
		钻孔 ZK	ZK1	冻结钻孔时孔口喷砂	1. 土层中土随钻孔循环浆液流失; 2. 孔口密封装置失效
周边环境风险工程	周边建筑 ZBJZ	××建筑	JZ1	倾斜、开裂、下沉	1. 施工过程工作面失稳; 2. 土体超挖严重
	周边管线 ZBGX	××管线	GX1	管线破坏、管线开裂	1. 施工过程中工作面失稳; 2. 周边管线交底不到位; 3. 超挖严重，导致下沉; 4. 土压力过高或过低
	周边道路 ZBDL	××道路	DL1	道路沉降、隆起、开裂	土压控制不稳定
自然风险工程	自然风险 ZRFX	地震 DZ	DZ1	构筑物坍塌	不可抗自然原因
		台风 TF	TF1	设施受损，人员伤亡	防范措施不到位
		暴雨 BY	BY1	隧道浸泡	防汛物资不全，应急措施不到位

2. 风险评估参考算例

"一般盾构区间"风险评估打分结果见表 3.2-3。

具体计算过程同基坑工程（参见 3.2.3.6 部分）。通过计算可得出对应的盾构区间总风险，见表 3.2-4。

3. 风险控制措施实例

以"管片"风险单元为例，其预控措施见表 3.2-5。实际评估过程还应包括上面评估出的各项风险单元。

表 3.2－3   "一般盾构区间"风险评估打分结果表

子风险工程	风险单元	安全风险事件及其编号		P 值	C 值
盾构施工准备 DGSG	盾构选型 DGXX	DGXX1	刀盘异常磨损、刀具损坏	1	3
		DGXX2	注浆系统故障	2	3
		DGXX3	盾构选型风险	3	3
	施工组织设计 SGZZ	SGZZ1	进度风险	2	2
		SGZZ2	质量风险	2	2
		SGZZ3	安全、文明施工、环境保护事故频发	1	2
土体加固及降水 TTJG	进、出洞门区域土体加固 TTJG	TTJG1	洞门土体坍塌，流失	2	4
	进、出洞口降水 JS	JS1	水土喷涌	2	4
盾构出洞 DGCD	盾构设备吊装拼装 DGPZ	DGPZ1	设备损坏	1	4
	洞门破除 DMPC	DMPC1	拆除封门时出现涌土、流砂	3	4
		DMPC2	洞口土体流失	3	4
		DMPC3	盾构推进轴线偏离设计轴线	2	3
		DMPC4	后靠系统出现失稳	2	4
盾构掘进 DGJJ	盾构自身 DGZS	DGZS1	掘进后发现盾构选型不合理	2	3
		DGZS2	盾构后退	1	5
		DGZS3	盾构沉陷	3	4
		DGZS4	盾构内出现涌土、流砂、漏水	3	5
		DGZS5	盾尾密封装置泄漏	3	4
		DGZS6	掘进轴线偏离设计轴线	3	5
	掌子面 ZZM	ZZM1	盾构掘进面土体失稳	3	5
		ZZM2	遇见障碍物	4	4
		ZZM3	遇不明地层气体泄漏	2	4
		ZZM4	遇到溶洞	2	4
	管片 GP	GP1	管片破损	3	3
		GP2	管片就位不准确	3	3
		GP3	螺栓连接失效	3	4
		GP4	管片接缝渗漏	3	5
		GP5	管片发生上浮	2	5
		GP6	管片开裂、渗漏、失稳	1	5
		GP7	管片吊装时发生脱落	1	3
	周边地表 ZBDB	ZBDB1	地面隆起过大	2	4
		ZBDB2	地面沉降过大	3	4

续表

子风险工程	风险单元	安全风险事件及其编号		P 值	C 值
盾构掘进 DGJJ	隧道注浆 SDZJ	SDZJ1	注浆质量不合格	2	3
		SDZJ2	二次注浆不及时导致地表沉降	3	4
		SDZJ3	注浆压力低	2	3
		SDZJ24	注浆管堵塞等故障	2	3
	机械设备 JXSB	JXSB1	盾构内气动元件不工作	3	3
		JXSB2	盾构刀盘轴承失效	3	3
		JXSB3	刀盘与刀具出现异常磨损	3	4
		JXSB4	数据采集系统失灵	2	4
		JXSB5	管片拼装系统失效	2	3
盾构进洞 DGJD	机械设备 JXSB	JXSB1	辅助设备损坏	3	3
		JXSB2	盾构基座变形	3	4
	盾构接收 DGJS	DGJS1	偏离目标井或对接错位	3	3
		DGJS2	洞口土体流失	3	4
联络通道 LLTD	支护结构 ZHJG	ZHJG1	开挖面土体失稳	2	3
		ZHJG2	支护结构失稳	2	3
	冻结壁 DJB	DJB1	开挖面渗水	2	4
		DJB2	冻结壁变形过大	2	4
		DJB3	冻土帷幕出现涌土、流砂或涌水	3	4
		DJB4	联络通道融沉变形	3	3
		DJB5	冻胀导致隧道结构破坏和地表隆起	3	3
	钻孔 ZK	ZK1	冻结钻孔时孔口喷砂	3	4
周边建筑 ZBJZ	××建筑 1	JZ1	倾斜、开裂、下沉	2	4
	××建筑 2	JZ2	倾斜、开裂、下沉	3	4
周边管线 ZBGX	××管线	GX1	管线破坏、管线开裂	3	4
周边道路 ZBDL	××道路	DL1	道路下沉、隆起、开裂	3	4
自然风险 ZRFX	地震 DZ	DZ1	构筑物坍塌	2	3
	台风 TF	TF1	设施受损，人员伤亡	2	3
	暴雨 BY	BY1	隧道浸泡	2	3

表 3.2－4　　　　　　　　盾构各风险工程评估结果列表（汇总）

风险工程	盾构施工准备	土体加固及降水	盾构出洞	盾构掘进	盾构进洞	联络通道	周边建筑	周边管线	周边道路	自然风险
风险指数	5.73	8	9.2	11.22	11	10.02	11.57	12	12	6
风险工程等级	Ⅲ级	Ⅲ级	Ⅱ级	Ⅱ级	Ⅱ级	Ⅱ级	Ⅱ级	Ⅱ级	Ⅲ级	Ⅲ级

表 3.2 - 5   "管片"风险单元风险预控措施

风险单元	风险事件编号	风险事件	预 控 措 施
管片 GP	GP1	管片破损	1. 管片使用翻身架翻身, 或用专用吊具翻身, 保证管片翻身过程中的平稳; 2. 设计吊运管片的专用吊具, 使钢丝绳在起吊管片的过程中不碰到管片的边角, 并定时更换; 3. 采用运输管片的专用平板车加设避振设施, 叠放的管片之间垫好垫木; 4. 工作面储存管片的地方放置枕木将管片垫高, 使存放的管片与隧道管片不产生碰撞; 5. 管片运输过程中, 使用弹性的保护衬垫将管片与管片之间隔离开, 以免发生碰撞而损坏管片; 在起吊过程中要小心轻放, 防止磕坏管片的边角; 6. 管片拼装时要小心谨慎, 动作平稳, 减少管片的撞击; 7. 提高管片拼装的质量, 及时纠正环面不平整度、环面与隧道设计轴线不垂直度、纵缝偏差等质量问题; 8. 拼装封顶块时, 润滑油涂抹封顶块止水条, 使封顶块能顺利地插入; 9. 发现盾尾间隙过小, 应在下一环盾构推进时立即进行纠偏; 10. 每环管片拼装时都对环面平整情况进行检查, 发现环面不平, 及时地加贴衬垫予以纠正, 使后拼上的管片受力均匀; 11. 及时调整管片环面与轴线的垂直度, 使管片在盾尾内能居中拼装
	GP2	管片就位不准确	1. 加强施工管理; 2. 定期检查管片拼装系统
	GP3	螺栓连接失效	1. 提高管片拼装质量, 及时纠正环面不平或环面与隧道轴线不垂直度等, 使每个螺栓都能正确地穿过螺孔; 2. 严格控制螺栓的加工质量, 定期抽查, 发现问题及时更换, 不符合质量要求的螺栓应退换; 3. 加强施工管理, 做好自检、互检、抽检工作, 确保螺栓穿进及拧紧的质量; 4. 对螺栓和螺帽进行材质复检, 检验合格后才能使用
	GP4	管片接缝渗漏	1. 提高管片的拼装质量, 及时纠环面, 拼装时保证管片的整圆度和止水条的正常工况, 提高纵缝的拼装质量; 2. 拼装前做好盾壳与管片各面的清理工作, 防止杂物夹入管片之间; 3. 环面的偏差及时进行纠正, 使拼装完成的管片中心线与设计轴线误差减少, 管片始终能够在盾尾内居中拼装; 4. 管片正确就位, 千斤顶靠拢时要加力均匀, 除封顶块外每块管片至少要有两只千斤顶顶住; 5. 盾构推进时骑缝的千斤顶应开启, 保证环面平整; 6. 对破损的管片及时进行修补, 运输过程中造成的损坏应在贴止水条以前修补好; 对于因为管片与盾壳相碰而在推进或拼装过程中被挤坏的管片, 也应原地进行修补, 以对止水条起保护作用; 7. 控制衬垫的厚度, 在贴过较厚衬垫处的止水条上应按规定加贴一层遇水膨胀橡胶条; 8. 应严格按照粘贴止水条的规程进行操作, 清理止水槽, 胶水不流淌以后才能粘贴止水条; 9. 使用盾构机自带同步注浆机对管片直接进行二次注浆, 注浆压力以管片不发生错台为准, 尽可能多注浆。采用水泥砂浆作为主要填充物
	GP5	管片发生上浮	1. 调整注浆参数; 2. 重新配置注浆浆液

风险 单元	风险事件 编号	风险事件	预 控 措 施
管片 GP	GP6	管片开裂、 渗漏、失稳	1. 提高管片质量； 2. 提高拼装质量； 3. 降低千斤顶推力
	GP7	管片吊装 时发生 脱落	设置专用信号和紧急制动装置，固定好电瓶车上的管片，防止脱落伤人，并经常 进行维修保养

3.2.3 基坑工程施工准备期风险分析案例

车站深基坑（出入口）风险辨识及评估工作，具体包括如下工作内容。

（1）地质、环境安全风险识别与分析。在认真分析岩土工程勘察与环境调查资料、地质踏勘、环境核查及空洞普查的基础上，对地质、环境安全风险因素和地下水难以控制等地质条件复杂、紧邻地下管线等环境条件复杂的部位进行识别，分析可能带来的安全风险。

1）地质安全风险因素识别与分析。主要识别不良地层、地下水、地下空洞等地质安全风险因素，分析地质因素对施工的影响及可能带来的安全风险。

2）环境安全风险因素识别与分析。主要识别地面环境、地下环境等环境安全风险因素，分析工程施工、环境的相互影响及可能带来的安全风险。

3）地质条件复杂和环境条件复杂部位的识别。

（a）地质条件复杂的部位包括地下水难以控制处、土质软弱处等。

（b）环境条件复杂的部位包括紧邻古迹或建筑物处、周边建（构）筑物荷载差异较大处、紧邻地下重要管线处、紧邻地下污水管线处、紧邻水源处、邻近施工等。

（2）设计方案实施安全风险识别与分析：在认真学习设计文件的基础上，结合自身的经验及认识，对基坑支护体系、环境保护措施、地下水控制工艺等实施的重点、难点及可能的安全风险进行识别与分析。

1）施工工艺。主要对支护工艺、开挖工艺、辅助工法工艺等实施的重点、难点及可能的安全风险进行识别与分析。

2）受力条件复杂部位。主要对基坑阳角处、明暗挖结合处、支（锚）与护壁（墙面）联结处、坑内分区开挖时无围护坡面、不同支护体系转换处、车站主体与出入口或风道接口处、围护结构不连续处等部位进行识别，分析工法工艺方案实施重点、难点及可能的安全风险。

3）环境保护措施。主要对地面建（构）筑物、桥桩、地下建筑、地下管线等保护措施实施的重点、难点及可能的安全风险进行识别与分析。

4）地下水控制。主要对地下水控制方案、降水或堵水工艺方法及施工参数等实施的重点、难点及可能的安全风险进行识别与分析。

（3）施工方案安全性评估：在周边地质与环境条件核查的基础上，评估地质及环境条件对围护结构、支（锚）结构、地下水控制、土方开挖等施工方案的影响，并预测施工方案对周边环境可能产生的影响。成孔、成桩和注浆设备、土方开挖对土体自稳、支护体系稳定及周边环境的影响评估：主要对土体区、分段、分层开挖方案引起土体失稳、支护体系损坏及周边环境破坏等安全风险事件发生可能性及严重程度进行评估。

（4）施工组织合理性评估。评估明挖法施工组织设计的合理性、针对性，主要包括施工部署、施工准备、安全风险管理体系建立等方面。

1）施工部署。主要对施工场地布置、施工顺序安排、施工队伍任务划分等合理性进行评估。

（a）施工场地布置。包括基坑周围场地地面硬化范围、质量，排水系统布置，塔吊、车道、生活设施场地布置，混凝土搅拌场地布置，水泥、石料等临时材料的堆放场地布置等。

（b）施工总体方案。包括施工顺序安排、施工队伍任务划分等。施工顺序安排：与紧邻的其他明挖工程之间施工顺序的安排，明暗挖工程施工顺序的安排，围护结构施作、土方开挖、支（锚）施作、土钉施作、喷射混凝土施作之间的施工顺序安排，各围护桩钻孔顺序安排，土方分段、分区、分层开挖顺序安排，土钉支护时土方开挖有无跳段安排等。施工队伍任务划分：包括围护桩施作队伍、土方开挖队伍、支（锚）施作队伍、喷射混凝土施作队伍、主体结构施作队伍等之间的交接，以及各队伍内部钻孔班、钢筋班、混凝土班、机电班等工班之间的交接等。

（c）组织机构。包括项目经理部构成情况，项目领导班子（项目经理、主管生产副经理、总工等）从事城市轨道交通工程明挖法施工经历等。

（d）人员配备。包括管理人员、技术人员、安全人员及各工种配备人员的城市轨道交通工程明挖法施工经历等。

2）施工准备。主要对技术准备、施工现场准备及抢险物资准备是否落实施工组织设计进行评估。

（a）技术准备。包括地质核查、空洞核查、管线及地下障碍物核查，废弃管线及地下障碍物处理措施、需要保护管线的保护措施、地面建（构）筑物的核查及保护措施、冬雨季施工措施、监控量测措施、交通导改方案的编制等。

（b）施工现场准备。包括项目经理部组建完成情况、施工队伍到位情况。废弃管线及地下障碍物处理，需要保护管线的保护、地面建（构）筑物及地下构筑物的保护，塔吊设备场地硬化、交通导改、大型设备和管理。

（c）抢险物资准备。包括方木、编织袋、工字钢、钢管、钢板、引水管等抢险物资及发电机、水泵等设备的储备和管理。

（d）安全风险管理体系。主要对安全风险组织机构、专职安全风险管理人员配置、安全生产管理制度、安全生产监督管理措施、安全生产教育情况等是否责任明晰、满足施工组织设计要求进行评估。

3.2.3.1　基坑工程风险辨识

基坑工程（含出入口、风亭等）风险辨识可以采用专家调查法和层次分析法对车站深基坑进行风险源有效辨识。车站深基坑部分风险识别及风险源清单见表 3.2 - 6。

表 3.2－6　　　　　　　　　一般车站风险源识别（部分风险）

风险单元	风险事件	风险源
桩基础	承载力不能满足要求	1. 勘察不完全； 2. 设计失误； 3. 施工时孔底沉渣过多
	塌孔	不良地质
	遇到障碍物	钻孔点数少
地下连续墙	槽段壁面不稳定，大面积坍方	1. 不良地质； 2. 泥浆不合适； 3. 地面超载
	地下连续墙渗漏水甚至涌土、喷砂	1. 接头形式选择不当； 2. 刷壁不彻底
	钢筋笼吊放不到位	槽壁塌方
	遇到障碍物	勘探不到位
地基加固	加固失效引起坑底隆起， 周边地表变形过大	1. 勘察错误； 2. 设计错误； 3. 施工时水泥用量不足
降水	降水引起周围地面沉降	1. 降水方案不合理； 2. 不重视信息化施工
土方开挖及支撑 （顺作）	支撑失稳	1. 设计错误； 2. 支撑连接方式不可靠
	承压水突涌	1. 地质勘察失误； 2. 降水方案错误； 3. 降水效果不好
	坑底隆起	基坑暴露时间过长
	基底扰动	1. 地下水位发生变化； 2. 垫层浇筑不及时
	周边建筑物变形过大	1. 支护体系变形； 2. 施工超挖； 3. 坑边超载； 4. 围护结构不合理； 5. 降水过快
	围护结构损伤	挖土机破坏围护结构
	基坑坍塌	1. 暴雨； 2. 地震； 3. 围护结构失效； 4. 施工工序错误； 5. 监测数据不力； 6. 地震； 7. 围护结构失效； 8. 施工工序错误

续表

风 险 单 元	风 险 事 件	风 险 源
主体结构	楼板浇筑时失稳	1. 施工管理不当； 2. 施工方案错误
	车站结构纵向变形过大	1. 设计错误； 2. 施工方案错误； 3. 不均匀沉降
	混凝土开裂	1. 养护不合理； 2. 混凝土质量差
	拱顶开裂	1. 设计对地质分析不足； 2. 不均匀沉降； 3. 混凝土施工控制不当
	防水层质量失效	1. 防水材料质量问题； 2. 防水层厚度不足； 3. 防水层保护不当
	车站整体上浮	1. 设计计算不当； 2. 地质勘察错误； 3. 施工降水减压措施不力

3.2.3.2　基坑工程风险分级

风险分级是由基坑深度、地下水条件、基坑周围受扰动的程度和环境对基坑变形的敏感程度等确定，具体因素采用定性划分和定量指标两种方法综合确定。考虑深度影响的明挖基坑风险分级作为基坑风险的基本分级，而具体风险级别则是在基坑风险基本分级的基础上，考虑地下水影响、基坑周围受扰动的程度和环境对基坑变形的敏感程度等必要的因素进行修正。综合各种因素，建议将明挖基坑风险分为四个等级。

3.2.3.3　基坑工程风险分析

根据地下工程风险评估经验和研究成果，基坑工程风险分析采用专家调查打分法（预先进行风险源识别、设计复核、可靠度数值模拟及敏感性分析、工程类比）与层次分析法相结合的综合分析方法。

3.2.3.4　基坑工程风险评价

根据制定的工程风险分级标准和接受准则，建议施工单位对工程风险进行等级分析、危害性评定和风险排序，给出评估工点的安全风险总体等级。分别对各车站进行风险评价，给出各车站安全风险总体等级。

3.2.3.5　基坑工程风险控制要点

对于一般地铁车站基坑，其风险控制措施见表 3.2-7，可结合现场实际情况制定。

3.2.3.6　基坑工程风险辨识及评估实例

为更清楚理解与掌握各类工程风险辨识及评估技术，本书选取了地铁工程实践中几个典型工点所作风险评估案例进行实例分析。

1. 基坑工程风险辨识

南昌市××站基坑主体结构风险分析辨识见表 3.2-8。

表 3.2－7   一般车站风险控制要点

风险单元	风险事件	风险应对措施
桩基础	承载力不能满足要求	1. 对没有钻孔的地层剖面，而对其地基质量又有怀疑的地段，应进行补充勘察； 2. 在灌筑混凝土时，防止孔壁泥土坍下，形成桩身夹泥导致承载力不能满足要求； 3. 严格按照规范施工，保证清孔的可靠性； 4. 有质量问题的桩，应会同设计人员共同研究处理，根据工程地质条件、上部荷载及桩所处的结构部位，采取补桩处理
	塌孔	1. 保持泥浆浓度，并使孔内水位经常高于孔外水位； 2. 及时处理钻孔过程中出现的孔位偏移或孔身倾斜，对于严重倾斜的桩孔，应用素土填死夯实，同设计人员协商，改变桩位，或重新钻孔； 3. 对于轻度坍孔，可加大泥浆比重和提高水位后再继续钻进； 4. 当严重坍孔时，用黏土、泥膏投入后，待孔壁稳定后采用低速重新钻进，清孔完后应立即灌注混凝土
	遇到障碍物	1. 及时处理钻孔过程中的石头、混凝土等大块障碍物； 2. 设置石块破碎机，将块石破碎到粒径 10mm 以下，以便泥浆泵排出； 3. 采用先进的勘探技术，或多种勘探技术综合应用，及时查出不良地层或障碍物
地下连续墙	槽段壁面不稳定，大面积坍方	1. 在极软弱的易坍方土层和松砂层，对软弱地基进行加固； 2. 防止槽壁渗漏以及施工不慎而造成槽内泥浆面降低； 3. 降雨使地下水位急剧上升时，采取合理措施保证槽壁的稳定； 4. 加强泥浆的管理，根据土质情况合理调整配合比，加大泥浆的比重、黏度，并提高泥浆水头，使泥浆排出与补给量平衡； 5. 选择适当的单元槽段长度，在地面浇混凝土地坪和加强导墙结构； 6. 塌孔较严重时，可用优质黏土回填坍塌处，重新挖槽
	地下连续墙渗漏水甚至涌土、喷砂	1. 对于浇灌混凝土时的局部坍孔，可将沉积在混凝土上的泥土用吸泥机吸出，继续浇筑； 2. 根据土质条件及周边环境的要求，选择合适的接头形式； 3. 清槽时，对上段接缝混凝土面用钢丝刷或刮泥器将泥皮、泥渣清理干净后，再进行下一道工序的施工； 4. 当渗水量不大时，可采用防水砂浆进行修补即可；当渗水量较大时，可根据水量的大小，用短钢管或胶管进行引流，周围用砂浆封住，然后在背面用化学灌浆修补，最后堵住引流管；当漏水孔很大时，用土袋堆堵，然后用化学灌浆封闭，阻水后再拆除土袋
	钢筋笼吊放不到位	1. 防止地下连续墙的混凝土浇灌时绕流，并做好事先准备，保证后续槽段钢筋笼的顺利吊放； 2. 对成槽垂直度进行检测； 3. 对插入标高不能满足要求的钢筋笼，会同设计人员及时进行处理
	遇到障碍物	1. 及时处理成槽过程中的石头、混凝土等大块障碍物； 2. 设置石块破碎机，将块石破碎到粒径在槽宽以下，以便抓斗清障； 3. 采用先进的勘探技术，或多种勘探技术综合应用，及时查出不良地层或障碍物
地基加固	加固失效	1. 详细调查开挖范围的地质条件； 2. 对地层采用合理、有效的加固处理方法； 3. 选择合理、有效的施工工艺

续表

风险单元	风险事件	风险应对措施
降水	降水引起周围地面沉降	1. 挖土前，要进行降水以保证坑内的良好施工条件。降水对坑内土体的压密，有利于基坑稳定性；但有两个副作用，一是对工程桩产生附加压应力，二是对周围环境产生附加位移； 2. 详细调查开挖范围的地质条件； 3. 对地层采用合理、有效的降水方法； 4. 选择合理、有效的施工工艺
明挖顺筑法土方开挖及支撑	支撑失稳	1. 考虑温度的影响。在缺乏测试资料时，对钢筋混凝土支撑，可暂加 20％轴力，对钢管支撑还宜适当增加，设计时要有足够的安全系数； 2. 立柱主要是支承支撑结构自重和可能的施工荷载，需考虑其不利的偏心作用的因素； 3. 立柱设计要有足够的强度、刚度和入土深度，满足抗压和抗拔的要求，以避免立柱的沉降或隆起对支撑的稳定性的影响； 4. 重视局部的设计，如连系杆件、节点以及细部等
	承压水突涌	1. 详细调查隧道开挖范围的地质条件； 2. 对地层采用有效的加固处理方法； 3. 降低地下水位，减小地下水对开挖面土体的影响； 4. 选择合理、有效的施工工艺
	坑底隆起	1. 采取可靠合理的坑内土体加固措施； 2. 基坑开挖过程是基坑开挖面的卸荷过程，因卸荷而引起坑底土体的上隆，在施工前进行理论计算和预测
	基底扰动	按照设计和规范的要求进行施工
	周边建筑物变形过大	1. 根据基坑邻近建筑物（或构筑物）及管线，合理确定保护等级； 2. 严格规定时限，控制每步开挖的空间和无支撑暴露时间； 3. 施加支撑预应力，缩小钢支撑间距； 4. 坑内土体加固，以大口径井点降水改善土质，减少地层位移； 5. 对基坑变形做好理论预测，并在现场加强监测与反馈分析； 6. 事先考虑到对重要构筑物的保护，采取局部加深墙体措施，使基坑工程顺利进行
	周边建筑物坍塌、管线损坏	1. 事先考虑到对重要构筑物的保护，采取局部加深墙体措施，使基坑工程顺利进行； 2. 充分考虑基坑开挖对地面位移的影响，上海地区一般时间达 3 个月之久； 3. 当基坑周边有构筑物或地下管线需要重点保护时，在基坑开挖施工的全过程实施工程监测； 4. 应仔细研究市政工程管线布置图，摸清地下障碍情况（尤其注意管线最新变更情况），力求使工程进行前后，不至于由于施工荷载而导致地下管线发生变形而失效、发生事故，对于管线密集区域，应要求施工单位进行变形监测，预防出现由于地下给排水管、煤气管、电气管、通信线管损坏而造成的断水、断电、断气、通信中断等恶性事故
	围护结构损伤	按照施工顺序和施工计划，确定合理的支撑拆除顺序，避免支撑拆除的无序、混乱

续表

风险单元	风险事件	风险应对措施
明挖顺筑法土方开挖及支撑	基坑坍塌	1. 合理全面考虑荷载情况； 2. 合理全面评估周边环境条件； 3. 车站长条形深基坑开挖施工根据工程地质条件、坑周环境条件、围护结构条件等做好施工组织设计，精心施工，以确保基坑稳定、工程安全、环境安全； 4. 重视信息化施工，监测工作既是检验设计理论的正确性和发展设计理论的重要手段，又是及时指导正确施工避免事故发生的必要措施； 5. 出现危险象征时，应密切注意事态的发展，同时，必须准备紧急抢救措施； 6. 在分析报警问题时，应把水平位移大小和位移速率结合起来； 7. 基坑开挖对周围环境影响的位移问题，要把位移大小和速率结合起来，考察其发展的趋势，还要考察影响对象的重要性和承受性，采取不同的处理措施； 8. 查清和排干基坑内的贮水体、水管，事先充分配好排除基坑积水的排水设备，以保证基坑开挖面不浸水，防止开挖土坡被暗藏积水冲塌，引发基坑失稳
主体结构	楼板浇筑时失稳	1. 模板支架在施工前应该先进行设计和结构计算； 2. 模板支架系统应根据不同的结构类型及模板类型，配选合适的模板系统、支架； 3. 系统应进行必要的验算和复核，确保其可靠、稳固、不变形
	车站结构纵向变形过大	1. 根据车站结构型式，合理设置诱导缝； 2. 温差引起的温度应力一般是车站内部结构纵向内力的主要组成部分，设计时需合理考虑； 3. 软弱地基土在深基坑施工中由于各种因素所引起的回弹和再压缩量，可根据同类工程的实测资料，采用类比的方法进行近似计算
	混凝土开裂	1. 大面积地下室合理考虑后浇缝的留置位置、方法及后浇缝处的防水处理； 2. 合理设计混凝土配合比，并严格计量控制，混凝土的早期干缩可通过在混凝土终凝前，对暴露表面进行二次抹压和凝固后的浇水养护等措施来解决； 3. 合理处理结构构件的支承连接构造，以及配置必要的构造钢筋；缩短结构的长度或设置结构的伸缩缝，以及施工过程设置后浇带等亦是防止因干缩导致结构开裂的有效措施； 4. 选用水化热较低的水泥品种；通过掺用外加剂来减少水泥用量，混凝土浇筑采取分层、分块方案； 5. 适当增加钢筋配置和通过养护控制内外温差等技术措施； 6. 施工过程必须严格控制施工荷施，必要时采取临时加固措施或通过与设计人员协商，采取结构的局部加强措施； 7. 一旦发现混凝土结构的受力裂缝，应立即采取防止裂缝进一步开裂而导致结构、构件破坏的临时紧急措施，并会同有关方面的人员，具体分析研究裂缝的性质、原因和解决办法
	拱顶开裂	1. 采用微膨胀混凝土和低水化热混凝土填充后浇带； 2. 地下连续墙底注浆加固减少不均匀沉降； 3. 由混凝土干缩、温差引起的结构纵向拉应力以及不均匀沉降引起的结构弯曲拉应力，设置横向缝给予释放从而防止缝之间的混凝土开裂； 4. 当增加车站上角点附近顶板及内衬墙的纵向配筋率
	防水层质量失效	1. 地下室防水材料的选用应考虑技术能力、施工季节等因素； 2. 根据裂缝渗漏水量和水压大小，采取促凝胶浆或氰凝灌浆堵漏
	车站整体上浮	1. 根据车站结构型式及地下水位，合理设置抗拔桩； 2. 重视施工过程中的抗浮计算； 3. 在底板下采用经济合理的倒滤层排水措施

表 3.2 - 8　　　　　　南昌市××站基坑主体结构风险分析辨识表（参考）

风险工程	子风险工程	风险单元	安全风险事件及其编号		风 险 因 素
施工风险工程	基坑围护结构施工	地下连续墙施工	DXLXQ1	槽段壁面不稳定，大面积坍方	1. 地质条件差； 2. 槽壁两侧附加荷载过大； 3. 钢筋笼就位或混凝土灌注时间太长
			DXLXQ2	工字钢弯曲	1. 工字钢焊接质量未达标； 2. 吊装期间吊点选择不当
			DXLXQ3	钢筋笼吊放不到位	1. 槽壁垂直度不够； 2. 存在塌孔、缩孔现象； 3. 钢筋笼在吊装过程中受力不均导致弯曲
			DXLXQ4	遇到障碍物	地质勘查不详
			DXLXQ5	成槽偏斜	1. 成槽机抓斗偏心； 2. 成槽段地质条件较差； 3. 泥浆指标控制不当
			DXLXQ6	钢筋笼变形	1. 钢筋笼吊点不合理； 2. 整体刚度不足
			DXLXQ7	钢筋笼坠落	1. 起重机违规操作； 2. 吊点选择错误； 3. 钢筋笼焊接质量不达标
			DXLXQ8	施工损坏地下管线	1. 实际存在的管线位置在图纸中未标明，又未在探明管线位置情况下施工； 2. 机械违规操作
	地基处理及降水排水	基坑降水施工	JKJS1	降水产生渗流力改变原力场导致围护结构受力变化	降水速率过快
			JKJS2	降水引起周围地面沉降过大	1. 坑外降水过量； 2. 止水帷幕失效； 3. 地质条件恶劣
			JKJS3	降水效果差（深井降水）	1. 井管内沉淀物过多，井孔被淤塞； 2. 成井施工与地基加固交叉作业导致虑管被堵塞； 3. 虑管未能设置在透水性好的含水层； 4. 降水井位置、数量、深度不能满足施工需要； 5. 深井泵选型不当，出水能力差
			JKJS4	排水失误（导致被动土压力减小，支护结构失去平衡）	因暴雨等造成基坑积水，随后的排水速率过快
			JKJS5	防水失误（导致暴雨过后围护结构主动土压力增大支护结构失去平衡）	因未做坑顶防水或措施不力，在暴雨、台风时，导致大量雨水渗入围护结构外侧地下

风险工程	子风险工程	风险单元	安全风险事件及其编号		风 险 因 素
施工风险工程	地基处理及降水排水	高压旋喷桩施工	GYXP1	加固引起周围地表变形过大	1. 注浆压力过大； 2. 注浆量过大
			GYXP2	帷幕不封闭	1. 断桩； 2. 桩间搭接不连续
			GYXP3	遇到障碍物	地质勘查不清
			GYXP4	水泥掺量不够	施工时偷工减料
			GYXP5	桩长和桩径达不到要求	设计有误
	基坑开挖工程	土方开挖	TFKW1	边坡失稳	1. 地质勘察失误； 2. 设计隔水层厚度不够； 3. 降水方案错误
			TFKW2	承压水突涌	1. 基坑暴露时间过长； 2. 设计失误； 3. 勘察失误； 4. 降水不力
			TFKW3	坑底隆起	地下水位发生变化时垫层浇筑不及时
			TFKW4	围护结构损伤	1. 挖土机破坏围护结构； 2. 到冬季因土的冻胀作用及融沉作用
			TFKW5	基坑坍塌	1. 暴雨（大量雨水渗入导致周围土体 C 和 φ 值下降）； 2. 地震； 3. 围护结构破坏（设计承载力严重不足/施工质量严重缺陷）； 4. 地质勘察参数严重有误； 5. 施工工序错误； 6. 监测不力
			TFKW6	产生流砂	1. 不良地质； 2. 降水方案有误； 3. 降水效果不好导致基坑内外水力梯度大
			TFKW7	发生管涌	1. 不良地质（位于非黏性土中）； 2. 土颗粒差别大但缺少某一种粒径； 3. 空隙直径大而相互连通
		支撑体系	ZC1	支撑失稳	1. 设计失误； 2. 支撑连接方式不可靠； 3. 施工有偏差/意外坠物受力； 4. 竖向支撑位移过大（基坑回弹引起）
			ZC2	支撑与围护结构连接处破坏	1. 连接处构造措施设计有误； 2. 未进行局部的失稳及强度验算
			ZC3	冠梁整体性及刚度不够导致失稳	1. 冠梁施工质量差； 2. 设计计算有误

续表

风险工程	子风险工程	风险单元	安全风险事件及其编号		风险因素
施工风险工程	基坑开挖工程	围护结构体系	WH1	地下连续墙渗漏水甚至涌土、喷砂	1. 灌注中混凝土供应不连续; 2. 中断时间过长、形成施工缝; 3. 刷壁工序未刷清接缝的泥皮; 4. 导管提升过快超过混凝土面导致泥浆混入混凝土中; 5. 位于富水且承压的中、细砂层中
			WH2	地下连续墙围护结构变形过大	1. 设计不合理; 2. 施工期地表超载; 3. 围护结构施工质量不过关; 4. 超挖; 5. 支撑不及时
	主体结构工程与回填	土方回填	TFHT	塌陷	回填过程未夯实
		主体结构	ZTJG1	车站结构纵向变形过大	不均匀沉降
			ZTJG2	混凝土开裂	1. 混凝土养护时间不足; 2. 混凝土配合比有误; 3. 坍落度过大
			ZTJG3	拱顶开裂	1. 发生不均匀沉降; 2. 混凝土养护不当
			ZTJG4	防水层失效	1. 防水材料质量问题; 2. 防水层厚度不足; 3. 防水层保护不当
			ZTJG5	高支模失稳	1. 脚手架未按要求紧固; 2. 脚手架搭设尺寸不符合要求; 3. 混凝土浇筑速度过快; 4. 不规范操作
			ZTJG6	车站整体上浮	1. 设计抗浮计算不当; 2. 地质勘察有误/降水失误
周边环境风险工程	周边建筑	××建筑 1	JZ1	建筑物倾斜、开裂、破坏	1. 基坑渗流水; 2. 地基处理不当; 3. 降水不当; 4. 地层变形位移; 5. 保护措施不力
		××建筑 2	JZ2	建筑物倾斜、开裂、破坏	1. 基坑渗流水; 2. 地基处理不当; 3. 降水不当; 4. 地层变形位移; 5. 保护措施不力

风险工程	子风险工程	风险单元	安全风险事件及其编号		风险因素
周边环境风险工程	周边道路	××道路	LJDL11	道路沉陷、开裂	1. 坑外降水控制不当； 2. 围护结构位移过大
			LJDL12	路面隆起	1. 坑外降水控制不当； 2. 围护结构位移过大
	周边管线	××管线	LJGX11	管线破坏	1. 施工过程中对管线保护不力； 2. 周边管线交底不到位； 3. 坑外降水控制不当； 4. 围护结构位移过大
			LJGX12	管线穿孔	1. 施工过程中对管线保护不力； 2. 周边管线交底不到位； 3. 坑外降水控制不当； 4. 围护结构位移过大
			LJGX13	管线开裂	1. 坑外降水控制不当； 2. 围护结构位移过大； 3. 坑外降水控制不当； 4. 围护结构位移过大
自然风险工程	自然风险	暴雨、洪水	BY1	土方坍塌	1. 暴雨冲刷开挖面； 2. 未按要求进行放坡
			BY2	围护结构变形	1. 水土压力升高； 2. 支撑架设不及时
			BY3	基坑被淹	1. 水泵等应急物资未准备到位； 2. 基坑防排水设计存在缺陷
		地震	DZ1	基坑失稳	1. 基坑受力突变； 2. 水土压力变化
			DZ2	支撑掉落	1. 围护结构变形过大； 2. 防坠措施不到位
		台风	TF1	建筑倒塌	1. 建筑物抗风强度不足； 2. 保护措施不力
			TF2	基坑被淹	1. 排水措施不力，设施失效； 2. 停电导致抽水泵无法工作，且缺少备用电源

2. 基坑工程风险评估算例

南昌市××站基坑主体结构工程风险评估见表 3.2－9。

（1）构造"地下连续墙施工"风险单元两两判断矩阵，见表 3.2－10。

表 3.2 - 9　　　　　　　**南昌市××站基坑主体结构工程风险评估表（参考）**

子风险工程	风险单元	编号	安全风险事件	P 值	C 值
基坑围护结构施工	地下连续墙施工	DXLXQ1	槽段壁面不稳定，大面积坍方	3	2
		DXLXQ2	工字钢变形	3	1
		DXLXQ3	钢筋笼吊放不到位	2	3
		DXLXQ4	遇到障碍物	3	2
		DXLXQ5	成槽偏斜	3	2
		DXLXQ6	钢筋笼变形	3	2
		DXLXQ7	钢筋笼坠落	2	4
		DXLXQ8	施工损坏地下管线	3	3
地基处理及降水排水	基坑降水	JKJS1	降水产生渗流力改变原力场导致围护结构受力变化	3	3
		JKJS2	降水引起周围地面沉降过大	3	4
		JKJS3	降水效果差（深井降水）	3	3
		JKJS4	排水失误（导致被动土压力减小，支护结构失去平衡）	2	2
		JKJS5	防水失误（导致暴雨过后围护结构主动土压力增大支护结构失去平衡）	2	3
	高压旋喷桩止水帷幕	GYXP1	加固引起周围地表变形过大	2	2
		GYXP2	帷幕不封闭	3	3
		GYXP3	遇到障碍物	3	2
		GYXP4	水泥掺量不够	3	3
		GYXP5	桩长和桩径达不到要求	3	3
基坑开挖工程	土方开挖	TFKW1	边坡失稳	3	4
		TFKW2	承压水突涌	3	4
		TFKW3	坑底隆起	3	4
		TFKW4	围护结构损伤	4	3
		TFKW5	基坑坍塌	2	5
		TFKW6	产生流砂	3	4
		TFKW7	发生管涌	3	4
	支撑体系	ZC1	支撑失稳	2	5
		ZC2	支撑与围护结构连接处破坏	2	4
		ZC3	冠梁整体性及刚度不够导致失稳	2	3
	围护结构体系	WH1	地下连续墙渗漏水甚至涌土、喷砂	3	3
		WH2	地下连续墙围护结构变形过大	3	3
回填与主体结构	土方回填	TFHT	塌陷	1	2
	主体结构	ZTJG1	车站结构纵向变形过大	1	2
		ZTJG2	混凝土开裂	2	2

续表

子风险工程	风险单元	编号	安全风险事件	P值	C值
回填与主体结构	主体结构	ZTJG3	拱顶开裂	3	2
		ZTJG4	防水层失效	2	2
		ZTJG5	脚手架失稳	2	4
		ZTJG6	车站整体上浮	3	2
周边建筑	××建筑1	JZ1	建筑物倾斜、破坏、开裂	3	3
	××建筑2	JZ2	建筑物倾斜、破坏、开裂	3	3
周边道路	××道路	LJDL11	道路沉陷、开裂	3	4
		LJDL12	路面隆起	3	3
周边管线	××管线	LJGX11	管线破坏	2	2
		LJGX12	管线穿孔	2	3
		LJGX13	管线开裂	2	2
自然风险	暴雨、洪水	BY1	基坑被淹	3	4
		BY2	滑坡	3	4
	地震	DZ1	建筑物倒塌	1	5
		DZ2	施工机械倒塌	1	5
	台风	TF1	建筑倒塌	3	4
		TF2	基坑被淹	3	4

表 3.2－10　　　　　　　　　　"地下连续墙施工"判断矩阵

风险事件	DXLXQ1	DXLXQ2	DXLXQ3	DXLXQ4	DXLXQ5	DXLXQ6	DXLXQ7	DXLXQ8
槽段壁面不稳定，大面积塌方 DXLXQ1	1	2	2	1	2	1/2	1/5	1/2
管接头拔断 DXLXQ2	1/2	1	1	1/3	1	1/4	1/7	1/4
钢筋笼吊放不到位 DXLXQ3	1/2	1	1	1/3	1	1/4	1/7	1/4
遇到障碍物 DXLXQ4	1	3	3	1	3	1	1/5	1/4
成槽偏斜 DXLXQ5	1/2	1	1	1/3	1	1/4	1/7	1/4
钢筋笼变形 DXLXQ6	2	4	4	1	4	1	1/4	1
钢筋笼坠落 DXLXQ7	5	7	7	5	7	4	1	3
施工损坏地下管线 DXLXQ8	2	4	4	2	4	1	1/3	1

特征向量（相对权重）为

$$W_1^{\mathrm{T}} = \begin{bmatrix} 0.08 & 0.04 & 0.04 & 0.10 & 0.04 & 0.14 & 0.39 & 0.16 \end{bmatrix}$$

风险指数向量（即 P、C 值乘积向量）为

$$F_1^{\mathrm{T}} = \begin{bmatrix} 6 & 3 & 6 & 6 & 6 & 4 & 8 & 9 \end{bmatrix}$$

则此风险单元的风险指数为

$$R_1 = W_1^T F_1 = 6.54$$

（2）构造"基坑降水"风险单元两两判断矩阵，见表 3.2 - 11。

表 3.2 - 11　　　　　　　　　　"基坑降水"判断矩阵

安全风险事件	JKJS1	JKJS2	JKJS3	JKJS4	JKJS5
降水产生渗流力改变原力场导致围护结构受力变化 JKJS1	1	1/6	1/5	1/6	1/5
降水引起周围地面沉降过大 JKJS2	6	1	2	1	2
降水效果差（深井降水）JKJS3	5	1/2	1	1/2	1
排水失误（导致被动土压力减小，支护结构失去平衡）JKJS4	6	1	2	1	2
防水失误（导致暴雨过后围护结构主动土压力增大支护结构失去平衡）JKJS5	5	1/2	1	1/2	1

特征向量（相对权重）为

$$W_2^T = \begin{bmatrix} 0.04 & 0.31 & 0.17 & 0.31 & 0.17 \end{bmatrix}$$

风险指数向量（即 P、C 值乘积向量）为

$$F_2^T = \begin{bmatrix} 6 & 6 & 9 & 4 & 6 \end{bmatrix}$$

则此风险单元的风险指数为

$$R_2 = W_2^T F_2 = 5.9$$

（3）构造"高压旋喷桩止水帷幕"风险单元两两判断矩阵，见表 3.2 - 12。

表 3.2 - 12　　　　　　　　　　"高压旋喷桩止水帷幕"判断矩阵

安全风险事件	GYXPZ1	GYXPZ2	GYXPZ3	GYXPZ4	GYXPZ5
加固引起周围地表变形过大 GYXPZ1	1	1/2	2	1/2	1/2
帷幕不封闭 GYXPZ2	2	1	4	1	1
遇到障碍物 GYXPZ3	1/2	1/4	1	1/4	1/4
水泥掺量不够 GYXPZ4	2	1	4	1	1
桩长和桩径达不到要求 GYXPZ5	2	1	4	1	1

特征向量（相对权重）为

$$W_3^T = \begin{bmatrix} 0.13 & 0.27 & 0.07 & 0.27 & 0.27 \end{bmatrix}$$

风险指数向量（即 P、C 值乘积向量）为

$$F_3^T = \begin{bmatrix} 2 & 9 & 6 & 9 & 9 \end{bmatrix}$$

则此风险单元的风险指数为

$$R_3 = W_3^T F_3 = 7.87$$

（4）构造"围护结构体系"风险单元两两判断矩阵，见表 3.2 - 13。

表 3.2 - 13　　　　　　　　　　"围护结构体系"判断矩阵

安全风险事件	WH1	WH2
地下连续墙渗漏水甚至涌土、喷砂 WH1	1	1
地下连续墙围护结构变形过大 WH2	1	1

特征向量（相对权重）为

$$W_4^T = [0.5 \quad 0.5]$$

风险指数向量（即 P、C 值乘积向量）为

$$F_4^T = [9 \quad 9]$$

则此风险单元的风险指数为

$$R_4 = W_4^T F_4 = 9$$

（5）构造"土方开挖"风险单元两两判断矩阵，见表 3.2 - 14。

表 3.2 - 14　　　　　　　　　　"土方开挖"判断矩阵

安全风险事件	TFKW1	TFKW2	TFKW3	TFKW4	TFKW5	TFKW6	TFKW7
边坡失稳 TFKW1	1	1/2	1/2	1/2	1/8	2	1/2
承压水突涌 TFKW2	2	1	2	1/3	1/7	2	1/2
坑底隆起 TFKW3	2	1/2	1	1/4	1/8	3	1/3
围护结构损伤 TFKW4	2	3	4	1	1/5	2	1/2
基坑坍塌 TFKW5	8	7	8	5	1	8	5
产生流砂 TFKW6	1/2	1/2	1/3	1/2	1/8	1	1/3
发生管涌 TFKW7	2	2	1	2	1/5	3	1

特征向量（相对权重）为

$$W_5^T = [0.05 \quad 0.08 \quad 0.07 \quad 0.12 \quad 0.51 \quad 0.04 \quad 0.12]$$

风险指数向量（即 P、C 值乘积向量）为

$$F_5^T = [15 \quad 12 \quad 9 \quad 12 \quad 10 \quad 8 \quad 12]$$

则此风险单元的风险指数为

$$R_5 = W_5^T F_5 = 10.78$$

（6）构造"支撑体系"风险单元两两判断矩阵，见表 3.2 - 15。

表 3.2 - 15　　　　　　　　　　"支撑体系"判断矩阵

安 全 风 险 事 件	ZC1	ZC2	ZC3
支撑失稳 ZC1	1	2	1
支撑与围护结构连接处破坏 ZC2	1/2	1	1/2
冠梁整体性及刚度不够导致失稳 ZC3	1	2	1

特征向量（相对权重）为

$$W_6^T = [0.38 \quad 0.24 \quad 0.38]$$

风险指数向量（即 P、C 值乘积向量）为

$$F_6^T = [10 \quad 8 \quad 6]$$

则此风险单元的风险指数为

$$R_6 = W_6^T F_6 = 8$$

（7）构造"主体结构施工"风险单元两两判断矩阵，见表 3.2 - 16。

表 3.2－16　　　　　　　　　　　　　　"主体结构施工"判断矩阵

安全风险事件	ZTJG1	ZTJG2	ZTJG3	ZTJG4	ZTJG5
车站结构纵向变形过大 ZTJG1	1	2	1	1	1/2
混凝土开裂 ZTJG2	1/2	1	1/2	1/2	1
拱顶开裂 ZTJG3	1	2	1	1	2
防水层失效 ZTJG4	1	2	1	1	2
车站整体上浮 ZTJG5	2	4	2	2	1

特征向量（相对权重）为

$$W_7^{\mathrm{T}} = \begin{bmatrix} 0.16 & 0.10 & 0.21 & 0.21 & 0.32 \end{bmatrix}$$

风险指数向量（即 P、C 值乘积向量）为

$$F_7^{\mathrm{T}} = \begin{bmatrix} 2 & 4 & 6 & 4 & 6 \end{bmatrix}$$

则此风险单元的风险指数为

$$R_7 = W_7^{\mathrm{T}} F_7 = 4.736$$

（8）"土方回填"风险单元。

特征向量（相对权重）为

$$W_8^{\mathrm{T}} = \begin{bmatrix} 1 \end{bmatrix}$$

风险指数向量（即 P、C 值乘积向量）为

$$F_8^{\mathrm{T}} = \begin{bmatrix} 2 \end{bmatrix}$$

则此风险单元的风险指数为

$$R_8 = W_8^{\mathrm{T}} F_8 = 2$$

（9）构造"××建筑"风险单元两两判断矩阵，见表 3.2－17。

表 3.2－17　　　　　　　　　　　　　　"××建筑"判断矩阵

安全风险事件	JZ1
倾斜、开裂 JZ1	1

风险指数向量（即 P、C 值乘积向量）为

$$F_9^{\mathrm{T}} = \begin{bmatrix} 9 \end{bmatrix}$$

则此风险单元的风险指数为

$$R_9 = W_9^{\mathrm{T}} F_9 = 9$$

（10）构造"××道路"风险单元两两判断矩阵，见表 3.2－18。

表 3.2－18　　　　　　　　　　　　　　"××道路"判断矩阵

安全风险事件	LJDL1	LJDL2
道路沉陷、开裂 LJDL1	1	1
路面隆起 LJDL2	1	1

特征向量（相对权重）为

$$W_{10}^{\mathrm{T}} = \begin{bmatrix} 0.5 & 0.5 \end{bmatrix}$$

风险指数向量（即 P、C 值乘积向量）为

$$F_{10}^{\mathrm{T}} = \begin{bmatrix} 12 & 12 \end{bmatrix}$$

则此风险单元的风险指数为

$$R_{10} = W_{10}^{\mathrm{T}} F_{10} = 12$$

（11）构造"××管线"风险单元两两判断矩阵，见表 3.2 - 19。

表 3.2 - 19　　　　　　　　"××管线"判断矩阵

安全风险事件	LJGX1	LJGX2	LJGX3
管线破坏 LJGX1	1	2	2
管线穿孔 LJGX2	1/2	1	1
管线开裂 LJGX3	1/2	1	1

特征向量（相对权重）为

$$W_{11}^{\mathrm{T}} = \begin{bmatrix} 0.50 & 0.25 & 0.25 \end{bmatrix}$$

风险指数向量（即 P、C 值乘积向量）为

$$F_{11}^{\mathrm{T}} = \begin{bmatrix} 4 & 6 & 4 \end{bmatrix}$$

则此风险单元的风险指数为

$$R_{11} = W_{11}^{\mathrm{T}} F_{11} = 4.5$$

（12）构造"基坑围护结构施工"风险工程两两判断矩阵，见表 3.2 - 20。

表 3.2 - 20　　　　　　　　"基坑围护结构施工"判断矩阵

安全风险事件	JKWHJG1
地下连续墙 JKWHJG1	1

特征向量（相对权重）为

$$W_{12}^{\mathrm{T}} = \begin{bmatrix} 1 \end{bmatrix}$$

风险指数向量（即 P、C 值乘积向量）为

$$F_{12}^{\mathrm{T}} = \begin{bmatrix} 6.54 \end{bmatrix}$$

则此风险单元的风险指数为

$$R_{12} = W_{12}^{\mathrm{T}} F_{12} = 6.54$$

（13）构造"地基处理及降水排水"风险工程两两判断矩阵，见表 3.2 - 21。

表 3.2 - 21　　　　　　　　"地基处理及降水排水"判断矩阵

安全风险事件	JKJSGYXP	JKJS
高压旋喷桩止水帷幕 JKJSGYXP	1	1
基坑降水 JKJS	1	1

特征向量（相对权重）为

$$W_{13}^{\mathrm{T}} = \begin{bmatrix} 0.5 & 0.5 \end{bmatrix}$$

风险指数向量（即 P、C 值乘积向量）为

$$F_{13}^{\mathrm{T}} = \begin{bmatrix} 7.87 & 5.98 \end{bmatrix}$$

则此风险单元的风险指数为

$$R_{13} = W_{13}^{T} F_{13} = 6.925$$

（14）构造"基坑开挖"风险工程两两判断矩阵，见表 3.2 - 22。

表 3.2 - 22　　　　　　　　　　"基坑开挖"判断矩阵

安全风险事件	JKKW1	JKKW2	JKKW3
土方开挖 JKKW1	1	3	1
支撑体系 JKKW2	1/3	1	1/3
围护结构体系 JKKW3	1	3	1

特征向量（相对权重）为

$$W_{14}^{T} = \begin{bmatrix} 0.43 & 0.14 & 0.43 \end{bmatrix}$$

风险指数向量（即 P、C 值乘积向量）为

$$F_{14}^{T} = \begin{bmatrix} 10.78 & 8 & 9 \end{bmatrix}$$

则此风险单元的风险指数为

$$R_{14} = W_{14}^{T} F_{14} = 9.62$$

（15）构造"回填及主体结构"风险工程两两判断矩阵，见表 3.2 - 23。

表 3.2 - 23　　　　　　　　　　"回填及主体结构"判断矩阵

风 险 单 元	TFHT	ZTJG
回填 TFHT	1	1/3
主体结构 ZTJG	3	1

特征向量（相对权重）为

$$W_{15}^{T} = \begin{bmatrix} 0.25 & 0.75 \end{bmatrix}$$

风险指数向量（即 P、C 值乘积向量）为

$$F_{15}^{T} = \begin{bmatrix} 2 & 4.736 \end{bmatrix}$$

则此风险单元的风险指数为

$$R_{15} = W_{15}^{T} F_{15} = 3.5$$

（16）构造"周边道路"风险工程两两判断矩阵，见表 3.2 - 24。

表 3.2 - 24　　　　　　　　　　"周边道路"判断矩阵

风 险 单 元	ZBDL1	ZBDL2
××道路 1	1	1
××道路 2	1	1

特征向量（相对权重）为

$$W_{16}^{T} = \begin{bmatrix} 0.5 & 0.5 \end{bmatrix}$$

风险指数向量（即 P、C 值乘积向量）为

$$F_{16}^{T} = \begin{bmatrix} 12 & 12 \end{bmatrix}$$

则此风险工程的风险指数为

$$R_{16} = W_{16}^{\mathrm{T}} F_{16} = 12$$

（17）构造"周边管线"风险工程两两判断矩阵，见表 3.2 - 25。

表 3.2 - 25   "周边管线"判断矩阵

风 险 单 元	LJGX1	LJGX2
××管线 1	1	1
××管线 2	1	1

特征向量（相对权重）为

$$W_{17}^{\mathrm{T}} = \begin{bmatrix} 0.50 & 0.25 & 0.25 \end{bmatrix}$$

风险指数向量（即 P、C 值乘积向量）为

$$F_{17}^{\mathrm{T}} = \begin{bmatrix} 4 & 6 & 4 \end{bmatrix}$$

则此风险工程的风险指数为

$$R_{17} = W_{17}^{\mathrm{T}} F_{17} = 4.5$$

（18）构造"自然风险"风险工程两两判断矩阵，见表 3.2 - 26。

表 3.2 - 26   "自然风险"判断矩阵

风 险 单 元	ZRFX1	ZRFX2	ZRFX3
暴雨、洪水	1	3	1/2
地震	1/3	1	1/4
台风	2	4	1

特征向量（相对权重）为

$$W_{18}^{\mathrm{T}} = \begin{bmatrix} 0.32 & 0.12 & 0.56 \end{bmatrix}$$

风险指数向量（即 P、C 值乘积向量）为

$$F_{18}^{\mathrm{T}} = \begin{bmatrix} 12 & 5 & 12 \end{bmatrix}$$

则此风险工程的风险指数为

$$R_{18} = W_{16}^{\mathrm{T}} F_{16} = 11.15$$

（19）构造"周边建筑"风险工程两两判断矩阵，见表 3.2 - 27。

表 3.2 - 27   "周边建筑"判断矩阵

风 险 单 元	ZBJZ1	ZBJZ2
××建筑 1	1	1
××建筑 2	1	1

特征向量（相对权重）为

$$W_{19}^{\mathrm{T}} = \begin{bmatrix} 0.5 & 0.5 \end{bmatrix}$$

风险指数向量（即 P、C 值乘积向量）为

$$F_{19}^{\mathrm{T}} = \begin{bmatrix} 9 & 9 \end{bmatrix}$$

则此风险工程的风险指数为

$$R_{19} = W_{19}^{\mathrm{T}} F_{19} = 9$$

（20）总风险判断矩阵，见表 3.2－28。风险等级标准见表 3.2－29，风险指数与风险等级对应关系见表 3.2－30。××站点基坑主体风险工程评估成果见表 3.2－31。

表 3.2－28　　　　　　　　　　　　总风险判断矩阵

项　　　目	基坑围护结构施工	地基处理及降水排水	基坑开挖	回填及主体结构	周边道路	周边管线	自然风险	周边建筑
基坑围护结构施工	1	1	1/3	1	2	2	1	1/2
地基处理及降水排水	1	1	3	1	1/2	1/2	1	1
基坑开挖	3	1/3	1	3	2	2	3	2
回填及主体结构	1	1	1/3	1	1/2	1/2	1	1/3
周边道路	2	2	1/2	2	1	1	2	1
周边管线	2	2	1/2	2	1	1	1	1
自然风险	1	1	1/3	1	1/2	1/2	1	1
周边建筑	2	1	1/2	3	1	1	1	1

特征向量（相对权重）为

$$W_{20}^{\mathrm{T}} = \begin{bmatrix} 0.11 & 0.11 & 0.20 & 0.07 & 0.15 & 0.15 & 0.08 & 0.13 \end{bmatrix}$$

风险指数向量（即通过计算所得各风险工程风险指数值）为

$$F_{20}^{\mathrm{T}} = \begin{bmatrix} R_{12} & R_{13} & R_{14} & R_{15} & R_{16} & R_{17} & R_{18} & R_{19} \end{bmatrix}$$

则总风险指数为

$$R_{20} = W_{20}^{\mathrm{T}} F_{20} = 8.17$$

表 3.2－29　　　　　　　　　　　　风险等级标准表

损失等级		A	B	C	D	E
可能性等级		灾难性的	非常严重的	严重的	需考虑的	可忽略的
1	频繁的	Ⅰ级	Ⅰ级	Ⅰ级	Ⅱ级	Ⅲ级
2	可能的	Ⅰ级	Ⅰ级	Ⅱ级	Ⅲ级	Ⅲ级
3	偶尔的	Ⅰ级	Ⅱ级	Ⅲ级	Ⅲ级	Ⅳ级
4	罕见的	Ⅱ级	Ⅲ级	Ⅲ级	Ⅳ级	Ⅳ级
5	不可能的	Ⅲ级	Ⅲ级	Ⅳ级	Ⅳ级	Ⅳ级

表 3.2－30　　　　　　　　风险指数与风险等级对应关系表

风险等级	风险指数值 R	风险等级	风险指数值 R
Ⅰ级	$15 \leqslant R \leqslant 25$	Ⅲ级	$4 \leqslant R \leqslant 9$
Ⅱ级	$9 < R < 15$	Ⅳ级	$0 < R \leqslant 4$

注　对于得分同属 4 分时，需对照表 3.2－29 进行风险等级归属的判别；若损失等级为 2 分，可能性等级为 2 分时归类为Ⅳ级，其余情况均属Ⅲ级。

表 3.2 - 31　××站点基坑主体风险工程评估成果（参考）

风险单元	地下连续墙施工	围护结构体系	基坑降水	高压旋喷桩止水帷幕	土方开挖	土方回填	支撑体系	主体结构施工	××道路	××建筑	××管线	暴雨、洪水	地震	台风
风险指数	6.45	9	5.98	7.87	10.78	2	8	4.736	12	6	4.5	12	5	12
风险单元等级	Ⅲ级	Ⅱ级	Ⅲ级	Ⅲ级	Ⅱ级	Ⅳ级	Ⅱ级	Ⅲ级	Ⅱ级	Ⅲ级	Ⅲ级	Ⅱ级	Ⅲ级	Ⅱ级

风险工程	基坑围护结构施工	地基处理及降水排水	基坑开挖工程	回填及主体结构	周边道路	周边管线	自然风险	周边建筑	总风险
风险指数	6.45	6.925	9.62	3.5	12	4.5	11.15	9	8.17
风险工程等级	Ⅲ级	Ⅲ级	Ⅱ级	Ⅲ级	Ⅱ级	Ⅲ级	Ⅱ级	Ⅲ级	Ⅲ级

3. 基坑工程风险控制措施

以"土方开挖"风险单元为例，其相关风险的预控措施见表 3.2-32，实际编写过程中，应包含所有的风险单元。

表 3.2-32　　　　　　　　　　"土方开挖"相关风险预控措施

风险单元	风险事件编号	风险事件	预控措施
土方开挖	TFKW1	边坡失稳	1. 严格控制放坡坡度； 2. 严禁坡顶堆土； 3. 强降雨时应采取相应边坡防护措施
	TFKW2	承压水突涌	1. 详细调查基坑及周边范围的地质条件； 2. 对地层采用有效的加固处理方法； 3. 降低地下水位，减小地下水对开挖面土体的影响； 4. 选择合理、有效的施工工艺
	TFKW3	坑底隆起	1. 采取可靠合理的坑内土体加固措施； 2. 基坑开挖过程是基坑开挖面的卸荷过程，因卸荷而引起坑底土体的上隆，在施工前进行理论计算和预测
	TFKW4	围护结构损伤	1. 开挖土体时，严格限定挖土机活动范围，制定合理的开挖顺序，确保不会碰及维护结构； 2. 按照施工顺序和施工计划，确定合理的支撑拆除顺序，避免支撑拆除时的无序、混乱
	TFKW5	基坑坍塌	1. 全面合理考虑荷载分布情况； 2. 全面合理评估周边环境条件； 3. 车站长条形深基坑开挖施工根据工程地质条件、坑周环境条件、围护结构条件等做好施工组织设计，精心施工，以确保基坑稳定、工程安全、环境安全； 4. 重视信息化施工，因监测工作既是检验设计理论的正确性和发展设计理论的重要手段，又是及时指导正确施工避免事故发生的必要措施； 5. 出现危险迹象和征兆时，应密切注意事态的发展，同时，必须准备紧急抢救措施； 6. 在分析报警问题时，应把水平位移的累积大小和位移速率结合起来分析； 7. 查清和排干基坑内的储水体、水管，事先充分配好排除基坑积水的排水设备，以保证基坑开挖面不浸水，防止开挖土坡被暗藏积水冲塌，引发基坑失稳； 8. 在基坑开挖中，对地下连续墙接缝或墙面出现的水土流失，要及时封堵，以减小坑周的地面沉降和防止基坑一侧水土流失引发挡墙倾斜及基坑坍塌事故
	TFKW6	产生流砂	1. 详细调查基坑及周边范围内的地质条件，土质状况； 2. 对不良地层采用有效的加固处理方法或降水措施； 3. 降低地下水位，减小水头差； 4. 选择合理、有效的施工工艺
	TFKW7	发生管涌	1. 详细调查基坑及周边范围内的地质条件、土质状况，如：①土中粗细颗粒粒径比 $D/d>10$；②土的不均匀系数 $d_{60}/d_{10}>10$；③两种互相接触的土层渗透系数之比 $k_1/k_2>2\sim3$；④渗流梯度大于土的临界梯度等； 2. 对不良地层采用有效的加固处理方法或降水措施； 3. 降低地下水位，减小水头差； 4. 在水流溢出处设置反滤层； 5. 选择合理、有效的施工工艺

3.2.4 暗挖区间风险分析案例

1. 矿山法隧道施工

矿山法隧道（包括联络通道工程）施工，其过程一般包括冻结法或固结法加固地层、超前支护、开挖、初期支护、二次衬砌、背后注浆等。矿山法安全风险评估主要适用于区间联络通道及其他附属结构的施工方法，联络通道主要采用全断面法等施工方法。矿山法联络通道施工技术方案安全性评估主要包括以下内容。

（1）地质、环境因素变化对矿山法施工工艺参数及设备适应性评估。

1）地质因素变化对冻结法或固结法加固地层、超前支护、开挖支护及设备影响评估。主要对工程地质、水文地质、空洞等导致地层加固、超前支护施作困难、工作面开挖涌水、坍塌等安全风险事件发生的可能性及严重程度进行评估。

2）环境因素变化对超前支护、开挖支护及其设备影响评估。主要对邻近工程、地下障碍物、地下管线、地表水体等导致超前支护施作困难、效果不明显、工作面开挖漏水、漏砂、坍塌、破坏管线等安全风险事件发生的可能性及严重程度进行评估。

3）易出现安全风险部位对冻结法或固结法加固地层、超前支护、开挖支护及其设备影响评估。主要对易出现安全风险部位导致冻结法或固结法加固地层困难、超前管棚钻进困难、工作面坍塌、支护结构失稳等安全风险事件发生的可能性及严重程度进行评估。

（2）施工工艺及设备对地质、环境影响评估。

1）地层加固及超前支护施工工艺及设备对环境影响评估。主要对施工工艺及设备引起地层扰动、冻胀融沉、空洞、周边建筑物振动、施工噪音、浆液污染、地下管线破坏、地下建（构）筑物破坏等安全风险事件发生的可能性及严重程度进行评估。对采用冻结法加固地层的联络通道施工工法，应进行专门的设计方案论证与评估，并对冻胀融沉进行专门计算分析和采取相应的技术措施。

2）开挖支护工艺及设备对地质、环境影响评估。主要对开挖方法、开挖进尺、初期支护结构施作、临时支撑、小导管注浆等工艺及设备引起地层扰动、地下水、空洞、地面沉降、塌陷、地下管线破损等安全风险事件发生的可能性及严重程度进行评估。

3）降水施工及设备对地质环境影响评估。主要对降水施工引起地面沉降、建（构）筑物沉降、降水不到位、工作面渗漏水等安全风险事件发生的可能性及严重程度进行评估。

（3）矿山法施工方案安全性评估。在地质、环境条件核查的基础上，进行地质、环境与施工工艺及设备适应性评估，主要包括以下内容。

1）地质、环境因素变化对矿山法施工工艺参数及设备适应性评估。

2）地质因素变化对地层加固、超前支护、开挖支护及设备影响评估。主要对工程地质、水文地质、空洞等导致地层加固、超前支护施作困难、工作面开挖涌水、坍塌等安全风险事件发生的可能性及严重程度进行评估。

3）环境因素变化对超前支护、开挖支护及其设备影响评估。主要对邻近工程、地下障碍物、地下管线、地表水体等导致超前支护施作困难、效果不明显，以及工作面开挖漏水、漏砂、坍塌、破坏管线等安全风险事件发生的可能性及严重程度进行评估。

4）易出现安全风险部位对加固地层、超前支护、开挖支护及其设备影响评估。主要对易出现安全风险部位导致冻结法或固结法加固地层困难、超前管棚钻进困难、工作面坍塌、支护结构失稳等安全风险事件发生的可能性及严重程度进行评估。

5）施工工艺及设备对地质、环境影响评估。

（a）地层加固及超前支护施工工艺及设备对环境影响评估。主要对施工工艺及设备引起地层扰动、空洞、周边建筑物振动、施工噪音、浆液污染、地下管线破坏、地下建（构）筑物破坏等安全风险事件发生的可能性及严重程度进行评估。

（b）开挖支护工艺及设备对地质、环境影响评估。主要对开挖方法、开挖进尺、初期支护结构施作、临时支撑、小导管注浆等工艺及设备引起地层扰动、地下水、空洞、地面沉降、塌陷、地下管线破损等安全风险事件发生的可能性及严重程度进行评估。

（c）降水施工及设备对地质环境影响评估。主要对降水施工引起的地面沉降、建（构）筑物沉降、降水不到位、工作面渗漏水等安全风险事件发生的可能性及严重程度进行评估。

（4）施工组织合理性评估。矿山法施工组织合理性评估主要有以下内容。

1）施工部署。主要对施工场地布置、施工任务划分、施工顺序、施工总体方案、"四新"技术、组织机构等的合理性进行评估。

（a）施工场地布置。包括冻结法施工设备布置、矿山法施工设施布置、临时设施布置、临时材料（弃渣、钢筋、砂、石料）堆放布置、构件及钢筋加工场地等，是否按照矿山法施工场地布置原则布置在施工影响区以外、不干扰其他施工等。

（b）施工总体方案。包括施工工艺流程、单项工程施工方法、施工顺序等。

（c）组织机构。包括项目经理部构成情况及项目领导班子（项目经理、主管生产副经理、总工等）从事城市地铁工程冻结法、矿山法施工经历等。

（d）人员配备。包括管理人员、技术人员、安全员以及各工种配备人员的城市地铁工程冻结法、矿山法施工经历等。

2）施工准备。主要对技术准备、施工现场准备及抢险物资准备等是否落实进行评估。

（a）技术准备。包括地质核查、环境调查、设计文件分析、实施性施工组织设计完成质量等。

（b）施工现场准备。包括项目经理部组建完成情况，施工队伍到位情况，大型设备进场情况，施工、临时设施完成情况，主要材料、设备准备、环境保护等。

（c）抢险物资准备。包括抢险物资储备、抢险物资储备管理制度等。

3）安全风险管理体系。主要对安全风险组织机构、专职安全管理人员配置、安全生产管理制度、安全生产监督管理措施、安全生产教育情况等是否责任明晰、满足施工组织设计要求进行评估。

2. 矿山法暗挖施工

有不少车站及区间采用矿山法暗挖施工，其暗挖工程断面大，工程风险高，应予以高度关注，必须对此类风险工程开展深入、细致的风险评估工作。主要评估标准及方法参考施工准备期安全风险评估工作方法、流程及标准开展，其主要包括以下工作内容。

3.2.4.1　暗挖区间隧道风险辨识

采用专家调查法和 WBS 工程结构分解法相结合的方法对盾构区间隧道风险进行风险

源的有效辨识。暗挖区间隧道工程风险识别及风险源清单见表 3.2 - 33，可根据详细的工程资料进行补充完善。

表 3.2 - 33　　　　　　　　一般暗挖区间风险源识别（部分风险）

风险单元	风险事件	风 险 因 素
施工组织设计	开挖方法地层适应性风险	1. 原设计开挖方法无法适应当前地层； 2. 地质较原勘察报告有较大出入
	进度风险	1. 地质核查和环境补充调查不充分； 2. 隧道洞身地质条件复杂，勘测资料无法准备反映； 3. 技术力量和管理班子配置不足
	质量风险	1. 技术力量不足； 2. 施工队伍经验不足，组织培训不够，人员操作不熟练； 3. 对设计资料理解不够
	安全、文明施工	1. 地质核查和环境补充调查不充分； 2. 安全专项管理不充分，应急预案不合理或缺少； 3. 安全组织、制度不到位
开挖面	洞内塌方	1. 支护不及时； 2. 岩土自身强度过低、自稳定性差； 3. 超前加固效果不好； 4. 开挖步距太大或钢格栅架设不及时、喷射混凝土不及时
	洞内突泥涌水	1. 遇到含水层； 2. 开挖过程中围岩突然变化； 3. 地勘有误； 4. 未进行超前预报
	出现流砂	1. 遇到含水砂层； 2. 施工振动导致砂土液化
	基础上鼓	1. 地下水变化； 2. 竖向小导管注浆
	塌洞	地质勘查有误
	危石坠落	1. 超前支护效果不佳； 2. 作业前未仔细观察围岩情况
	大变形	1. 围岩软弱； 2. 遇富水地质，软化围岩
初期支护	隧道初支失稳	1. 锚杆质量不合格； 2. 临时支撑的数量不足； 3. 临时支撑的架设和连接不及时或不符合要求； 4. 喷射混凝土不及时； 5. 由于背后回填注浆压力过大
	锚杆布设不当	施工单位擅自偷减钻孔数量
	喷射混凝土施工不当	1. 混凝土质量不合格； 2. 喷射量不够
	注浆不当	1. 地质参数取值有误（导致浆液配比设计错误）； 2. 注浆压力设计错误

3.2.4.2 暗挖区间隧道风险分级

隧道风险分级，由盾构隧道的围岩类别与不良地质条件、暗挖隧道的空间状态（坡度、覆土厚度、转弯半径、与相邻隧道的空间距离）、地层受扰动的程度和环境对地层变形的敏感程度等因素确定。具体因素采用定性划分和定量指标两种方法综合确定。隧道的围岩类别与不良地质条件影响的风险分级作为暗挖隧道的基本分级，而具体风险级别则是在基本风险分级的基础上，考虑暗挖隧道的空间状态、地层受扰动的程度和环境对地层变形的敏感程度等必要的因素进行修正。综合各种因素，建议将暗挖隧道风险分为四个等级。

3.2.4.3 暗挖区间隧道风险分析

采用专家调查打分法（预先进行风险源事故树识别、设计复核、可靠度数值模拟及敏感性分析、工程类比）与层次分析法相结合的综合分析方法来分析暗挖区间隧道风险。

3.2.4.4 暗挖区间隧道风险评价

根据制定的工程风险分级标准和接受准则，对工程风险进行等级分析、危害性评定和风险排序，给出评估工点的安全风险总体等级。分别对各暗挖区间隧道进行风险评价，给出各暗挖区间安全风险总体等级。

3.2.4.5 暗挖区间隧道风险控制要点

针对一般的暗挖隧道区间，其风险控制措施可根据表 3.2 - 34 制定。

表 3.2 - 34　　　　　　　　一般暗挖隧道区间风险控制要点

风险单元	风险事件	风险应对措施
施工组织设计	开挖方法地层适应性风险	1. 对施工方案的安全性、合理性进行评估； 2. 地质、环境因素变化对矿山法施工工艺参数及设备适应性评估
	进度风险	1. 对施工部署（施工场地布置、施工任务划分、施工顺序、施工总体方案等）进行合理性评估； 2. 对施工准备进行合理性评估（技术准备、施工现场准备及抢险物资准备等）； 3. 安全风险管理体系的评估（安全风险组织机构、专职安全管理人员配置、安全生产管理制度、安全生产监督管理措施、安全生产教育情况等是否责任明晰、满足施工组织设计要求进行评估）
	质量风险	
	安全、文明施工	
开挖面	洞内塌方	1. 施工前对隧道通过和影响地段进行施工勘察； 2. 对查出的空洞采取注浆或其他措施回填，保证回填密实； 3. 查清不良地层的空洞位置，必要时采取适宜的加固处理措施； 4. 选择适宜的降水、排水方案，确保隧道无水作业； 5. 加强超前支护施工质量，保证超前导管或管棚的数量、长度、外插角和搭接长度，严格控制注浆和注浆压力，并根据岩（土）层特性调整注浆参数及工艺
	洞内突泥涌水	1. 隧道开挖施工前，对沿线地层和管线进行一次普查，对发现有管线渗漏的情况立即通知相关单位进行修补和加固，同时采取可靠的保护措施； 2. 对不良地质提前采取加固措施； 3. 详细调查地下水的补给来源，采取多种措施切断其补给； 4. 对隧道开挖的预降水及开挖过程中的洞内疏排水工作，确保隧道挖污水作业

风险单元	风险事件	风 险 应 对 措 施
开挖面	出现流砂	对不良地质提前采取加固措施
	基础上鼓	根据现场实际情况，应建立完善的监控量测系统，及时进行拱顶下沉、周边位移及地表沉降量测，及时掌握围岩变化情况。当发现监测异常时，应及时采取超前小导管支护措施，并对围岩进行注浆加固处理，必要时可采取地表注浆处理措施。根据围岩条件及监控量测资料，合理确定开挖进尺，以确保开挖、支护质量及施工安全；尽早进行仰拱落底施工
	塌洞	
	危石坠落	
	大变形	
初期支护	隧道初支失稳	1. 从超前支护、格栅间距、开挖步序、开挖台阶长度等方面严格按设计文件要求组织施工，对有临时支撑的工法施工时，应严格控制每步的开挖断面尺寸； 2. 开挖后应迅速喷射混凝土； 3. 保证钢格栅和纵向连接筋，特别是临时支撑的连接和焊接质量； 4. 施工过程中应防止临时仰拱堆载过大和动载
	锚杆布设不当	1. 锚杆钻孔定位应该准确； 2. 钻孔深度应符合设计要求，并予以验收； 3. 钻孔结束后应采用高压风清孔； 4. 注浆浆液严格按照设计配比拌制； 5. 对安装完成的锚杆进行检测； 6. 注浆完成后应及时进行检查，合格后方能安装垫板； 7. 拱脚支护应及时并确保质量
	喷射混凝土施工不当	
	注浆不当	

3.2.4.6 暗挖区间隧道风险辨识及评估参考模板及算例

1. 风险辨识参考模板

某地铁工程区间风险工程的风险单元、安全风险事件、对应的风险因素辨识典型性结果见表3.2-35。

表 3.2-35　　　　暗挖隧道区间工程（矿山法）风险（源）辨识、
风险因素分析清单（参考）

风险工程	子风险工程	风险单元名称	风险事件及其编号		风 险 因 素
施工风险工程	施工准备	开挖方法选择	KWFS1	地层适应性风险	1. 原设计开挖方法无法适应当前地层； 2. 地质较原勘察报告有较大出入
		施工组织设计	SGZZ1	进度风险	1. 地质核查和环境补充调查不充分； 2. 隧道洞身地质条件复杂，勘测资料无法准确反映； 3. 技术力量和管理班子配置不足
			SGZZ2	质量风险	1. 技术力量不足； 2. 施工队伍经验不足，组织培训不够，人员操作不熟练
			SGZZ3	安全、文明施工	1. 地质核查和环境补充调查不充分； 2. 安全专项管理不充分，应急预案不合理或缺少； 3. 安全组织、制度不到位

续表

风险工程	子风险工程	风险单元名称	风险事件及其编号		风险因素
施工风险工程	洞身开挖工程	钻孔爆破	BP1	准备工作不到位	施工单位管理不善
			BP2	钻孔不符合要求	施工质量差
			BP3	装药失误	人员安全责任意识淡薄
			BP4	起爆失误	人员安全责任意识淡薄
		开挖面	KW1	洞内塌方	1. 支护不及时； 2. 岩土自身强度过低、自稳定性差； 3. 超前加固效果不好； 4. 开挖步距太大或钢格栅架设不及时、喷射混凝土不及时； 5. 超挖严重导致开挖范围超出超前注浆范围加固区
			KW2	洞内突泥涌水	1. 遇到含水层； 2. 开挖过程中围岩突然变化
			KW3	出现流砂	1. 遇到含水砂层； 2. 施工振动导致砂土液化
			KW4	基础上鼓	1. 地下水变化； 2. 竖向小导管注浆
			KW5	塌洞	地质勘查有误
			KW6	危石坠落	1. 超前支护效果不佳； 2. 作业前未仔细观察围岩情况
			KW7	大变形	1. 围岩软弱； 2. 遇富水地质，软化围岩
		洞内排渣运输	DN1	装渣过程中砸坏车辆	作业失误
			DN2	渣土堆塌方	挖机作业失误，堆渣过高
		掌子面	ZZM1	坍塌	1. 掌子面地质不稳定，软弱； 2. 存在偏压； 3. 隧道一次开挖断面过大
			ZZM2	突水、突泥	前方存在有大量补给水源
			ZZM3	失稳	1. 开挖掌子面地质软弱，强度不高； 2. 隧道一次开挖断面过大
	洞身衬砌工程	超前支护	CQ1	超前支护失效	1. 超前支护施工质量不合格； 2. 超前支护长度不够； 3. 支护拱架失效
		初期支护	CZ1	隧道初支失稳	1. 锚杆质量不合格； 2. 临时支撑的数量不足； 3. 临时支撑的架设和连接不及时或不符合要求； 4. 喷射混凝土不及时； 5. 由于背后回填注浆压力过大； 6. 其他原因导致初期支护承受过大荷载

风险工程	子风险工程	风险单元名称	风险事件及其编号		风 险 因 素
施工风险工程	洞身衬砌工程	初期支护	CZ2	锚杆布设不当	施工单位擅自偷减钻孔数量
			CZ3	锚杆砂浆填注不符合要求	生产厂家（质量方面）/施工人员不负责（填注量方面）
			CZ4	钻孔施工不当	工人钻孔时偷懒,导致钻孔深度不够
			CZ5	喷射混凝土施工不当	1. 混凝土质量不合格； 2. 喷射量不够
			CZ6	注浆不当	1. 地质参数取值有误（导致浆液配比设计错误）； 2. 注浆压力设计错误
			CZ7	拱脚收缩	1. 锚杆锁脚处理不当； 2. 拱脚锚杆支护不利
		二次衬砌	EC1	模板变形	1. 模板自身强度不够； 2. 未经过验算及验收
			EC2	混凝土离析、开裂或剥落	1. 混凝土质量太差； 2. 配比严重失误
			EC3	振捣不充分	工人偷懒
			EC4	施工缝漏水	1. 未凿毛； 2. 两次浇筑时间间隔太长
			EC5	防水隔离层漏水	防水层质量问题
			EC6	支护失效、开裂、破坏	1. 二次衬砌施工质量问题； 2. 地质条件及地应力发生变化等
不良地质	断层破碎带	××断层	DC1	坍塌	1. 地层不稳定,支护措施不力； 2. 存在有强烈补给的地下水体
			DC2	突泥涌水	
		××断层	DC1	坍塌	
			DC2	突泥涌水	
	节理裂隙密集带	××节理裂隙密集带	JL1	涌水	1. 存在有强烈补给的地下水体； 2. 止水防水措施不到位
			JL2	局部掉块	
		××节理裂隙密集带	JL1	涌水	
			JL2	局部掉块	
	溶洞发育	遇到××溶洞	JC1	涌泥、突水	1. 地质勘查不清； 2. 溶洞富水； 3. 围岩抗力系数降低
			JC2	坍塌	
			JC3	地面下沉、开裂	
自然风险	地震	地震	ZR1	引发各种次生灾害	—
	台风	台风	ZR2	引发各种次生灾害	—
	暴雨	暴雨	ZR3	引发各种次生灾害	—

续表

风险工程	子风险工程	风险单元名称	风险事件及其编号		风　险　因　素
周边环境	周边管线	×××燃气管线	GX1	管线破坏	1. 掌子面坍塌； 2. 隧道变形过大； 3. 初支不及时； 4. 控制沉降的措施不力； 5. 开挖过程中管线周边出现坍塌； 6. 背后回填不及时、不密实； 7. 管线保护措施不力或落实不力
		×××电信管线	GX2	管线破坏	
	周边建筑	××××古建筑	JZ1	古建筑破坏	1. 隧道开挖变形控制沉降的措施不力； 2. 建筑物保护措施不力或落实不力； 3. 掌子面失稳
		周边居民区	JZ2	房屋破坏	
		周边工厂	JZ3	工厂建筑破坏	
	周边道路	××××道路	DL1	道路破坏	1. 隧道开挖变形控制沉降的措施不力； 2. 建筑物保护措施不力或落实不力； 3. 掌子面失稳； 4. 道路及铁路保护措施不到位

2. 风险评估算例

"一般暗挖区间"风险评估打分结果见表 3.2 - 36。

表 3.2 - 36　　　　　　　　"一般暗挖区间"风险评估打分结果表

风险工程	子风险工程	风险单元名称及其编号		风　险　事　件	P 值	C 值
施工风险工程	施工准备	开挖方法选择	KWFS1	地层适应性风险	4	3
		施工组织设计	SGZZ1	进度风险	4	3
			SGZZ2	质量风险	4	3
			SGZZ3	安全、文明施工	3	3
	洞身开挖工程	钻孔爆破	BP1	准备工作不到位	2	4
			BP2	钻孔不符合要求（钻爆法）	2	4
			BP3	装药失误（钻爆法）	2	4
			BP4	起爆失误（钻爆法）	2	4
		开挖面	KW1	洞内塌方	2	4
			KW2	洞内穿水	2	3
			KW3	出现流砂	2	3
			KW4	基础上鼓	2	3
			KW5	塌洞	2	4
			KW6	危石坠落	3	4
			KW7	大变形	2	4

续表

风险工程	子风险工程	风险单元名称及其编号		风险事件	P值	C值
施工风险工程	洞身开挖工程	洞内排渣运输	DN1	装渣过程中砸坏车辆	2	3
			DN2	渣土堆塌方	2	3
		掌子面	ZZM1	坍塌	2	4
			ZZM2	突水、突泥	2	4
			ZZM3	失稳	2	4
	洞身衬砌工程	超前支护	CQ1	超前支护失效	3	4
		初期支护	CZ1	隧道初支失稳	3	4
			CZ2	锚杆不设不当	2	3
			CZ3	锚杆砂浆填注不符合要求	2	2
			CZ4	钻孔施工不当	2	2
			CZ5	喷射混凝土施工不当	2	2
			CZ6	注浆不当	2	2
			CZ7	拱脚缩脚	4	3
		二次衬砌	EC1	模板变形	2	3
			EC2	混凝土离析、开裂或剥落	2	3
			EC3	振捣不充分	2	2
			EC4	施工缝漏水	2	3
			EC5	防水隔离层漏水	2	3
不良地质	断层破碎带	F2断层	DC1	坍塌	3	3
			DC2	突泥涌水	3	3
		F6断层	DC1	坍塌	3	3
			DC2	突泥涌水	3	3
	节理裂隙密集带	J1节理裂隙密集带	JL1	涌水	2	2
			JL2	局部掉块	3	3
		J2节理裂隙密集带	JL1	涌水	2	2
			JL2	局部掉块	3	3
	岩溶发育	遇到××溶洞	JC1	涌泥、突水	3	4
			JC2	坍塌	3	4
自然风险	地震	地震	ZR1	引发各种次生灾害	2	4
	台风	台风	ZR2	引发各种次生灾害	3	3
	暴雨	暴雨	ZR3	引发各种次生灾害	3	3
周边环境	周边管线	隧道上方××燃气管线	GX1	管线破坏	3	4
		隧道上方××电信管线	GX2	管线破坏	2	2

风险工程	子风险工程	风险单元名称及其编号		风　险　事　件	P 值	C 值
周边环境	周边建筑	××××古建筑	JZ1	古建筑破坏	2	4
		周边居民区	JZ2	房屋破坏	2	3
		周边工厂	JZ3	工厂建筑破坏	2	3
	周边道路	××××道路	DL1	道路破坏	3	2

具体计算过程同基坑工程（参见 3.2.3.6 部分）。通过计算可得出对应的暗挖区间总风险。暗挖隧道各风险工程评估结果见表 3.2 - 37。

表 3.2 - 37　　　　　　暗挖隧道各风险工程评估结果列表（参考）

子风险工程	施工准备	洞身开挖工程	洞身衬砌工程	断层破碎带	节理裂隙密集带	岩溶发育
风险指数	11.25	7.94	8.52	11	9.523	9.5
风险工程等级	Ⅱ级	Ⅲ级	Ⅲ级	Ⅱ级	Ⅱ级	Ⅱ级

子风险工程	周边道路	周边建筑	周边管线	自然风险	总风险
风险指数	7.5	7	5.5	8.64	9.54
风险工程等级	Ⅲ级	Ⅲ级	Ⅲ级	Ⅲ级	Ⅱ级

3. 风险控制措施实例

以"开挖面"风险单元为例（表 3.2 - 38），实际评估过程还应包括上面评估出的各项风险单元。

表 3.2 - 38　　　　　　"开挖面"相关风险预控措施

风险单元	风险事件编号	风险事件	预 控 措 施
开挖面 KWM	KWM1	洞内塌方	1. 施工前对隧道通过和影响地段进行施工勘察； 2. 对查出的空洞采取注浆或其他措施回填，保证回填密实； 3. 查清不良地层的空洞位置，必要时采取适宜的加固处理措施； 4. 选择适宜的降水、排水方案，确保隧道无水作业； 5. 加强超前支护施工质量，保证超前到导管或管棚的数量、长度、外插角和搭接长度，严格控制注浆和注浆压力，并根据岩（土）层特性调整注浆参数及工艺
	KWM2	洞内突泥涌水	1. 隧道开挖施工前，对沿线地层和管线进行一次普查，对发现有管线渗漏的情况立即通知相关单位进行修补和加固，同时采取可靠的保护措施； 2. 对不良地质提前采取加固措施； 3. 详细调查地下水的补给来源、采取多种措施切断其补给； 4. 对隧道开挖的预降水及开挖过程中的洞内疏排水工作，确保隧道开挖污水作业
	KWM3	出现流砂	对不良地质提前采取加固措施

风险单元	风险事件编号	风险事件	预 控 措 施
开挖面 KWM	KWM4	基础上鼓	1. 根据现场实际情况，应建立完善的监控量测系统； 2. 及时进行拱顶下沉、周边位移及地表沉降量测，及时掌握围岩变化情况。当发现监测异常时，应及时采取超前小导管支护措施，并对围岩进行注浆加固处理； 3. 必要时可采取地表注浆处理措施。根据围岩条件及监控量测资料，合理确定开挖进尺，以确保开挖、支护质量及施工安全，尽早进行仰拱落底施工； 4. 应分段仔细检查爆破段并清除危石； 5. 钻孔作业前后、爆破后、废渣处理时及处理后，应仔细检查并去除危石； 6. 使支护结构封闭成环，以减少围岩变形，并严格控制落底进尺

3.2.5 周边环境风险分析及控制要点

周边环境影响风险分析是指在施工影响预测的周边环境附加变形的基础上，针对不同类型周边环境和使用设备的特点，采用相应的计算程序和计算方法，分析评价该施工变形对其不利影响，以确认其正常功能和安全性是否可接受，以便更好地对施工期风险进行控制，提前制定相应的控制措施。

对于不同类型的周边环境，风险影响分析的内容、方法均不相同，一般应以周边环境的现状检测及评估资料为基础，以与周边环境类型相对应的设计规范为依据，并结合周边环境产权单位的要求及意见，由周边环境的原设计单位或专业的设计或评估机构进行。

环境影响风险分析应在附加影响分析专题报告中给出明确的结论，以确定受轨道交通工程影响的周边环境的结构本身是否安全、使用功能可否保证。若结论为肯定，则应将该专题报告提供给轨道交通新线设计单位，作为该风险工程设计的依据；若以上结论为否定，则应对该风险工程采用优化设计或加强措施，重新进行施工影响预测及施工附加影响分析，直到可以得出肯定的结论。

为保证周边环境的正常功能，影响风险分析除应包括对周边环境的结构安全（含结构耐久性）影响分析外，尚应包括对周边环境重要功能性构件的安全影响分析。

3.2.5.1 工程监控范围划定

工程监控范围的划定，应综合考虑工程地质条件、工程施工方案、周边环境的复杂程度等级等进行确定，此部分工作比较复杂。应首先确定工程施工影响范围、影响程度。一般情况下，针对某工程的地铁施工影响范围、影响程度由设计师在设计文件中给出，未给出的可参考规范及规程予以确定，也可以根据类似地质段基坑或盾构工程实测数据予以分析确定。在确定了影响范围后即可根据工程重要性等级和地质条件复杂程度及周边环境的复杂程度综合确定监控范围，同样此部分工作应该在设计文件中给定，如文件中未给定可参考《城市轨道交通地下工程建设风险管理规范》（GB 50652—2011）予以确定，一般情况下可将"较接近"对应的范围，作为监控范围。不同施工方法与周围环境设施的临近关系见表 3.2-39。

表 3.2-39　　　　　　　　不同施工方法与周围环境设施的临近关系

施工方法	非常接近	接　近	较接近	不接近	备　注
明挖法 盖挖法	$<0.7H$	$0.7H\sim1.0H$	$1.0H\sim2.0H$	$>2.0H$	H 为地下工程开挖深度或埋深
矿山法 （包括钻爆法、浅埋暗挖法）	$<0.5B$	$0.5B\sim1.5B$	$1.5B\sim2.5B$	$>2.5B$	B 为矿山法隧道毛洞宽度，当隧道采用爆破法施工时，需研究爆炸震动的影响
盾构法	$<0.3D$	$0.3D\sim0.7D$	$0.7D\sim1.0D$	$>1.0D$	D 为隧道外径

3.2.5.2 影响对象确定及相关资料调研

以现场调查和收集相关资料研究为主，即将工程监控范围内的所有建（构）筑、管线、道路、桥梁等均作为监控对象并开展相关的资料调研及收集工作。以建（构）筑物、管线为例，重要调研内容包括以下几个方面。

1. 建（构）筑物、管线自身资料收集

城市地下管线是城市生活的重要基础设施，科学、准确、完整地掌握地下管线现状信息是地下管线安全运营的保障。在城市地铁施工以及非开挖铺管（顶管）等市政工程施工中，由于对地下管线资料掌握不够而造成的破坏地下管道、管线、电缆、光缆等事故层出不穷，而这些事故带来的后果是非常严重的。盾构穿越地下管线，首先肯定要对管线的类型以及特性，还有管线的分布走向一些客观因素作充分全面的调查了解。除此之外，还要对管线所存在的问题，比如年久失修、管线的局部地区出现渗漏等情况作全面的了解，在施工前解决好这些问题，才能为盾构的安全顺利穿越提供有力保证。

（1）查明建（构）筑物的基础形式、结构型式、建筑材料，建（构）筑物与盾构隧道的距离及空间关系、建（构）筑物能承受的沉降与变形控制值以及历史沉降资料。

（2）查明管线的类型、埋深、材质、走向，管线与盾构隧道的距离、管线与基坑的距离、管线的承载力、管线的变形控制要求以及历史观测资料。

2. 地质、环境安全风险识别与分析

在认真分析岩土工程勘察与环境调查资料、地质踏勘、环境核查及地下障碍物普查的基础上，认真调查分析建（构）筑物及管线与拟建的周边的基坑、区间盾构隧道空间位置关系，影响基坑开挖、盾构区间施工的地质、环境安全风险因素和地下水难以控制等复杂地质条件进行识别，分析可能带来的安全风险。

（1）环境条件复杂的部位。建（构）筑物及管线拟建周边的基坑、盾构隧道等，分析位置、上下穿越关系。

（2）地质安全风险因素识别与分析。主要识别不良地层、地下水、地下水难以控制处、土质软弱处等地质安全风险因素，分析地质因素对施工的影响及可能对建（构）筑物及管线带来的安全风险。

（3）环境安全风险因素识别与分析。主要识别工程施工可能对建（构）筑物产生的安全风险因素，分析工程施工、环境的相互影响。

3. 基坑或盾构隧道设计方案实施安全风险识别与分析

在认真研究设计文件的基础上，结合自身的经验及认识，对基坑支护体系、环境保护措施、地下水控制工艺等实施的重点、难点及可能的安全风险进行识别与分析。

（1）施工工艺。主要对支护工艺、开挖工艺、辅助工法工艺等实施的重点、难点及可疑的安全风险进行识别与分析。

（2）受力条件复杂部位。主要对基坑阳角处、明暗挖结合处、支（锚）与护壁（墙）联结处、坑内分区开挖时无围护坡面、不同支护体系转换处、车站主体与出入口或风道接口处、围护结构不连续处等部位进行识别，分析工法工艺方案实施重点、难点及可能的安全风险。

（3）加固措施。主要对设计方案拟进行的地基加固措施安全风险进行识别与分析。

（4）地下水控制。主要对地下水控制方案、降水或堵水工艺方法及施工参数等实施的重点、难点及可能的安全风险进行识别与分析。

3.2.5.3　邻近建（构）筑物和重要管线、道路、桥梁风险辨识

受地铁施工影响的周边环境风险及主要风险因素包括以下几个方面。

1. 周边建（构）筑物

（1）周边建筑物倾斜、开裂风险。对应风险因素分析如下：

1）工作面失稳引发地层变形。

2）基坑渗漏水引发地层变形。

3）建（构）筑物地基处理加固不当。

4）房屋本身质量不合格。

（2）周边建（构）筑物下沉风险。对应风险因素分析如下：

1）地基处理加固不当。

2）过量降水引发地层变形。

3）地层移动。

4）基础二次下沉。

5）冻结法解冻后融沉引发地层变形。

（3）周边地下构筑物结构破坏风险。对应风险因素分析如下：

1）过量降水引发地层变形。

2）围护结构变形过大，盾构隧道施工引发过大地层损失。

3）基坑坍塌。

2. 周边管线

（1）管线破坏风险。对应风险因素分析如下：

1）基坑周边过量降水。

2）围护结构变形控制不力。

3）基坑坍塌。

（2）管线穿孔风险。对应风险因素分析如下：

1）管线防腐措施破坏。

2）初始缺陷加重。

（3）管线开裂风险。对应风险因素分析如下：

1）保护措施不当或失效。

2）地铁施工振动荷载。

3）土体挤压变形移动。

4）管线上部荷载过大。

5）管线内应力增大。

（4）管线监测数据过大风险。对应风险因素分析如下：

1）基坑开挖、盾构施工扰动引发地层变形过大。

2）管线监测点布置在地表，未直接布置在管线上，在路面遭重型机械碾压情况下造成"沉降量过大"，而管线实际沉降量未必有那么大。

3．周边道路

（1）邻近道路沉陷、开裂风险。对应风险因素分析如下：

1）过量降水引发地层变形。

2）围护结构变形过大，盾构隧道施工引发过大地层损失。

3）基坑坍塌。

（2）路面沉陷风险。对应风险因素分析如下：

1）地基加固不当。

2）基坑渗漏水。

3）抽水带泥带沙、造成土质损失。

4）盾构施工过程中引发地层损失过大。

5）路面承受荷载过大。

6）路面本身质量不合格。

（3）路面隆起风险。对应风险因素分析如下：

1）盾构施工过程注浆压力控制不当。

2）螺旋出土器故障。

3）土仓压力控制不当。

4）地基加固处理不当。

（4）路面开裂风险。对应风险因素分析如下：

1）渗漏水（抽水）带泥带砂，造成土质损失。

2）土仓压力控制不当。

3）基坑塌方、过量降水、支撑破坏。

4）地基加固处理不当。

5）路面承受荷载过大。

6）路面质量不合格。

4．周边桥梁

（1）桥梁倾斜风险。

（2）桥梁开裂风险。

（3）桥梁桩基折断风险。

综上所述，受地铁施工影响可能的周边环境风险主要包括其原有结构破坏，以及其结构破坏后对原有工程本体造成的影响风险，其主要风险因素为地铁本体施工，及施工管理过程中各种其他因素引发地层变形过大。

3.2.5.4 邻近建(构)筑物和重要管线、道路、桥梁安全风险等级评定流程

结合周边环境各监控对象的自身重要性等级及与地铁工程本体的接近程度及周边地质条件的复杂程度进行综合考虑，进而开展相对应的等级评估工作。如采用模糊层次分析理论（目前经过多年实践已形成一套较为成熟的评估方法标准及流程），开展针对周边环境各监控对象的安全风险等级评定工作。

相关评定标准和评分内容主要考虑自身因素和外部因素两大方面，具体评估流程见图3.2-2。

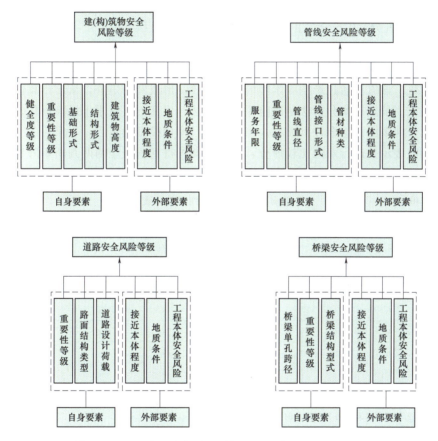

图3.2-2 周边环境各监控对象安全风险等级评定流程图

1. 周边监控对象安全风险等级评估总体方法

结合图3.2-2分析，周边环境各监控对象的安全风险等级只需通过两个模糊层次分析并结合一次矩阵运算即可得到。

（1）第一层次。监控对象影响要素等级模糊评价准则层，采用专家打分法，对各影响要进行打分，其中打分标准为：Ⅰ级、Ⅱ级、Ⅲ级、Ⅳ级对应1分、0.75分、0.5分、0.25分。分数越高表示此项因素对评估对象所产生安全风险越高，或表示该评估对象的监控保护等级越高。依据分级评分标准，对各影响要素进行打分，并形成评分行向量，即

$$U = (u_1, u_2, u_3, u_4, u_5, u_6, u_7, u_8) \tag{3.2-1}$$

（2）第二层次。各影响要素权重评判层，采用层次分析法中的九标度矩阵，对各影响要素进行权重判断。并将判断结果形成权重列向量，即

$$A^T = (a_1, a_2, a_3, a_4, a_5, a_6, a_7, a_8) \tag{3.2-2}$$

其中：a_i 为论域 U 集中第 i 个因素 U_i 所对应的权，$0 \leqslant a_i \leqslant 1$。

（3）评判模型。将评分行向量同权重列向量相乘，得出监控对象综合安全等级评分计算结果 B，即

$$B = UA^T \tag{3.2-3}$$

依据计算结果，对监控对象安全风险等级进行综合评定。综合等级评定判断标准可暂定为：Ⅰ级 $\geqslant 0.8$ 分，0.6 分 $\leqslant$ Ⅱ级 < 0.8 分，0.3 分 $\leqslant$ Ⅲ级 < 0.6 分，Ⅳ级 < 0.3 分。

（4）层次分析法简介。风险管理专家 A. L. Saaty 在 20 世纪 70 年代提出了层次分析法评价模型。该方法能把定性因素定量化，并能在一定程度上检验和减少主观影响，使评价更趋科学化。该方法通过影响因素间的两两比较，形成判断矩阵，从而计算同层风险因素的相对权重。虽然层次分析法是风险评估的方法，但其不仅适用于风险评估领域，而且适用于涉及任何多因素综合评判模型。当工程项目评价模型确定后，专家对各个影响因素以所示的分值表示并进行两两比较评分，经评分即可得到若干个两两判断矩阵判断表，见表 3.2-40。具体评分标准见表 3.2-41。

表 3.2-40　　　　　　　　　　各影响要素权重两两判断矩阵表

要素	要素 1	要素 2	要素 3	要素 4	要素 5	要素 6	要素 7	要素 8
要素 1	a_{11}	a_{12}	a_{13}	a_{14}	a_{15}	a_{16}	a_{17}	a_{18}
要素 2	a_{21}	a_{22}	a_{23}	a_{24}	a_{25}	a_{26}	a_{27}	a_{28}
要素 3	a_{31}	a_{32}	a_{33}	a_{34}	a_{35}	a_{36}	a_{37}	a_{38}
要素 4	a_{41}	a_{42}	a_{43}	a_{44}	a_{45}	a_{46}	a_{47}	a_{48}
要素 5	a_{51}	a_{52}	a_{53}	a_{54}	a_{55}	a_{56}	a_{57}	a_{58}
要素 6	a_{61}	a_{62}	a_{63}	a_{64}	a_{65}	a_{66}	a_{67}	a_{68}
要素 7	a_{71}	a_{72}	a_{73}	a_{74}	a_{75}	a_{76}	a_{77}	a_{78}
要素 8	a_{81}	a_{82}	a_{83}	a_{84}	a_{85}	a_{86}	a_{87}	a_{88}

注　a_{ij} 的含义为第 i 个要素较第 j 个要素的重要程度。

表 3.2-41　　　　　　　　　　因素权重评价分值表

分值 a_{ij}	定　义
1	i 因素与 j 因素重要性一样大
3	i 因素比 j 因素重要性略大
5	i 因素比 j 因素重要性稍大
7	i 因素比 j 因素重要性大得多
9	i 因素比 j 因素重要性大很多
2、4、6、8	i 因素与 j 因素重要性比较结果处于以上结果的中间
倒数	j 因素与 i 因素重要性比较结果是 i 因素与 j 因素重要性比较结果的倒数

表 3.2 - 41 中，模型基本假定为：每一因素的分值为 1～9 共 9 个标度。其中，1 表示相对重要性程度相同，9 表示相对重要性程度差别最大。上述假定即为建立工程项目风险评估模型各层次之间两两判断矩阵的依据，其基本计算流程如图 3.2 - 3 所示。

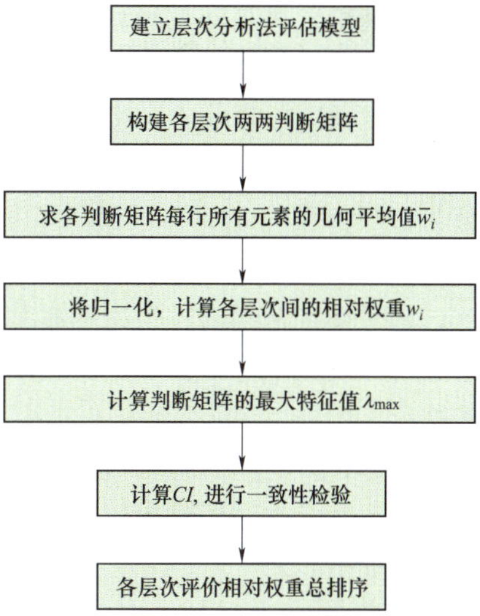

2. 周边建筑物安全风险等级评估具体标准及流程

（1）首先将影响建筑物安全风险等级的各种要素通过专家调查的方法统计列出。

（2）只要某一建筑有一边在设定的监控范围内，即规定其位于监控范围内。

（3）对所有位于监控范围内的建筑物进行列表统计。

（4）对监控范围内房屋重要性等级进行分类。

分类依据可参照《工程结构可靠性设计统一标准》

图 3.2 - 3 层次分析法基本计算流程图

（GB 50153—2008）和《建筑抗震设计规范》（GB 50011—2001）中的抗震设防标准，共分四级。

1）Ⅰ级。分级标准：甲类建筑——涉及国家公共安全的重大建筑工程和地震时可能发生严重次生灾害的建筑，以及使用上有特殊要求的建筑。优秀古建筑文物、超高层民用建筑物，高度大于 100m。

2）Ⅱ级。分级标准：乙类建筑——地震时使用功能不能中断或需尽快恢复的建筑，以及人员密集且可能发生严重灾害后果的建筑。近代优秀建筑物，重要的工业建筑物，10 层以上高层，大于 24m 的地上构筑物及重要的地下构筑物。

3）Ⅲ级。分级标准：丙类建筑——除甲、乙、丁类以外的建筑。一般的工业建筑物，4～6 层的多层建筑物，7～9 层中高层民用建筑物，10～24m 的地上构筑物，一般地下构筑物。

4）Ⅳ级。分级标准：丁类建筑——人员稀少且震损不致产生次生灾害的建筑。次要的工业建筑物，1～3 层的低层民用建筑物，小于 10m 的地上构筑物，次要地下构筑物。

（5）对监控范围内建（构）筑物健全度进行分类统计评价。建（构）筑物健全度计算公式为

$$房屋健全度 = 1 - \frac{房屋已使用年限}{房屋设计使用年限} + \alpha_{变异}$$

针对老城区的建（构）筑物，一般取其房屋设计使用年限为 50 年。其结构使用期间经历过较大变异（如地震、火灾等）对使用安全造成过损害的，则减去 0.05～0.1 的健全度，结构使用期间经历过维修加固的，则加上 0～0.1 的健全度。

（6）基坑本体安全风险等级。具体可参照 GB 50652—2011 中 7.3.3 条相关规定执行。

（7）对监控范围内建筑物基础形式分类统计，拟分为独立基础、条形基础、片筏基

础、箱型基础、桩基础五种。

（8）对监控范围内建筑物高度进分类统计，若为一般建筑，则分为：$Hg \leqslant 24m$（多层）、$24m < Hg \leqslant 60m$（小高层）、$60m < Hg \leqslant 100m$（高层）、$Hg > 100m$（超高层）。

依据《建筑地基基础设计规范》（GB 5007—2011）中的分类标准，若为高耸结构，可分为：$Hg \leqslant 20m$；$20m < Hg \leqslant 50m$；$50m < Hg \leqslant 100m$；$100m < Hg \leqslant 150m$；$150m < Hg \leqslant 200m$；$200m < Hg \leqslant 250m$。

（9）对监控范围内建筑物距离基坑（隧道）工程的距离进行分类统计。根据距离远近确定影响程度大小，进而确定安全风险系数大小，具体可参照 GB 50652—2011 中的相关要求执行。

（10）对影响范围内建筑物所处的地质条件进行统计。

依据以上几点，应对建筑物总体安全风险分级进行综合评价打分。首先将各影响要素分列表示如下：

1）建筑物重要性等级（JZZY）。

2）建筑物健全度等级（JZJQ）。

3）基坑（隧道）本体安全风险等级（JZBT）。

4）基坑（隧道）接近程度等级（JZJJ）。

5）建筑物结构型式等级（JZJG）。

6）地质条件等级（JZDZ）。

7）基础形式等级（JZJC）。

8）建筑物高度等级（JZGD）。

采用模糊层次分析法中的九标度矩阵评判表，通过专家打分法综合评判以上各影响要素的重要性权重大小。构建各影响要素权重两两评判矩阵见表 3.2 - 42。

表 3.2 - 42　　　　　　　　各影响要素权重两两判断矩阵表

要素	1 JZZY	2 JZJQ	3 JZBT	4 JZJJ	5 JZJG	6 JZDZ	7 JZJC	8 JZGD
1 JZZY	a_{11}	a_{12}	a_{13}	a_{14}	a_{15}	a_{16}	a_{17}	a_{18}
2 JZJQ	a_{21}	a_{22}	a_{23}	a_{24}	a_{25}	a_{26}	a_{27}	a_{28}
3 JZBT	a_{31}	a_{32}	a_{33}	a_{34}	a_{35}	a_{36}	a_{37}	a_{38}
4 JZJJ	a_{41}	a_{42}	a_{43}	a_{44}	a_{45}	a_{46}	a_{47}	a_{48}
5 JZJG	a_{51}	a_{52}	a_{53}	a_{54}	a_{55}	a_{56}	a_{57}	a_{58}
6 JZDZ	a_{61}	a_{62}	a_{63}	a_{64}	a_{65}	a_{66}	a_{67}	a_{68}
7 JZJC	a_{71}	a_{72}	a_{73}	a_{74}	a_{75}	a_{76}	a_{77}	a_{78}
8 JZGD	a_{81}	a_{82}	a_{83}	a_{84}	a_{85}	a_{86}	a_{87}	a_{88}

（11）假定通过评判，得出各影响因素的权重计算分配如下：

1）建筑物重要性等级权重为 0.25。

2）建筑物健全度等级权重为 0.05。

3）基坑本体安全风险等级权重为 0.1。

4）基坑接近程度等级权重为 0.2。

5）结构型式等级权重为 0.1。

6）基础形式等级权重为 0.1。

7）建筑物高度等级权重为 0.1。

8）地质条件等级权重为 0.1。

具体周边建筑安全风险等级评定标准见表 3.2 - 43。

表 3.2 - 43　　　　周边建筑物安全风险等级影响评定标准（参考）

影响要素	情 况 描 述	参考分级标准
建筑重要性等级	非常重要（甲类建筑）	Ⅰ级
	重要（乙类建筑）	Ⅱ级
	一般重要（丙类建筑）	Ⅲ级
	不重要（丁类建筑）	Ⅳ级
建筑物健全度	健全度<0.25	Ⅰ级
	0.25<健全度<0.5	Ⅱ级
	0.5<健全度<0.75	Ⅲ级
	0.75<健全度<1	Ⅳ级
基坑本体安全风险等级	基坑开挖深度>25	Ⅰ级
	15m<基坑开挖深度<25m	Ⅱ级
	5m<基坑开挖深度<15m	Ⅲ级
	基坑开挖深度<5m	Ⅳ级
盾构本体安全风险等级	较长范围处于非常接近状态的并行或交叠盾构隧道	Ⅰ级
	盾构区间的联络通道	Ⅱ级
	盾构始发到达区段	Ⅱ级
	一般的盾构法区间	Ⅲ级
基坑接近程度等级	很接近（<0.7H）	Ⅰ级
	接近（0.7H～1.0H）	Ⅱ级
	较接近（1.0H～2.0H）	Ⅲ级
	不接近（>2.0H）	Ⅳ级
盾构区间接近程度等级	很接近（<0.3D）	Ⅰ级
	接近（0.3D～0.7D）	Ⅱ级
	较接近（0.7D～1.0D）	Ⅲ级
	不接近（>1.0D）	Ⅳ级
结构型式	砖石结构	Ⅰ级
	砖混结构	Ⅰ级
	钢筋混凝土框架结构	Ⅱ级
	钢筋混凝土剪力墙结构	Ⅲ级
	钢结构	Ⅳ级

续表

影响要素	情　况　描　述	参考分级标准
基础型式	独立基础	Ⅰ 级
	条形基础	Ⅰ 级
	片筏基础	Ⅱ 级
	箱型基础	Ⅲ 级
	桩基础	Ⅳ 级
地质条件	软土地质	Ⅰ 级
	砂性地质	Ⅱ 级
	软岩地质	Ⅲ 级
	硬岩地质	Ⅳ 级
建筑物高度	超高层	Ⅰ 级
	高层	Ⅱ 级
	小高层	Ⅲ 级
	多层	Ⅳ 级

（12）开展综合评估。采用模糊综合层次分析法，结合打分计算结果，对建筑物监控对象安全风险等级进行综合评定，共分Ⅰ级、Ⅱ级、Ⅲ级、Ⅳ级四个级别，其中打分标准拟定为：Ⅰ级、Ⅱ级、Ⅲ级、Ⅳ级分别对应 1 分、0.75 分、0.5 分、0.25 分。综合评判标准为：Ⅰ级≥0.8 分，0.6 分≤Ⅱ级＜0.8 分，0.3 分≤Ⅲ级＜0.6 分，Ⅳ级＜0.3 分。

为使评分结果更具可信性。以下评估表格，应由主体施工单位组织，各方参加来共同完成。建筑的安全风险等级评估由建设单位结合各单位意见给出最终评定结果。周边建（构）筑物具体评价填表格式可参考表 3.2 - 44。

3. 周边管线安全风险评估标准及流程

（1）只要有一段管线在设定的监控范围内，即定其位于监控范围内。

（2）对所有位于监控范围内的管线进行列表统计。

（3）对监控范围内管线重要性等级进行评价。

根据破坏后果、破坏后修复难易程度对重要性等级分类如下：依据《基坑工程施工监测规程》（DG/TJ 08—2001—2006）3.2.3 条的表 3.2.3 中对于周边环境特级的规定：大直径（大于 0.7m）煤气（天然气）、大型压力总水管，说明压力燃气管道、上水管道均为重要管线，破坏后果严重。此外，由于压力管线（给水管、煤气管）在城市生活中起着给水、供气等重要作用，而破坏后又将严重影响居民的日常生活，而实践证明此类管线又是施工中最容易破坏的管线种类[8]，因此，其安全风险等级是最高的，也是最需要保护的一类管线。综上分析，将管线重要性等级分级如下。

1）Ⅰ级（高压力燃气管道，燃气管道——煤气管道、天然气管道、液化石油气管道等；高压热力管道——热水管道、蒸汽管道等）。

2）Ⅱ级（中压、低压燃气管道、热力管道；高压给水管道——生活用水管、消防用水管、工业用水管道、农业灌溉管道；工业管道——石油管道、化工管道、排渣管道；高

表 3.2－44　周边建（构）筑物安全风险等级评估专家评定表（样例）

建筑物名称	某人民医院办公楼				建筑物编号		1
参与单位	1. 建设单位： 2. 设计单位： 3. 施工单位：			4. 监理单位： 5. 风险咨询单位： 6. 其他单位：			
编制人（单位）	××				编制日期		××

影响要素 \ 过程	建筑物重要性等级	建筑健全度等级	地质条件	接近程度等级	结构型式	基础形式	建筑物高度	基坑/隧道本体安全风险等级
各要素等级评定结果	Ⅲ级	Ⅱ级	Ⅳ级	Ⅱ级	Ⅰ级	Ⅰ级	Ⅳ级	Ⅱ级
各要素权重计算结果	0.25	0.05	0.1	0.2	0.1	0.1	0.1	0.1
安全风险等级计算结果	Ⅱ级							

建筑物基本属性描述	结构型式：6层砖混结构 基础形式：（内）钢筋混凝土独立基础1.4m×1.7m；（墙基础）毛石 条形基础，外墙基础宽0.75m，内墙基础宽0.5m 基础埋深：0.7m 设计或修建年代：1984年（设计） 房屋健全度计算：1－（2011－1984）/50＝0.46
照片及资料	建筑物实体图

压电力、电缆管道）。

3）Ⅲ级（中压及低压给水管道；重力管道（无压管道），如排水管道——污水管道、雨水管道、雨污合流管道；中压电力管道）。

4）Ⅳ级（低压电缆线管道，如电力电缆——动力电缆、照明电缆，电信电缆——长话电缆、市话电缆、广播电缆、有线电视电缆、专用电缆）。

（4）根据已服务年限评定管线安全风险等级大小。具体评价标准结合实践经验定为：

1）Ⅰ级：已服务超过 30 年。

2）Ⅱ级：已服务 10～30 年。

3）Ⅲ级：已服务 5～10 年。

4）Ⅳ级：已服务年限少于 5 年。

（5）对影响范围内管线距基坑（盾构）区间的距离即接近程度进行分类统计，根据接近程度大小确定安全风险等级大小，同建筑物部分。

（6）对管线直径大小进行分类统计。参考《基坑工程施工监测规程》（DG/TJ 08—2001—2006）3.2.3 条表 3.2.6.4 中对于大直径管线的定义（大于 0.7m 的相关管线），同时结合实践经验及其他地方规程中的相关规定，拟定具体管线等级分级标准如下：

1）Ⅰ级：特大直径大于 2m。

2）Ⅱ级：大口径（直径）大于 0.7m。

3）Ⅲ级：中口径（直径）0.2～0.7m。

4）Ⅳ级：小口径（直径）小于 0.2m。

（7）对管线的接口形式进行分类统计。

（8）对管线的管材种类进行分类统计。

（9）依据以上几点，应对管线总体安全风险分级进行综合评价打分。首先将各分类进行权重排行。将各影响要素分列表示如下：

1）管线重要性等级（GXZY）。

2）服务年限等级（FWNX）。

3）基坑（隧道）本体安全风险等级（JZBT）。

4）基坑（隧道）接近程度等级（JZJJ）。

5）管线直径等级（GXZJ）。

6）地质条件等级（JZDZ）。

7）管线接口形式等级（GXJK）。

8）管材种类等级（GCZL）。

同样应用模糊层次分析法中的九标度矩阵，通过专家打分法综合评判以上各影响要素的重要性权重大小。各影响要素权重两两判断矩阵见表 3.2－45。

（10）通过专家打分法及层次分析法将各影响因素的权重计算分配如下：

1）管线重要性等级权重为 0.25。

2）服务年限权重为 0.1。

3）距基坑（隧道）接近程度权重为 0.25。

4）基坑（隧道）本体安全风险等级权重为 0.1。

表 3.2 - 45 各影响要素权重两两判断矩阵表

要素	1 GXZY	2 FWNX	3 JZBT	4 JZJJ	5 GXZJ	6 JZDZ	7 GXJK	8 GCZL
1 GXZY	a_{11}	a_{12}	a_{13}	a_{14}	a_{15}	a_{16}	a_{17}	a_{18}
2 FWNX	a_{21}	a_{22}	a_{23}	a_{24}	a_{25}	a_{26}	a_{27}	a_{28}
3 JZBT	a_{31}	a_{32}	a_{33}	a_{34}	a_{35}	a_{36}	a_{37}	a_{38}
4 JZJJ	a_{41}	a_{42}	a_{43}	a_{44}	a_{45}	a_{46}	a_{47}	a_{48}
5 GXZJ	a_{51}	a_{52}	a_{53}	a_{54}	a_{55}	a_{56}	a_{57}	a_{58}
6 JZDZ	a_{61}	a_{62}	a_{63}	a_{64}	a_{65}	a_{66}	a_{67}	a_{68}
7 GXJK	a_{71}	a_{72}	a_{73}	a_{74}	a_{75}	a_{76}	a_{77}	a_{78}
8 GCZL	a_{81}	a_{82}	a_{83}	a_{84}	a_{85}	a_{86}	a_{87}	a_{88}

5）管线直径权重为 0.15。

6）管线接口形式权重为 0.05。

7）管材种类权重为 0.05。

8）地质条件权重为 0.05。

周边管线安全风险等级影响要素参考分级标准见表 3.2 - 46。

表 3.2 - 46 周边管线安全风险等级影响要素参考分级标准

影响要素	情 况 描 述	参考分级标准
管线重要性等级	特别重要（有压燃气管线）	Ⅰ级
	重要（有压其他管线）	Ⅱ级
	一般重要（无压雨水、污水管线）	Ⅲ级
	次要（无压其他管线）	Ⅳ级
基坑本体安全风险等级	基坑开挖深度＞25m	Ⅰ级
	15m＜基坑开挖深度＜25m	Ⅱ级
	5m≤基坑开挖深度＜15m	Ⅲ级
	基坑开挖深度＜5m	Ⅳ级
盾构本体安全风险等级	较长范围处于非常接近状态的并行或交叠盾构隧道	Ⅰ级
	盾构区间的联络通道	Ⅱ级
	盾构始发到达区段	Ⅱ级
	一般的盾构法区间	Ⅲ级
基坑接近程度等级	很接近（＜0.7H）	Ⅰ级
	接近（0.7H～1.0H）	Ⅱ级
	较接近（1.0H～2.0H）	Ⅲ级
	不接近（＞2.0H）	Ⅳ级
盾构区间接近程度等级	很接近（＜0.3D）	Ⅰ级
	接近（0.3D～0.7D）	Ⅱ级
	较接近（0.7D～1.0D）	Ⅲ级
	不接近（＞1.0D）	Ⅳ级

续表

影响要素	情 况 描 述	参考分级标准
地质条件	软土地质	Ⅰ级
	砂性地质	Ⅱ级
	软岩地质	Ⅲ级
	硬岩地质	Ⅳ级
服务年限	＞30 年	Ⅰ级
	10～30 年	Ⅱ级
	5～10 年	Ⅲ级
	＜5 年	Ⅳ级
管线直径	＞2m	Ⅰ级
	1.5～2m	Ⅰ级
	1～1.5m	Ⅱ级
	0.3～0.7m	Ⅲ级
	0.3m 以下	Ⅳ级
管线接口形式	平口连接	Ⅰ级
	企口连接	Ⅱ级
	承插连接、焊接	Ⅲ级
	法兰连接	Ⅳ级
管材种类	素混凝土管	Ⅰ级
	钢筋混凝土管	Ⅱ级
	塑料管等	Ⅲ级
	钢管、铸铁管	Ⅳ级

(11) 综合评估。依据层次分析法，结合打分计算结果，对监控对象安全风险等级进行综合评定，共分为Ⅰ级、Ⅱ级、Ⅲ级、Ⅳ级四个级别，评分标准拟定为：Ⅰ级、Ⅱ级、Ⅲ级、Ⅳ级分别对应 1 分、0.75 分、0.5 分、0.25 分。最终安全风险等级评判标准为：Ⅰ级≥0.8 分，0.6 分≤Ⅱ级＜0.8 分，0.3 分≤Ⅲ级＜0.6 分。

为使评分结果更具可信性。以下评估表格，由施工单位组织，各方参加，最后管线的安全等级、监控保护等级评定由建设单位结合各单位意见给出最终评定结果。周边管线具体评价填表格式见表 3.2-47。

4. 道路安全风险等级评估标准及流程

(1) 只要有一段道路在基坑（隧道）设定的监控范围内，即认定其位于监控范围内。

(2) 对所有位于监控范围内道路进行列表统计。

(3) 对监控范围内道路重要性等级进行评价。主要根据城市道路的等级划分，参考《城市道路工程设计规范》（CJJ 37—2012）、《城市道路设计规范》（GB 50220—95）等，结合考虑其他种类的道路类型，对周边道路的重要性进行等级划分如下。

Ⅰ级：整体道床的城市轨道交通既有线、地下区间轨道岔区。

表 3.2－47   监控对象（周边管线）安全风险等级、保护等级专家评定表（样表）

管线名称	××						管线编号	1
参与单位	1. 建设单位： 2. 设计单位： 3. 施工单位：				4. 监理单位： 5. 风险咨询单位： 6. 其他单位：			
编制人（单位）	××						编制日期	××
影响要素 过程	管线重要性等级	管线服务年限	地质条件	接近程度等级	管线直径	管线接口形式	管材种类	基坑（隧道）本体安全风险等级
各要素等级评定结果								
各要素权重计算结果								
安全风险等级计算结果								
照片及资料	管线实际位置图				管线基本属性描述			

Ⅱ级：铁路、停机坪。

Ⅲ级：城市快速路、主干路、高速路、一级公路、地铁车站及其他部位。

Ⅳ级：城市次干路、二级公路；通风竖井、风道、联络通道、地下车站出入口、城市支路、人行道、三级及以下公路。

（4）对监控范围内的道路距基坑（盾构）区间的远近进行分类统计，根据距离远近确定安全风险系数大小。

（5）对周边道路路面类型进行分类统计，根据路面类型确定安全风险系数大小。

（6）对周边道路的路基地质条件进行分类统计。

（7）依据以上几点，负责统计工作的单位应对周边道路总体安全风险分级进行综合评价打分。具体打分方法为，将各分类进行权重排行。将各影响要素分别表示如下：

1）道路重要性等级（DLZY）。

2）基坑（隧道）本体安全风险等级（JZBT）。

3）基坑（隧道）接近程度等级（JZJJ）。

4）路面结构等级（LMJG）。

5）道路路基条件等级（DLLJ）。

6）道路设计荷载等级（DLSJ）。

采用模糊层次分析法中的九标度矩阵，通过专家打分法综合评判以上各影响要素的重要性权重大小。各影响要素权重两两判断矩阵见表3.2－48。

表 3.2－48　　　　　　　　　　各影响要素权重两两判断矩阵表

要素	1 DLZY	2 JZBT	3 JZJJ	4 LMJG	5 DLLJ	6 DLSJ
1 DLZY	a_{11}	a_{12}	a_{13}	a_{14}	a_{15}	a_{16}
2 JZBT	a_{21}	a_{22}	a_{23}	a_{24}	a_{25}	a_{26}
3 JZJJ	a_{31}	a_{32}	a_{33}	a_{34}	a_{35}	a_{36}
4 LMJG	a_{41}	a_{42}	a_{43}	a_{44}	a_{45}	a_{46}
5 DLLJ	a_{51}	a_{52}	a_{53}	a_{54}	a_{55}	a_{56}
6 DLSJ	a_{61}	a_{62}	a_{63}	a_{64}	a_{65}	a_{66}

（8）通过专家调查法及层次分析法将各影响因素的权重计算分配如下：

1）周边道路重要性等级权重为 0.3。

2）基坑（隧道）本体安全风险等级为 0.1。

3）距基坑（隧道）接近程度权重为 0.3。

4）周边道路路面结构类型权重为 0.1。

5）周边道路路基条件等级权重为 0.1。

6）周边道路设计荷载等级权重为 0.1。

周边道路安全风险等级影响要素参考分级标准见表 3.2－49。

表 3.2－49　　　　　　周边道路安全风险等级影响要素参考分级标准

影响要素	情 况 描 述	参考分级标准
周边道路重要性等级	特别重要（城市轨道交通整体道床、铁路地下道岔区）	Ⅰ级
	重要（停机坪）	Ⅱ级
	一般重要（城市快速路、主干路、高速路、一级公路、地铁车站及其他部位）	Ⅲ级
	次要（城市次干路、二级公路、地下车站出入口、城市支路、人行道、三级及以下公路）	Ⅳ级
基坑本体安全风险等级	基坑开挖深度＞25m	Ⅰ级
	15m＜基坑开挖深度＜25m	Ⅱ级
	5m＜基坑开挖深度＜15m	Ⅲ级
	基坑开挖深度＜5m	Ⅳ级
盾构本体安全风险等级	较长范围处于非常接近状态的并行或交叠盾构隧道	Ⅰ级
	盾构区间的联络通道	Ⅱ级
	盾构始发到达区段	Ⅱ级
	一般的盾构法区间	Ⅲ级
基坑接近程度等级	很接近（＜0.7H）	Ⅰ级
	接近（0.7H～1.0H）	Ⅱ级
	较接近（1.0H～2.0H）	Ⅲ级
	不接近（＞2.0H）	Ⅳ级

影响要素	情 况 描 述	参考分级标准
盾构区间接近程度等级	很接近（<0.3D）	I级
	接近（0.3D～0.7D）	II级
	较接近（0.7D～1.0D）	III级
	不接近（>1.0D）	IV级
周边道路路面结构类型	轨道（地铁既有线、铁路）	I级
	刚性路面（水泥混凝土面层或基层）	II级
	半刚性路面（水泥、石灰等结合料为基层，沥青面层）	III级
	柔性路面（各种未经处理的粒料基层、各类沥青面层、碎/砾石面层或块石面层）	IV级
周边道路路基地质条件	软土地质	I级
	砂性地质	II级
	软岩地质	III级
	硬岩地质	IV级
周边道路设计荷载（折合轴载交通量 $BZZ-100×10^6$ 次/车道）	特重交通（>25.0）	I级
	重交通（12.0～25.0）	II级
	中交通（4.0～12.0）	III级
	轻交通（<4.0）	IV级

（9）综合评估。依据模糊综合层次分析法结合打分计算结果，对道路、铁路、轨道交通既有线监控对象安全风险等级进行综合评定，共分为I级、II级、III级、IV级四个级别，其中打分标准拟定为：I级、II级、III级、IV级分别对应1分、0.75分、0.5分、0.25分。最终综合评判标准为：I级≥0.8分，0.6分≤II级<0.8分，0.3分≤III级<0.6分。

为使评分结果更具可信性。以下评估表格，由施工单位组织，各方参加，最后道路、铁路、轨道交通既有线的安全等级、监控保护等级评定由建设单位结合各单位意见给出最终评定结果。周边道路、铁路、轨道交通既有线具体评价填表格式见表3.2-50。

5. 周边桥梁安全风险等级评估标准及流程

桥梁是为车辆行人等跨越江河湖海以及道路沟壑等障碍，从而顺利通行的架空建筑物。桥梁一般由上部结构、下部结构和附属构造物组成，上部指主要承重结构和桥面系；下部结构包括桥台、桥墩和基础；附属构造物则指桥头搭板、锥形护坡、护岸、导流工程等。

（1）桥梁只要有一段在设定的监控范围内，即规定其位于监控范围内。

（2）对所有位于监控范围内的周边桥梁进行列表统计。

（3）对监控范围内的桥梁重要性等级进行评价。

根据桥上公路等级，以及破坏后是否会引起严重后果，经济上是否会造成重大损失，国防产生上特别重要的桥梁等因素进行分级。参考《公路桥涵设计通用规范》（JTG D60—2004）、《城市桥梁抗震设计规范》（CJJ 166—2011）及《公路桥梁抗震设计规范》

(JTJ 004—89)后，综合分级如下。

表 3.2 - 50　　　　　　　监控对象（周边道路、铁路、轨道交通既有线）

安全风险等级评估表（样表）

道路名称	××				道路编号	1
参与单位	1. 建设单位： 2. 设计单位： 3. 施工单位：			4. 监理单位： 5. 风险咨询单位： 6. 其他单位：		
编制人（单位）	××				编制日期	××
影响要素 　　　　过程	道路重要性 等级	基坑（隧道） 接近程度	道路路面 结构类型	道路路基 地质条件	道路设计 荷载	基坑（隧道） 本体安全风险等级
各要素等级 评定结果						
各要素权重 计算结果						
安全风险等级 计算结果						
照片及资料	道路实际位置图			道路基本属性描述		

Ⅰ级：为地铁既有线、铁路上的一般桥梁和高速公路、一级公路上的抗震重点桥梁。

Ⅱ级：为高速公路、一级公路上的一般桥梁和二级公路上的抗震重点桥梁。

Ⅲ级：为二级公路上的一般桥梁和三级工路上的抗震重点桥梁。

Ⅳ级：为三级公路上的一般桥梁和四级公路上的抗震重点桥梁。

对影响范围内桥梁距基坑（盾构）区间的远近进行分类统计。根据距离远近确定安全风险系数大小。

（4）对桥梁单孔跨径进行分类统计。作为受地铁建设影响的一类建筑物，桥涵的受影响程度与桥梁总长关系不大，而单孔跨径直接影响到桥梁支撑部分受力的大小及其基础的规模和型式。因此，参考《公路桥涵设计通用规范》（JTG D60—2004）规定中划分桥梁等级大小的方法。将桥梁仅按单孔跨径分级，并将最末一级的涵洞与小桥合并。

Ⅰ级：单孔跨径 $L_k > 150\text{m}$。

Ⅱ级：单孔跨径 $40\text{m} \leqslant L_k \leqslant 150\text{m}$。

Ⅲ级：单孔跨径 $20\text{m} \leqslant L_k < 40\text{m}$。

Ⅳ级：单孔跨径 $L_k < 20\text{m}$。

（5）对桥梁的结构型式及特点进行分类统计，参考《北京市轨道交通工程建设监控量测控制指标参考资料汇编》。

Ⅰ级：城市轨道交通整体道床桥梁。

Ⅱ级：铁路桥梁、城市高架桥、立交桥主桥连续箱梁。

Ⅲ级：立交桥主桥简支 T 梁、异形板、立交桥匝道桥。

Ⅳ级：人行天桥及其他一般桥梁。

（6）依据以上几点，负责统计工作的单位应对桥梁总体安全风险分级进行综合评价打分。具体打分方法为将各分类进行权重排行。将各影响要素分列表示如下：

1）桥梁重要性等级（QLZY）。

2）基坑（隧道）本体安全风险等级（JZBT）。

3）基坑（隧道）接近程度等级（JZJJ）。

4）桥梁结构型式等级（QLJG）。

5）桥梁单孔跨径种类等级（QLDK）。

6）地质条件等级（DZTJ）。

（7）采用模糊层次分析法中的九标度矩阵，通过专家打分法综合评判以上各影响要素的重要性权重大小。各影响要素权重两两判断矩阵见表 3.2－51。

表 3.2－51　　　　　　　　各影响要素权重两两判断矩阵表

要素	1 QLZY	2 JZBT	3 JZJJ	4 QLJG	5 QLDK	6 DZTJ
1 QLZY	a_{11}	a_{12}	a_{13}	a_{14}	a_{15}	a_{16}
2 JZBT	a_{21}	a_{22}	a_{23}	a_{24}	a_{25}	a_{26}
3 JZJJ	a_{31}	a_{32}	a_{33}	a_{34}	a_{35}	a_{36}
4 QLJG	a_{41}	a_{42}	a_{43}	a_{44}	a_{45}	a_{46}
5 QLDK	a_{51}	a_{52}	a_{53}	a_{54}	a_{55}	a_{56}
6 DZTJ	a_{61}	a_{62}	a_{63}	a_{64}	a_{65}	a_{66}

（8）通过专家调查法及层次分析法将各影响因素的权重计算分配如下：

1）桥梁重要性等级权重为 0.3。

2）距基坑（隧道）接近程度权重为 0.3。

3）基坑（隧道）本体安全风险等级权重为 0.1。

4）桥梁结构型式权重为 0.1。

5）桥梁单孔跨径等级权重为 0.1。

6）地质条件等级权重为 0.1。

周边桥梁安全保护等级影响要素参考分级标准见表 3.2－52。

表 3.2－52　　　　　　周边桥梁安全保护等级影响要素参考分级标准

影响要素	情　况　描　述	参考分级标准
桥梁重要性等级	高速公路和一级公路上的抗震重点工程	Ⅰ级
	高速公路、一级公路的一般工程、二级公路的抗震重点工程	Ⅱ级
	二级公路上的一般工程和三级工程上的抗震重点工程	Ⅲ级
	三级公路上的一般工程和四级公路上的抗震重点工程	Ⅳ级

续表

影响要素	情 况 描 述	参考分级标准
基坑本体安全风险等级	基坑开挖深度＞25m	Ⅰ级
	15m＜基坑开挖深度＜25m	Ⅱ级
	5m＜基坑开挖深度＜15m	Ⅲ级
	基坑开挖深度＜5m	Ⅳ级
盾构本体安全风险等级	较长范围处于非常接近状态的并行或交叠盾构隧道	Ⅰ级
	盾构区间的联络通道	Ⅱ级
	盾构始发到达区段	Ⅱ级
	一般的盾构法区间	Ⅲ级
基坑接近程度等级	很接近（＜0.7H）	Ⅰ级
	接近（0.7H～1.0H）	Ⅱ级
	较接近（1.0H～2.0H）	Ⅲ级
	不接近（＞2.0H）	Ⅳ级
盾构区间接近程度等级	很接近（＜0.3D）	Ⅰ级
	接近（0.3D～0.7D）	Ⅱ级
	较接近（0.7D～1.0D）	Ⅲ级
	不接近（＞1.0D）	Ⅳ级
地质条件	软土地质	Ⅰ级
	砂性地质	Ⅱ级
	软岩地质	Ⅲ级
	硬岩地质	Ⅳ级
桥梁单孔跨径	L_k＞150m	Ⅰ级
	40m≤L_k≤150m	Ⅱ级
	20m＜L_k≤40m	Ⅲ级
	L_k＜20m	Ⅳ级
桥梁结构型式	城市轨道交通整体道床桥梁	Ⅰ级
	铁路桥梁、城市高架桥、立交桥主桥连续箱梁	Ⅱ级
	立交桥主桥简支 T 梁、异形板、立交桥匝道桥	Ⅲ级
	人行天桥及其他一般桥梁	Ⅳ级

（9）综合评估。依据模糊综合层次分析法，结合打分计算结果，对桥梁监控对象安全风险等级进行综合评定，共分为Ⅰ级、Ⅱ级、Ⅲ级、Ⅳ级四个级别，其中打分标准拟定为：Ⅰ级、Ⅱ级、Ⅲ级、Ⅳ级分别对应1分、0.75分、0.5分、0.25分。最终综合评判标准为：Ⅰ级≥0.8分，0.6分≤Ⅱ级＜0.8分，0.3分≤Ⅲ级＜0.6分。

为使评分结果更具可信性。以下评估表格，由施工单位组织，各方参加，最后周边桥梁的安全等级、监控保护等级评定由建设单位结合各单位意见给出最终评定结果。周边桥梁监控对象具体评价填表格式见表3.2-53。

表 3.2－53　　　　　　监控对象（周边桥梁）安全风险等级综合评估表（样表）

桥梁名称	×××桥梁				桥梁编号	1
参与单位	1. 建设单位： 2. 设计单位： 3. 施工单位：			4. 监理单位： 5. 风险咨询单位： 6. 其他单位：		
编制人（单位）					编制日期	
过程 ＼ 影响要素	桥梁重要性等级	地质条件	接近程度等级	桥梁跨径	桥梁结构型式	基坑/隧道本体安全风险等级
各要素等级评定结果						
各要素权重计算结果						
安全风险等级计算结果						
照片及资料	桥梁实际位置图			桥梁基本属性描述		

3.2.5.5　邻近建（构）筑物和重要管线、道路、桥梁安全风险控制措施

针对重大风险等级（Ⅰ级、Ⅱ级）的周边环境监控对象，应采取严格的风险控制措施，一般风险对象也应采取一定保护措施。具体措施的制定应该根据周边工程本体的施工特点进行综合确定。

1. 建筑物安全风险控制要点

（1）施工中，对于在隧道附近的建筑物，制定严密的专业监测方案，在整个施工过程中，对建筑物的沉降、偏移等进行监测，根据监测结果，对变形超出规范要求的管线及建筑物采取必要的措施对变形加以控制。

（2）重点保护的建筑物周围布置跟踪注浆管，加强对这些建筑物的沉降变形观测，加密观测的点位，增加监测的频率，建立日报制度，及时通过安全监控信息平台上传监测信息，超出变形预控要求立即跟踪注浆，减小建筑物变形确保其安全。

（3）施工前编制建筑物专项保护应急方案并报专家评审，一旦发生险情，立即组织抢险。

（4）加强施工管理，严格控制施工程序，防止因施工不当而产生对周边建筑物不良影响的现象发生。要严格按照施工组织设计要求及建筑物专项保护应急方案进行施工，当建筑物下沉速率较快，变形量较大超过规范允许值时立即停止施工，查明原因并采取有力措施后方可继续施工。

（5）加强建筑物变形监测分析，加强地表沉降监测反馈指导施工；严格控制掘进参数，做好土压控制，减少地层损失，控制地表沉降。

（6）对深桩基础的高大建筑物隧道通过时严格控制掘进速度，同时加强监控，保证注浆质量。

（7）以建筑物调查结果和量测结果为基础，对施工前和施工初期施工引起的地层沉降及其对建筑物的影响进行精确预测。对地表沉降和建筑物变形进行严密监测，对所有受影响的建筑物进行布点监测，对楼房再增加倾斜监测，并及时分析反馈。同时利用实测数据进一步修正完善地表沉降和建筑物变形的预测结果，对可能引起有害变形的建筑物作出早期预警并制订应急措施，确定备用方案的实施与否。

（8）在施工期间严格控制隧道出土量，减少地层损失，及时进行同步注浆及二次注浆，减少地层变形。

2. 管线安全风险控制要点

（1）收集施工影响范围内的所有管线图纸和管线竣工资料，确定需要保护的管线，制定相关应急预案及保护方案，报监理工程师备案。

（2）当施工中遇见未知管线时，宜到现场进行人工挖槽探测，及时向业主及监理汇报；必要时，应在业主的指导下，积极与管线产权或管理单位联系，确立管线保护和处理方案。

（3）工程施工前，确定管线保护专职人员负责本工程管线的监护和保护工作，组织成管线监护体系，严格按照审定批准的施工组织设计和管线产权或管理单位认定的保护技术措施的要求落实，并在现场设置必要的安全标志牌。

（4）工程实施前，应查清各类管线的允许变形量。对受施工影响的地下管线设置若干数量的沉降测点，工程实施时，应定期观测管线的沉降量，及时报告沉降预警。

（5）定期检查管线保护措施和落实情况，研究施工中出现的新情况、新问题，及时采取措施完善保护方案。

（6）合理选择盾构施工参数，严格控制开挖地层变形值在管线允许变形范围内。

3. 道路安全风险控制要点

（1）针对邻近道路下方管线、地下结构距基坑（隧道）距离、深度等情况进行详细勘察。

（2）根据邻近道路现状、地层情况应对沉降能力进行评估。

（3）根据道路的邻近等级及其现状调查与评估结论，确定地铁施工对邻近道路影响的风险等级。

（4）加强施工全过程控制，合理确定道路变形控制标准，加强道路变形监测。

（5）制定专项应急预案。

4. 桥梁安全风险控制要点

（1）根据邻近桥梁与地铁结构的空间位置关系与基础型式，划分出地铁与桥梁的邻近等级。

（2）根据桥梁的邻近等级、重要性、使用年限确定是否对桥梁结构进行评估及评估深度。

（3）对邻近桥梁的现状、邻近桥梁抵抗附加沉降和附加荷载的能力进行评估。

（4）根据桥梁的邻近等级及其现状调查与评估结论，确定地铁施工对邻近桥梁影响的风险等级；同时综合考虑地铁结构跨度与施工方法、工程地质、水文地质条件等因素对邻近桥梁风险等级进行修正。

（5）对邻近桥梁进行风险等级划分，以制定桥梁沉降标准、防护和加固措施。

1）风险等级"很大"。

（a）先对邻近桥梁进行加固处理，后施工。可以采用桥梁桩基托换、地层注浆、隔离桩等措施。

（b）对施工方案、施工进度等进行优化。增加开挖分段数量、特别是减少轻轨桥墩附近土方开挖的平面分段尺寸，并及时支护，做到"分层、分步、对称、平衡、限时"五个要点，加强全过程控制。

（c）合理确定桥墩位移变形控制标准。由仿真计算分析得知桥墩不均匀沉降和桥墩水平位移对轨道变形影响，根据相关规范规定确定预报警指标；加强监控量测工作，并进行工后安全性评估。

（d）制定专项应急预案，定期进行应急演练。

2）风险等级"大"。先加固处理，后施工。应对施工方案、施工进度等进行检查和完善，加强量测监控。

3）风险等级"一般"。可根据需要边施工、边加固，并进行施工过程量测监控。

4）风险等级"小"。进行施工过程量测监控，一般不需要采取加固措施。

3.2.6 征地、拆迁、管线迁改、交通疏解风险分析及控制措施

3.2.6.1 征地、拆迁风险分析及控制措施

1. 征地、拆迁风险分析

（1）征地、拆迁风险因素辨识。

1）征迁的性质。征迁是否能增加社会整体福利，是否能顾及到绝大部分征迁户的利益，是衡量征迁是否属于公益性质的重要标准。然而近年来往往出现征迁后政府和开发商等私企得到了丰厚的资金回报，征迁范围内的房价、生活成本等出现了大幅度的上涨，导致被征迁群众生活水平相对下降。这势必会引起被征迁人的不满，容易引起征迁风险。

2）社会因素。征迁应该考虑到当地的风俗习惯。需要顾及到征迁区域内外群众的感受，如部分征地项目完成后，在原址建成高档住宅，与周边破旧房屋形成了鲜明的对比，容易引起生活质量相对下降的征迁户心理失衡。另外，某些新征迁项目补偿标准制定不科学，会对以前其他项目被征迁群众产生不良影响，容易引起他们心理失衡，这也是导致风险形成的因素。

3）工程因素。征迁施工应该避免安全隐患，防止施工中意外事故的发生。在安全施工的同时，还应充分考虑到施工引起周围群众的生产生活的不便，应该采取一些临时的措施，尽量为周边群众创造便利。另外，在可能的情况下，施工工期应该缩短，早日恢复周边群众生产生活条件。

4）管理因素。管理有计划、组织、指挥、协调、控制五大职能，好的管理构架能大大降低征迁中的风险。征迁工作牵涉到建设单位、政府、拆迁人、拆迁公司、被征迁人等多方。从管理角度来看，必须要合理配置各方职能，相关人员应各司其职认真担负起应该担负的责任，同时还须按照计划、有组织协调好各方，形成一个有机整体，逐步推进征迁

工作。

5）制度因素。当前的征迁相关制度或多或少存在一些缺陷，征迁中犯罪数量逐步上升正是其写照之一。征迁补偿、安置一直都是社会各界关注的焦点，也是一项涉及被征迁群众切身利益民生工作。当前随着征迁项目的增多，部分领导干部把征迁款项当成了"唐僧肉"，挖空心思寻找漏洞"咬一口"。

征迁制度缺陷表现在三个方面：一是补偿结算程序不完善，监督机制缺位；二是征迁项目发包不规范，容易导致暗箱操作，诱发犯罪；三是政策不规范，导致补偿标准不一、保障措施不配套、操作不规范。这些存在缺陷的政策在施行中往往就会引起被征迁人等各方的不满，易导致社会事件的发生。

（2）征地、拆迁风险分级。

征地拆迁风险分级，由征地拆迁制度、征地拆迁的管理、征地拆迁地周边的社会因素、征地拆迁工程措施等因素确定。具体因素采用定性划分和定量指标两种方法综合确定。综合各种因素后，建议将施工单位的征地、拆迁风险分为四个等级。

（3）征地、拆迁风险分析。根据征地、拆迁风险评估经验和研究成果，可以采用事故树法、层次分析法、WBS—RBS 法对征地、拆迁过程中的风险进行分析，具体的分析过程可以参考基坑工程风险分析。

（4）征地、拆迁风险评价。根据制定的征地、拆迁风险分级标准和接受准则，对征地、拆迁风险进行等级分析、危害性评定和风险排序的过程，给出征地、拆迁工作中的安全风险总体等级。

2．征地、拆迁风险控制措施

（1）依法征迁，维护被征迁群众利益。土地房屋是群众安生立命的财产，关系到他们的切身利益，如果人为自由处理、无章可循的话，就极易引发社会矛盾，造成社会不稳定的风险。所以在征迁中，必须严格依法依程序办事，才能尽最大可能避免人为因素引起的风险，依法征迁体现在以下几个方面。

一是依法制定工作方案。征迁是社会敏感问题，对于每个相关项目，都要以法律为依据，制定切实可行的方案，作为征迁工作顺利进行实施的依据。征地拆迁的相关法律，如《中华人民共和国土地管理法》《中华人民共和国森林法》、所在地区的土地管理条例或者土地管理法实施细则、地方征地拆迁相关条例等都应该考虑进来。

二是依规定流程办事。依据规定流程办事，可以明晰工作思路，让参与征地者知道在什么时间该做什么事情，怎么做，由谁来做，使上下认识一致、思路清晰，可提高工作效率，促进征迁工作的快速有序推进。另外依规程进行征迁，可以明确出现问题由谁来负责、负何种责任。各司其职有利于大大降低征迁工作中的风险。

三是依法确定补偿标准、安置对象，合法同时兼顾社会公平。如征用耕地补偿标准应该结合其所在地区耕地前三年平均年产值来确定，并且应该以不降低被征地群众生活水平为准绳，做好被征地农民社会保障工作。但是现实中，征地补偿款往往无法满足社会保障所需资金，这时，各级政府应该从维护社会公平的角度，调配既有的土地出让金，或从其他渠道多方筹资，做好被征地农民社会保障工作，维护被征地群众的长远生计问题。

（2）领导到位。有力的领导，是征地拆迁工作顺利进行、减小风险实现概率的条件之一。征迁涉及面广，情况复杂，领导无力就可能会导致盲目无序的征迁，且容易引起征迁人与被征迁人之间的矛盾。具体应该由县、市级领导牵头，从各相关的部门和下一级政府抽调，成立征地组、拆迁组、宣传组、治安组、征迁安置与遗留问题处理组、监督组等，将贯穿于征迁前后的各阶段的任务进行分解，强化工作责任，防止组织松散酿成风险。

（3）大力宣传，获取群众理解。征迁是一项政策性非常强的工作，加大法律、法规和政策的宣传力度。让群众正确理解和掌握征迁相关的政策法规，正确理性对待工作中出现的矛盾，对避免征迁中的风险十分有必要。在每个征迁项目实施前，征迁人应该召开动员大会，向被征迁住户宣传本次征迁的必要性与意义，并讲明群众最关心的迁建安置补偿等一系列政策，让他们理解并支持项目。对参与征迁的基层党员与村干部进行相关政策的培训，利用他们的影响作用，提高征迁范围内群众的政策法律素质。对以前征地常出现的问题要提早制定应对方法，问题出现时要有针对性、耐心细致地解释说明，让群众拥有合法的知情权，让他们理解、放心、主动搬迁。

（4）公平公正对待。一视同仁对待每一位被征迁群众，可以有效缓解矛盾，避免征迁中风险的发生。要做到公平公正，应注意以下四点。

一是公布征迁政策。特别是补偿安置政策、依据、标准，把这些群众关心的事项印制成册，发放到每个被征迁户手中，尽量让每个征迁户以政策法规为准绳，自发地要求公平对待。

二是对每个被征迁户的土地、房屋、附着物设施的情况予以公开公布。由政府组织或者由被征迁户共同推选或者随机选取专业人员对范围内的征迁对象进行丈量、评估，并且丈量与评估的结果要得到被征迁户的签字认可。在丈量、估价结束以后，要对征迁户的姓名、房屋性质、面积与附属物的情况逐一登记并在征迁范围内进行公示。

三是公开补偿、安置的操作程序。在选择补偿、安置方式上应该尽可能让被征迁户自己选择。在安置房、生产用地、安置地点的选择等难点问题上，可以通过抽签的方式进行确定，尽量避免被征迁户相互比较而产生受到非公平对待的心理。

四是要对涉及征迁户切身利益的事项进行全程监督。对于群众来信来访等问题，对违法乱纪的案件要及时进行处理，具体可以从财政、审计、检察等部门组织临时监督检查小组进行全程监督。另外要尽量引入第三方咨询审计机构，对征迁全程进行跟踪审计，最大限度地减少因征迁补偿、安置不公平引起的风险。征迁牵涉面广、影响深远，容易引发社会动荡，通过风险评估，能尽早预知未来存在的风险。十分有必要将该项工作纳入征迁制度中，做到不评估、不决策、不出台、不实施。对评估的结果应该认证落实，存在风险的征迁应该立即中止或者待外部条件成熟时再行考虑。风险评估单位应该树立全局观念，正确处理好与其余各部门的关系，认真履行职责，配合协作征迁工作，共同维护社会稳定。

3.2.6.2 管线改迁风险分析及控制措施

管线改迁在地铁建设中具有相当重要的一方面，但常易被人忽视。地铁建设的管线改迁具有以下特点。

1）由于地铁工程线长、面广、点多，沿地铁线路各工点均可能涉及管线，改迁范围广。

2）专业种类齐全，产权单位众多。凡是城市生活所必需的各类管线在地铁建设中均会涉及。据 2014 年住房城乡建设部城市建设司有关资料显示，我国城市地下管线种类繁多，包括供水、排水、燃气、热力、电力、通信、广播电视、工业等 8 类 20 余种管线；管理体制和权属复杂，涉及政府 30 多个部门。

3）管线改迁社会牵涉面广、制约因素多、协调工作量大。管线改迁涉及众多产权单位或有关专业单位，形成众多接口，所属行业垄断、专业复杂、互相影响。再一方面由于管线综合方案涉及市政远期规划和多方产权单位的诸多利益，需要平衡多方需求，而且管线综合方案涉及供水、排水、燃气、电力、通信等专业，专业跨度大，各方需求协调工作量更是加大。地铁建设中涉及的管线改迁，基本均占用现有城市道路地下空间，也可理解属改造工程，其复杂性远高于新建项目。

4）时间跨度长。管线改迁基本贯穿地铁建设始终，包括地铁车站主体施工阶段、附属施工阶段、管线恢复（回迁）阶段等。从地铁全线建设情况来看，管线改迁的时间必须与地铁结构施工各阶段统筹实施，时间跨度等同地铁建设实施阶段，一般达 4～5 年。

5）周边环境复杂、限制条件多。现有城市经过多年的建设，尤其经过改革开放多年迅速发展，其周边建筑密集，管线设施众多。不但如此，有些城市规划远远落后于城市发展，道路狭窄，挤占城市现有道路资源，可供管线改迁的空间狭小。许多地下资料因年久缺失、物探困难，直接影响了管线改迁方案的正确性。

6）管线保护要求高，风险大。燃气、电力等都是高危管线，以及给排水采用的承插管口链接对沉降非常敏感，较易发生事故。尤其近些年有关管道（线）安全事故频发，对管道（线）保护的安全措施需得到确切保证，相应的要求也会提高。

地铁管线改迁工程的基本方法包括永久改迁、临时改迁（临时截断、临时废除）、原位（支托或悬吊）保护等。

1）永久改迁。将影响地铁施工的管线按照城市规划一次性改迁到位，或在原位无法回迁或恢复进行一次永久迁改到位。

2）临时改迁。为了确保地铁施工，临时将管线改移到施工区外或者有条件临时截断、临时废除，待地铁结构阶段或整体施工完成后，将临迁管线再按规划要求进行回迁或恢复。

3）原位保护。受现有或规划周边条件限制，不能进行管线改迁或改迁成本较高等因素影响时，为保证地铁施工又能不影响管线正常运营和维护，一般将管线在原管位（或附近）采用支托或悬吊的方式保护起来。当然，对于既有承插口的管道一般需换成钢管才能进行支托或悬吊。

1. 管线改迁风险分析

现在城市地下分布着各种各样的管线，如市政管网类（热力、自来水、天然气、污水管道等）、电力管线、弱电类（广电、联通、移动和电信等）。这些管线的存在对地铁建设造成了一定的影响。在地铁建设当中若对这些管线的迁改不合理，将给整个地铁的建设造成极大影响。

（1）管线改迁风险因素识别。

1）管线探测不够详细。在地铁建设初期，要对地铁施工影响范围内的各种管线进行认真、详细的探测。但是在现在的地铁建设当中，有些施工单位为了加快勘测进度，对地铁施工范围内的管线勘测不清晰，位置勘定不正确。在某市地铁1号线地铁管线改迁过程中由于对部分自来水管道漏勘，在地铁管线改迁过程中造成自来水供水管道破裂，严重影响了市民的正常生活并造成地铁施工在一定时间内不能正常进行。在某市地铁2号线建设过程中由于对公路下的通信光缆位置勘测不准确，造成在管线迁改施工过程中通信光缆被机械挖断。

2）管线迁改施工图纸设计不合理。管线迁改施工设计是根据详细的管线勘测图纸和相关的地铁建设图纸，对地铁建设范围内的各种管线的迁改施工进行施工图纸设计。地铁建设中管线改迁的施工图纸是决定各种管线改迁先后顺序和施工方法的重要依据，只有对管线迁改图纸进行合理科学的设计才能保证管线迁改的安全、高效进行。从某市地铁1号、2号和4号线的管线迁改过程可以看出，在地铁管线施工图纸设计上存在着管线设计缺少统筹性、管线迁改图纸设计过于简单、对一些重点的施工工序标注不清、管线施工设计图纸缺乏经济评价等问题。

3）缺少应有的现状核实。现状核实是管线迁改相关施工单位在进行施工之前根据相关的勘探图纸和施工图纸选择勘测点进行开挖，通过实地的开挖状况核实勘测图纸和施工图纸是否正确。但是通过对地铁建设中管线迁改的分析可以看出，在管线迁改的施工之前有40％的施工单位没有进行应有的管线现状核实或者管线现状核实不够详细。在部分市地铁建设管线迁改中由于现状核实存在问题而影响施工进度的占到35％。

4）管线迁改施工中监管不到位。在地铁建设当中任何一项工程的进行都应该有相关的监理单位进行及时的监管。只有监管工作进行得及时才能及时发现施工中的错误，减少工程建设中的问题。在管线迁改过程中同样需要及时、到位的监管。但是往往在管线迁改的实际施工过程中存在着施工和监管不同步、监管人员缺乏、监管制度不到位等现象。由于监管不到位造成在管线施工过程中存在着施工不按照相关图纸进行、技术上达不到相关要求等问题。

5）原地保护使用较少，方案合理性差。原地保护是局部困难管线迁改施工中的一项重要的管线迁改技术，能够在很大程度上提升施工效率和降低施工成本。但是从地铁建设的整体情况看，在管线迁改的原地保护方面存在使用较少和与原地保护方案合理性低的问题。由于原地保护应用较少，在地铁施工当中困难地段的施工效率明显低于平均水平，同时工程成本也大幅度增加。

（2）管线改迁风险分级。管线改迁风险分级，由管线探测、管线迁改设计图纸的合理性、现状核实、原地保护方案合理性等因素确定。具体因素采用定性划分和定量指标两种方法综合确定。综合各种因素后，建议将管线改迁风险分为四个等级。

（3）管线改迁风险分析。根据管线改迁风险评估经验和研究成果，可以采用事故树法、层次分析法、WBS—RBS法对管线改迁过程中的风险进行分析，具体的分析过程可以参考基坑工程风险分析。

（4）管线改迁风险评价。根据制定的管线改迁风险分级标准和接受准则，对管线改迁风险进行等级分析、危害性评定和风险排序，给出管线改迁工作中的安全风险总体等级。

2. 管线改迁风险控制措施

目前针对地铁基坑工程施工区域内的市政管线，通常采取改迁、悬吊、局部断开封堵三种方式进行处理，管线改迁的范围、改迁设计方案、复杂危险位置的特殊强化措施、悬吊与改迁的取舍，都是有效降低市政管线对地铁基坑的风险的重要因素。

（1）合理确定改迁管线的范围与设计方案。

1）统筹考虑市政管线的改迁范围与安全距离在地铁工程的总体筹划中，通常出现只是将直接影响地铁基坑施工工作面的市政管线进行改迁，而在基坑（围护结构）边界之外的管线一般都不做改迁；或是为了减小改迁工程量，而将新建管道设置于距离基坑较近的位置。与电力、通信等柔性管线不同的是，大直径的排水管、给水管以及燃气管道本身的抗扰动能力差，土体沉降和变化极易引起管道破裂，一旦管道破裂将导致大量涌水、气体泄漏爆炸。对于此类距离基坑围护结构过近的既有管道，应统筹考虑工程造价、工期和安全风险各个因素，确定其改迁的必要性和改迁距离。

（a）在工程初步设计阶段，设计方和建设方应通过管道现状的详细调查，结合地质条件的好坏，客观研判其对基坑施工可能产生的潜在威胁，对于风险较高的燃气管道和大直径给排水管道，即使不在基坑施工边界内，如场地条件允许，也应尽量进行改迁。

（b）基坑施工过程中，场地内大型机械作业将产生局部重载、基坑周边将出现土体沉降与失水；另一方面，为了应对基坑变形失稳险情，通常需要在围护结构外侧进行地层加固和注浆补偿。这些因素对周边距离较近的管道将会产生严重影响，故改迁后的新建管道应尽量远离基坑，降低破坏风险，且保证有足够的空间作为基坑应急处理的工作面。如场地条件允许，给排水管道应保证 5～10m 的安全距离，柔性管道和燃气管道应按照市政道路下方管道标准进行管材选用和包封、套管保护。

（c）大型城市的老城区，存在大量老旧管道，由于当时不规范的施工与环境侵蚀等原因，造成管道破损情况严重，给排水管道长期渗漏、电力电缆无套管保护、金属管道锈蚀等现象都普遍存在且情况严重。这些管道虽不直接影响地铁基坑作业面，但仍是威胁工程安全的一个重大隐患，应尽量在基坑施工前进行改迁或者改造；从市政建设统筹角度考虑，利用地铁工程的契机同步实施改造，既减少了安全风险，也避免今后重复施工和路面反复开挖带来的扰民影响。

2）有限空间内合理安排管线布置。由于地铁施工区域往往位于密集城区，施工场地受限，个别区域中可供迁改后的管线使用的空间极其有限，当同一位置需要布置多种管线时，既要保证各种管道之间安全距离，又要考虑管道施工时的工作空间需要，需要根据现场实际条件进行精细设计。

（2）不良地质条件下的改迁管线特殊处理。在不良地质条件下施工深基坑工程，基坑周边地层发生失水与沉降、围护结构出现变形的可能性明显加大，更容易引发周边管道沉降与破裂，所以，在不良地质条件位置，不能单纯按照正常工况来进行管道改迁设计，而应结合地层地质情况，采取相应的强化措施。

1）不良地质条件下排水井的特殊处理。目前大部分的市政污水、雨水等排水井通常采取底部混凝土基础、砖砌井壁结构型式，两端管头直接穿过砖砌井壁进入井内，接缝使用砂浆封闭。如该排水井位于砂层等较差地层内，一旦出现基坑围护结构渗漏，基坑外地层由于失水而土体压缩产生沉降，而渗漏水也会大量带走小颗粒砂砾土，导致井体周边土体空洞和不均匀沉降；管头与井壁的接口这一薄弱点会出现拉裂，管道内外漏的雨污水又会加剧这一渗漏和沉降的现象，最终导致排水井坍塌断裂。

近几年在地铁车站出入口基坑工程和房建基坑工程中，都曾经出现由于基坑失水变形导致井体破裂，井体长期渗漏水掏空周边土层，最终突然发生井体和地面坍塌的严重事故。故建议在特别差的地层或者距离基坑过近的情况下，排水井应采用扩大基础的钢筋混凝土结构，并且在两端管道接口设置刚性套管连接，提高井体的自稳能力与整体强度。

2）不良地质条件下管沟的特殊处理。目前给排水管道通常在管沟基底采用原土夯实后 200mm 砂垫层或者 100mm 混凝土垫层基础，燃气、电力和通信管道直接为河沙或者石粉渣填充管沟。在容易发生沉降的不良地质条件区段，应在管道铺设前对管沟基底进行适当的地层加固，防止水土流失与地层不均匀沉降导致管道变形和管接口破裂。深圳地区有大量填海区域，地表下 2～6m 范围存在大量抛填片石，如无法进行填石层开挖换填，基坑围护结构施工通常采用冲孔桩施工，冲孔桩机穿越填石层时，将产生巨大的震动和挤压，对周边市政管道产生危害，故在这种情况下，管沟靠基坑侧应设置刚性隔离墙，防止围护结构施工带来的冲击。

3）合理选用管材。给排水管道种类众多，但一直都大量采用混凝土管和球墨铸铁管，这一类管材虽然价格便宜且管体刚度大，但由于承插接头多，防漏性能、防变形能力差，对地层变化反应敏感，基坑施工过程中，大量车辆碾压和土体沉降都极易造成抹缝水泥开裂、密封橡胶圈脱离。

目前很多设计单位在管道改迁设计中已经意识到了这一问题，针对临时改迁的给排水管道会使用焊接钢管来提高管体整体刚性，但由于地铁车站施工受到场地、道路等条件的制约，车站本体基坑与附属结构（出入口、风道）基坑往往需要倒边施工，主体基坑施工完成后，仍会使用传统承插管将管道永久恢复到车站顶板上方，那么在附属结构基坑施工过程中，依然会存在巨大风险。

现在国外工程项目已经大部分淘汰各种承插管口管材，国内地铁项目中管道改迁工程也应大胆使用新技术新材料，采用如 UPVC 缠绕管等抗挠曲强的管材，提高管道本身强度与性能，减轻基坑施工带来的风险。

（3）合理设计管线悬吊方案。对于横向跨越地铁基坑的市政管道，建设方和设计方经常采用基坑上方管道悬吊保护的方案。悬吊管线一旦出现问题，将对地铁基坑造成重大影响，而地铁基坑发生失稳险情，对悬吊管线也将带来严重后果。所以应尽量避免采用管道悬吊，如现场条件限制必须进行悬吊，应注意以下问题。

1）悬吊管道与既有管道接口两端井位尽量远离基坑，尤其是给排水与燃气管道。管道接头这一薄弱点远离基坑，可以有效降低基坑变形、土体沉降带来的影响。

2）应尽量避免使用跨越基坑上方的道路钢便桥作为悬吊梁体，将悬吊管道置于便桥梁体内或者悬吊于下方，道路钢便桥在使用过程中发生的变形和持续震动长时间直接作用于悬吊管道本身，管道极易出现变形、挠曲和接口开裂，导致严重险情和事故。

3）悬吊管线的悬吊梁体应设置独立的承台桩基，不应与围护结构共用，防止因围护结构变形引起悬吊桁架梁体变形，导致悬吊管道受损和失稳。

（4）合理安排管线改迁工程的工期。地铁工程的建设方，需要在工程总体筹划中合理考虑管线改迁工程的工期，应充分认识到地铁涉及的管线改迁工程的难度，针对可能出现的不明和新增管线、原设计方案现场无法实施导致反复研究处理、通信电力等重要线路割接等各种情况，在总体建设时间中为市政管线改迁工程预留出足够的时间，避免因工期紧张而导致工程质量的下降。

（5）基坑施工和设计方应提前介入管线改迁工程。地铁基坑的设计单位和施工单位，应全程介入和参与基坑开工之前的市政管线改迁工程。一方面，可以让基坑工程的参与者清楚改迁后的基坑周边管线走向与位置，以便在施工中针对性采取对应措施；另一方面，可以从地下岩土工程专业的角度，充分提醒与揭示今后基坑施工中可能存在的风险，不断完善管线改迁工程的方案，增强市政管道的安全性。

（6）应高度关注非市政权属的各种用户管道在大中型城市内，由于建设时间较早或者工程报建的缺失，大量用户管道，如接入居民区的给排水管道、电力管道，在市政档案中很可能没有任何记录可查，其管线位置走向、管道质量、目前状态都不明确。在市政管线改迁施工中，应通过和各个管线权属单位的详细沟通与现场走访调查，摸清此类管线的情况，或纳入改迁范围内，或者对其进行专项的保护措施。避免因后续施工造成管道破损，或是成为隐藏的安全威胁。

（7）管道封堵的处理。市政管道改迁或者临时切断后，原状管道断头位置设置的封堵口应远离基坑；对于给水管等有压管道，封堵口应设置反向顶压设施；各种封堵头，应尽量保留一个观察井，以便观察和监测，防止封堵头由于老化、施工震动或者土体沉降导致变形和破裂。

在地铁基坑工程发生的各种险情和事故中，市政管线往往既是受损害一方，又是引发事故的风险源头。目前各地地铁建设中涉及的管线改迁工程，多数由地铁建设方统一组织实施。作为工程建设单位的管理者，应该从基坑工程和市政管线改迁工程两个方面，综合进行风险控制，在总体方案、工程造价、设计方案、施工质量、安全管理等各个方面统筹全面地采取措施，最大程度消除安全隐患，增强基坑与市政管线本身的安全系数。

3.2.6.3　交通疏解风险分析及控制措施

1. 交通疏解风险分析

城市轨道交通建设需要占用道路等原有交通场地，因此需要进行详细的交通疏解设计。轨道交通建设工程量大，建设站点多，建设周期长，占道范围大，且线路经过城市中心区，对于本就处于饱和状态的道路带来了较大的交通压力。轨道交通施工期间的交通影响不仅涉及"点""线"的影响，而且涉及"面"乃至区域性交通的影响，因此分析交通影响程度对于交通组织和管理显得尤为重要。

（1）交通疏解风险因素识别。

1）交通疏解警示标志不清。由于城市轨道交通各工点建设周期较长，因此需要较长时间占用城市道路。合理规范地设置交通疏解警示标志显得尤为重要，并应定期对交通疏解的警示标志进行检查。交通疏解警示标志不清可能会造成交通事故风险，引发不必要的经济损失和人员伤亡。

2）场地围挡未及时设置。交通疏解过程中须及时进行场地围挡设置，若场地围挡未及时设置或设置不规范可能会引发交通事故风险或交通堵塞风险，严重的会引发社会稳定风险。

3）交通疏解设计不合理。城市轨道交通各建设工点一般位于交通拥挤地段，在场地进行分期围挡后，合理地进行交通疏解设计就显得尤为重要，因此城市轨道交通建设期周边道路交通疏解存在设置不合理的风险。

4）树木损失。交通疏解一般会占用道路周边的绿化带，因此存在损坏树木的风险。

（2）交通疏解风险分级。交通疏解风险分级，由交通疏解警示标志、场地围挡设置、交通疏解设计等因素确定。具体因素采用定性划分和定量指标两种方法综合确定。综合各种因素可将交通疏解风险分为四个等级。

（3）交通疏解风险分析。根据交通疏解风险评估经验和研究成果，可以采用事故树法、层次分析法、WBS—RBS法分析交通疏解过程中的风险，具体的分析过程可以参考基坑工程风险分析。

（4）交通疏解风险评价。根据制定的交通疏解风险分级标准和接受准则，对交通疏解风险进行等级分析、危害性评定和风险排序，给出交通疏解工作中的安全风险总体等级。

2. 交通疏解风险控制措施

对于交通疏解，地铁建设中主要采取以下措施。

（1）交通大疏导。在交管部门的支持下，通过设立大量的交通导示牌，利用城市已建成的路网格局，合理分配交通流；另一方面通过限制车辆通行、公交改线等方法，科学地组织交通。

（2）优化完善道路网络。为了配合地铁施工，市政部门通过对道路改造有效地分流交通，增加区域道路网络流量，从而减轻地铁沿线的交通压力。

（3）改造地铁站点周边道路。在交通疏解过程中，会同市政委、交警支队、市容园林局等部门，一站一策，通过对站点周边的建筑物拆迁、道路改造、取消局部绿化带、压缩部分人行道等方法，改造站点周边道路，增加站点的通行能力。

（4）加强交通管理。任何交通疏解方案的实施都需要交通管理措施作为保障，地铁线路在建设过程中，交警部门在地铁沿线增加警力，通过加大执法力度维护道路有效运行秩序，特别是调整主要交叉路口交通组织，可以大大提高通行效率。

（5）优化围挡施工，保证交通畅通。地铁围挡是满足工地安全施工、文明施工的需要。地铁线路设置围挡时通过车站工法的调整，保证十字路口和弯道处的交通；另一方面减小围挡次数，优化交通疏解方案，避免重复围挡对交通造成影响；还应注意减小围挡面积，尽量少占用行车道，在行车范围内将直角围挡改为斜角围挡，确保行车视线。

（6）及时组织树木迁移。交通疏解过程中涉及的一个重要问题就是树木迁移。为保证绿化迁移的成活率，工程人员与市容园林局技术人员研究具体的迁移方案和措施，通过科学安排，结合地铁建设进度，每年9月至次年5月先迁移影响交通疏解、车站主体施工、管线迁改的树木，其余树木再陆续迁移，这样既保证了地铁建设，又保证了树木的成活率。

3.3 重大风险专项分析

针对风险施工准备阶段所评估出重大风险源应从专项设计、专项施工方案审查、专项风险分析及控制等方面进行有效管理。

第3章 施工准备期风险评估实务

3.3.1 重大风险专项设计分析

基于《城市轨道交通工程风险管理规范》（GB 50652—2011）中相关要求，对于重大环境影响风险（Ⅰ级、Ⅱ级）应开展工程建设风险专项设计，编制重大环境影响风险专项设计文件。文件的内容应该主要包括风险分析及评价、工程环境监测控制标准、工程技术措施、环境影响保护设计措施和专项监控量测设计方案等，并满足施工图设计的深度要求。针对Ⅱ级工程自身的风险和Ⅲ级（含）以下的环境影响风险，施工图设计文件中应该包含风险分析评价和专项措施等专项内容，原则上可不再进行专项设计。同时，地下结构自身的风险控制的各项措施和要求在施工设计文件中应予以体现。一般情况下的专项设计文件格式具体如下。

3.3.1.1 施工影响专项分析

一般通过计算，分析及预测工程施工可能对周围环境和设施带来的相关影响。其方法一般可采用数值模拟、反分析、工程类比等方法，预测分析地下工程施工对周边环境所造成的附加荷载和附加变形影响。

1. 车站基坑施工影响分析实例

根据风险源结构类型、保护级别、风险源与新建轨道交通的位置关系、风险源所处环境影响区的地质特点及施工工法等因素，某车站基坑施工期间产生的内力—变形影响如图3.3-1、图3.3-2所示。计算采用理正深基坑6.01版，通过对某基坑西端头井开挖的模拟分析，计算得出结论见表3.3-1。

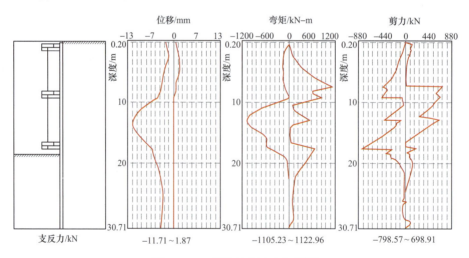

图 3.3-1 围护结构内力包络图

表 3.3-1	支 撑 轴 力
支　撑	轴力最大值/(kN/m)
第1道支撑	620
第2道支撑	4330
第3道支撑	4042

施工影响分析：理论计算的结果显示，基坑水平位移满足规范要求；距基坑17m处地面最大沉降约15mm，满足防护要求。

2. 盾构区间施工影响分析实例

盾构区间下穿建（构）筑物工程，可采用有限元软件进行分析，以便较为准确地得

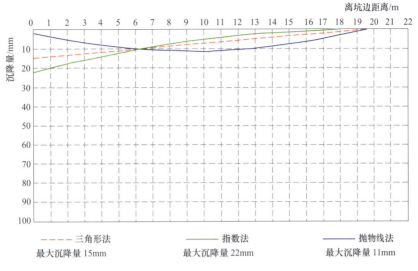

图 3.3 - 2　基坑周围土体沉降图

出相应的变形预测值。可选取 FLAC^{3D} 有限差分计算软件，针对最不利情况进行分析计算。

计算模型的建立方法具体如下。

（1）土体采用摩尔—库仑屈服准则，采用实体单元模拟；管片采用壳单元模拟；土体和隧道衬砌采用平面应变单元模拟；预加固采用提高隧道周边等代层刚度来模拟。

（2）建筑物基础按实际位置和荷载等效为等重量的土层；计算区域为隧道两侧 30m 以外，下方 20m 以外。计算区域左右边界设置水平向连杆，底部边界设置垂直向连杆，上部为自由边界。

✳ **区间隧道下穿某职业学院校门**

某职业学院校门为钢筋混凝土框架结构，高约 10m，门卫为 1 层砖混框架结构，修建年代为 2008 年。图 3.3 - 3 为区间隧道下穿校门及门卫平面图，图 3.3 - 4 为基底跟踪注

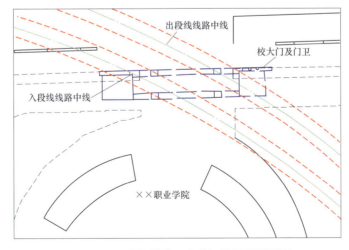

图 3.3 - 3　区间隧道下穿校门及门卫平面图

浆剖面图。基础形式为独立及条形混合基础，基底埋深约为 3m。出入段线区间与基础底面的结构净距分别为 8.508～8.746m 和 8.211～8.459m，穿行距离长约24～25m。

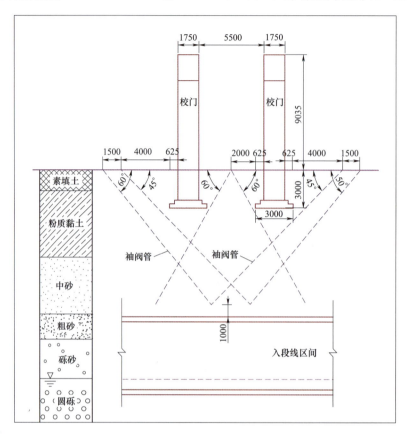

图 3.3－4 基底跟踪注浆剖面图（单位：mm）

《建筑地基基础设计规范》中关于建筑物的地基变形允许值规定：工业与民用建筑框架结构相邻柱基的沉降差不大于 $0.002L$。职业学院校门柱基间距为 9m、18m，因此该建筑物最大允许沉降量为 $0.002 \times 9m = 18mm$；门卫柱基间距为 6.5m，因此该建筑物最大允许沉降量为 $0.002 \times 6.5m = 13mm$。

在未采取任何加固措施时，出入段线先后通过校门和门卫处的地基沉降计算结果如图 3.3－5 所示。

由计算结果可知：校门基础上部结构荷载较大，因此基础沉降较大，约为 20mm；门卫基础沉降约为 9～15mm。

因此，盾构施工前，拟采用"预加固＋基底跟踪注浆"的方式保证盾构安全通过：沿校门和门卫基础外侧钻设 2 排斜向 ϕ60mmPVC 袖阀管，孔距为 1.5m×2.0m（横向×纵向），进行基底预注浆加固地层；另外沿校门和门卫基础外侧钻设 2 排斜向 ϕ60mmPVC 袖阀管，在盾构施工期间根据监测情况进行补偿跟踪注浆。

采取预加固措施后，由以上计算结果可知（图 3.3－6），区间下穿校门造成的最大沉降为 10mm，门卫最大沉降约为 4～8mm，基本满足该建筑物最大允许沉降量要求。

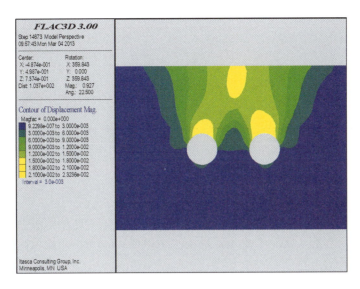

图 3.3 - 5　出入段线开挖后地层竖向位移分布图（单位：mm）

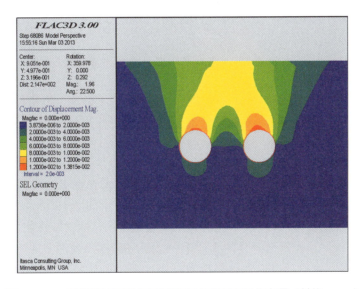

图 3.3 - 6　采取预加固措施后开挖地层竖向位移分布图（单位：mm）

3.3.1.2　工程环境监测控制标准制定

（1）建（构）筑物监控量测控制指标根据建（构）筑物重要性等级，控制指标应包括允许沉降控制值、差异沉降控制值和位移最大速率控制值，对高耸建（构）筑物还应包括倾斜控制值。建（构）筑物控制指标见表 3.3 - 2。

（2）风险工程监控量测。为保证周边环境安全和施工安全，应进行必要的施工监测，并定期向业主及设计、施工和监理人员提供监测资料。当监测显示有不正常情况时，应立即向业主及设计、施工和监理人员报告。

监测项目主要包括：建（构）筑物沉降、倾斜、裂缝；围护结构顶水平位移和竖向位移；支撑轴力；围护结构的变形；地下水位等。

表 3.3 - 2	建（构）筑物控制指标参考值			
重要性等级	允许沉降控制值 /mm	差异沉降控制值 /mm	位移最大速度控制值 /（mm/d）	倾斜控制值
Ⅰ	≤15	≤5	1	≤0.002
Ⅱ	≤20	≤8	1.5	≤0.002
Ⅲ	≤30	≤10	2	≤0.002

注　差异沉降指测点之间的差值，测点间距一般为20m；倾斜指基础倾斜方向建筑物的整体沉降差与其基础长度的比值。

3.3.1.3　工程专项保护技术措施制定

1. 基坑工程保护措施举例

仍以上述基坑为例，本站西端头井基坑宽度为 23.9m，自身风险等级为Ⅱ级。结构外缘距 DN1400 雨水管（埋深 4.04m）最小水平距离 25.8m，环境风险等级为Ⅲ级。采取的保护措施如下。

（1）车站主体标准段基坑保护等级为二级，地面最大沉降量不大于 $0.3\%H$，围护墙最大水平位移不大于 $0.4\%H$ 且不大于 50mm（H 为基坑开挖深度）；端头井基坑保护等级为一级，地面最大沉降量不大于 $0.15\%H$，围护墙最大水平位移不大于 $0.2\%H$ 且不大于 30mm（H 为基坑开挖深度）。

（2）基坑围护结构采用 800mm 厚地下连续墙，端头井沿竖向共设置 3 道钢支撑，标准段沿竖向共设置 3 道钢支撑。

（3）基坑围护结构、地表沉降及相邻管线均应加强施工监测。严格控制地面沉降量和围护结构的水平位移。如监测发现管线变形过大，则进行注浆加固。

2. 盾构工程保护措施举例

同样针对上述例题，拟在区间下穿商铺前，当隧道与基础结构净距小于 8.5m 时采用"隧道拱部预加固＋基底跟踪注浆"的加固方式。隧道拱部预加固的具体做法为：在盾构机通过前，沿区间纵向从地面钻设竖向 ϕ60PVC 袖阀管，间距为 1.5m×1.5m（梅花形布置），通过注浆预加固隧道拱部约 3m 范围内的承载拱土体；袖阀管注浆加固采用水泥浆。图 3.3 - 7 为隧道拱部预加固剖面图，图 3.3 - 8 为区间开挖后地层竖向位移分布图。

当采取预加固措施后，由以上计算结果可知，区间下穿商铺造成的最大沉降为 8～10mm；基本满足该建筑物最大允许沉降量要求。

另外，为了保证施工期间安全，在隧道拱顶预加固后，再在商铺基底下方预设 ϕ60mmPVC 袖阀管，间距为 1.0m×2.0m（横向×纵向），在盾构即将到达或下穿期间，根据监测情况对基础底部的土体进行跟踪注浆加固和抬升注浆。

3.3.2　重大风险专项方案分析

3.3.2.1　专项审查操作手册编制

基于各参建单位所做风险评估报告及评估出的重大风险源，应予以汇总分析，并主要依据地铁工程自身风险等级及其与受施工影响周边环境风险等级分析评判标准入手，依据相关规范标准及评估方法使用的科学性、正确性角度，审核其评估出的重大风险源是否辨识全面、正确并符合要求。施工单位编制重大风险（源）清单并形成手册，作为后续重点

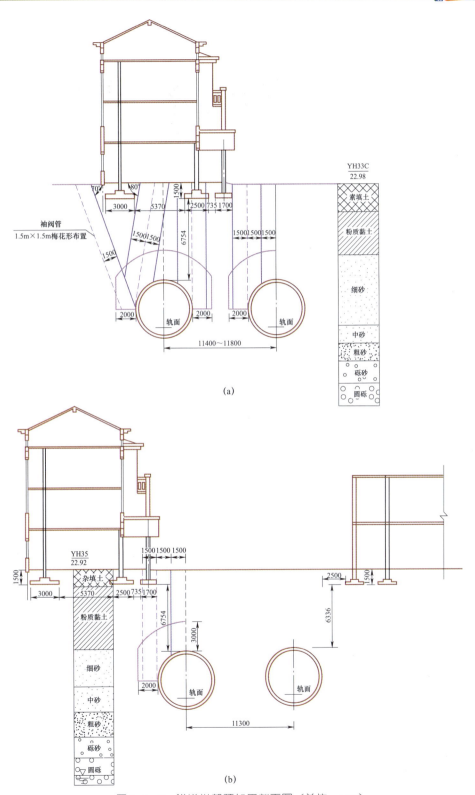

图 3.3-7　隧道拱部预加固剖面图（单位：mm）

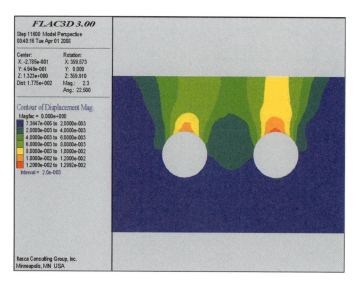

图 3.3-8　区间开挖后地层竖向位移分布图（单位：mm）

风险工点风险管控依据。

3.3.2.2　专项审查要求及标准

1. 基坑工程自身风险等级审查

（1）相关规范要求。基坑工程监测项目的选择与基坑工程的安全等级有关。目前《城市轨道交通地下工程建设风险管理规范》（GB 50652—2011）第 7.3 条针对基坑自身风险作了如下规定：地下工程自身风险是指由于地下工程自身建设要求或施工活动所导致的风险，如深大基坑、大断面隧道等。自身的风险等级主要考虑地质条件、工程埋深、结构特性（地下结构层数、跨度、断面形式、覆土厚度、开挖方法）等风险因素。其相应的条文说明规定对于常见的各类施工方法，对地下工程自身的风险等级评估说明见表 3.3-3。

表 3.3-3　　　　　　　　不同施工方法中地下工程自身的风险等级

风险等级	施工方法	工 程 自 身 风 险	级别说明
Ⅰ级	明挖法 盖挖法	地下四层或深度超过 25m（含 25m）的深基坑	—
Ⅱ级	明挖法 盖挖法	地下三层或深度为 15～25m 的深基坑	对基坑平面复杂、偏压基坑等，风险等级可上调一级
Ⅲ级	明挖法 盖挖法	地下二层或一层或深度为 5～15m 的基坑	
Ⅳ级		基坑深度小于 5m，隧道建设无相互影响的工程	—

注　在工程自身的风险等级基础上，当遇到以下情况时可进行风险等级调整：
　1. 当水文地质和工程地质条件复杂时，风险等级可上调一级。
　2. 当新建城市轨道交通工程采用与工程施工风险有关的新技术、新工艺、新设备、新施工方法时，风险等级可上调或下调一级。
　3. 结合新建城市轨道交通工程建设风险因素识别和分析，可结合具体工程条件调整。

此外，《城市轨道交通工程监测技术规范》（GB 50911—2013）第 3.2 条也对基坑及隧道区间的自身风险等级作了说明：基坑、隧道工程的自身风险等级宜根据支护结构发生变形或破坏、岩土体失稳等的可能性和后果的严重程度，采用工程风险评估的方法确定，也可根据基坑设计深度、隧道埋深和断面尺寸等按表 3.3-4 划分。

表 3.3-4 基坑工程的自身风险等级

工程自身风险等级		等 级 划 分 标 准
基坑工程	一级	设计深度大于或等于 20m 的基坑
	二级	设计深度大于或等于 10m 且小于 20m 的基坑
	三级	设计深度少于 10m 的基坑

（2）分级标准确定。基于规范要求，考虑到基坑本体安全风险等级，主要考虑工程自身条件只与工程本身有关，而目前只有《城市轨道交通地下工程建设风险管理规范》（GB 50652—2011）及最新的《城市轨道交通工程监测技术规范》（GB 50911—2013）就工程本体的安全风险等级进行了分级，其余规范均将考虑周边环境对工程本体的影响同时作为评定基坑工程安全风险等级的标准之一，并没明确两者之间的关系。因此，针对基坑工程自身安全风险等级评定，将主要结合《城市轨道交通地下工程建设风险管理规范》及《城市轨道交通工程监测技术规范》中的相关内容规定，同时结合设计给出的特定工点的风险等级予以综合考虑确定。

2. 隧道工程自身风险等级评判

相对基坑工程，隧道工程目前仅有两部规范就其自身风险等级予以规定。

（1）调研情况。

1）《城市轨道交通地下工程建设风险管理规范》（GB 50652—2011）第 7.3 条：地下工程自身风险是指由于地下工程自身建设要求或施工活动所导致的风险，如深大基坑、大断面隧道等。自身的风险等级主要考虑地质条件、工程埋深、结构特性（地下结构层数、跨度、断面形式、覆土厚度、开挖方法）等风险因素。其相应的条文说明规定如下：本规范对于常见的各类施工方法，对地下工程自身的风险等级评估说明见表 3.3-5。

表 3.3-5 不同施工方法中地下工程自身的风险等级

风险等级	施工方法	工 程 自 身 风 险	级别说明
Ⅰ级	盾构法	较长范围处于非常接近状态的并行或交叠盾构隧道	—
Ⅱ级	盾构法	盾构区间的联络通道	—
		盾构始发到达区段	
Ⅲ级	盾构法	一般的盾构法区间	—

注 在工程自身的风险等级基础上，当遇到以下情况时可进行风险等级调整。
1. 当水文地质和工程地质条件复杂时，风险等级可上调一级。
2. 当新建城市轨道交通工程采用与工程施工风险有关的新技术、新工艺、新设备、新施工方法时，风险等级可上调或下调一级。
3. 结合新建城市轨道交通工程建设风险因素识别和分析。

2）《城市轨道交通工程监测技术规范》（GB 50911—2013）第 3.2 条：基坑、隧道工程的自身风险等级宜根据支护结构发生变形或破坏、岩土体失稳等的可能性和后果的严重程度，采用工程风险评估的方法确定，也可根据基坑设计深度、隧道埋深和断面尺寸等按

表 3.3 - 6 确定。

表 3.3 - 6   隧道工程的自身风险等级

工程自身风险等级		等 级 划 分 标 准
隧道工程	一级	超浅埋深隧道，超大断面隧道
	二级	浅埋隧道，近距离并行或交叠的隧道，盾构始发与接收区段，大断面隧道
	三级	深埋隧道，一般断面隧道

注　1. 超大断面隧道是指开挖面积大于 $100m^2$ 的隧道；大断面隧道是指开挖面积在 $50\sim100m^2$ 的隧道；一般断面隧道是指开挖面积在 $10\sim50m^2$ 的隧道。
　　2. 近距离隧道是指两隧道间距在 1 倍的开挖宽度（或直径）范围内。
　　3. 隧道埋深、浅埋和超浅埋的划分根据施工工法、围岩等级、隧道覆土厚度与开挖宽度（或直径），结合当地工程经验综合确定。

（2）分级标准确定。根据调研情况，目前对于盾构法隧道，仅有《城市轨道交通地下工程建设风险管理规范》（GB 50652—2011）及《城市轨道交通工程监测技术规范》（GB 50911—2013）有关隧道工程本体安全风险等级的分级标准。从两者的内容上分析，监测技术规范中就断面形式进行规定，补充了风险规范中的不足，两者分级标准基本一致，因此可同时参考上述两规范中的相关规定并结合各地实际进行综合等级的确定。

　　3. 工程影响范围、影响程度评判结果审查标准

（1）基坑工程影响范围、影响程度分析要求。不同地质条件、不同深度（不同埋深、跨度）的基坑工程施工对周围土体的扰动情况不同。一般按与基坑相邻的远近，通常分为强烈影响区、显著影响区和一般影响区。当工程周边环境处于影响区范围时，便需进行安全风险监控，且在不同影响区内，对监控对象也相应采用不同的监控手段、监控项目及监控指标等，因此，监控范围基本根据工程的影响范围并综合监控经济性进行综合确定。

　　对于基坑工程施工影响范围及影响程度的分析及判定，按照一些软土地区的经验资料表明：深基坑施工地表沉降影响范围一般为基坑开挖深度的 1.5 倍左右，按地层损失法估算地表最大沉降的大小为基坑围护结构最大侧移的 0.7 倍左右。在基坑土体开挖时，围护结构的变形特征是影响坑周地面沉降的关键。

　　根据调研情况看，国家标准中并未给出一个确定的值，是考虑到了全国各地的地质条件存在差异所致。从所调研各地方规范、规程看，影响范围取值最大的为淤泥质软土地质，为 $4H$ 左右，而对于一般地质条件，取影响范围 $2H$ 为最多。

（2）隧道工程影响范围、影响程度分析。目前，国内外学术界将地层沉降分为三个研究方向：横断面地层沉降、纵断面地层沉降以及水平面地层沉降。通过对大量实际工程观测整理分析、模拟试验以及数值计算的研究，提出了一系列的地层移动公式。这些方法在研究盾构隧道施工对环境影响方面取得了不少有价值的研究成果。

　　1）上海市《地铁工程盾构法隧道施工技术规程》（STB/DQ—010001—2007）第 12.2.5 条：环境监控量测应在施工前进行初始观测，并应从距开挖工作面前方 $H+h$（H 为隧道埋深，h 为隧道高度）距离处开始，直至观测对象稳定时结束。

　　2）上海市《地铁隧道工程盾构施工技术规范》（DGT J08—2041—2008）第 14.2.2 条：线路纵向地表沉降观测点应沿隧道中线按一定间距布设（离出发井 50m 范围内可取

3～5环间距，50m以外可取8～10环间距，横通道上方以通道正投影范围前后再加上 W_m 范围内取3～5环或5m为间距）；横向地表沉降观测断面设置一般50m间距，应按盾构掘进沿线环境保护要求重点设置，观测范围一般不少于隧道中线两侧 W_m（本条中的 W 大于隧道底埋深），测点间距2～5m；对于特殊地段，地表沉降观测断面和观测点的设置应编制专项方案。

3）《北京市轨道交通工程建设风险工程设计指南》中确定了盾构施工的监控范围（图3.3-9），其中Ⅰ区为强烈影响区，Ⅱ区为显著影响区，Ⅲ区为一般影响区。

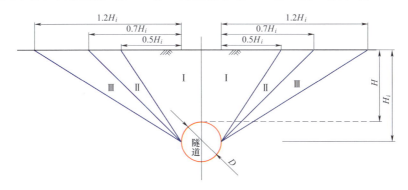

图 3.3-9　盾构隧道掘进影响范围图

4）《城市轨道交通工程监测技术规范》（GB 50911—2013）第3.2.1条、第3.2.3条中规定：工程影响分区可根据基坑、隧道工程施工对围岩的扰动和对周边环境的影响程度划分为强烈、一般和轻微三个影响区域。土质隧道工程影响分区可按表3.3-7进行划分。隧道穿越基岩时，应根据覆盖土层特征、岩石坚硬程度、风化程度及岩体结构域构造等地质条件，综合确定工程风险分区界限。

表 3.3-7　　　　　　　　　　　土质隧道工程影响分区

隧道工程影响分区	区 域 范 围
主要影响区（Ⅰ）	隧道正上方及沉降曲线反弯点范围内
次要影响区（Ⅱ）	隧道沉降曲线反弯点至沉降曲线边缘2.5i处
可能影响区（Ⅲ）	隧道沉降曲线边缘2.5i外

注　i 为隧道地表沉降曲线 Peck 计算公式中的沉降槽宽度系数，单位为 m。

沉降槽宽度系数 i 的计算公式为

$$i = \frac{h+r}{\sqrt{2\pi}\tan\left(45° - \dfrac{\varphi}{2}\right)} \tag{3.3-1}$$

式中：i 为沉降槽宽度系数，取为地表沉降曲线反弯点与原点的距离；φ 为上覆土层的平均内摩擦角；h 为覆盖层厚度；r 为盾构半径。

对于隧道工程施工影响范围计算，上海对软土地区有较明确规定，全国性规范中仅有《城市轨道交通工程监测技术规范》给出了计算公式，因此可主要参照该计算公式将土层特性代入进行计算分析。盾构隧道施工地层横断面沉降曲线如图3.3-10所示。

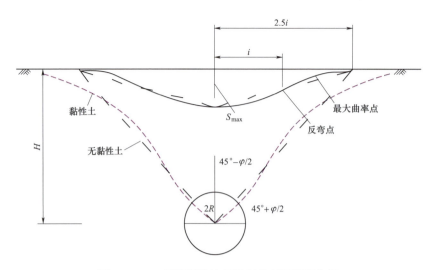

图 3.3 - 10   盾构隧道施工地层横断面沉降曲线

另有《盾构隧道施工手册》第 14.1.1 部分认为，根据大量土压盾构施工监测数据，得出盾构施工引起的土体变形，其纵断面影响范围，在盾构机前方约（$D+h\tan45°$）范围内（h 为地表至盾构底的深度，D 为盾构直径）。在黏性土层，其纵向影响边界为一夹角 45°的斜直线；而在砂土地层，其纵向边界呈一鼻形曲线，深层土体的范围与黏性土相同，而表层土体要小于黏性土。从横向影响范围来看：黏性地层影响范围为隧道轴线两侧（$D/4+h\cot45°$）；砂性地层影响范围要小些，约为（$D/4+h\cot60°$）。

综上所述，针对隧道工程施工影响分区的划分界线应根据地质条件、施工方法特点，并结合实际的工程经验进行调整。

4. 受地铁施工影响周边环境风险等级评判审查标准

工程环境影响风险主要指建设工程活动导致周边区域的建（构）筑物发生影响或破坏，地下工程环境影响的风险等级需根据城市轨道交通地下结构与工程影响区范围内的环境设施的重要性、位置关系、地下结构类型和施工方法等因素划分。可根据周边环境自身重要性等级及受影响程度大小综合判断周边某一管线、某一建筑物的安全风险等级大小，进而分析出其是否为需要监控的重大风险源，将依据如下准则进行综合分析判断。当前《城市轨道交通地下工程风险管理规范》（GB 50652—2011）（以下简称《规范》）就受地铁施工影响周边环境风险等级进行了较明确的划分，可主要依据此规范开展有关风险等级的判断进而分析重大风险源，具体如下。

（1）周边环境重要性等级评判分析。位于城市轨道交通工程影响区域范围内的环境设施，按其重要性可划分为两类：重要设施和一般设施，见表 3.3 - 8。

（2）结合工程影响范围、影响程度的周边环境与工程临近关系分析。轨道交通地下工程与工程影响范围环境设施的相互邻近程度及相互位置关系，考虑到不同地下工程施工方法，分析确定的邻近距离特征及影响特性关系见表 3.3 - 9。

由表 3.3 - 9 分析，上述对临近关系的划分标准基本同《城市轨道交通工程监测技术规范》的影响分区标准，但表 3.3 - 9 较为笼统，因此，具体的影响程度分区应该结合合理论计算、实测成果等进行综合分析判断。

表 3.3－8　　　　　　　　　　　环境设施重要性分类

环境设施类别	环境设施重要性类别	
	重 要 设 施	一 般 设 施
地面和地下轨道交通	既有城市轨道交通线路和铁路	—
既有地面建（构）筑物	省市级以上的保护古建筑，高度超过 15 层（含）的建筑，年代久远、基础条件较差的重点保护的建筑物，重要的烟囱、水塔、加油站、汽罐、高压线铁塔等	15 层以下的一般建筑物，一般厂房、车库等建（构）筑物等
既有地下构筑物	地下道路和交通隧道、地下商业街及重要人防工程等	地下人行过街通道等
既有市政桥梁	高架桥、立交桥的主桥等	匝面桥、人行天桥等
既有市政管线	雨污水干管、中压以上的煤气管、直径较大的自来水管、中水管、军用光缆，其他使用时间较长的铁管、承插式结构混凝土管	小直径雨污水管、低压煤气管、电信、通信、电力管（沟）等
既有市政道路	城市主干道、快速路等	城市次干道和支路等
水体（河道、湖泊）	江、河、湖和海洋	一般水塘和小河沟
绿化、植物	受保护的古树	其他树木

表 3.3－9　　　　　　　　　不同施工方法与周围环境设施的临近关系

施工方法	非常接近	接 近	较接近	不接近	说 明
明挖法 盖挖法	<0.7H	0.7H～1.0H	1.0H～2.0H	>2.0H	H 为地下工程开挖深度或埋深
矿山法（包括钻爆法、浅埋暗挖法）	<0.5B	0.5B～1.5B	1.5B～2.5B	>2.5B	B 为矿山法隧道毛洞宽度，当隧道采用爆破法施工时，需研究爆炸震动的影响
盾构法	<0.3D	0.3D～0.7D	0.7D～1.0D	>1.0D	D 为隧道外径

　　（3）综合环境设施的重要性分类和地下工程不同施工方法对周围环境邻近程度特征，建立城市轨道交通地下工程施工环境影响的风险工程见表 3.3－10。

表 3.3－10　　　　　城市轨道交通地下工程施工环境影响的风险分级

风险等级	环境设施分类	相邻位置关系	说 明
Ⅰ级	邻近重要设施	非常接近	
Ⅱ级	临近重要设施	接近	1. 注意分析地下工程施工方法及穿越邻近形式； 2. 需考虑现场邻近设施保护要求和特点进行具体分析； 3. 风险评估可根据施工方法适当进行等级调整
	一般设施	非常接近	
Ⅲ级	临近重要设施	较接近	
	一般设施	接近	
Ⅳ级	邻近重要设施	不接近	
	一般设施	较接近	

3.3.2.3　重大风险源审核与清单

（1）根据周边建筑物或管线的重要性等级评定标准表，结合工程施工影响范围及程度评判标准，即可分析出受地铁施工环境影响的具体风险等级大小。

（2）在此基础上进一步完善前期施工准备阶段安全风险评估报告及施工期间指导性风险评估报告，并协助业主监督、审核参建单位上报重大风险（源）清单。

（3）结合初步设计阶段、前期施工准备阶段风险评估报告及施工期间指导性风险评估报告，整理汇总重大风险源清单及控制手册，并提交给招标人。

（4）前期施工准备阶段风险评估报告及施工单位的重大风险（源）清单须按照国家现行的标准、规范、规程关于风险管理的要求或招标人的相关要求的程序及时报送。

3.3.3　重大风险专项风险分析及控制

3.3.3.1　重大风险专项分析要点

1. 不良地质条件——丰富水系风险

轨道交通工程一般穿越城市主城区，其建设过程中普遍存在区间下穿河流、湖泊及开挖基坑邻近周边水体等情况，一般存在如下风险：当地表水体与地下水系联通时，如出现盾构隧道突然喷涌、冒顶、水体回灌、泥水冒溢会形成稳定的水源补给，给地下工程施工增加困难；明挖基坑水土流失严重、矿山法隧道掌子面突然涌水会导致坍塌等风险事件。

根据地区经验，暗浜深度一般不超过 4m，其填充物以生活垃圾、淤泥等为主，在地铁车站开挖施工中，暗塘、暗浜的存在对围护结构的变形影响较大，基坑开挖时易造成周边邻近建筑物沉降。此外，盾构掘进时，如遇上覆暗塘、暗浜，容易导致前方掌子面压力突变造成土仓压力不易控制，引发掌子面失稳、地表喷浆、喷泡沫剂等不利事件。如遇下覆暗塘、暗浜，易导致盾构发生突然沉陷等重大事故。

2. 不良地质——地下障碍物风险

不少城市在建设过程中，留有众多地下各类设施，包括已查明的以及未查明的各类障碍物，对区间线路的建设带来极大的风险隐患。一般情况下，区间线路遭遇的主要障碍有：穿越桥梁桩基础、工业及民用建筑深基础、地下人防设施、过街地道或天桥桩基础、所经河流防汛墙基础、各交叉路口可能存在埋藏较深的非开挖管线及道路两侧各种地下管线等。对沿线障碍物设计施工时应予以足够的重视，并应采取物理探测、调查等综合手段加以详细查明，并重点进行风险管控。

3. 邻近河道基坑开挖专项风险分析

（1）围护结构渗漏水风险分析。针对高水头压力下基坑开挖墙体因围护结构施工缺陷引发渗漏风险较大，应重点监控支撑轴力等项目及时发现潜在的涌水、涌砂风险，做到提前预控事先防范。

（2）围护结构成槽质量风险分析。由于高水头压力下地下墙成槽过程中容易引起塌孔，周围砂土往所成孔的方向补充，即形成不严格意义的"流砂"现象。在此种效应作用下，一方面扰动护壁桩被动侧的砂土，造成被动侧土压力降低，引起护壁平移，进而引起成槽或钻孔周边地面及建筑物的沉降。

4. 软土地层盾构掘进风险分析

软土地层中的盾构区间风险主要推进过程中，由于盾构机机体的重量在轴向不均匀，其前部的 1/3（包括刀盘主轴承和螺旋输送机等）大约占盾构机总重的 2/3 以上。在这种流塑状的淤泥质地层推进不容易掌握盾构机姿态，尤其是出洞时，易出现盾构机的"叩头"现象，导致管片安装困难，线路纵断面超限，此外还存在管片上浮、刀盘节泥饼以及地面沉降较大风险。另外，若较长时间停机，可引发机体下沉及地表沉陷，当区间联络通道处于软弱土层中，易发生冻结加固效果不佳，冻胀融沉量过大等危害；运营阶段有可能受外界工程影响，产生隧道沉降以及渗漏等危害。

5. 富水砂层盾构掘进风险分析

富水砂层地区盾构掘进施工易发生涌水、涌砂，造成地面沉降较大，难以保证地面重要建筑物和设施的安全；中砂层中盾构施工易发生砂层突涌；卵石层中盾构施工易发生刀盘磨损严重，出渣困难，轴线控制不利；盾构进、出洞易发生涌水等危害；区间联络通道处于中砂层中，易发生加固效果不佳，砂层突涌等危害。运营阶段有可能受外界工程影响，产生隧道沉降以及渗漏等危害。联络通道处于中砂层，加固及开洞施工存在涌水等危害。运营阶段有可能受外界工程影响，产生隧道沉降以及渗漏等危害。

6. 软土地层基坑开挖风险分析

软黏性土具有明显触变、流变特性，在动力作用下土体结构极易破坏，且土体开挖时会有一定的回弹，设计施工时应加以注意。软土地区深基坑施工易产生变形、沉降、坍塌等安全风险。

（1）对基坑及围护结构稳定性的影响较不利，软弱地层强度低、自立性差，围护结构承受较大土压，提供的被动土压力不足，容易造成较大的开挖风险。

（2）地基承载力低，开挖施工或盾构施工对周围环境容易产生较大的沉降量，对建（构）筑物、地下管线影响较不利。

（3）软土所能提供的桩侧摩阻力及锚索（杆）抗拔力较小。

（4）基坑降水引起软土失水后沉陷，易造成较大范围及较大的地面沉降量，对周围环境造成影响。

（5）运营阶段软土流变、振陷（机械振动）对隧道变形的影响。

（6）抗震不利。

7. 区间穿越既有铁路风险分析

一般区间穿越既有铁路存在如下风险。

（1）工程地质、水文地质以及管线勘察不清。工程地质勘察不充分或不准确，将严重影响对穿越区域土体的工程评价，造成地基加固方案选择不当。工程地质勘察不准确，对盾构的施工推进也会产生重大风险。盾构穿越铁路时，必然会造成地面沉降从而引起铁路线路沉降，铁路部门对铁轨的沉降限制非常严格，因此，针对具体的地层条件，确定合适的地基加固措施，对于确保铁路安全非常重要。地质勘察成果是制定地基处理方案的重要依据。地质勘察不明，将导致设计依据不足，设计方案缺乏针对性，导致地基处理无法达到预期效果。

（2）列车动荷载对盾构穿越的影响。盾构隧道掘进引起地表沉降，引发铁路线路的不均匀沉降，由此引起的线路不平顺，将加大轮轨的冲击力，使路基内原有列车动载引起的动应力加大，加速路基及轨道的破坏。铁路是连接的重要干线，列车通行频率高、速度快，现行的动车速度已达到 200km/h，运行时的动荷载很大，对路基的稳定性要求更高。在初步设计阶段，考虑到盾构将穿越铁路有几个方面尤需注意：对火车的动荷载、静荷载计算取值不当；对盾构掘进和列车动荷载相互影响，相互作用认识不清，都会导致计算方法选取不当，计算结果与实际情况产生较大偏差，使地铁工程穿越铁路时出现风险。

（3）地基加固对铁路运营的影响。盾构穿越铁路时，为了确保铁路安全，需要先进行地基加固处理。一般地基加固处理采用压密注浆、高压旋喷柱或者采用铁路路基吊梁法等工法。因此，地基加固方案的选择，是设计工作的重要内容。地基加固方案设计不当，将会造成铁路路基加固措施效果不能达到预期的效果，从而导致盾构穿越时地面发生沉降，影响铁路安全。

（4）盾构穿越引起地面沉降铁轨变形。列车铁轨是一条以枕木为弹性支座的连续承载梁，属于多支座超静定系统。列车通过时，车轴下的枕木受压后向碎石道床产生弹性然后恢复稳定。当土体发生沉降时，枕木的支撑面会随之下沉，相应铁轨的多支座超静定系统也遭到破坏。在列车的动荷载作用下，这些支撑面下沉的枕木带着轨道产生较大的变形量，导致铁轨中应力大大升高。土体沉降过大时可使铁轨断裂。枕木的支撑面形成沉陷坑时，列车通过就会受到来自下方的冲击，这种垂直的冲击同列车的自振将会引发更大的共振，严重时造成列车出轨。列车车速越快，沉陷坑越大，造成的危险越大。

盾构施工必然扰动土体，引发地层损失和隧道周围受扰动或剪切破坏的重塑土的再固结，这是构成地面沉降的基本原因。

（5）铁轨差异沉降对铁路安全的影响。盾构穿越铁路时，两条铁轨可能产生差异沉降，特别是当盾构推进轴线与铁路轴线之间的夹角较大时，同一条铁轨以及同一断面上的两条铁轨下方的土体沉降量是不同的，这会增加铁轨之间的差异沉降，这些差异沉降和列车的自振相结合，使得列车的振幅增大，列车会发生摇摆运动。

由于空间位置的关系，盾构推进要先后经过同一条轨道的两条铁轨可能造成两条铁轨的差异沉降。

8. 区间穿越高层建筑、高架桥梁风险分析

区间穿越建筑及高架桥梁需考虑的主要风险如下：

（1）隧道在高架桥的两个桥墩间穿越，扰动过大，将引起桥墩产生倾斜，导致高架桥破坏。

（2）高架承台沉降过大，导致高架桥结构遭到破坏。

（3）高架承台沉降不均匀，将影响高架桥的正常运行。

（4）高架桥体表面剥裂、出现新的裂缝或裂缝扩展。

（5）由于地基遭到扰动，引起建筑基础沉降过大，破坏建筑结构的稳定性。

（6）由于地基扰动不均匀，引起建筑倾斜量过大，导致建筑结构破坏、裂缝过大等。

（7）由于施工操作不当，导致建筑结构严重破坏，甚至倒塌。

（8）对周围居民和施工人员的生命和财产安全造成危害。

9. 区间穿越已运营隧道风险分析

隧道穿越既有地铁的安全风险管理的目标是在新建隧道安全的前提下，保证既有地铁的安全运营，减小社会风险影响，获得较大的经济效益及社会效应。隧道安全风险与既有地铁安全风险是通过地层变形（这里主要是指地表沉降或者是差异沉降）联系在一起的，因此，首先要分析地层变形的原因；其次分析既有地铁的安全风险，会产生哪些灾害，针对这些灾害需要采取哪些补救措施等。隧道穿越既有地铁的安全风险分析，包括以下三个方面的内容：①隧道施工期间本身的安全风险分析；②既有地铁结构的现状评估；③隧道施工对既有地铁安全风险影响分析及评估。

隧道施工引起地层变形的主要原因是由于施工过程中的地层原始应力状态的改变、土体的固结及土体的蠕变效应、地层损失等。上述各种因素对地层变形的影响具有明显的耦合效应，而并不是孤立的。施工引起的地层损失会导致周围岩土体发生位移，进而波及其附近既有地铁隧道，使既有结构发生剪切、拉伸和扭转变形，严重者使结构破坏，无法正常使用甚至发生安全事故。而既有结构对新建隧道的影响主要体现在列车运行时的冲击荷载和机车的振动对土体开挖及衬砌结构施作的影响。这种影响通过加大地层变形，进而会对既有结构产生更大的影响。当既有结构是繁忙的运营隧道时，工程措施不利导致的后果几乎是灾难性的。因此，在隧道穿越既有构筑物工程中，既有结构的安全使用（运营）应是整个施工过程的控制目标。

对隧道穿越既有地铁构筑物施工的安全性分析即是预测分析新建隧道施工对既有线的影响，与评估分析确定的既有线承受影响的能力进行比较，若既有线承受影响的能力大于所受影响，则既有结构安全，否则不安全。由此可以判断新建线路施工产生的影响控制在多大的范围内，才能安全通过既有线。

既有地铁结构在新建线路施工过程中及之后主要存在以下方面的风险。

（1）既有隧道结构纵向变形，既有结构的变形包括：结构的沉降（隆起）、结构的水平位移、结构变形缝处的差异沉降等。

对于纵向变形作用而言，可以分为均匀变形和不均匀变形。均匀变形作用下的隧道随地基一起下沉，不会产生纵向挠曲，因而也就不会引起隧道纵向内力的变化。不均匀变形作用下的隧道，由于隧道和地基刚度的差异，必然引起隧道纵向挠曲，亦对隧道纵向、横向内力构成影响。隧道在纵向不均匀变形作用下存在的风险可以归纳为以下几种：

1）纵向结构挠曲风险。

2）纵向结构剪切风险。

3）横向截面翘曲风险。

4）横向截面压弯风险。

（2）结构与道床的脱开及道床开裂风险。

（3）结构横向的扭剪风险。

10. 盾构掘进土体过量损失影响后期运营的风险分析

盾构掘进过程中地层损失率的控制是盾构施工中的关键技术，也是盾构施工参数设计合理性的重要体现。当地层损失率控制在较小的范围内时，盾构掘进过程中对周边环境的影响较小。而过大的地层损失率往往导致盾构掘进过程中对围岩扰动程度的加大，从而引发地面沉降槽的扩大，造成周边建（构）筑物的损毁。盾构掘进土体的过量损失不仅会对施工期隧道的稳定性和周边环境产生影响，也会给隧道的运营造成巨大的影响，加大运营期的风险，其主要风险具体如下。

（1）过量的地层损失在施工期会造成较大的地面沉降，运营期地铁的震动荷载将进一步引发地面的二次沉降，累计的沉降值过大则会导致周边建（构）筑物风险等级提高。

（2）在软土中，过量的地层损失会造成较大范围内土体的扰动，从而导致软土中孔隙水压力的增大，若在施工期未能固结完成，运营期继续固结，从而增大运营期因地面沉降而引发的风险。

（3）过量的地层损失需要较高的注浆量来填补，而过大的注浆量会导致管片的上浮，若施工期注浆量控制不力，将会引起管片的错位，给运营期管片的安全带来较大的风险。

（4）若注浆不及时或不饱满，过量的地层损失将会引起周围土体的移动，扩大已存的土洞或形成新的土洞等，在运营期由于列车的震动荷载可能会造成土拱的破坏，引起地面突然沉降，形成土坑，给周边的建（构）筑物造成极大的风险。

11. 联络通道冻结工程风险分析

联络通道的冻结工程作为专业性很强且风险较大的分项工程，一直以来均作为轨道交通工程建设的重大风险源进行控制，其主要的风险因素及产生的风险事件包括以下几个方面。

（1）施工管理风险。

1）施工单位履约不力。目前一般的地铁联络通道的施工是由总承包单位进行专业分包，由分包单位自行来完成联络通道的施工。在施工过程中，可能出现总包单位为了节省工程开支，或者是照顾合作伙伴行为，选择不恰当的分包单位。施工过程中业主单位不能对分包单位进行很好管理，造成分包单位履约不力或是违约，提高了施工过程中风险发生的可能性，或者是风险发生后，不能采取合适的施工措施进行处理，使风险扩大，或是导致其他风险的发生。

2）设计方案不合理。由于水平冻结的专业性比较强，如果不选择专门的设计单位进行设计，可能会造成的问题包括：①设计内容不全；②设计存在缺陷、错误和遗漏；③设计应用规范不恰当；④设计中未合理考虑工程地质条件；⑤设计未考虑施工可能性。

3）施工过程不合理。由于水平冻结施工的专业性比较强，如果不选择专门的具有丰富经验的施工单位进行施工，可能会造成的问题包括：①采取的施工工艺落后；②制定的施工技术和方案不合理；③采取的安全措施不恰当；④具体施工工艺流程不科学。

4）工序衔接和配合不恰当。地铁联络通道冻结施工、开挖施工和结构构筑施工一般都是由不同的单位或部门来完成，在实际施工中一般缺乏必要的协调和配合，后续的工序施工可能会对已经进行的施工造成影响。比如开挖施工和临时支护施工，如果不考虑冻结施工的情况，可能导致冻结壁的变形加大，影响冻结壁的安全。在施工中要考虑冻结施工情况，根据冻结壁的变形情况及时调整开挖的步距和支撑间隔，同时冻结施工也要根据开挖的进度调整循环盐水的温度，既保证冻结帷幕的安全，又保证开挖施工的进度和安全。所以如果工序衔接和配合不恰当，可能会造成施工进度缓慢，或者是导致其他风险的发生。

5）风险应急组织不得当。当施工中风险发生时，需要及时组织好风险处理和应对，如果风险应急处理组织不合理，缺乏有效指挥，可能会造成风险应对不及时，延误了风险处理的时机，导致风险的扩大，或者是导致其他风险的发生。

（2）施工技术风险。

1）地质水文条件意外风险。地铁联络通道周围的地质水文条件对冻结施工和开挖施工的影响比较大，如果联络通道位置地质水文条件不准确，或者是结构周围土层和冻土的物理、力学参数不准确，可能会造成设计错误，导致施工的失败。

2）施工组织设计编制不科学。由于冻结施工的复杂性，施工过程影响的因素比较多，如果施工单位缺乏经验，编制的施工组织设计不科学，本身存在较大的施工风险，按照这样的施工组织设计来组织施工，可能会造成风险的发生。

3）施工制度不完备。如果施工过程中的施工制度不完备，可能造成施工工序组织缺乏有效的检查和监督，导致施工的标准和施工组织水平下降，引起风险的发生。

4）应急物资和设备准备不充分。由于地铁联络通道的施工现场一般在两个车站的中部，离两端的车站都比较远，材料从地面运输到施工现场需要一定的时间，如果当风险发生需要应急物资时，再从地面运输应急物资和设备，将会延误风险处理的时机，影响风险的及时处理。

5）缺少风险控制节点措施。由于地铁联络通道是在隧道施工结束后进行施工，如果施工过程中发生不可控风险时，可能对联络通道施工带来灾难性影响，甚至对已建成的隧道和地面的建筑造成破坏性影响，所以需要在施工过程中，设置风险控制节点措施。

（3）冻结施工过程风险。

1）冻结施工不连续。冻结施工一般要求连续冻结，如果冻结过程中，停电或出现设备故障时，可能造成停止冻结超过24h的情况。停止冻结后，会造成已经形成的冻结帷幕停止发展或解冻，影响形成的冻结壁的强度，需要延长冻结时间来保证形成冻结壁的质量。如果在开挖和构筑阶段出现停止冻结的情况，可能在短时间内造成冻结帷幕强度降低，变形加大，不能发挥围护作用，导致施工的失败。

2）冻结帷幕存在薄弱环节。冻结形成的冻结帷幕应保证尽可能均匀，减少薄弱环节的出现。如果冻结帷幕的薄弱环节出现变形过大、漏水等现象，可能会造成薄弱环节附近的冻结壁强度迅速降低，变形加大，引起冻结帷幕的围护作用失效。

3）冻结管断裂。在冻结过程中，由于盐水降温过程不规律，冻结管材质有缺陷或是连接方式不科学，或者是开挖过程中冻结帷幕的变形过大，都会造成冻结管的断裂。冻结管断裂后，不能继续冻结，同时会造成冻结管中盐水漏失，导致冻结帷幕中出现薄弱环节。

4）盐水漏失。冻结过程中，如果冻结管出现渗漏或者断裂时，会导致盐水漏失，引起冻结帷幕的融化，或是使土层很难结冰，导致冻结帷幕存在薄弱环节。

5）施工对环境造成污染。由于冻结施工过程的复杂，如果处理不当，造成盐水泄露或者是产生较大的噪音，可能会对周围环境造成污染。

（4）开挖施工风险。

1）开挖判定条件不科学。积极冻结形成的冻结帷幕满足设计要求，可以提供足够的围护作用时，方可进行管片的拆除工作。由于冻结过程中影响的因素比较多，而获得的测试数据相对较少，如果开挖判定条件不科学，可能会造成管片拆除后，冻结帷幕不能提供足够的围护作用，导致灾难性后果的发生。

2）冻结壁变形大。开挖过程中，由于局部冻土帷幕厚度不够，冻结壁的强度低，或者是支撑质量不好，冻土暴露时间过长，可能会造成冻结壁的变形过大。如果不采取措施来控制冻结壁变形的发展，可能造成冻结壁的失效，不能提供足够的围护作用，导致灾害性后果的发生。

3）开挖面渗水。如果开挖后，冻结壁存在薄弱环节，可能造成开挖面渗水。而渗水容易引起冻结壁的失稳，导致冻结壁不能提供围护作用。

3.3.3.2 典型重大风险控制措施

1. 富水砂层地区站点（区间）设计、施工风险控制措施

（1）针对明挖车站的围护结构建议采用地下连续墙支护施工。

（2）支护开挖过程中应加强对支护体系以及周边环境的监测。

（3）建议明挖施工时根据实际情况采用适当的地下水控制措施，保证干槽施工。

（4）对于基坑设计来说，可采用防水效果较好的 H 型钢接头和十字板接头以提高接头抗渗性能和质量，将围护结构涌水、涌砂风险降到最低。

（5）对需重点保护的管线，除在开挖前采取有效加固措施外，还应备好注浆材料，根据监测数据的变化，采用双液浆跟踪控制注浆法；当发生基坑内大量涌水、涌砂险情时，应立即采取压密注浆等堵水措施，压密注浆队伍应处于待命状态；开挖过程中定期召开周围管线各单位协调会，及时向各单位汇报施工监测情况，征求意见，提出可靠措施后，方可继续施工；当地墙有渗漏情况发生时，马上进行封堵。

（6）在巡检中应高度关注并加强夜间的巡视工作。同时应重点关注降水施工过程中是否产生地表裂缝、道路沉陷、隆起、路面冒浆、周边建筑裂缝，管线是否有破坏迹象，周边河流湖泊是否有漩涡、气泡等现象。加强巡视的同时应采取如下措施预控风险。

1）当墙面有湿渍情况，应加强此处的安全巡视工作，并派专人夜间巡视，以防出现渗漏水险情。

2）针对墙面有滴水现象，应采取堵漏措施，或预焊钢板，以确保险情不扩大、恶化。

3）针对墙面有流水现象，无论是点漏、线漏还是面漏，均应立即采取堵漏措施，并在渗漏点外侧补加旋喷桩或注浆处理，直至不再渗漏。

4）针对出现的喷水、涌水、涌砂等现象，应立即启动应急预案，工程进入抢险状态，坑内封堵及坑外注浆同时进行。

（7）在施工过程中正在施作地下连续墙的工点，应注意对接缝、接头位置的处理及对浇筑混凝土环节的控制，防止连续墙夹泥、窝泥，给将来地连墙渗漏水埋下隐患。

1）地连墙接缝旋喷桩止水加固施工时，应控制好旋喷的压力，防止出现缩颈、断桩等问题，或注浆空白区。

2）基坑开挖时，应分层分段进行，并及时架设支撑，防止地下连续墙变形过大造成接头处渗漏水，尤其是锁口管接头，由于接头刚度较小，对基坑变形更为敏感。

3）基坑开挖过程中，加强巡视，发现渗水点后及时封堵。

4）地连墙凿毛时，注意接缝凿毛深度，防止接缝凿穿孔洞，造成地连墙接缝出现涌水事故。

5）应急物资准备充足，出现涌水、涌砂险情时，及时在坑内进行局部反压，在基坑

外进行双液注浆堵漏、聚氨酯堵漏、高压旋喷桩加固等措施。

（8）汛期基坑排涝、基坑支护、掘进工作面地下水及流砂突变带来的安全风险。

1）防涝防流砂。汛期雨量丰富，地下水位较高，基坑内外水位差增大，基坑渗漏水风险亦增大，土体水分饱和，易发生流砂现象和开挖纵坡滑塌等灾害。防治的关键是消除、减小或平衡动水压力，放缓基坑开挖坡比和减小坡高，做好降、排水和基坑作业面的防雨水冲刷工作，确保及时截、排地表水。

2）用电设施防雨。施工现场临时用电设施、设备、线路的防雨设施必须按规范、标准配备齐全。

3）及时支护。密切关注天气预报，大雨或汛期应停止基坑土方开挖，已开挖的土方应迅速开挖到设计标高，及时架设支撑。

4）重新开挖施工前，应先检查土坡稳定情况以及用电设施、设备是否破损，漏电保护器是否灵敏可靠。

5）及时监测。大雨过后，应及时进行监测，发现异常及时报告和采取处理措施。

（9）对于采用坑外降水的工程，一般需将监控范围适当扩大，坑外还需设地下水位观测孔，同时加强施工过程中的降水专项设计，提高降水井布置合理性，增强降水效果，同时减少对周边环境的影响。同时针对基坑工程，日常巡视，严格控制渗漏水。

（10）针对盾构区间风险，主要在软土地层盾构施工时易发生盾构机栽头、地面沉降较大、含水砂层中砂层突涌等风险，建议做好以下工作。

1）在盾构到达之前，需对刀具进行检查，对盾构机进行全面检修。在穿越过程中，对影响范围内的变形情况进行重点监测，并控制好盾构姿态及土仓压力等施工参数，及时进行合理的二次注浆，同时根据工程特点制定应急预案，保证施工的安全顺利进行。

2）控制好掘进进度。

3）与相关部门沟通确定沉降控制标准，以便采取相应措施。

4）承包商做好专项施工方案、应急预案、安全预案报相关单位审批。

5）根据监测情况必要时提前进行注浆加固。

6）联络通道处采用钢管片和应急门，洞门处围护结构采用玻璃纤维筋。

2. 承压水地层站点（区间）设计、施工风险控制措施

a. 车站工程

（1）设计控制。车站主体结构设计中，最不利工况的水浮力取最高地下水位为设计控制荷载，一般承压水位埋深均深于潜水的地下水位，因此承压水反力在主体结构设计中不是控制水位，但在施工阶段如深基坑下存在承压水和微承压水时，基坑底至承压含水层之间的土柱压重应大于承压水的顶托力，以保证基坑稳定。当压重不足以压住承压水顶托力时，必须采取措施确保基坑稳定，减小围护墙的变形和地面沉降，保护周围建筑物的安全。

降压措施中较有效的是打设降压井抽取承压水，以降低承压水的顶托力，其他如坑底采用旋喷、搅拌、水泥注浆等方法封堵，目前施工工艺尚不能确保全部均匀满堂封闭，不宜采用。围护墙也宜采取墙缝较密封的地下墙，其他钻孔灌注桩加搅拌桩隔水和SMW墙等墙缝易产生漏水，也不宜采用。

（2）施工控制要点。对于受承压水影响的深基坑工程，在降压施工过程中降压井的布置与数量、动态按需的降压控制等问题是影响工程顺利实施的关键因素，有关问题与对策具体如下。

1）降压井位置设置。降压降水要根据土层的地质条件、承压水埋深和工程特点等，合理选择降压方法以及降压井的布置。视周边环境条件、隔水帷幕的深度、基坑内部挖深与承压含水层的关系等情况的不同，降压井可选择布置于基坑内部或外部。一般来说，对于三种情况可将降压井布置在坑内：①周边环境保护要求高，必须严格控制降压对周边环境的影响；②基坑内部仅局部深坑区域存在覆土自重不满足抵抗承压水头要求的问题；③隔水帷幕已完全隔断承压含水层或已进入承压含水层相当深度。反之可将降压井布置于坑外，降压井布置于坑外可减小井管布置对结构施工的影响并避免复杂的封井工艺。

2）降压井的数量设置。降压井的数量应依据工程水文地质条件、隔水帷幕以及降压井设置等情况进行计算并根据抽水试验结果综合分析后确定。

3）动态降压控制。为减小承压水抽水对环境的影响，可随基坑开挖深度增加逐步降低承压水头，通过控制对承压水的抽取，在保证基坑工程安全的同时减小对周边环境的影响。

4）信息化施工。承压水降压施工必须对基坑内外的承压水头进行全过程监控。施工过程中除设置足够数量的承压水观测井外，也应当重视其他基坑围护监测项目，对监测数据及时分析判断。如果在开挖过程中发现基坑土体回弹、立柱桩上浮、围护结构倾斜变形等数据突然增加且超过常规警戒值，或者坑外地面沉降加剧等情况，应注意分析是否为承压水问题所造成，并及时采取针对性技术措施。

5）封井措施。基坑内降压井的封闭应在基坑开挖到设计标高后，根据承压水头恢复速度和主体结构施工进度综合确定。若承压水恢复迅速，则在底板施工期间需保留降压井，待主体结构形成足够的上覆荷载后方可停止降压并实施封井。

为确保降压井与底板连接位置的止水可靠性，对降压井管在底板范围的外壁应留设止水与注浆措施。降压工程结束后，应采取严格的封井工艺封闭降压井管穿越底板的通路，确保基础底板防水可靠性。

b. 区间隧道工程

（1）设计控制。

1）隧道设计时应充分考虑承压水的承压特性带来的不利影响。

2）应对勘察报告提供的承压水参数进行校核，确保承压水压力的正确性。

3）接头防水的设计控制措施包括弹性密封圈的合理选用、嵌缝防水设计、螺栓孔防水设计。

（2）施工控制措施。

1）盾构进洞的风险控制措施。为保证盾构安全进洞，可采用盐水冻结起封水和加固土体的效果，减小高承压水砂土层盾构进洞易引发的流砂和涌水风险；并采用水中进洞的方式在工作井内填筑部分填土和水，使土压平衡盾构的工作机理得以发挥作用。

2）穿越承压水层盾构掘进风险控制措施。首先应保证同步注浆的质量，注入管片背后的浆液凝固后，可作为隧道的第一道止水防线，提供长期、均匀、稳定的防水功能。在此基础上，高承压水作用下盾构安全掘进的技术对策应包括以下几个方面。

（a）制定针对盾构机结构本身的防水和防喷涌措施，以及针对盾构隧道管片接缝的防水措施。

（b）在盾构螺旋机内设置两道反向闸门，一旦产生喷涌，可通过关闭闸门和加泥等措施有效遏制喷涌。

（c）在螺旋机上部预留应急孔法兰与螺旋机间增设球阀，若持续喷涌，可关闭球阀和外接保压泵，并通过保压装置控制螺旋机和卸料器叶片的旋转速度，保持土仓内的土压稳定，避免地下水的大量喷涌。

（d）为保证盾尾具有优良的密封性能，盾尾密封装置设置两边有金属板保护的 2 道钢丝刷加 1 道钢板刷，3 道密封刷之间都填满盾尾油脂。

（e）对于成型盾构隧道的防水，综合考虑管片接缝防水的设计水压力值、接缝张开量、错台量和密封垫材料耐久性等因素，确定本工程隧道管片接缝防水采用断面构造和材料指标能够抵御 0.9MPa 水压的三元乙丙橡胶密封垫。

3. 穿越城市主干道风险控制措施

（1）道路破坏的规避措施。轨道交通工程施工对道路的影响主要是可能引起道路沉陷、隆起和断裂，而引起这些事故的原因也主要是地层沉降。引起地层沉降的因素主要是渗漏水、工作面失稳、基坑坍方、支撑破坏及过量降水等。基本处理措施与建筑物的处理措施相似。另外，由于道路距离基坑更近，并且道路破坏可能是由于过往车辆超重而导致的，并且路面隆起可能是由于螺旋机出土器故障引起。因此，除了上述轨道交通工程周边建筑物处理措施之外，道路的处理措施还包括以下几点。

1）严格控制临时施工道路质量，确保道路安全。

2）控制路面上行驶车辆的载重量，防止车辆超重而压坏路面。

3）对于距离很近并且车流量多的道路，采取保护措施（如进行土体加固），并加强监测。

4）在进行临时道路施工时，采取一定措施，增强道路强度。

（2）交通阻塞的规避措施。轨道交通建设不同于一般的建筑物建设，可以在一个封闭的区域进行施工，而常常是在道路交叉路口施工，还有很多车站位于交通流量较大的道路上，这势必会对交通造成影响。

为了减缓交通阻塞，在轨道交通工程施工前及轨道交通工程施工过程中，均需要对交通流量进行控制，采取措施主要有以下几点。

1）在轨道交通工程施工之前，详细了解各车站位置及高架路段所在道路的交通流量及周围道路的交通流量，对于交通流量大而周边道路交通流量较少的道路，要进行交通限制，将车流量分散到周边道路，防止交通阻塞。

2）对于交通流量大而周边无道路可分散的区域，在做临时道路时要考虑周全，尽可能使临时道路宽一些。

3）在施工过程中，严格控制施工单位运输车辆的进出时间，尽量在交通流量不太大的时间进出，并防止其车辆停放不当而造成交通阻塞。

4）对于由施工而造成建筑物、管线或道路破坏而造成的交通阻塞，要及时进行处理，并注意交通安全，防止交通事故的发生。

4. 穿越重要市政管线控制措施

一般地铁工程涉及地下管线多，而且埋深深浅不一。盾构及暗挖区间隧道施工过程中，不可避免会对管线产生影响。必须保证管线沉降值在其允许沉降值范围内，不然就会损坏管线。另外，根据管线制造材料、接口构造、管节长度等不同情况，地下管线大致可分为刚性管线和柔性管线两种。在施工前，详细查清沿线受施工影响范围内的各种地下管线的情况，分析预测地层隆降对管线的影响，并在施工中加强监测，针对不同的管线及其与隧道的不同位置关系，采取合理的保护措施。

对于既有管线的处理方式通常可以采用永久迁改、临时改移、临时支吊等若干措施，具体采用何种方式要根据管线自身的特点和车站施工以及车站埋深等相关因素而定。

盾构穿越重要市政管线施工控制措施包括以下几个方面。

（1）严格控制盾构正面平衡压力。在盾构穿越污水管过程中必须严格控制切口平衡压力，同时也必须严格控制与切口压力有关的施工参数，如推进速度、总推力、出土量等。尽量减少平衡压力值的波动，使对土体扰动减少到最小。

（2）严格控制盾构纠偏量。在确保盾构正面变形控制良好的情况下，使盾构均衡匀速地推进施工。结合以往穿越管线行之有效的经验，在盾构穿越的过程中，推进速度不宜过快（最快不大于 2cm/min 为宜）。盾构姿态变化不可过大、过频，控制单次纠偏量不大于10mm，控制盾构每次变坡不大于 0.1%，以减少盾构施工对地层的扰动影响。

（3）严格控制同步注浆量和浆液质量。同步注浆浆液选用可硬性浆液（严格控制浆液配比）。通过同步注浆及时充填建筑空隙，减少施工过程中周边的土体变形。同步注浆量一般控制在建筑空隙的 200%～250%，实际施工中浆液的用量结合前一阶段施工的用量以及监测报表进行合理选择。

（4）二次注浆。在盾构推进时，填补建筑空隙的同步注浆浆液，有可能顺土层裂隙渗透而依旧存在一定间隙，且浆液收缩也会形成地面变形及土体侧向位移的隐患。因此视实际情况需要，在管片脱出盾尾 5 环后，可采取对管片的建筑空隙进行二次注浆的方法来填充。浆液为水泥单液浆。浆液通过管片的注浆孔注入隧道外土层，并在施工时采取推进和注浆联动的方式，注浆未达到要求，盾构暂停推进，以防止土体发生过大变形。壁后二次注浆根据地面监测情况随时调整，从而使地层变形量减至最小。

5. 穿越重要建（构）筑物（防空洞等）风险措施

（1）盾构穿越建（构）筑物施工的准备工作。

1）在施工前期详细查清施工影响范围内建筑物及其基础状况，有针对性地采取主动措施加以必要的保护（根据工程实际情况选择进行地层注浆加固、隔离桩等措施）。

2）依据地质详勘资料得出穿越地段施工参数理论值，再根据始发阶段的施工经验进行修正，确定准确的施工参数。

3）进行细致、认真、全面的盾构掘进作业技术交底。

（2）建立科学，合理的推进参数。

1）根据穿越地段的埋深、地质水文情况以及始发阶段的施工经验，确定准确的推进参数。

2）同步注浆及二次注浆。

（a）同步注浆量，考虑穿越地段的地质，盾构机性能及损耗等原因，每环注浆量比理论注浆量提高 150%～200%。

（b）保证浆液的品质，根据穿越地段的地质水文情况、桩基情况及施工条件，应严格按配合比进行施工，同时在施工过程中，应加强抽检，确保浆液的品质符合规范要求，不合格的浆液禁止使用。

（c）同步注浆压力设定，根据穿越地段的埋深、地质水文情况、桩基情况及施工条件进行设定。

（d）注浆过程中，应保证注浆管路的畅通，同步注浆的 4 根管路应均衡连续对称注浆。

（e）加强盾尾刷的维修及保养，加大盾尾油脂的注入量，减少盾尾漏浆。

3）盾构姿态控制。

（a）盾构千斤顶的行程差应控制在 50mm 以内，顶力差控制在 5MPa 以内。

（b）根据盾尾空隙及千斤顶的行程，正确选择管片的型号及点位，并进行正确拼装，避免纠偏过大，引起土层的扰动过大。

（c）平面控制在 ±30mm 以内，垂直控制在 ±50mm 以内。这样保证盾构机平稳推进，减少纠偏，减少对土体的扰动。

4）加注泡沫或水、膨润土等润滑剂，减少刀盘扭矩，同时降低推力。

5）穿越时降低推进速度，控制总推力，减少土体扰动。

（3）建立严密的监控量测体系。

1）盾构到达建筑物前 30m，盾构通过及盾构通过后的两个星期内，对地表沉降及建筑物倾斜、不均匀沉降、裂缝开展情况进行监测。

2）监测频率每天监测两次，盾构通过两个星期后，监测数值显示已趋于稳定，可每 1～2 天监测一次，如监测数值异常应加大监测频率。

3）地面允许沉降值为 +10～−30mm，房屋不均匀沉降允许值 0.002L（L 为框架梁长），房屋倾斜不允许大于 0.004。

4）建筑物的沉降观测、倾斜观测、隆起变形观测等，都要严格按照国家二等测量规范（GB 12597）的精度进行。

6. 区间下穿或侧穿河流湖泊施工风险控制措施

对于隧道盾构穿越河流的施工，由于特殊的水文环境，可能存在塌方、开挖面充水裂隙等一些特殊因素，使得盾构在下穿或侧穿河流（湖泊）的施工中与穿越一般地区比较有其独特的风险。主要有以下特殊风险点：工程地质与水文地质查勘不清；工程建设中管理与监测不力；盾构螺旋输送器喷涌；盾尾密封舱击穿；江底推进塌方；破坏河道防汛结构及影响周围建筑。

（1）风险控制措施。

1）在工程勘测设计过程中，要做好地质、水文勘测工作，在勘测过程中要深入细致地工作，查明地质、水文条件，为工程设计提供可靠的基础资料。工程设计与环境相协调，要与场地的地形地质条件相适应，地质条件决定工程规模和具体形式。

2）防止出现喷涌的措施。

（a）螺旋输送机出口设置防喷涌设施，发生涌水时及时关闭螺旋输送机，将水堵在盾构外。

（b）提高掘进控制水平，及时调整土仓压力，确保土体平衡，同时采取措施防止拼装管片时，盾构后退，保证工作面土体的稳定。

（c）适时调查掘进参数防止出现过大的方向偏差，同时使岩土得到充分切割，避免大的岩块堵塞。螺旋输送机掘进过程中向土仓内注入泥水或泡沫，防止螺旋输送机堵塞和水涌入隧道，控制同步注浆力，避免浆液漏入盾尾，及时在盾尾刷处注油脂。

3）进入江底掘进以前，全面检查盾构机掘进姿态，及时进行纠偏调整。在江段掘进时，加强掘进姿态监测及管片选型工作，减小管片接缝错台，保证较好的隧道线形，提高隧道防水质量段掘进。在江底段掘进，根据开挖面的水土压力，及时调整油缸推力及推进速度，保持土仓压力稳定，避免因刀盘推力波动过大对地层造成严重扰动。

4）盾构推进对河道防汛设施以及周围地面发生沉降的规避，主要是依靠调整好盾构机姿态，加强监测与管理，合理设定施工推进参数，采用信息化施工实现。

（2）盾构下穿（侧穿）河流（湖泊）施工技术措施。盾构穿越河中浅覆土区时，土的含水量、渗透系数均比其他地段高，盾构施工风险大，针对这一情况盾构推进采取下列措施。

1）防止切口冒顶措施。

（a）运用导向系统和分区操控推进油缸，严格控制盾构姿态，防止盾构抬升。

（b）严格控制出土量，原则上按理论出土量出土，可适当欠挖，保持土体的密实，以免河水渗透入土体并进入盾构。

（c）若出现机械故障或其他原因造成盾构停推，应采取措施防止盾构后退。

（d）在螺旋机的出口设置防喷涌设施，在发生漏水情况时关闭螺旋机出口，将水堵在盾构外。

2）防止盾尾漏泥、漏水措施。

（a）定期、定量、均匀地压注盾尾油脂。

（b）严格控制同步注浆量及注浆压力，防止注浆压力过高造成地层扰动过大，避免与上部河底贯通。

（c）控制同步注浆的压力，以免浆液进入盾尾，造成盾尾密封装置被击穿，引起土体中的水跟着漏入隧道，盾尾密封性能降低。

（d）管片考虑居中拼装，以防盾构与管片之间的建筑空隙过分增大，降低盾尾密封效果，引发盾尾漏泥、漏水。

（e）拼装管片时，盾构举重臂每定好一片管片，与之相对应的千斤顶须立即顶上，以防盾构后退损坏盾尾，从而影响其密封效果。

3）盾尾发生泄露现象时的对策。

（a）针对泄露部分集中压注盾尾油脂。

（b）配置初凝时间较短的双液浆进行壁后注浆。

（c）利用堵漏材料进行封堵。

（d）如上述措施效果不佳时，可采用聚氨酯在盾尾后一定距离处压注，进行封堵。

4）防止隧道上浮及保持纵向稳定的对策。

（a）竖曲线段施工期间严格控制隧道轴线，使盾构尽量沿着设计轴线推进，每环均匀纠偏，减少对土体的扰动。

（b）加强隧道纵向变形的监测，并根据监测的结果进行针对性的注浆纠正。如调整注浆部位及注浆量，配置快凝及提高早期强度的浆液。

5）必要时在施工期间对该段河水实施导流或上游截流。

（a）进行详勘，查明工程地质条件，判明是否有不良地质因素存在。

（b）在河流流量较大时，采取河水导流。在盾构施工区间线路中线的垂直方向 40m 长的水域内作导流围堰，围堰的宽度和高度应按照水流量确定。围堰用草袋子装土堆砌，使河水往单侧导流。确认安全后，进行盾构机的推进。推进至距围堰 3m 处，停止盾构机施工，再将另一侧围堰做好，将河水导流至已经推进好的河流段。后一次导流应在一天的时间内完成。

（c）在河流流量较小时，采取上游截流，盾构机加速施工，通过河流。

（d）严格控制盾构推进参数，采取监测与施工相结合的措施。

a）加强河底沉降的实时监测，按监测值迅速反馈设定实际切口土压或泥水压力。

b）精密测定水深，得出准确的土压力或泥水压力理论值。

c）做好监测数据的统计分析，归纳出盾构浅覆土推进的规律。

d）达到盾构施工参数的最优化设定。

（3）盾构下穿（侧穿）河流（湖泊）施工参数控制。

1）掘进参数控制。根据掘进的各种模型来计算出相应的掘进参数，并且根据严格控制各种参数来控制施工过程。在河中段施工前，对隧道轴线沿线的河底水深情况进行一次全面的测量，复核隧道覆土层的厚度。盾构通过河床时，实际掘进土压力控制要与设定土压力吻合。

2）注浆量和注浆压力的选定。理论上讲，浆液需 100％ 充填建筑总空隙，但由于浆液失水固结，盾构蛇行推进时使开挖断面大于盾构外径，部分浆液劈裂到周围地层，导致实际注液量要大大超过理论注浆量。另外，注浆压力应为保证足够注浆量的最小值，一般为 0.2～0.3MPa，进入河道后，为了防止隧道上浮，注浆量随着覆土厚度的变化而变化。

3）推进速度的选定。推进速度一般应控制在 30～50mm/min，一旦盾构偏移轴线过大，应及时调整推进速度。

4）出土量控制。出土量原则上按理论出土量出土，适当欠挖，每环出土量控制在 98％ 左右，减少土体扰动保持土体密实。

5）测量控制。测量人员在地面上放出隧道通过的点位，以明确过河的确切位置，并在防汛墙上设沉降观测点，密切观测防汛墙沉降变形情况，通过防汛墙时派专人值班，一旦防汛墙坍塌可及时抢修。

6）姿态控制。盾构过河前，盾构姿态、管片姿态须调整到位，注意不要向上抬头，严禁在过河时超量纠偏，蛇行摆动。

7）油脂控制。派专人负责，盾尾钢丝刷内充满油脂，过河期间盾尾无漏浆情况。

8）同步注浆控制。同步注浆浆液严格按照配比，加水一次到位，严禁在试验合格后任意加水。稠度必须控制在 9.5～10.0 之间。在转驳过程中严禁加水。注浆方量必须严格按照指令执行，方量计量必须以台车上浆斗实测数据为准。

7. 穿越各类桩基础（外环高架桥、人行天桥等）风险控制措施

施工准备阶段应对桥梁、建筑物、地基基础加固以及穿越高架桥、建筑物可能产生的风险给予提示，并给出合理的施工参数和施工方案。

（1）桥梁上方机动车辆行驶时产生的动荷对土体位移有一定影响，如有条件可考虑适当限载。

（2）建筑物自身的加固，用以提高建筑物自身承受变形的能力。

（3）对地层加固以控制施工所引起地层变形对建筑物结构的影响。

（4）在盾构穿越过程中必须严格控制切口平衡压力，同时也必须严格控制与切口压力有关的施工参数，如推进速度、总推力、出土量等，尽量减少平衡压力值的波动。

（5）在确保盾构正面变形控制良好的情况下，使盾构均衡匀速的施工，盾构姿态变换不可过大过频，以减少盾构施工对地层的扰动影响。

（6）严格控制同步注浆量和浆液质量，通过同步注浆及时充填建筑空隙，减少施工过程中的土体变形。确保压浆和推进同步进行，并根据地面沉降情况及时调整注浆量。

（7）加强监测，仔细测量桥桩的沉降量，及时反馈信息以指导盾构掘进。

（8）盾构或暗挖隧道穿越后，应继续加强桥梁及两端邻接道路的监测，直至稳定。根据监测结果，必要时须进行壁后注浆。

8. 穿越铁路风险控制措施

（1）综合下穿铁路段工程地质情况、隧道埋深、列车荷载情况等因素，对铁路线路进行地基加固。

（2）设置实验段。为准确掌握沉降规律及影响，下穿铁路前设置实验段，总结经验及掘进参数。

（3）加强设备管理。对盾构机、行车、车架等在下穿铁路前进行仔细的检修和保养，确保设备以最佳姿态进入下穿区域。

（4）加强监测。为确保施工时及时掌握各种情况，必须加强过程监测、提高监测频率，及时反馈施工。

9. 穿越既有高架桥梁安全风险控制措施

（1）对既有高架桥梁现状进行调查、评估，判断分析既有高架桥的变形承载能力及控制指标，包括桩基承载力影响等级、既有结构现状、既有结构的重要程度。

（2）对施工方案进行优化及对比分析，同时开展沉降预测、预判，具体包括以下几个方面。

1）预测隧道施工过程中，地层和桥桩的影响模式。

2）预测隧道施工过程中，地表沉降影响范围。

3）预测隧道施工过程中，桥桩的沉降与桩间的差异沉降值。

4）预测可能出现的附加沉降和桩间差异沉降值，并对其上部结构工作状态的可能影响准备应急预案。

（3）落实风险监控措施，利用监控量测技术对施工进行全过程监控，当实际监测结果达到控制标准时，进行预报预警，同时启动相应应急预案。

（4）加强应急处置，在穿越过程中，首先应针对施工前调查可能发生的各种风险，建立针对性的处理方案。具体方案包括主动加固措施及被动恢复措施。主动加固措施是指在施工前对桩基周围土体及桩基本身进行预加固以减少地层变形对桩基的扰动程度。其中桩周土体注浆加固、隔离法及桩基托换是最常用的三种方法。被动措施是指在隧道施工过程中，由于地下工程的不确定性，导致工程施工难以控制，在施工过程中应对监测结果分析，对地层进行必要的过程恢复。

（5）施工结束后，对既有高架桥梁进行评估，评估施工影响，最终根据桥桩的最终沉降或桩间差异沉降值以及桥桩的倾斜值，对桥桩的承载能力进行复核，判断桥梁的安全状态和剩余承载能力。

10. 穿越已运营隧道风险控制措施

（1）风险控制技术要点。在穿越既有线施工中，面临的主要问题是施工对既有结构的影响以及近距离施工时的相互影响。如何把这种影响减小到最低限度，是近距离地下构筑物施工的核心问题。盾构法新建线路施工过程中对既有线的影响是开挖产生的地层损失及扰动所引起的，地层损失及扰动影响传播到既有线路，发生与结构的相互作用，该种作用对既有线的影响不能超过其稳定和使用功能极限。因此，实现施工过程中既有线安全的前提是认识既有轨道交通结构随新线开挖过程所产生的沉降、变形规律以及应力、应变分布规律，以便采取相应控制方案和技术措施，如施工前新旧结构合理间距的确定、既有结构的加固，施工中强化新建结构施工支护措施、既有结构监测与控制、加固开挖面附近的地层以减小影响传播、结构控制效果的监测、评价与调整，施工后既有结构的恢复与加固等措施，保证既有线所受影响不超过其承受能力。

新建地铁施工与既有地铁结构之间是相互影响的，既有结构的存在影响到新建工程的施工和安全，而新建施工又必然会对既有结构产生影响，严重时可能造成结构的破坏和部分使用功能的丧失，甚至影响到运营安全。

既有结构发生结构损坏（广义上安全和部分功能的丧失）的充要条件是：新建工程施工的附加影响已经超过既有结构的强度（如承受变形的极限能力等），因此保护措施应从两方面着手：①减小施工造成的附加影响，使其不超过结构所能承受的强度极限；②加固既有结构，提高其抗变形能力和强度。

在施工过程中所有技术措施的制定也都是围绕这两方面进行的，结合既有地铁结构变形及其控制体系分析并兼顾以上两方面要求，确定隧道穿越既有线工程的技术要点，包括以下几部分。

1）既有结构的现状评估与安全性评价，由此可辅助制定出既有结构的沉降和变形控制标准。

2）制定合理有效的技术措施，尽量减小附加变形对既有结构的影响。通过新建隧道施工对既有地铁构筑物施工附加影响的分析和评价，确定出合理的施工方案，并制定控制标准。施工方案包括施工方法以及辅助施工方法的优化，并且包括工法的细部优化等。依据相互影响分析和优化可以确定新旧结构的合理间距。

3）技术方案和技术措施的实施要到位，落到实处。依据地层和结构的变位分配原理，初步拟定相应施工方案下的既有结构变形及稳定性控制方案并加以实施。

4）监控量测、监测信息反馈及过程控制。基于信息化施工的原理，通过监测结果与既定控制方案的对比，可及时对施工方案和控制标准进行调整，以达到预期目标。

5）工后评估及恢复措施的制定和实施。调整后续施工步序控制既有结构沉降在允许范围内，否则必须对既有结构的沉降进行恢复以保证行车的安全。

（2）风险控制工作流程。为便于操作，结合以上技术要点，将穿越既有地铁构筑物的具体工作从时间上分为穿越施工前、穿越过程中、穿越施工后三个工作阶段，关键技术穿插在各个工作阶段。穿越既有地铁线路风险控制各阶段流程见图 3.3-11。

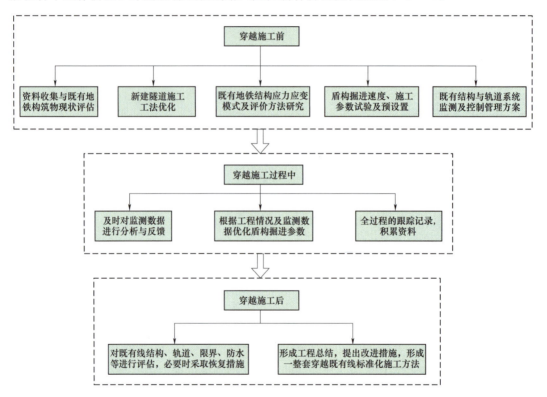

图 3.3-11　穿越既有地铁线路风险控制各阶段流程图

（3）风险控制措施。为确保地铁列车的安全运营，盾构隧道穿越施工时需采取有力措施来控制既有地铁的变形，主要措施有以下几个方面。

1）地层注浆加固措施。在盾构穿越施工前，对穿越处地层进行超前注浆加固，是在穿越工程中控制既有地铁结构变形的有效方法，具有防止地下水渗透、提高围岩稳定性、降低施工难度的特点。此外，该技术简单、成熟、工期短、安全系数高，已逐步发展成为盾构穿越领域内减少风险的关键措施之一。

超前地层的注浆加固机理是通过小型导管把水泥浆液输入地层结构的裂缝和孔隙之

中，水泥浆经过水化凝固成为胶着物，周围离散的土颗粒黏结起来，地层的承载力、稳定性以及强度都得以提高，从而达到了加固的目的。在注浆过程中，要严格控制注浆压力和注浆量，确保注浆达到预期的效果，有效控制盾构穿越工程引起的既有地铁隧道结构的变形。注浆成败主要在于注浆压力，注浆压力既要保证可以排出水分跟空气，使得地层的强度与密实度得以提高，又要确保注浆压力不至于使既有地铁车站的挤压力过大，从而引起地铁车站隆起，甚至使既有地铁车站结构发生破坏。

2）注浆抬升既有地铁结构机理及控制。注浆分为两种：一种是在既有线结构内向下方的土体注浆；另一种是在新建车站内向上方的土体注浆。注浆时要做好注浆压力的控制、注浆位置的确定、注浆量的控制。

3）盾构洞内控制措施。

（a）严格控制土压力。预先计算为减少开挖土体移动而必须设定的土压力，在施工中严格管理，使实际土压略大于计算值。

（b）合理控制盾构内注浆量。注浆是盾构法施工的主要工序，需坚持保证注浆压力的同时兼顾注浆量的原则，根据施工现场实际监测数据，进行不断的优化，确定注浆压力，注浆量的波动范围为实测注浆量的允许区域，且必须大于理论分析的计算值。

（c）盾构施工过程中应采取少量、多次的方式进行同步注浆、二次注浆及多次补浆，以较好的填充盾构管片与土体之间的间隙，控制沉降。

（d）在盾构机进入穿越工程影响区域之前，尽量将盾构机的姿态调整至最佳，注意不要向上抬头，严禁超量纠偏，蛇形摆动。严格控制盾构的轴线和纠偏量，在地铁下纠偏坡度控制在±1‰之内，平面偏差 15mm 内，一次纠偏量不超过 5mm。

（e）尽量减少地层扰动量。盾构机配套的千斤顶由刀盘旋转产生的推力是盾构法施工时产生地层扰动的主要原因，因此盾构机机械性能良好是盾构机正常工作的保证。

（f）保证管片间拼装的质量。在盾构施工中，必须保证隧道管片间拼装的紧密性，确保紧固一次性完成，减少管片的变形与变位。此外，在每环掘进中，应给予螺栓必要的二次紧固。

（g）强调自动化监测，做好信息化施工，穿越期间，设计、施工、监测、监理、地铁监护等单位现场办公，根据自动化监测数据提供的数值及其变化的趋势指导盾构施工。

4）主动的轨道防护措施。

（a）制定严格的监测计划，按计划进行静态及动态几何形位的观测。对钢轨、扣件及道床等进行全面检查和维护，发现损坏及时更换，确保轨道结构状态稳定。

（b）增设绝缘轨距拉杆或轨撑，并对影响范围内的线路设置防脱护轨，增强轨道整体刚度，以保证在可能发生倾斜位移时轨距不发生变化。

（c）采用注浆加固的方式处理道床开裂。道床开裂或剥离程度较轻时可暂不采取措施，但应严密监测；当裂缝发展到一定程度，采用注浆加固等方式对裂缝进行填充。

5）监测信息反馈。根据工程的特点，全部监测数据（数据采集及数据分析）均由计算机管理，如监测值出现较大增长或速率加速时，可及时通知施工、设计、监理人员及地铁运营公司，采取对应措施，确保地铁安全运营。监测反馈流程如图 3.3－12 所示。

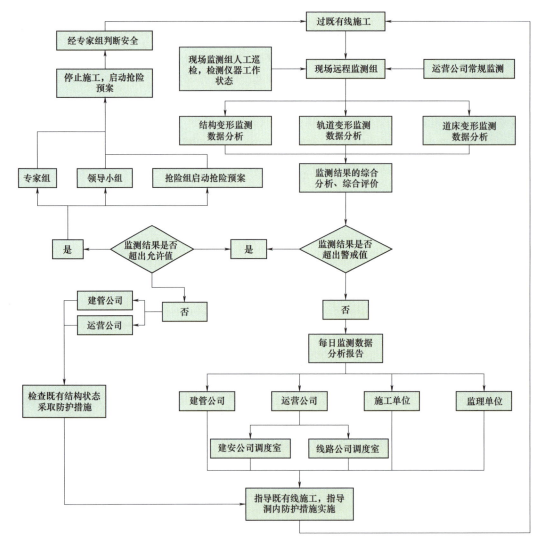

图 3.3 - 12 穿越已运营隧道监测信息反馈流程图

11. 盾构掘进土体过量损失影响后期运营的风险控制措施

若能在盾构掘进的过程中有效地控制地层损失率，就能够较好地避免因地层损失而对后期运营产生的影响。若施工期已造成过量的地层损失，可以采用以下的控制措施减小因土体过量损失对后期地铁运营所产生的影响，从而减少其给运营期带来的风险。

（1）对地层损失量较大的地段进行二次注浆，且采用"打点滴"式的注浆，即少量多次注浆。控制周边土体的移动，从而降低隧道后期运营所造成的过大地表沉降的风险。

（2）在软土中施作塑料排水板等方法，加快孔隙水压力的消散，从而减少运营期的固结沉降，降低运营期软土固结所带来较大沉降的风险。

（3）严格控制施工期的注浆量，减小管片的错位差。

（4）在施工期应及时注浆，同时加强对土洞等的探测，一旦发现隧道周边存在土洞，应及时进行注浆等措施进行填补，避免因运营时的振动荷载导致土洞的崩塌而对周边环境造成较大的风险。

12. 联络通道冻结工程风险控制措施

（1）施工管理风险控制。

1）施工单位履约不力风险控制措施。

（a）地铁联络通道分包管理由建设单位负责，统一管理和协调。

（b）地铁联络通道分包管理也可以采取代建制度，委托有专业背景的单位管理和协调联络通道的施工。

（c）采取施工准入制度，控制施工单位的资质和施工水平，保证施工的质量。

（d）地铁联络通道关键施工工序的开工实行开工令制度，对于关键工序的开工由监理、设计和施工单位共同对开工条件验收合格后，发出开工指令。

（e）委托专门的单位或部门对联络通道施工过程和竣工验收进行监督和检查。

2）设计方案不合理风险控制措施。

（a）采取设计准入制度，选择具有专业资质并有良好业绩的专业设计单位完成地铁联络通道的设计。

（b）影响较大的重要工程设计方案需要通过专家会议审定。

3）施工过程不合理风险控制措施。

（a）采取施工单位准入制度，选择具有专业资质，并有良好业绩特别是具备地铁联络通道施工经验的施工单位。

（b）施工组织设计需要经过专家会议审定。

（c）施工前对施工人员进行针对性的培训。

（d）完善相应的施工制度建设，在施工前将具体的施工工序要求和标准交底到施工的工人。

4）工序衔接和配合不恰当。

（a）冻结施工、开挖施工和结构构筑施工过程中进行信息化监测，通过监测数据及时调整施工工艺和进度。

（b）施工单位指派专人或专门部门负责施工过程中的信息化监测工作，并及时将监测数据上报建设单位和监理单位。

（c）影响较大的重要工程，委托专业的第三方进行监测工作。

5）风险应急组织不得当。

（a）施工前成立风险应急领导小组，并且分工明确。

（b）重要节点（如钻孔开孔、打探孔、拆除钢管片等）施工时，施工单位技术负责人和监理人员应在现场进行指挥和协调。

（c）整个施工过程中保证通信的畅通，在施工现场安装视频和通信电话，保证地面人员及时掌握施工现场的情况。

（2）施工技术风险控制。

1）地质水文条件意外风险控制措施。

（a）利用盾构推进过程中获得的地质资料来校核联络通道位置的工程地质水文条件。

（b）必要时，补充适当的实验室试验，获取工程需要土层的冻土物理力学基本参数。

2）施工组织设计编制不科学风险控制措施。

（a）施工单位完成的施工组织设计须经过施工单位总工程师审批。

（b）施工组织设计须召开专家论证会议进行论证，并根据会议的意见进行修改和补充。

3）施工制度不完备风险控制措施。

（a）建立完善的施工制度。施工单位施工前将主要工序的施工制度报监理单位审批。

（b）地铁联络通道关键工序的开工条件、施工过程和竣工验收有具体的施工要求和标准，由监理单位和施工单位共同进行监督和检查。

工序的验收标准有固定的表式，并及时归档，使用的工序验收标准可以参考表 3.3-11。

表 3.3-11　　　　　　　　　　　　　　××××工序执行标准

序号	项　目	标　准	执行情况
1	防护门状态	转动灵活，密封胶条完好，阀门开关正常	
2	电焊机状态	工作正常，风管完好无泄漏	

验收单位签字：

4）应急物资和设备准备不充分风险控制措施。

（a）应急物资和设备的种类和数量作为应急预案的重要组成部分，需要监理单位的认可。

（b）施工前，在施工现场附近按要求准备应急物资和设备，并由监理单位逐项验收。

（c）验收有固定的表式，并及时归档。

5）缺少风险控制节点风险控制措施。

（a）开挖侧隧道预留洞口上安装应急防护门，当出现不可控突发事件时，关闭应急门，保证隧道和地面建筑的安全。

应急门的结构型式和安装结构在具体施工中要根据现场的施工资料进行校核和修改。

（b）在施工现场配备空压机为防护门供气，同时要求防护门有一定的耐压值，使用气压为水土压力提供平衡，保持开挖面的稳定。

（3）施工过程风险控制。

1）冻结孔施工风险控制措施。

（a）开孔过程中出现涌水、涌砂。

a）采用专用的孔口防喷密封装置。一般的孔口防喷密封装置结构如图 3.3-13 所示。

b）采取两次开孔方式完成开孔施工。即第一次使用取芯钻将混凝土管片钻进一定距离，而不全部钻透。待安装固定好孔口管后，再将管片钻透，并开始钻进施工。

c）孔口管使用四个膨胀螺丝固定在混凝土管片上，并使用焊接连接，保证孔口管固定的牢固。

（b）钻进过程中出现涌水、涌砂。

a）钻进过程中使用冻结管作为钻杆，钻孔完成后不将钻杆抽出，避免水土涌出。

b）钻进尽量使用干钻，当钻不进时，再通水，同时控制水土的流失量。

c）如果钻进过程中水土的流失量过多，在冻结孔施工结束后，进行孔位注浆。

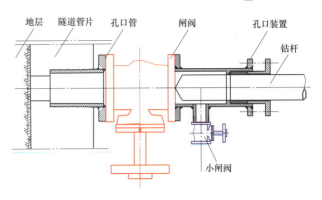

图 3.3-13　孔口防喷密封装置结构图

d）钻进过程中要经常检查孔口密封装置，及时紧固螺丝，防止水土从孔口密封装置的缝隙中流出。

（c）冻结孔施工偏差太大。

a）冻结孔施工前，按照设计图将所有冻结孔的开孔位置标示在混凝土管片上，并由施工技术负责人和监理人员复核开孔位置。

b）钻孔过程中，要定期复测钻进角度，避免钻进角度偏差大。

c）钻孔完成后，及时进行测斜，如果冻结孔的偏斜超过设计允许值，需要在适当位置补打冻结孔。

2）冻结施工风险控制措施。

（a）冻结施工不连续。

a）准备备用设备。对于关键的设备，主要包括冷冻机、清水泵、盐水泵等，按设计准备一套备用设备，在施工前接入系统并试运转正常，当某一设备出现故障后，及时启用备用设备，短期内恢复冻结。

b）准备双路供电。当供电线路发生故障时，启用备用线路，恢复供电，及时恢复冻结。

c）开挖和构筑阶段，在现场准备发电设备，以应付冻结过程中的突然停电。

d）积极冻结期间，如果停止冻结 24h 以上时，需要延长冻结时间，以提高冻结壁的强度。

e）在开挖和构筑阶段，如果出现长时间停止冻结情况，应停止开挖和构筑施工，采取保温、关闭应急门等措施，防止产生灾害性后果。

（b）冻结帷幕存在薄弱环节。

a）冻结过程中加强监测，保证冻结盐水循环均匀，避免冻结过程中出现薄弱环节。

b）冻结孔施工后，根据施工资料，分析可能出现的薄弱环节，在薄弱环节处打补孔加强冻结，同时在薄弱环节处设置测温孔，掌握整个冻结过程中薄弱环节冻结帷幕发展情况。

c）由于混凝土管片的散热，管片和冻结帷幕交接处易出现冻结壁的薄弱环节，在冻结过程中，在混凝土管片上布置冻结环管，加强薄弱环节的冻结，同时在冻结范围内管片上采取保温措施，减少管片冷量的损失。

d）积极冻结完成后，根据监测资料，分析冻结壁的形成状况，在薄弱环节处打探孔，验证冻结帷幕薄弱环节的冻结状况。

（c）冻结管断裂。

a）冻结开始阶段，精心施工，保证降温符合规律，避免冻结管产生过大的温度应力。

b）冻结过程中要加强监测，发现冻结管断裂后，要立即停止断裂冻结管的盐水循环，防止大量盐水进入冻结区域，造成冻结壁的融化。

c）及时采取下套管等措施，对冻结管进行处理，尽快恢复冻结。

（d）盐水漏失。

a）加强对盐水箱盐水水位的观测，发现盐水水位波动较大时，及时分析原因。

b）冻结孔施工完成后，要进行打压试验，保证打压压力不小于工作压力的 2 倍，保证冻结管的施工质量。

c）全部冻结孔施工完成后，全部冻结孔进行复打压试验，保证所有冻结管在冻结前的质量。

d）如果冻结管存在渗漏情况，可在冻结管中下入套管，继续进行冻结。

（e）施工对环境造成污染。

a）选用无污染、效率高、体积小、重量轻、制冷量大、安装运输方便的冷冻机组作为制冷系统的主机。

b）在盐水的溶解、循环、收集等环节，妥善处理，防止盐水流入地下水，对地下水造成污染。

c）施工场地离居民区较近时，采取相应措施，减少施工噪音的影响。

3）开挖施工风险控制。

（a）开挖判定条件不科学。

a）开挖条件的判定需要由建设单位和设计、施工、监理及其他相关部门确认后，方可进行管片拆除施工。

b）开挖条件满足要求后，在适当位置打探孔验证分析结果。

c）影响较大的重要工程，在管片拆除前，委托专业机构对冻结效果进行评估。

d）地铁联络通道开挖判定条件的验收使用统一的标准。

（b）冻结壁变形大。

a）开挖施工开始后，采取加强冻结的措施，保证盐水温度不升高，提高冻结壁的强度。

b）保证支撑结构和冻结壁紧密接触，如果支撑结构后的木背板与冻结壁之间缝隙过大，采用填砂等方法使两者之间接触紧密。

c）开挖施工中加强对冻结壁和支撑结构变形的监测，当冻结壁和支撑结构变形过大时，采取缩小支撑间距的办法，减小冻结壁和支撑结构的变形。

d）开挖后要及时支护，缩短开挖后冻结壁的暴露时间，必要时缩短开挖步距。

e）支护结构完成后，在支护结构之间挂网喷混凝土，提高支撑结构的稳定性。

（c）开挖面渗水。

a）开挖过程中，加强观测，及时发现冻结壁的薄弱环节。

b）对开挖面存在的薄弱环节采取保温、使用液氮冻结器、加强冻结等措施，提高薄弱环节的冻结壁强度。

c）如果开挖面有水渗出时，立即停止施工，及时通知有关人员，同时对渗水点进行处理。如果出水量小，利用快干水泥封堵。

d）当开挖面渗水量大，形成线流，不能控制时，采用砂袋堆填开挖面，控制漏水，停止开挖施工，继续加强冻结，待开挖面稳定后，恢复开挖施工。

4）开挖过程冻结壁超挖过大。

（a）开挖施工前，在隧道内标识开挖的轴线和开挖荒径的位置，作为开挖施工中尺寸校核的参考。

（b）在开挖过程中，定期校核开挖的轴线和开挖荒径尺寸，避免偏差过大。

（c）如果冻结壁的超挖过大，需要停止开挖施工，对超挖的冻结壁进行保温，加强冻结，并对冻结效果进行评估，冻结壁满足设计要求时，方可继续开挖施工。

3.4 富水砂层地下工程施工典型风险辨识及相关案例分析

随着地铁工程在全国各地的快速建设与发展，遇到各类富水砂层施工的情况较多，特别是东部及中部城市，一般地处大江大河沉积阶地地层，工程建设过程中往往发生突发性的渗透破坏及坍塌事故。本文基于南昌地铁工程，收集了部分典型富水砂层地区渗透破坏的各类案例，供各城市相关地质条件下开展施工准备期风险评估工作参考，以便做到提前预防及控制。

3.4.1 富水砂层基坑围护结构渗漏水典型案例

根据富水砂层地质实际，通过对部分基坑工程的实测数据统计可以发现，此类地质段基坑开挖过程中，其围护结构变形普遍较小，地下水位变化亦不明显，但往往发生突发性的墙体渗漏水事件，而使得风险预防控制工作陷于被动。为更好地开展和指导对于此类突发涌水、涌砂事件的防控，对实施监控以来的所有较大的渗漏水事件进行了汇总和分析，特别是针对事发前后的监测数据及监控情况进行了较为细致的比对和研究，以期得出一定的规律，对于后期开展同类基坑工程，特别是富水砂层条件下的风险预防和应急抢险准备提供有益参考，以达到降低工程风险的目的，具体的案例分析如下。

3.4.1.1 南昌地铁八一广场站基坑两次较大涌水、涌砂事件

南昌八一广场站为地下三层车站，长度约为166.50m，标准段净宽约为21.2m，底板埋深约为23.45m。

车站地貌上属于赣江冲积平原Ⅱ级阶地，车站穿越地层上部主要为第四系上更新统冲积层，下伏基岩为一套河湖相紫红色碎屑岩。根据勘探孔揭露的地层结构、岩性特征、埋藏条件及物理力学性质，结合工程可行性研究阶段地质资料，车站勘探深度以内地层岩性由人工填土（Q^{ml}）、第四系上更新统冲积层（Q_3^{al}）、第三系新余群（Exn）基岩等3个大层组成。该站地下水位埋深较大，勘察时水位埋深9.8～10.4m，标高14.03～14.36m，含水层综合渗透系数为80～120m/d。

1. 第一次涌水风险事件经过

2013 年 2 月 1 日凌晨 2 时左右，施工单位发现地下连续墙 W2（西端头井西南角附近）在地面以下约 22m 位置出现渗水现象，现场在清除表面泥皮后发现墙内夹泥，凿毛后夹泥孔洞变大，出现漏水，夹泥孔洞的孔径约 8cm。据现场反映，由于孔洞位置处于岩层中（强风化泥质粉砂岩以下 2.5m），漏出来的水全为清水，未含砂。

（1）现场处理措施。

1）先用棉絮堵塞孔洞，打入钢管楔紧，埋入引流管排水，再用快干水泥基沙袋反压回填漏水口四周，最后整个西端头采用坑内沙土回填反压，如图 3.4-1 所示。截至 2 月 2 日西端头南侧第三道支撑以下已回填反压，剩余西端北侧部分区域未回填。

(a)

(b)

图 3.4-1　涌水区域回填反压

2）在坑内回填反压的同时，在漏水位置墙顶打孔注双液浆，直至无漏水，如图 3.4-2 所示。

图 3.4-2　坑外注浆

3）在墙体外侧注浆直至不漏水，坑内漏水点采用人工开挖，每次开挖深度 10～15cm，边挖边观察是否漏水。如不漏水或少量漏水，采用钢板封堵，再对坑内墙体注浆；如漏水量较大，继续反压，坑外继续进行注浆。

4）加强对墙体、支撑轴力、水位的监测频率，监测频率提高到 3 次/天。

（2）监测数据分析。涌水位置如图 3.4-3 所示。地连墙发生涌水、涌砂之前对应区域地表沉降、水位、测斜、支撑轴力变化情况如图 3.4-4～图 3.4-8 所示。

由监测数据可知，西端头井 W2 幅地连墙发生涌水、涌砂之前（1 月 26—31 日）监测数据变化较小，未出现明显突变。2 月 1 日因地连墙涌水，坑外地下水位下降较快、支撑轴力增长较快，测斜略有往外变形趋势，在现场对渗漏部分进行封堵之后，水位出现回升，轴力也趋向平稳；2 月 2 日，受坑外注浆的影响，墙体测斜 CX12 变化速率超控制值，现场在调整注浆压力之后，监测数据趋于平稳。

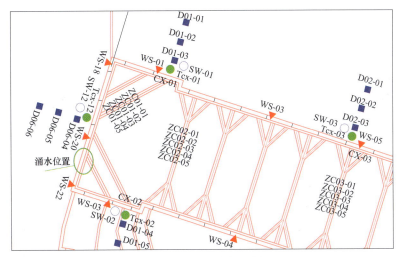

图 3.4 - 3　涌水位置图

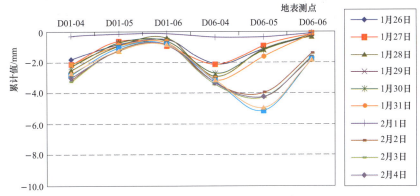

图 3.4 - 4　地表沉降变化过程线

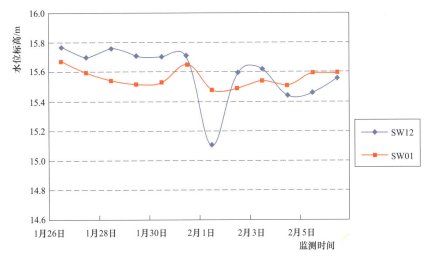

图 3.4 - 5　坑外地表水位变化过程线

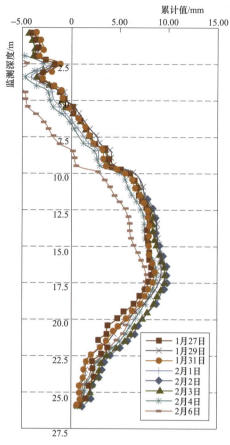

图 3.4－6　测斜 CX02 变化过程线

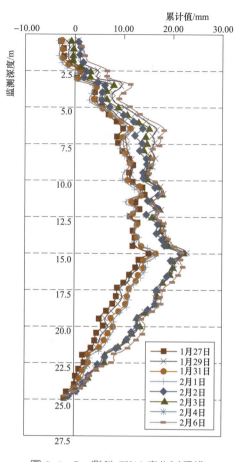

图 3.4－7　测斜 CX12 变化过程线

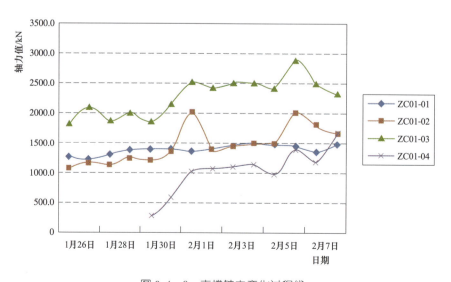

图 3.4－8　支撑轴力变化过程线

（3）原因分析。据现场反映，前期地连墙检测时发现 W2 幅地连墙质量存在缺陷，在现场和设计沟通后，确定在该幅地连墙外侧补设高压旋喷桩，结合本次情况，高压旋喷桩在进入岩层后止水效果不理想，地连墙及坑外补设高压旋喷桩质量不佳是此次渗漏水的主要原因。

2. 第二次涌水风险事件经过

（1）情况说明。2013 年 9 月 3 日上午八一广场站第 8 单元北侧底板以上 3m 地连墙接缝处有直径约 70mm 清水流出（图 3.4 - 9），现场埋管引流。至 9 月 4 日巡视时中发现仍有清水流出，并在第 9 单元南侧相近高度发现另一处渗漏点（图 3.4 - 10），现场已采取回填反压措施，但渗漏未完全停止，至 9 月 5 日 22 时，两处渗漏点均被完全封堵。

图 3.4 - 9　第 8 单元渗漏点有清水流出　　　　图 3.4 - 10　第 9 单元新发现渗漏点

（2）监测数据分析。本次围护结构渗漏点周边测点（图 3.4 - 11）8 月 31 日至 9 月 4 日的监测数据见表 3.4 - 1 和图 3.4 - 12。

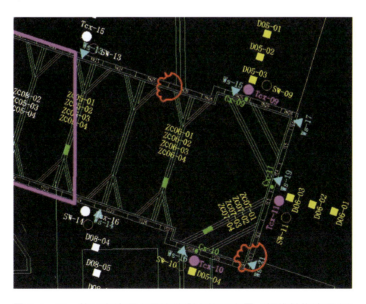

图 3.4 - 11　第二次渗漏点周边监测点位示意图（红线处为渗漏点）

表 3.4-1　　　　　　　　　　地下水位监测数据表　　　　　　　　　　单位：m

测　点	日期（年-月-日）				
	2013-8-31	2013-9-1	2013-9-2	2013-9-3	2013-9-4
SW13	15.42	15.47	15.44	15.20	15.22
SW14	15.69	15.69	15.69	15.67	15.66

测　点	日期（年-月-日）			
	2013-9-5	2013-9-6	2013-9-7	2013-9-8
SW13	15.33	15.34	15.30	15.31
SW14	15.67	15.67	15.66	15.67

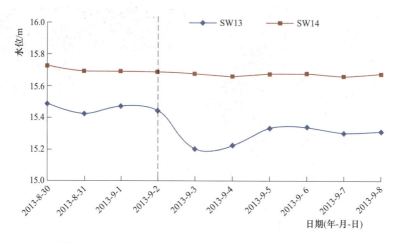

图 3.4-12　地下水位监测数据变化过程线（单位：m）

南昌地铁八一广场站本次发生围护结构渗漏的部位在第 8 和第 9 单元。从现有的水位监测数据来看，自 9 月 3 日第 8 单元渗漏点出现后，周边水位测点 SW13 水位并无明显变化，水位一直稳定在地表下 5m 左右，第 8 单元南侧水位测点变化量不大于 0.3m，因此判断该处地下水可能得到周边水系补充。水文勘察报告认为该站点周边地下水主要为上层滞水、松散岩类孔隙水，估计地层间的水系因钻孔等施工因素产生了联系。

从对应断面 CX09 及 CX11 测点近期变化趋势来看，见图 3.4-13 和图 3.4-14，自 9 月 3 日渗漏发生后，围护结构水平位移变化情况较稳定。本次渗漏部位对应支撑轴力 Z6、Z7 系列均正常监测，如图 3.4-15，Z6 及 Z7 系列支撑轴力大部分比较稳定，唯一变化量达 571.5kN 的 ZC07-04 测点因 9 月 2—4 日其下部土体开挖，且目前轴力仅为预警值的 30% 左右，属土方开挖过程中围护结构内侧卸荷后正常现象，该部位围护结构内支撑体系仍处于稳定状态。

（3）原因分析及主要问题。

1）本次两处渗漏点均位于围护结构接缝处，可能的原因是地连墙施工过程中对接缝位置刷壁效果不到位，黏附在上一槽段接触面上的泥皮、泥渣与该槽段之间形成隔层，或由于清槽不理想，浇筑过程中沉渣被混凝土带到地连墙接缝处形成夹泥薄弱区，因开挖后变形和内外压力失去平衡，击穿后形成渗水通道。

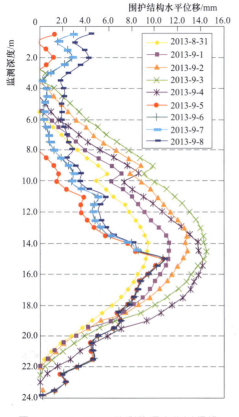

图 3.4－13 CX09 监测数据变化过程线

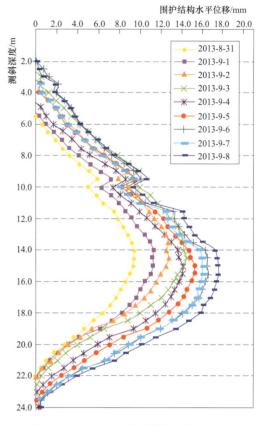

图 3.4－14 CX11 监测数据变化过程线

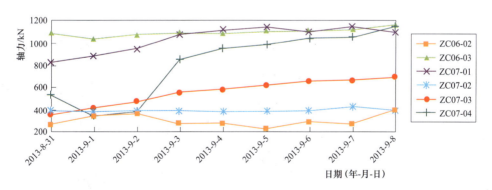

图 3.4－15 支撑轴力监测数据变化过程线

2）八一广场站由于基底入岩，造成止水帷幕失效，并且由于八一广场站地下水位仅低于地表5m左右，与目前开挖面形成约15m高差，水头压力较大，一旦围护结构存在渗水通道，极易发生渗漏，并随着流量增加，可能扩大渗水孔径，发生涌水、涌砂。

3）第8单元北侧渗漏点引流近40h后，周边地下水位仍未下降，且水流呈增大趋势，说明周边水系发达、水量充足，因此现场采用插管引流的措施不是治本之法，并可能导致

渗漏规模继续扩大的风险。

3.4.1.2　南昌地铁绿茵路桩间渗漏水事件

1. 简要经过

2013 年 4 月 23 日，现场巡查发现绿茵路站在 17～19 轴北侧桩间存在渗漏现象（图 3.4－16），现场已对渗漏进行封堵，但仍可见有渗漏水呈流动状态。5 月 2 日现场在相同区域再次发现渗漏（图 3.4－17），较前期渗漏严重，现场采取土方回填反压，及在坑外布设一排高压旋喷桩作业，并积极降低坑外水位。至 5 月 21 日坑外旋喷桩已施做完成，但坑外地下水位仍然较高（图 3.4－18）。5 月 28 日上午，17～19 轴第三道支撑至底板范围内桩间两处发生涌水、涌砂（因现场停电等原因，降水、堵漏措施滞后）。截至 5 月 28 日下午现场查看，桩间渗漏已得到初步控制，但桩间引流管中仍有清水流出（图 3.4－19），至 6 月 4 日该处正进行底板结构施工，现场未见明显渗漏。

图 3.4－16　4 月 23 日桩间渗流水

图 3.4－17　5 月 2 日 17～19 轴北侧桩间渗漏

图 3.4－18　5 月 14 日坑内水泥浆

图 3.4－19　5 月 28 日引流管中清水流出

2. 监测数据分析

绿茵路站围护结构发生涌水、涌砂前后对应区域水位、地表沉降、测斜变化情况如图 3.4－20～图 3.4－22 所示。

图 3.4 - 20 坑外地下水位变化过程线

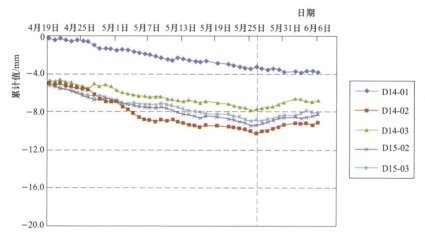

图 3.4 - 21 地表沉降变化过程线

由监测数据可知，除水位数据外，测斜、地表沉降数据在渗漏发生前后变化较平稳，未出现明显突变，但地表点有一小部分隆起（图 3.4 - 22），考虑为高压旋喷桩施工所致。绿茵路站坑外地下水位一直较高，且 17～19 轴一直在进行抽水作业，其中 25 号左右存在明显的水位上涨的阶段，据现场反映，为水位孔堵塞及现场停电等原因造成，SW05 号水位孔因施工原因被破坏。

3. 原因分析

17～19 轴因受周边环境影响，围护结构由地连墙变更未钻孔灌注桩，坑外设旋喷桩止水，桩间喷射混凝土面层，由于渗漏段存在砂土、砾砂夹圆砾层，且坑外地下水位一直较高，在开挖过程中由于内外水头差易从桩间薄弱处发生涌水、涌砂。

3.4.1.3 南昌地铁绿茵路站地连墙渗漏水事件

1. 简要经过

2013 年 2 月 25 日上午 10 时左右，开挖第三单元第三层土方时，基坑南侧 8 轴以东

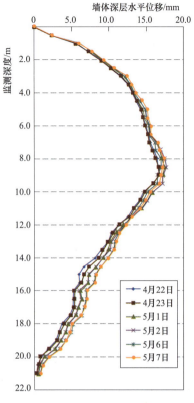

图 3.4－22　测斜 CX14 变化过程线

约 1m 第二道支撑以下 2m 处地连墙局部存在横向贯通缝（最长约 80cm），最大有直径约 3～5cm 的孔洞出现涌水、涌砂，当前坑外地下水位约在地表下 8m，渗漏位置约在地表以下 9m，水压相对较小，未出现较大喷涌。现场立即回填堆挡，并对该位置进行焊接钢板和注浆封堵。渗漏水位置如图 3.4－23 所示，地连墙贯通缝涌水如图 3.4－24 所示，回填反压如图 3.4－25 所示。

坑内封堵完成后，施工单位于次日在该幅地连墙外设置了一排高压旋喷桩（13 根 $\phi600@800$ 高压旋喷桩分两排搭接布置）进行彻底封堵。3 月 1 日该部位恢复开挖，未再出现渗漏水。

2. 监测数据分析

主要从地下水位、周边地表沉降、墙体测斜变形等监测项目分析渗漏水前后围护结构及周边环境变化情况，如图 3.4－26～图 3.4－28 所示。

该部位发生渗漏水前后，围护结构水平位移、坑外地表沉降、地下水位数据变化平缓，均无急剧突变，主要为发生渗漏时坑外地下水位约高于渗漏点 30～50cm，水头压力较小，且渗漏处理及时，用水量较小。

3. 原因分析

现场分析该幅地连墙发现浇筑时存在冷缝（可能两次浇筑时间间隔太长），且浇筑水下混凝土时泥浆中大量泥沙悬浮沉积在该部位，导致该位置地连墙存在贯通横缝，即存在渗水通道，开挖过程中坑外地下水涌入。

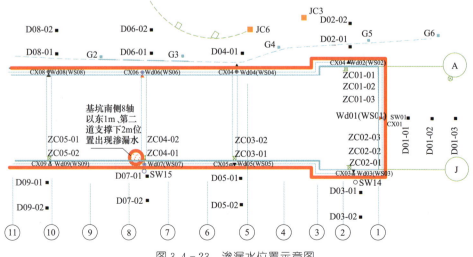

图 3.4－23　渗漏水位置示意图

图 3.4 - 24 地连墙贯通缝涌水

图 3.4 - 25 回填反压

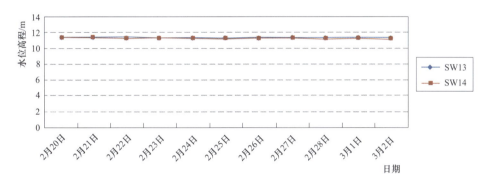
图 3.4 - 26 地下水位高程变化过程线

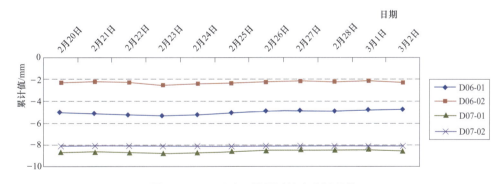
图 3.4 - 27 地表沉降累计值变化过程线

4. 现场处理措施

事件发生后，现场立即进行了坑内回填反压、渗漏部位焊接钢板注浆封堵，避免险情扩大，并在该幅地墙外补设了一排旋喷桩止水。问题发现及时，抢险处理得当。

3.4.1.4 南昌地铁八一桥西站地连墙渗漏风险事件

1. 简要经过

2012 年 9 月 10 日下午，南昌地铁八一桥西站基坑 12 轴位置开挖第四层土方时，12 轴

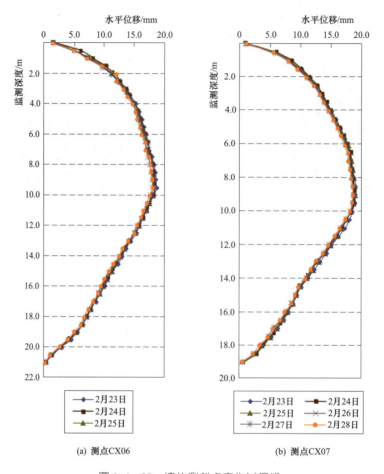

(a) 测点CX06　　　　　　(b) 测点CX07

图 3.4 - 28　墙体测斜点变化过程线

南侧两幅地连墙缝在底板以上 2m 范围出现渗漏水（图 3.4 - 29 和图 3.4 - 30）。现场立即回填土堆压，注入聚氨酯初步封堵，然后凿开墙缝两侧钢筋，焊接钢板并用双快水泥封堵（图 3.4 - 31），插入引流管引流，后续陆续对该位置进行坑内注浆（水泥—水玻璃双液浆）封堵，由于处理较慢，至 9 月 14 日引流管水量才明显减少，至下午已完全封堵，无明水渗流。

2. 监测数据分析

主要从地下水位、周边地表沉降、墙体测斜变形等监测项目分析渗漏水前后围护结构及周边环境变化，如图 3.4 - 32～图 3.4 - 34 所示。

该部位发生渗漏水前后，坑外地表沉降、地下水位数据变化平缓，无急剧突变；由于支撑架设滞后影响且渗漏封堵处理较慢，渗漏部位围护结构水平位移较明显（发生渗漏当日测斜速率超过了 2mm/d）。

3. 原因分析

该基坑围护结构接头形式为锁口管柔性接头，主要地层为中砂、粗砂，地连墙在砂性土层中成槽易发生槽壁坍塌等现象，不易控制接头施工质量，成槽过程中可能存在刷壁不彻底等现象，在坑外高水头压力作用下，出现渗漏水。

图 3.4-29 渗漏水位置示意图

图 3.4-30 12 轴南侧墙缝渗漏

图 3.4-31 焊接钢板封堵

图 3.4-32 地下水位高程变化过程线

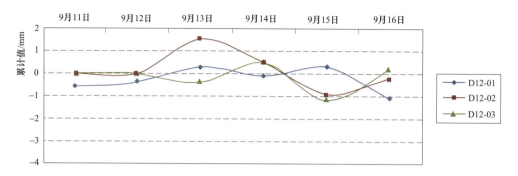

图 3.4-33 地表沉降累计值变化过程线

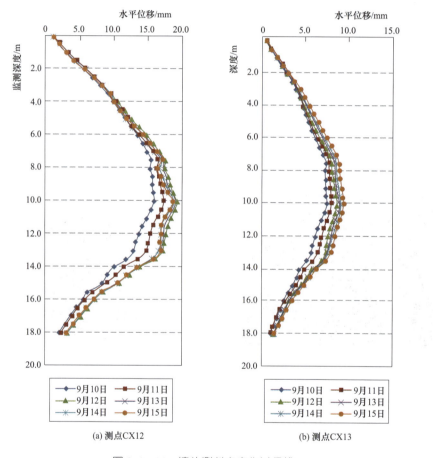

图 3.4-34 墙体测斜点变化过程线

3.4.1.5 南昌地铁珠江路站涌水、涌砂事件

1. 工程总体概况

南昌地铁珠江路站主体为现浇钢筋混凝土箱型结构型式，采用明挖顺筑法施工。车站基坑总长 467.2m，总宽 18.2～23.1m，站台中心处开挖深度约 15.51m，南北两端头井基坑开挖深度分别为 16.94m、17.87m。围护结构采用 $\phi1000@1200$ 钻孔灌注桩＋$\phi850@600$ 的三

轴搅拌桩止水帷幕，钻孔桩与搅拌桩间隙采用压密注浆加强止水，基坑竖向设 3(4) 道支撑，其中第一道为 800mm×1000mm 的钢筋混凝土支撑，混凝土支撑水平间距约 9m，混凝土支撑间采用 800mm×600mm 的混凝土联系梁连接，第二至第三（四）道采用 $\phi609$ ($t=16mm$) 钢管支撑，支撑水平间距约为 3m。

2. 监测数据分析

坑外水位监测数据分析。图 3.4-35 为基坑北段周围的监测点随基坑开挖坑外水位监测的数据变化情况，根据监测数据结果可以看出：在开挖初期 38 天内，随着开挖的不断加深及对坑内水位进行降水处理并降至开挖面以下，使坑外各监测点水位整体成下降趋势，其水位下降较大的为 SW2，变化速率达 180mm/d，小于报警值速率 500mm/d。38 天后，基坑水位快速上升，原因是连续几天的暴雨引起这一区域地下整体水位的上升。其中，SW1 孔水位下降速率达 698mm/d，大于报警值，出现危险信号，由于未及时采取防范措施，加上连续几天的暴雨，导致坑壁出现裂缝后迅速涌水、涌砂，后经紧急抢修才得以稳定险情。随着天气转好和基坑继续开挖，坑外水位又处于稳定的下降状态，变化值均小于控制警报值，直至开挖至坑底第 74 天后，坑外水位变化才处于稳定收敛状态。其中监测点 SW1 因受事故影响，无法测量，说明此点已被破坏。同时发现事故前后其周围的桩体水平位移经测量无太大变化，经抢修后桩体水平位移随基坑开挖深度的加大，变化速率均匀，说明基坑设计的整体稳定性足够安全可靠。

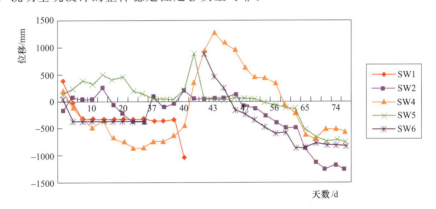

图 3.4-35　坑外水位变化过程线

珠江路站测点平面布置如图 3.4-36 所示。珠江路站底板完成时支撑轴力地表沉降统计情况分别见表 3.4-2。

表 3.4-2　　　　　　　　珠江路站底板完成时支撑轴力统计表

编　号	实测轴力/kN	设计轴力/kN	设计轴力 80%/kN	超过设计轴力值/kN	超过设计轴力 80%值/kN	实测轴力/设计轴力	实测轴力/设计轴力的 80%
ZC01-02	983	1500	1200	−517	−217	0.66	0.82
ZC01-04	184	1020	816	−836	−632	0.18	0.23
ZC02-02	685	2320	1856	−1635	−1171	0.30	0.37

续表

编　号	实测轴力/kN	设计轴力/kN	设计轴力80％/kN	超过设计轴力值/kN	超过设计轴力80％值/kN	实测轴力/设计轴力	实测轴力/设计轴力的80％
ZC02-03	499	1840	1472	−1341	−973	0.27	0.34
ZC03-02	617	2320	1856	−1703	−1239	0.27	0.33
ZC03-03	412	1840	1472	−1428	−1060	0.22	0.28
ZC05-02	336	2320	1856	−1984	−1520	0.14	0.18
ZC05-03	307	1840	1472	−1533	−1165	0.17	0.21
ZC06-02	423	2320	1856	−1897	−1433	0.18	0.23
ZC06-03	240	1840	1472	−1600	−1232	0.13	0.16
ZC11-03	222	1840	1472	−1618	−1250	0.12	0.15
ZC12-02	789	1490	1192	−701	−403	0.53	0.66
ZC12-03	459	1475	1180	−1016	−721	0.31	0.39
ZC13-02	298	1490	1192	−1192	−894	0.20	0.25
ZC13-03	303	1475	1180	−1172	−877	0.21	0.26
平均	450	1795	1436	−1345	−986	0.26	0.32

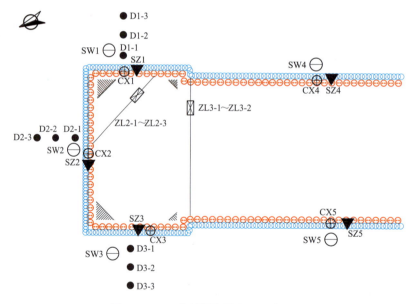

图 3.4-36　珠江路站测点平面布置图

3.4.2　渗漏水典型案例总结

综合上述几个典型渗漏水风险案例分析，由于南昌地铁建设单位对于基坑安全工作的高度重视，全线至今未发生过真正威胁基坑安全的重大事件。下面就仅有的几次事件案例，基于事件发生的原因、发生部位、发生前后的主要监测数据的变化情况进行分析，并针对富水砂层地区基坑的安全监控及渗漏水预防提出了一些建议以供后期工程参考。

1. 围护结构渗漏水典型风险因素

（1）地质风险因素。深基坑渗漏水的风险因素主要包括地下水位、坑内外水头差、围护结构施工质量等多个方面。结合富水砂层渗漏水发生的位置及基坑外部地质条件分析，发生较大渗漏水的基坑其外部地质均为上部砂层下面岩层的地质构造条件。由于地连墙接头部位施工质量存在缺陷或存在较大的横向施工冷缝，加之由于坑外接缝处止水高压旋喷桩无法入岩，其在土岩交界面处止水效果不理想，从而导致预防基坑渗漏水的两大防线均失效。在富水砂层的较高水头压力的作用下，发生管涌及流砂风险较大，是这几次较大涌水、涌砂事件发生的最重要原因。

（2）地连墙接头形式因素。软土（淤泥质）地层中普遍采用柔性接头，效果较好，无论挡土还是止水效果都不错，但在富水砂性地层中，采取柔性接头，止水效果并不理想，在这一点上都表现得较为明显。地下连续墙刚性、柔性接头优缺点见表3.4-3。分析原因如下：

1）在软土地质中，其土体本身渗透系数较小，即使接头存在一定缺陷，其渗水量也不会很多。而砂土地质本身渗透系数很大，如接头和止水帷幕同时存在缺陷的话在一定的水头压力作用下，其渗漏水会比较迅速。

2）地连墙在砂性土层中成槽更易发生槽壁坍塌等现象，不易控制接头施工质量。

3）坑外旋喷桩止水帷幕施工无法入岩很深，其在砂性地质中的施工质量也难保证。

表3.4-3　　　　　　　　　　地下连续墙刚性、柔性接头优缺点

项　目	优　点	缺　点
刚性接头	1. 增长了渗水路径； 2. 防渗漏性能好； 3. 抗剪性能好； 4. 提升了接头施工质量	1. 工序多，施工复杂，难度较大； 2. 刷壁和清除墙段侧壁泥浆有一定困难； 3. 接头处钢板用量较多，造价较高
柔性接头	1. 加工方便； 2. 具有一定的抗剪能力	1. 连接应力差，缺乏抵抗弯矩的能力； 2. 流水路线直而短，阻力小，易出现渗、漏水现象； 3. 安装易偏，起拔难度较大，附属设备多

（3）止水帷幕施工质量因素。据目前施工技术，高压旋喷桩在硬岩中成桩困难，易塌孔或无法到达预定深度，且可能存在因注浆压力不够、长桩孔底喷浆不足，导致深层处桩体搭接长度不够，桩间夹泥等，止水帷幕在深层处存在较多薄弱口，坑外地下水极易突破，桩间"间隙"成为地下水渗流直接通道，坑外止水失去作用。此外，地下连续墙围护结构，其墙缝渗漏的险情，基本发生于深度均为砂层与岩层交界处附近，且该深度处地连墙渗水处仍较多，表明地连墙墙幅接头高压旋喷桩在砂层与岩层交界处的止水加固效果较差。

（4）围护结构施工质量因素。

1）接缝施工质量问题。施工缝的渗漏水一直以来是土木工程界的难题，在连续墙施工中则更为突出。在采用传统接头管的地连墙施工中，液压抓斗在开挖紧靠墙体接头一侧

的槽孔时，不可避免地会碰撞或啃坏墙体接头，使墙体接头凹凸不平；尽管在成槽后进行刷壁，但是在刷除墙体接头凸面上土渣泥皮的同时，也将泥浆搪进了接头的凹坑之中，施工中刷壁不尽彻底。因此，成墙之后，墙体接缝处的渗漏水现象仍然很常见。

2）施工冷缝质量问题。如绿茵路站基坑，其地连墙浇筑时存在施工冷缝（可能两次浇筑时间间隔太长），且浇筑水下混凝土时泥浆中大量泥沙悬浮沉积在该部位，导致该位置地连墙存在贯通横缝，即存在渗水通道，从而导致开挖过程中坑外地下水涌入。结合巡检总结，有部分基坑围护墙体部分位置存在漏筋、夹泥等缺陷，从而导致较多墙缝均出现不同程度的渗水现象。

2. 渗漏水发生位置

从几个站点的渗漏水情况看，大部分基坑渗漏点均位于接缝处，有小部分为地连墙横向贯通缝，其中大部分渗漏点位于基岩面交界面处及基岩面以上 3～5m 左右。

3. 渗漏水发生的基坑分布情况

经统计，南昌地铁发生过较大涌水的基坑为秋水广场站、珠江路站、八一广场站、绿茵路站、八一桥西站。这些站点从地质条件分类看，均属赣江第一级沉积阶地地质，高水头压力下的富水砂性地层，基坑围护结构、地层参数及环境分析见表 3.4 - 4。

结合表 3.4 - 4 分析，以上发生渗流各站点其开挖面处水头高度均大于 10m，说明坑内外水头压力差巨大，特别针对于秋水广场站，由于其为 3 层站开挖深度较深，导致其渗漏水风险进一步加大。

4. 渗漏水发生点水头差分析

将上述发生渗漏水站的渗漏水点的位置及坑外水头高度进行统计汇总，如表 3.4 - 5 所示。

根据表 3.4 - 5 分析，发生渗漏水时基坑具有如下特征。

（1）渗漏水点基本位于基坑开挖面上 3～4m 区间。

（2）渗漏水情况均为涌砂，仅八一广场站第一次出现涌水的情况，而秋水广场站则出现较严重的喷涌情况。

（3）根据水压分析，八一广场站和秋水广场站均超过 10m，但八一广场站渗漏点位于岩层中，而秋水广场站渗漏点位于砂层中，因此二者存在差异，导致八一广场站第一次仅发生渗漏水现象，而秋水广场站则发生严重的喷涌现象。

（4）综上分析，是否发生渗漏水与围护结构的施工质量有关，而是否发生涌砂等现象则与周围岩土体特性以及地下水位的高低有关，从珠江路站及秋水广场站发生渗漏水的事件经过及地下水位变化显示，发生较大渗漏水前，地下水位不但没有明显下降的过程反而有一段上升的区间，多由天气原因（暴雨）引起，进而导致坑内外水位差加大，如果突然超过其临界水力梯度值，则会引发涌砂险情。

5. 监测数据变化规律分析

从监测数据综合分析，在发生较大渗漏水前后，邻近水位孔的水位的下降变化还是比较明显，但其基坑测斜、地表沉降、支撑轴力变化尚不明显。仅有少部分基坑在渗漏水时因抢险堵漏至支撑架设不及时，测斜变化速率存在超过 2mm/d 报警的情况；另有少部分基坑地表沉降和支撑轴力略有上升（分析为坑外旋喷桩施工所致），但以上数据变化均在

表 3.4-4　南昌地铁部分发生渗漏水车站基坑围护结构、地层参数及环境分析表

序号	车站名称	基坑支护结构形式	基坑深度/m	支护结构嵌固深度/m	地下水位埋深/m	水头高度（相对坑底）/m	支护结构穿越砂性土构成
1	珠江路站	钻孔桩＋三轴搅拌	B-16.6 D-18.2	7.8~7.4	4.1	B-12.6 D-14.2	粉砂、中砂、粗砂、砾砂
2	八一桥西站	地下连续墙	B-15.533 D1-17.278	4.6~5.6	6.5	B-9.533 D1-10.7	细砂、中砂、粗砂、圆砾、局部含黏性粉砂
3	绿茵路站	地下连续墙	B-16.21 D1-17.71	5.5~7.2	7.3	B-9.11 D1-10.0	含黏性粉砂、细砂、粗砂、砾砂夹圆砾
4	秋水广场站	地下连续墙	B-23.46 D1-24.81	5.1~5.5	9.0	B-16.3 D1-17.8	细砂、中砂、粗砂、砾砂、圆砾
5	八一广场站	地下连续墙	B-23.45 D-23.75	5.0	6.7	B-16.7 D-17.0	细砂、圆砾、砾砂、粗砂、强风化和中风化泥质粉砂岩

表 3.4-5　南昌地铁部分发生渗漏水点位置及坑外水头高度分析表

序号	车站名称	基坑支护结构形式	基坑深度/m	渗漏点发生位置（相对坑底）/m	相对水头差/m	地下水水头高度相对坑底/m	渗漏情况描述	渗漏水点特征
1	珠江路站	钻孔桩＋三轴搅拌	B-16.6 D-18.2	3.0	7.0	B-12.6 D-14.2	涌砂	—
2	八一桥西站	地下连续墙	B-15.533 D1-17.278	2	5.0	B-9.533 D1-10.7	涌砂	缺陷大小：2cm×200cm
3	绿茵路站	地下连续墙	B-16.21 D1-17.71	7.21	1.0	B-9.11 D1-10.0	涌砂	直径约：3~5cm
4	秋水广场站	地下连续墙	B-23.46 D1-24.81	4.0	11.0	B-16.3 D1-17.8	喷涌	缺陷大小：10cm×50cm
5	八一广场站	地下连续墙	B-23.45 D-23.75	第一次：-5.0 第二次：3	第一次：22.0 第二次：11.0	B-16.7 D-17.0	第一次：涌水 第二次：涌砂	第一次：直径8cm 第二次：直径7cm

发生较大渗漏水情况出现之后。因此，对于事先通过监测数据判断地连墙或桩间的渗漏水及涌水、涌砂情况存在较大难度，其水位、地表沉降及支撑轴力为较为敏感因素，可通过重点监控以上项目可较为及时发现现场出现的一些渗漏水险情，同时结合现场巡视检查，以便争取时间加以处置。

3.4.3　富水砂层盾构掘进典型地质风险

针对富水砂性地质，由于其渗透性好、潜水量较大，在水动力条件和盾构掘进扰动作用下，极易产生管涌、流砂及振动液化现象，从而降低上覆土层强度，且地下水位高，浆液随地下水流失较严重，注浆效果不佳导致土层空隙充填不饱满。

大量监测数据表明，富水砂层自身特点为自稳性较差，特别是杂填土较厚地段，盾构掘进过程中很容易对土体扰动，如果管片外部间隙未能及时有效填充，将引起上方土体沉降，表现为盾尾脱出某监测断面后 1～2 天内地表沉降明显，但在较硬地表区可能短期内反应不明显，而在后期较慢发展。

例如某区间下穿铜锣湾广场附近区域时，该区域回填土结构松散，自稳性差，对盾构推进扰动影响反应灵敏，且在地下水作用下，同步注浆浆液易从土体空隙流失，注浆效果得不到保证。区域松散的杂填土受盾构推进扰动后的固结沉降是该区域地表沉降变化异常的直接原因。

此外，富水砂性地层主要为中砂、粗砂层且级配不良，泡沫与土体颗粒无法完整、致密结合，不能充分置换土体中的孔隙水进而填充原来的孔隙，不容易形成更多封闭的泡沫，从而无法有效达到降低土体渗透系数、增强止水性的目的。例如该富水砂层中两台盾构掘进过程中均采用泡沫剂进行渣土塑流性改良。泡沫属于渣土改良外加剂中的界面活性材料，主要有改良渣土不透水性，增强流动性，防止其黏附刀盘的作用。相关研究表明，泡沫剂更适合于颗粒级配相对良好、平均粒径较大、含水量较高的土体，珠江路站—八一桥西站、八一桥西站—绿茵路站区间盾构掘进地层主要为中砂、粗砂层［主要土层主要为细砂、中砂、粗砂、砾砂（夹圆砾），通过计算各层级配曲线可知，细砂、中砂、粗砂层不均匀系数均小于 5，属匀粒土，级配不良；砾砂层不均匀系数为 10.7，级配良好，但曲率系数为 0.5，小于 1，级配不连续］，泡沫与土体颗粒无法完整、致密结合，不能充分置换土体中的孔隙水进而填充原来的孔隙，不容易形成更多封闭的泡沫，从而无法有效达到降低土体渗透系数、增强止水性的目的。

综上所述，根据国内外众多的施工经验，在土压平衡式盾构施工中，为了使开挖下来的渣土具有一定的流动性和止水性，保证盾构机的正常推进，盾构机压力舱内的土体必须保证一定含量的微细颗粒，有相关资料显示这种微细颗粒的含量应该在 35% 以上。所以膨润土泥浆适用于细料含量少的中粗砂土、砂砾土、卵石漂石地层等，主要原因就在于膨润土泥浆能够补充砂土中相对缺乏的微细粒含量，提高渣土和易性、级配性，从而提高其止水性。因此，对于中砂、粗砂这种细粒含量较少、透水性高的土体，盾构掘进土体改良宜添加膨润土进行改良。

最后，在一些老城区，盾构区间沿线还存在老旧管线（涵）、地层空洞、松散、软弱区域及断层等不良地质情况，如不加注意就可能引发事故。盾构机掘进时，地表沉降反应滞后，盾构通过一定距离后，随着雨水携带、地面震动等扰动土体向空洞转移，空洞慢慢向上延展，地表沉降待管片脱出盾尾很长一段时间后才反映到地面。

3.4.4 各类典型风险控制措施

针对富水砂层中的地铁施工无论基坑工程还是盾构工程均极易发生渗透破坏现象，综合表现为地表沉降过大、地表塌陷、突发性喷涌等重大风险。针对此类风险，可通过工程实践不断总结，通过水力指标分析、监控数据及巡查指标综合判断，增强该类风险预防及控制的能力，基于众多工程实践经验总结，给出以下一些防控措施。

1. 基坑围护结构渗透破坏风险防控

（1）加强水位监测，对于水位变化超过预警值情况进行原因分析，并加强现场巡视，特别应安排专人开展夜间巡视工作。

（2）对细小渗漏应及时进行堵漏，不可只引流不封堵，所有渗漏水点均应处理至不再渗漏。

（3）可适当设置坑外降水井，当地下水位超过设计给定值，或工程渗漏水严重、堵漏效果不佳时，可实施降水减压。

（4）实行"掏槽检缝"制度。基坑施工时，每层开挖前先从开挖面向下人工掏槽，检查缝的质量及是否存在渗漏水等问题，在对缺陷进行修补后，再进行土方开挖。

（5）基坑开挖时，应分层分段进行，并及时架设支撑，防止地连墙变形过大造成接头处渗漏水，尤其是锁口管接头，由于接头刚度较小，对基坑变形更为敏感。

（6）地连墙凿毛时，注意接缝凿毛深度，防止接缝凿穿孔洞，造成地连墙接缝出现涌水事故。

（7）应急物资应准备充足，出现涌水、涌砂险情时，及时在坑内进行局部反压，在基坑外进行双液注浆堵漏、聚氨酯堵漏、高压旋喷桩加固等措施。

2. 盾构区间掘进风险防控

（1）加强对不良地质风险的预防及控制。砂性地层，受盾构施工扰动敏感，且老旧管线易发生渗漏水并受扰动破坏。现场施工、监理单位应高度重视，对盾构机推进速率、推力、仓压、注浆量及注浆压力等根据地表沉降情况不断调整、优化，控制地表沉降，避免后续施工中出现地表路面塌陷或造成房建地基结构沉降产生不良的社会影响。

（2）优化浆液配比，保证同步注浆效果。为解决该地质条件下浆液易随地下水由土体空隙流失的问题，建议现场针对富水砂性地质通过实验选用适宜的同步注浆浆液类型和配比（例如加快初凝时间、优化注浆浆液粒径级配等），同时根据地表沉降情况及出土量等不断优化注浆量、注浆压力等参数，确保地表沉降控制在合理范围内。

（3）积极探查盾构前方地层空洞情况，提前注浆封堵。

（4）选用合适的改良剂和材料配比，优化土体改良措施，严格控制土压力及出土量，在土压平衡式盾构施工中，对于中砂、粗砂这种细粒含量较少、透水性高的土体，盾构掘进土体改良宜添加膨润土进行改良。

（5）及时进行二次注浆。填充管片外土体空隙并稳固管片，抑制盾构区间土体沉降后期发展趋势。注浆时应时刻关注监测数据及注浆压力的变化情况，以及检查井内水流变化情况，预防注浆压力过大导致管片裂缝及因地层抬升过大导致上覆管线破坏。

（6）重视盾构施工中的周边环境监测工作，监测应随施工进度及时跟进，且后续监测点应及时按照设计和监测方案要求布设及测取初始值。对数据异常监测点采取加密监测和加设断面监测点的措施，严格按设计及方案开展监测工作，确保监测范围及监测频率，使监测能及时反映盾构施工对周边环境的扰动影响，反馈并指导施工。

（7）出现监测或巡视预警时需加强警情响应及反馈。施工、监理单位需每日及时对监测数据进行对比分析，对盾构掘进影响范围周边环境进行巡视，若有异常及时按照预警响应流程进行处理和上报，并及时加密监测及巡视，避免迟报、漏报、瞒报等情况的出现。

（8）螺旋机喷涌问题。

1）盾构掘进过程中，向土仓内及刀盘面注入土体改良剂（泡沫剂或膨润土），改善渣土性能，提高渣土的流塑性，防止涌水、涌砂和发生喷涌现象。

2）加长渗流路径，如可考虑采用双螺旋输送机，或对螺旋机出土口进行改造。

3）必要时可采取降水措施，以降低土仓内水头压力。

（9）管片碎裂导致渗漏水风险防控。

1）增设传力衬垫。由于施工质量及管片质量缺陷，导致环面不平整客观存在，因此，为减缓局部受力过大，应增设传力衬垫。具体做法为：在管片拼装完成后检查管片的环面平整度并采用传力衬垫找平。

2）对土体改良措施加以改进。

3）逐步应力释放。及时将千斤顶顶进过程中施加给管片的预应力予以释放，通过在应力集中部位发生一定位移，让应力在拼装好的管片中再次调整，重新分布，在一定程度上也会起到一定预防施工期管片破损的作用。

4）注浆压力控制。注浆压力是施工过程中管片所受到的一重要施工荷载，若该压力过大，经常会造成管片的变形和错台，严重时甚至会剪断连接螺栓，尤其是封顶块，注浆压力经常会使得封顶块有向隧道内部空间发生位移的趋势。所以，盾构司机应注意同步注浆时的压力控制和千斤顶推进控制。

5）盾构掘进时应严格控制盾构机的姿态，特别在曲线段，盾构机应缓慢掘进，控制盾构机的每环纠偏量，防止盾构机轴线与隧道管片的轴线间的夹角过大。

6）及早对已破碎或渗漏管片进行修补堵漏。

（10）盾尾密封失效导致渗漏水风险防控措施。

1）严格控制盾构推进的纠偏量，尽量使管片四周的盾尾空隙均匀一致，减少管片对盾尾密封刷的挤压程度。

2）及时、保量、均匀地向密封刷注油脂。

3）具备气压保护下更换盾尾密封系统。

4）控制盾构姿态，避免盾构产生后退现象。

5）在盾构后 10m 范围内，对已注过浆、已形成隧道的地段进行补偿性二次注浆，补偿性注浆后击穿盾尾的水流减弱直至停止，则及时对盾尾补注油脂。

3.5　环境影响工程风险分析实例

在施工准备阶段，需要结合设计，针对工程本体施工对周边环境影响范围及程度进行更为深入地分析，以便基于分析成果采取相应预控措施，降低工程风险，保障工程顺利实施。下面通过分析几个典型案例，分别从基坑、盾构施工对周边环境影响等几个方面进行详细讲述。

3.5.1　某基坑工程环境影响分析实例

3.5.1.1　车站主体概况

某车站位于西大街与龙岗道交叉路口处，呈东西走向布置。车站主体部分基坑长为186.6m，结构净长185m，采用0.2%的纵坡。车站标准段基坑开挖宽度19.2m，车站有效站台中心线开挖深度约16.21m，围护结构设计采取ϕ1000mm@2000mm的钻孔灌注桩，标准段为A1型桩灌注桩，嵌固深度3.5m，桩长17.81m，共计152根；扩大段为A2型桩灌注桩，嵌固深度4m，桩长19.9m，共计64根。冠梁除东西两端头断面尺寸为1.5m×0.8m，其他位置断面均为1.3m×0.8m，挡土墙位于冠梁上，宽0.2m，高约1.1m，钢筋锚入冠梁。基坑采用明挖顺做法施工，基坑安全等级为一级。

3.5.1.2　车站附属概况

车站为地下双层10.5m岛式，共设有4个出入口，2组风亭，见表3.5-1。

表3.5-1　　　　　　　　　　　出入口及风亭情况表

附属结构	施工方法	位置	围护型式	结构型式
1号出入口	明挖顺作	西南角	土钉墙+网喷混凝土	土钉墙+网喷混凝土
2号出入口	明挖顺作	东南角	土钉墙+网喷混凝土	土钉墙+网喷混凝土
3号出入口	明挖顺作	东北角	土钉墙+网喷混凝土	土钉墙+网喷混凝土
4号出入口	明挖顺作	西北角	土钉墙+网喷混凝土	土钉墙+网喷混凝土

3.5.1.3　工程地质及水文条件

1. 工程地质情况

根据工程地质分区，场地位于工程地质Ⅰ区，站址地貌单元属岗地残丘，地形起伏较大，主要地层为人工填土层<1-2>（Q_4^{ml}）、强风化泥质粉砂岩<5-1-1>（Ex）、中风化泥质粉砂岩<5-1-2>（Ex）、微风化泥质粉砂岩<5-1-3>（Ex）、中风化泥岩<5-4>（Ex），见表3.5-2。开挖范围以内，主要以中风化泥质粉砂岩为主，局部含有微风化泥质粉砂岩夹层，以及少量表层填土和强风化泥质粉砂岩。结构底板落在中风化泥质粉砂岩层中。××站地质剖面图见图3.5-1。

表3.5-2　　　　　　　　　　　地层岩性及特征表

地层编号	岩层名称	地层描述
<1-2>	人工填土层	灰褐色、灰黄色、褐黄色等，松散—稍压实，丰和南大道地表表部多分布有0.20~0.50m厚的混凝土及沥青路面，以填砂为主，混夹碎石、少量卵石
<2-1>	粉质黏土层	褐黄色、灰黄色、灰白色等，呈可塑状态，局部为软塑或硬塑状态，摇振无反应，光泽反应稍有光泽，干强度及韧性中等。该层顶面埋藏深度2.80~15.20m，相当于标高9.41~18.22m

续表

地层编号	岩层名称	地层描述
<2-2>	淤泥质黏土层	灰色—深灰色、灰黑色，呈饱和，流塑—软塑状态，含少量有机质、腐殖质，偶夹薄层粉细砂，具臭味。摇震无反应，光泽反应稍有光泽，干强度及韧性较高，该层顶面埋藏深度5.00～16.90m，相当于标高4.76～15.79m
<2-3>	细砂层	灰黄色、灰白色等，呈饱和，稍密状态，局部松散状态，石英质，混10%～30%黏性土，分选性较差，级配良好。该层顶面埋藏深度5.10～17.40m，相当于标高4.79～14.94m
<2-4>	中砂层	灰黄色、灰白色、浅黄色，呈饱和，稍密状态，石英质，混10%～20%黏性土，分选性较差，级配良好。该层顶面埋藏深度4.10～17.50m，相当于标高3.54～16.20m
<2-7>	圆砾层	灰黄色、灰白色，饱和，中密状态，级配较好，颗粒成分多为石英，含粉粒、黏粒5%～25%。局部含少量石英质卵石，亚圆形，母岩为灰岩、石英砂岩等，粒径2～6cm。该层顶面埋藏深度5.00～18.80m，相当于标高2.99～14.90m
<4-2>	黏土层	褐红色、褐黄色夹灰白色，呈硬塑状态，具网纹状结构，摇震无反应，具中等干强度及中等韧性。该层顶面埋藏深度0～1.50m，相当于标高28.20～66.86m
<4-3>	粉质黏土层	褐红色、棕红色夹黄白色，系泥质粉砂岩风化残积而成，原岩结构尚可辨，硬塑状态，遇水易软化。摇震无反应，切面稍有光泽，干强度中等，韧性中等。该层顶面埋藏深度0～13.10m，相当于标高15.43～63.66m
<5-1-1>	强风化泥质粉砂岩	褐红色，岩性主要为泥质粉砂岩，局部为泥岩或砂岩，泥质胶结，成岩矿物显著风化，岩石组织结构已大部分破坏，但原岩结构清晰，岩石风化节理裂隙很发育，岩芯多呈土夹碎块状，岩块可用手折断，遇水易软化。该层顶面埋藏深度0～26.20m，相当于标高1.24～60.76m
<5-1-2>	中风化泥质粉砂岩	褐红色，粉细粒结构，中厚层状构造，泥质胶结为主，局部钙质胶结，岩屑成分主要为粉细砂，岩石组织结构部分破坏，少部分矿物风化变质，节理裂隙发育且密闭，多为钙质或泥质物充填，裂隙面见褐色铁锰质浸染，岩芯较完整，多呈柱状，偶呈块状，岩石天然抗压强度值为6.18～13.67MPa，平均天然抗压强度值为10.17MPa，属软岩，遇水易软化。该层顶面埋藏深度0～39.00m，相当于标高-5.49～58.96m
<5-1-3>	微风化泥质粉砂岩	褐红色，粉细结构，厚层状构造，泥质、铁质胶结，岩屑成分主要为细砂，结构清晰，微张节理裂隙稍发育，裂隙面略见褐色铁锰质浸染，岩石较硬，岩芯完整，锤击声脆，天然抗压强度值为7.50～19.70MPa，平均天然抗压强度值为12.37MPa，属软岩，岩体质量等级为Ⅳ类，遇水易软化。该层顶面埋藏深度6.30～33.80m，相当于标高-2.99～43.00m
<5-4>	泥岩	青灰色，泥质粉粒结构，薄—中层状构造，泥质胶结，岩屑成分主要为粉砂，岩石组织结构部分破坏，少部分矿物，锤击声较脆，岩石天然抗压强度值为5.33～8.57MPa，平均天然抗压强度值为7.11MPa，属软岩，岩体基本质量等级为Ⅴ类，遇水易软化，该层顶面埋风化变质，节理裂隙发育，多泥质物充填，裂隙面较光滑，岩芯较完整，多呈柱状，偶呈块状，埋藏深度6.60～25.40m，相当于标高-4.89～29.12m

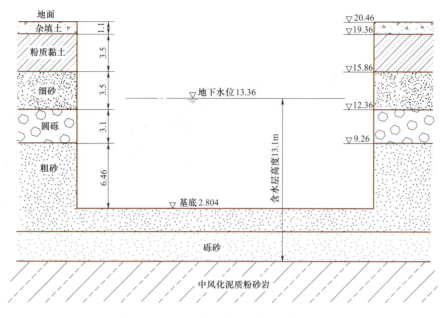

图 3.5-1　××站地质剖面图（单位：m）

2. 水文条件情况

（1）地下水类型。勘察场地地下水类型主要为赋予基岩风化裂隙中的裂隙水，局部分布赋存于人工填土层中上层滞水。勘察期间，场地所有钻孔均遇见地下水。勘察时测得各钻孔基岩裂隙水稳定水位埋深 2.15～11.30m，相当标高为 24.77～30.26m。地下水位的变化与地下水的赋存、补给及排泄关系密切，每年 2 月起随降水量增加，水位开始逐渐上升，6—9 月处于高水位时期，9 月以后随着降水量的减少，水位缓慢下降，12 月至次年 2月处于低水位期。根据××地区水文地质资料，场地地下水稳定水位年变化幅度可按1.00～2.00m 考虑。

（2）地下水的补给与排泄。上层滞水主要接受大气降雨入渗补给，水位随气候变化大。排泄方式主要为大气蒸发及侧向径流排泄。基岩裂隙水补给来源主要来自上部的上层滞水及地表径流；排泄方式主要表现为以地下径流方式排向下游地区或人工抽汲地下水。

3.5.1.4　周边环境情况

1. 周边建筑

××站基坑位于××大街与××大道交叉路口，呈东西走向布置。车站周边现状为山地、绿地，车站西北侧和西南侧地块为规划商住用地，东南侧为规划医院用地，东北侧为规划绿地，施工场地较宽阔。周边环境情况如图 3.5-2 和图 3.5-3 所示。

2. 周边交通情况

车站沿××大街下方敷设，位于××路路口，××大街以北的××路段尚在建设中，××大街及××大道（××大街以南）已投入使用。车站影响范围主要为××大街及××路交通。

图 3.5-2　××站东端场地环境

图 3.5-3　××站西端场地环境

3. 周边管线

××车站周边地下管线大部分敷设于××大街和××道路两旁的人行道和非机动车道下。根据现场调查情况，部分管线已投入使用，车站施工前需提前进行管线迁改。管线具体情况见表 3.5-3。

××大街两侧管线众多，但埋深较浅，对区间隧道施工影响较小。

表 3.5-3　　　　　　　　　　　　　管 线 情 况 统 计 表

序号	管线名称	规格	埋深/m	管线与车站关系	管线影响结构位置	处理方式
1	电力电缆	12 孔	1.38	垂直基坑方向	车站主体结构与二号、三号出入口	悬吊保护
2	给水管	—	1.88	垂直基坑方向	车站主体结构与三号出入口	拆除
3	污水管	—	3.31	垂直基坑方向	车站主体结构	拆除
4	雨水管	—	2.51	垂直基坑方向	车站主体结构	拆除
5	燃气管	DN500	1.88	垂直基坑方向	车站主体结构	临时改移
6	弱电电缆	12 孔	1.08	垂直基坑方向	车站主体结构	悬吊保护
7	供水管	—	1.88	垂直基坑方向	车站主体结构	拆除
8	污水管	—	3.12	垂直基坑方向	车站主体结构	拆除
9	污水管	DN500	3.12	沿基坑方向	车站主体结构	永久改移
10	电力电缆	12 孔	1.38	沿基坑方向	车站主体结构	永久改移
11	给水管	DN300	1.88	沿基坑方向	车站主体结构	永久改移
12	雨水管	DN1000	2.91	沿基坑方向	车站主体结构	永久改移
13	弱电电缆	12 孔	1.08	沿基坑方向	车站主体结构	临时改移
14	路灯	—	0.68	沿基坑方向	车站主体结构	拆除
15	燃气管	DN500	1.88	沿基坑方向	车站主体结构	临时改移

续表

序号	管线名称	规格	埋深/m	管线与车站关系	管线影响结构位置	处理方式
16	供水管	DN600	2.18	沿基坑方向	一号、二号出入口	永久改移
17	路灯	—	0.68	沿基坑方向	一号、二号出入口	拆除
18	弱电电缆	12孔	1.08	沿基坑方向	一号、二号出入口	悬吊保护
19	雨水管	DN1500	3.5	沿基坑方向	一号、二号出入口	永久改移
20	电力电缆	12孔	1.38	沿基坑方向	一号、二号出入口	永久改移
21	污水管	DN500	3.82	沿基坑方向	一号、二号出入口	永久改移
22	电力电缆	12孔	1.38	垂直基坑方向（东）	车站主体结构	悬吊保护
23	给水管	DN300	1.88	垂直基坑方向	车站和主体结构和二号出入口	拆除
24	弱电电缆	12孔	1.08	垂直基坑方向	车站主体结构	拆、改、悬
25	雨水管	—	2.51	垂直基坑方向	车站主体结构	拆除
26	供水管		1.88	垂直基坑方向	车站主体结构	改移
27	电力电缆	12孔	1.38	垂直基坑方向（西）	车站主体结构	拆除
28	通信线	5根	约5m	垂直基坑方向	二号、四号出入口	改移
29	弱电电缆	2根	约5m	垂直基坑方向	二号、四号出入口	改移
30	高压电缆	—	约10m	垂直基坑方向	二号、四号出入口	改移

4.周边规划情况

车站周边现状为山地、绿地，车站西北侧和西南侧地块为规划商住用地，东南侧为规划医院用地，东北侧为规划绿地。

3.5.1.5 风险辨识

根据辨识流程，WBS—RBS风险辨识方法，结合××站地质勘察报告、施工组织设计及现场实际情况，风险因素辨识结果见表3.5-4。

表 3.5-4　　　　　　　风险因素辨识结果

风险单元	安全风险事件及编号		风险因素
征地风险	ZDFX1	项目合法性、合理性遭质疑	1. 项目决策与现行政策、法律、法规相抵触； 2. 无完备审查审批和报批程序； 3. 可行性研究论证欠缺
	ZDFX2	群众抵制征地拆迁	1. 补偿不合理 2. 信息公开与群众参与不足
	ZDFX3	群众对生活环境变化引起不适	异地迁移、安置
	ZDFX4	群众对生活保障担忧	异地迁移、安置，引起暂时性失业
	ZDFX5	项目引发社会矛盾	1. 对补偿方案不满 2. 施工干扰

续表

风险单元	安全风险事件及编号		风 险 因 素
临近管线	LJGX1	强电管线	1. 造成人员触电伤害 2. 管线损坏，导致局部区域停电
	LJGX2	DN300 给水管线	1. 管线漏水，导致路面空鼓 2. 渗水，局部停水
	LJGX3	DN1000 雨水管线	1. 管线漏水，导致路面空鼓 2. 渗水，局部被淹
	LJGX4	DN500 污水管线	1. 管线漏水，导致路面空鼓 2. 污染环境，影响居民生活
交通疏解风险	JTSJ1	引起道路拥挤	道路拥堵，影响道路安全
	JTSJ2	影响公共交通运行	现场封闭、占道，引至公交绕行
	JTSJ3	施工人员安全	施工人员进出场地人身安全
	JTSJ4	社会人员、行车安全	场地施工、外运，材料进出等

3.5.1.6　风险源分析与风险评估

风险源分析与风险评估见表 3.5-5。

表 3.5-5　　　　　　　　风险源分析与风险评估

风险单元	安全风险事件及编号		P	C	R	等级
征地风险	ZDFX1	项目合法性、合理性遭质疑	1	4	4	Ⅲ级
	ZDFX2	群众抵制征地拆迁	3	4	12	Ⅱ级
	ZDFX3	群众对生活环境变化引起不适	3	3	9	Ⅲ级
	ZDFX4	群众对生活保障担忧	3	3	9	Ⅲ级
	ZDFX5	项目引发社会矛盾	3	3	9	Ⅲ级
	CDZB2	场地污水排放	2	3	6	Ⅲ级
	CDZB3	场地废弃物堆放	2	3	6	Ⅲ级
临近管线	LJGX1	强电管线	2	3	6	Ⅲ级
	LJGX2	DN300 给水管线	2	3	6	Ⅲ级
	LJGX3	DN1000 雨水管线	2	3	6	Ⅲ级
	LJGX4	DN500 污水管线	2	3	6	Ⅲ级
交通疏解风险	JTSJ1	引起道路拥挤	3	2	6	Ⅲ级
	JTSJ2	影响公共交通运行	2	2	4	Ⅲ级
	JTSJ3	施工人员安全	2	4	8	Ⅲ级
	JTSJ4	社会人员、行车安全	2	3	6	Ⅲ级

××站前期施工准备阶段风险评估结果汇总见表 3.5-6。

3.5.1.7　风险预防措施

××站施工准备阶段主要风险源及预防措施见表 3.5-7。

表 3.5 – 6   风 险 评 估 结 果

风险单元	风 险 评 估 结 果			总风险
	征地风险	管线改迁风险	交通疏解风险	
风险指数	8.36	5.65	6.32	7.13
风险类别	Ⅲ级	Ⅲ级	Ⅲ级	Ⅲ级

表 3.5 – 7   主要风险源及预防措施

风险单元	预 控 措 施
征地风险	1. 确定线路征收拆迁具体范围后，在制定征收补偿方案及补偿安置标准后时，应根据地上附着物类别的不同充分开展调研、全面、充分、细致评估，根据国家和省相关文件精神，制定科学、合理的征地、房屋征收补偿安置标准； 2. 征地、房屋征收的安置、补偿要按照"程序正当、公平补偿、结果公开"的原则进行； 3. 征地机构应该合法、合规进行土地征用和房屋征收工作；加强对征收人员的业务培训，提高征收人员的业务素质； 4. 认真总结1号线征地拆迁的经验教训； 5. 要认真做好政策宣传解释和群众思想疏导工作，学习1号线的成功经验，编制统一的宣传手册，发到相关人员的手中，使群众了解相关政策，得到群众的理解和支持； 6. 设立专门的机构和人员，负责协调、解决被拆迁人员遇到的各种问题，搭建沟通平台，充分听取相关人员的意见，对于群众提出的合理要求，必须妥善予以解决，使各种风险因素消灭在萌芽状态； 7. 对于少数土地征用、房屋征收对象坚持过高或无理要求的，政府相关部门必须要加以制止，不能造成越闹补偿越多的事实，切实维护广大居民合法权益； 8. 做好企事业单位征收的排摸工作，梳理相关租赁的法律关系，同时制定合理的房屋征收企业补偿方案。对因征收房屋造成企业停产停业损失的补偿，根据房屋被征收前的效益、停产期限等因素确定补偿方案； 9. 被征收房屋的企业涉及裁减员工的，要在企业房屋征收前，征收单位和相关企业应配合人保部门切实按照国家法律法规做好员工劳动关系处置工作，妥善安排企业因征地、房屋征收导致的失业员工的后续安置
管线改迁风险	1. 在施工前，建设单位和施工单位应充分做好各种准备工作，对沿线所涉及的道路地下管线做详细调查，并提前协同有关部门确定拆迁、改移方案，做好应急预案，确保施工过程中不影响沿线地区水、电、气、通信等设施的正常供应和运行，保证社会生活的正常进行； 2. 在进行地下管线迁移施工前，如需中断管线，必须事先告知沿线公众，并及时恢复管线； 3. 借鉴当地已完工程经验
交通疏解风险	1. 在施工前应委托相关单位编制施工期间的交通组织方案，并经过相关部门和专家的评审，优化施工工艺，采取分段式施工，并与交通管理部门协商，对城市交通车辆进行分流规划，对施工机械及运输车辆行走路线进行统一安排，在施工道路上减少交通流量，防止交通堵塞； 2. 在施工期间建设单位应和当地交警部门联系，组织指挥重要路段、节点的交通，维护正常的交通秩序； 3. 借鉴当地已完工程经验

3.5.1.8 结论与建议

××站在施工准备阶段，总风险等级为Ⅲ级，提出如下建议。

（1）征地过程中，搭建沟通平台，协调、解决被拆迁人员遇到的各种问题，充分听取相关人员的意见，对于群众提出的合理要求，必须妥善予以解决。

（2）施工中应注意管线调查，管线改迁过程中需注意施工安全，管线回迁应特别注意新旧管线的连接，防止因不均匀沉降导致管线接口被拉裂，提前做好管钱改迁过程中发生事故的应急处理。

（3）交通疏解及防控地质条件风险，可多参考南昌轨道交通 1 号线相关成功经验，有序、有效组织现场施工。

3.5.2　某盾构区间下穿地下铁路风险专项分析

1. 工程概况

区间隧道下穿环发地下铁路保护设计图见图 3.5 - 4。××区间，穿越地层为泥质粉砂岩、炭质泥岩、泥岩。盾构隧道与铁路隧道结构净距约 9.14m，矿山法隧道与铁路隧道结构净距 7.26m。设计采用在区间上半断面打设深孔注浆孔加固隧道前方及上方地层，注浆范围至结构外 2m，隧道开挖短进尺施工，每开挖进尺 0.5m 施做临时仰拱，待上半断面通过后，再开挖下半断面。每部开挖均打设锁脚锚管。加强结构初支强度，设计采用厚 300mmC25 钢筋混凝土初衬。

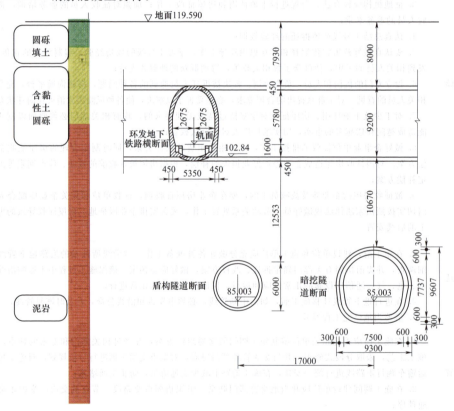

图 3.5 - 4　区间隧道下穿环发地下铁路保护设计图（单位：高程 m；尺寸 mm）

2. 初步风险分析

盾构（矿山）法隧道穿越铁路时，需严格控制掘进各项参数，若控制不当，极易造成铁路线路的不均匀沉降过大，影响铁路运营安全，因此风险较大。

3. 设计方案分析

靠近环发地下铁路一侧采用盾构法施工，并采用单洞单线下穿楼路隧道，可以减小对隧道围岩的叠加扰动，因此该设计方案较为合理。

4.控制措施建议

（1）下穿铁路保护范围内盾构衬砌环采用加强型盾构管片提高地铁隧道整体刚度、强度及承载能力。

（2）盾构进入铁路隧道影响范围前，选取 150m 区域作为下穿试验段及评估缓冲期，综合评价试验数据后，确定下穿既有铁路隧道时的最佳盾构掘进参数，然后进入正式下穿影响区。

（3）为减小铁路隧道及地面沉降幅度和速率，保证工程安全，加强并及时进行同步及二次注浆。

（4）严格控制掘进参数，确保盾构稳定、匀速通过铁路隧道，避免对地层扰动过大。开挖过程中，当路基、轨道的附加变形接近控制值时，应对铁路进行修整，待恢复初始状态后，经产权部门同意后方可继续施工。

3.5.3　××明挖车站紧邻立交桥风险专项分析

1.工程概况

车站主体基坑临近××立交桥桥桩，水平净距 9m，××立交桥桥桩桩长 45m，直径 1.8m，所处地层主要为泥岩层，泥质粉砂岩层。地铁车站主体基坑与立交桥剖面关系见图 3.5-5。

2.初步风险分析

基坑紧邻××立交桥，该深基坑开挖卸荷过程中将会引起围护结构的变形，进而引发地层变形，导致桥桩基础的位移风险，对立交桥的安全及桥面上的车辆安全造成较大的风险。

3.设计方案分析

由于主体基坑紧邻××立交桥桥桩，围护结构变形过大将会引发桥桩变形，进而危及××立交的安全与稳定，因此初设阶段设计采用的围护结构型式为刚度较大的地连墙，上部支撑采用混凝土撑，保证支护体系刚度，该设计方案可以较好地控制基坑土方开挖过程中围护结构的变形，但由于基坑开挖深度很深，建议进一步采用跟踪注浆的方式控制坑外土体的变形。

4.控制措施

（1）后期设计方面。基坑支护体系设计应做到安全可靠，施工方案科学合理，力争施工过程中基坑及周边环境变形值不超限。

（2）施工方面。基坑围护结构施工需保证施工质量，避免地连墙接缝处渗漏水的风险；基坑土方开挖过程中需及时施作混凝土支撑及钢支撑，避免深基坑无支撑暴露时间过长。

（3）监测方面。加强对立交桥沉降和差异沉降的观测，如发现沉降速度偏大或异常，应立即停止开挖并及时分析原因，必要时针对性地采取注浆或其他方法进行加固，并根据监测结果及时调整施工参数。

3.5.4　盾构隧道近距离侧穿××立交桥专项分析

1.工程概况

（1）区间隧道侧穿××立交桥 7 号桥墩以及正下穿 8 号、9 号桥台。其中 7 号桥墩为

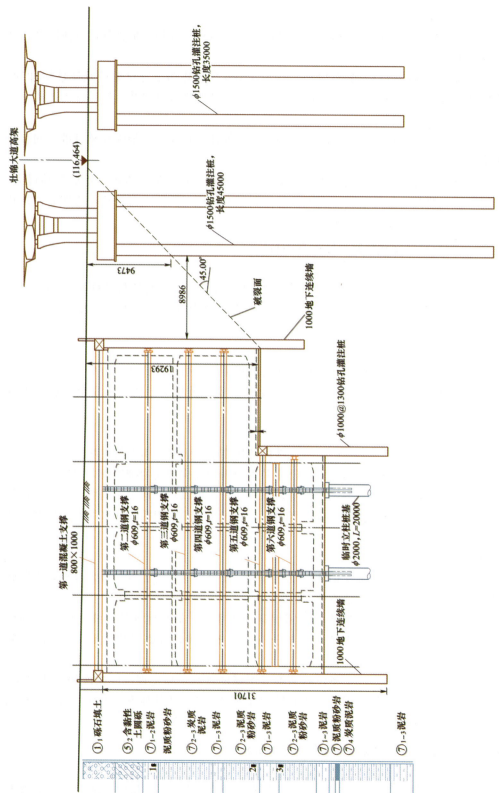

图 3.5 - 5　地铁车站主体基坑与立交桥剖面关系图（单位：高程 m；尺寸 mm）

钻孔灌注桩基础，与隧道净距为 1.7m；8 号及 9 号采用扩大基础和 CFG 桩，与隧道竖向近距为 11.16m。

（2）××立交桥。修建于 2013 年，桥面共双向六车道；9 号台采用重力式 U 形桥台，桥墩采用柱式墩。除 8 号墩、9 号台采用扩大基础外其余墩台均采用钻孔灌注桩基础，嵌岩桩；8 号墩及 9 号台处还需采用 CFG 复合地基处理。其位置关系见图 3.5-6 和图 3.5-7。

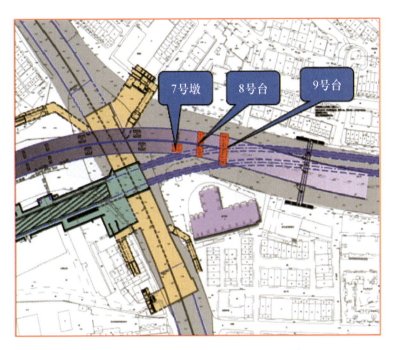

图 3.5-6　盾构隧道近距离侧穿××立交一期桩基平面图

2. 初步风险分析

盾构隧道下穿或侧穿桥桩过程中会对基础底地层有一定的扰动，降低了桩基承载力，若盾构掘进参数控制不良，则容易对桥桩的稳定性造成影响，因此风险较大。

3. 设计方案分析

盾构隧道侧穿时进行洞内注浆加固保护措施，7 号墩加固长度 15m，8 号墩加固长度 14m，9 号墩加固长度 16m；同时强调盾构施工过程中严控同步注浆和二次注浆，并及时进行跟踪监测，总体而言设计方案较为合理，能够有效降低施工地层变形风险并增强地层抗变形及损失能力。

4. 控制措施

（1）盾构通过时进行洞内注浆加固保护措施。

（2）控制桥梁上方机动车辆行驶时产生的动荷，如有条件可考虑适当限载。

（3）必要时对桥梁自身基础进行加固，用以提高自身承受变形的能力。

（4）加强盾构施工管理，确定合理的施工参数，严控同步注浆和二次注浆，减小由掘进引起的地表沉降。

（5）盾构施工过程中加强对建筑物的监控量测，并反馈监测成果，及时进行跟踪注浆。

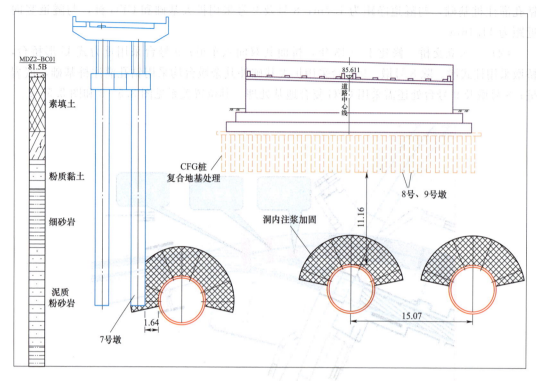

图 3.5－7 盾构隧道近距离侧穿××立交一期桩基剖面图（单位：m）

第 4 章　施工期风险管理实务

4.1　施工期风险管理基本要求

4.1.1　施工期风险管理主要风险因素

施工期风险管理中的主要风险因素包括以下几个方面。

（1）邻近或穿越既有或保护性建（构）筑物、军事区、地下管线设施区等。

（2）穿越地下障碍物段施工。

（3）浅覆土层施工。

（4）小曲率区段施工。

（5）大坡度地段施工。

（6）小净距隧道施工。

（7）穿越江河段施工。

（8）特殊地质条件或复杂地段施工。

4.1.2　施工期风险管理主要工作

施工期风险管理主要完成以下工作。

（1）施工期工程风险辨识和评估。

（2）编制现场施工风险评估报告，经评审后以正式文件发送给工程建设各方，经各方交流后形成现场风险管理实施文件记录。

（3）施工对邻近周边环境的影响风险分析。

（4）施工风险动态跟踪管理。

（5）施工风险预警预报。

（6）施工风险通告。

（7）现场重大事故上报及处置。

4.1.3　施工期风险管理主要内容

4.1.3.1　建设单位风险管理主要内容

建设单位负责组织和监督现场施工风险管理实施，风险管理主要内容包括以下几个方面。

（1）组织工程建设各方建立风险管理培训制度。

（2）全过程参与现场风险管理，检查各方风险管理实施状况。

（3）定期组织工程建设各方开展风险管理工作的沟通和交流，并对风险状况进行记录。

（4）组织工程建设各方对工程建设风险处置措施进行审定，其中重大风险的控制方案须经施工单位组织专家评审后方可实施。

（5）配合政府主管单位对现场施工风险管理活动进行同步监督管理。

（6）监督风险管理实施和风险事故处理。

（7）试运行中统一指挥调度轨行区的设备系统安装及调试。

4.1.3.2　设计单位风险管理主要内容

设计单位负责进行设计方案交底与施工风险管理监督，风险管理主要内容包括以下几个方面。

（1）对工程重大风险进行工程设计交底。

（2）对周边重要环境影响区域进行风险影响分级，共同参与编制周边环境保护措施。

（3）制定工程重大风险预警控制指标，明确现场监控检测要求。

（4）参与制定施工注意事项及事故应急技术处置方案。

（5）配合施工进度进行重大风险沟通与交流。

（6）参与建设单位风险管理，检查现场施工注意事项落实情况。

（7）指导审查施工单位风险管理方案、处置措施与应急预案。

（8）协调实施现场施工风险跟踪管理。

4.1.3.3　施工单位风险管理主要内容

施工单位负责施工现场建设风险管理的执行和落实，风险管理主要内容包括以下几个方面。

（1）结合施工组织设计拟定风险管理计划，建立工程施工风险实施细则。

（2）对Ⅲ级及以上风险，根据设计单位技术要求等，确定工程施工预警监控指标及标准。

（3）对Ⅱ级及以上建设风险编制事故应急处置预案。

（4）现场区域作业人员必须严格执行登记制度，对作业层技术人员进行施工风险交底，制定工程建设风险管理培训计划。

（5）负责完成工程施工风险动态评估，分析并梳理Ⅲ级及以上风险，提交施工重大工程建设风险动态评估报告。

（6）结合工程施工进度及时上报工程施工信息，向工程建设各方通告现场施工风险状况。

（7）工程设计、施工方案如有重大变更，应根据变更情况对工程建设风险进行重新分析与评估。

（8）因建设风险处置措施的实施而发生的费用增加或工期延长，应经过建设单位批准后方可实施。

（9）对与工程施工有关的事故、意外或缺陷等进行风险记录。

（10）必须做到施工安全措施费用专款专用。

4.1.3.4 监理单位风险管理主要内容

监理单位负责协查施工现场风险管理执行与督查,风险管理主要内容包括以下几个方面。

(1) 将建设风险管理纳入日常监理工作。

(2) 确保现场监理人员及时到位。

(3) 协助建设单位审查施工单位的施工方案,评估施工单位风险管理实施情况。

(4) 协助建设单位对工程质量、安全和进度进行风险检查。

(5) 评估监理工作内容不全或失察风险。

(6) 对于施工重大风险,应在施工前检查施工单位风险预防措施,并应进行旁站监理,做好监理现场记录。

(7) 对施工单位存在的风险或违反风险管理规定的行为,监理单位有责任向施工单位提出警告,不听劝阻或情节严重的,监理单位有权利予以停工处置,并及时上报建设单位。

(8) 对施工现场监测和第三方监测进行监理。

4.1.3.5 第三方监测单位风险管理主要内容

第三方监测单位应负责现场监测工作和风险预警,风险管理主要内容包括以下几个方面。

(1) 制定合理的监测方案,并对监测方案进行风险评估。

(2) 评估监测点布置不当、监测点或监测设备损坏风险。

(3) 对监测数据的准确性和可靠性进行风险分析。

(4) 应将风险管理纳入日常监测数据分析,及时提交施工风险预警、预报信息。

4.1.3.6 工程保险单位风险管理主要内容

工程保险单位应负责现场的保险评估检查与风险赔偿,风险管理主要内容包括以下几个方面。

(1) 保险单位可协商决定承保政策,并提供保单信息。

(2) 进入施工现场,检查评估施工风险控制情况。

(3) 可要求被保险单位及时提供工程施工进度及风险信息。

(4) 如发现存在违反保险条款的施工风险,必须通知被保险人。

(5) 施工中如发生保险合同中约定承保的风险损失,应及时支付风险赔偿。

4.2 现场动态风险管理

4.2.1 施工安全设计交底

施工安全设计交底流程图见图 4.2-1。

4.2.1.1 交底目的

施工安全设计交底是一项重要的安全技术管理工作,其目的是使参与施工的人员熟悉了解所承担工程的特点、设计意图、技术要求、施工工艺、质量安全和应注意的问题。把施工安全设计的要求、技术要领、施工措施层层落实到执行者,做到心中有数,保证施工

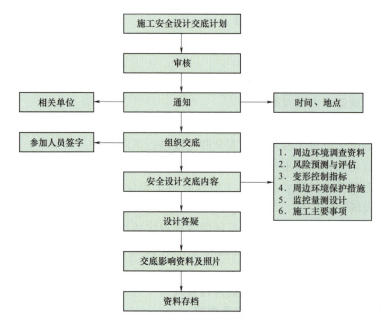

图 4.2-1　施工安全设计交底流程图

顺利进行，以加强施工安全管理，提高施工质量。

4.2.1.2　交底要求

施工安全设计交底需做到以下几个方面。

（1）在施工前期，建设单位负责组织设计单位对施工单位进行安全设计交底。施工安全设计交底的内容原则上应涵盖施工图设计的有关安全风险专项内容。

（2）施工单位应仔细、全面地熟悉施工设计图纸，查对图纸与现场实际情况是否相符，核实工程结构与工程环境安全设计在技术上的合理性和可实施性，在设计交底时应提出工程风险控制设计安全性的有关质疑，由设计单位负责解答。

（3）三级以下环境影响风险和二级以下工程自身风险的安全设计交底与工程设计交底一并进行。

（4）一级、二级环境影响风险和一级工程自身风险应单独组织安全专项设计交底。

（5）交底内容应包括以下几点。

1）周边环境调查资料。

2）风险工程变形预测和安全性评估（对一级、二级及产权单位有特殊要求的环境风险工程，根据详勘地质资料、周边环境调查资料详细分析，包括施工影响性预测和施工附加影响分析）。

3）变形控制指标（关键工序变形控制指标）。

4）周边环境保护措施。

5）监控量测设计。

6）施工注意事项（应急预案）。

4.2.1.3　交底参与单位及人员

参加设计交底的人员包括设计咨询单位、总体设计单位、工点设计单位、监理单位和施工单位等相关参建单位的技术负责人及相关人员。同时应邀请建设单位相关部门及人员参加。对产权单位有特殊要求的环境工程风险，邀请产权单位参加。

4.2.1.4　交底成果

设计单位交底过程中需提供技术交底记录，见表 4.2-1。交底记录需有参加交底单位的签字盖章，参加设计交底单位各留一份存档。施工单位在交底结束后需根据交底内容和各参加交底单位在交底过程中提出的一些技术安全问题进行记录，并形成会议纪要发送给各参加交底单位。

表 4.2-1　　　　　　　　　施工安全设计交底记录表

编号：　　　　　　　　　　　　　　　　　　　　　　共　　页　　第　　页

项目名称			
交底单位			
交底名称			
项目编号		专业负责人	

本次交底内容
一、工程概况
二、风险工程变形预测和安全性评估（根据详勘地质资料、周边环境调查资料详细分析，包括施工影响性预测和施工附加影响分析）
三、变形控制指标（包括各阶段变形控制指标）
四、主要风险源及应对措施
五、监控量测设计
六、应急预案

编制		日期		批准		日期	
参加交底	单位名称（盖章）			参加人签名（签字）			

4.2.2　地质踏勘、环境核查和空洞普查及分析

4.2.2.1　地质踏勘

1. 主要内容

（1）施工单位进场后应对场地的地质情况进行踏勘学习。

（2）由于城市轨道交通的岩土工程勘察与施工之间间隔的时间较长，期间场地的水文地质条件可能会发生变化，施工单位进场后应重点掌握场地的地下水条件。

（3）地下水条件的踏勘可通过长期观测孔、调查或现场钻探等手段探察场地的地下水的水位、水力和水质变化情况，重点探察上层滞水的分布情况，上层滞水踏勘的重点部位一般为雨污水管线附近、绿地附近、化粪池附近等。

（4）城市轨道交通的岩土工程勘察实施期间为了确保管线安全，一般不在管线部位实施钻探，导致管线附近的地层情况不明确；施工单位进场后应着重踏勘管线部位的地层分布情况。

（5）管线部位地层踏勘可采用人工挖探等手段探察管线部位的土层分布条件，重点查明回填土厚度、分布范围以及填土的成分、含水量、密实度等情况；同时调查管线的施工方法、施工年代、渗漏情况等。

（6）在以上重点踏勘的基础上，还应踏勘下列内容。

1）当存在厚度较大的填土层时，探察填土层的厚度、分布范围及其成分组成、密实程度、含水量、有无空洞等。

2）探察可能存在的障碍物（枯井、墓穴、菜窖、冰窖、废弃管线、桩基础等）。

3）如遇卵石地层，应调查卵石地层的最大颗粒直径及颗粒的含量。

4）应调查场地周边相同土层条件的围护结构体系和施工工艺等。

5）应探察场地的历史变迁情况（原来是否为农药厂、化工厂、加油站、垃圾填埋场等）。

6）探察地层中是否存在有害气体。

2. 管理流程

施工单位应认真阅读详细勘察报告，重点掌握场地地层条件和不良地质与特殊岩土等，结合施工组织设计分析施工中可能会遇到的工程地质问题并制定应对措施。如有疑义，可书面报监理单位，由监理单位按照相关管理程序组织处理，进行审查和督查，报建设单位备案，由建设单位移交相关单位，详见图 4.2-2。

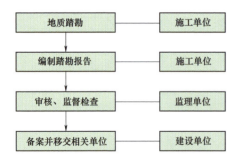

图 4.2-2　地质踏勘管理流程图

4.2.2.2　环境核查

1. 主要内容

（1）施工单位进场后对照环境调查报告核查场地周边环境条件的变化情况，并对因环境变迁或设计变动出现的新的环境调查对象进行重新调查。

（2）对场地周边施工影响区内的桥梁、建筑物等重点核查其使用现状、结构裂缝等病害，并做详细描述和拍照。

（3）对于地表水体的淤泥厚度，应进行实地量测。

（4）施工调查应特别注意地下管线和地下构筑物环境的调查，应做到"动土必挖"，对所有需要开挖范围内的地下环境进行详细的调查和确认。

（5）采用现场量测确定各个环境对象与工程的准确位置关系。

（6）对雨水、污水管线应重点核查管线中介质的填充情况、介质的流量、介质的输送时间、管线的渗漏情况等，必要时应通过挖探加以验证。

（7）对自来水、燃气、供水、热力等压力管道应重点核查其工作压力及控制节门的位置。

（8）地下构筑物重点核查构筑物的充水情况，尤其是化粪池等应重点核查其位置和渗漏情况。

（9）注意探查废弃的管线和地下工程，必要时开挖确认并妥善处置。

2. 管理流程（图4.2-3）

施工单位根据环境调查报告对场地进行重新核查，监理单位监督施工单位对地质踏勘、环境核查和物探普查及其结果的分析，并针对有出入处，及时反馈勘察单位、环境调查单位或设计单位，按照相关管理程序组织处理，并报建设单位备案，并反馈给设计单位。

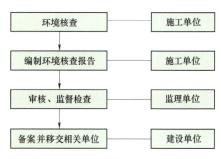

图4.2-3　环境核查管理流程图

3. 工作成果

施工阶段环境核查的成果资料包括文字报告、调查对象成果表、调查对象平面位置图、调查对象现场实测数据及影像资料等，见表4.2-2～表4.2-4。其中文字报告应包括现场核查情况及各个环境对象与工程的确切位置关系。

表4.2-2　　　　　　　　　　　　建（构）筑物调查成果记录表

工点名称			
建筑物名称		编号	
地址			
单位名称及电话			
地上层数		地下层数	
地面高度		基底埋深	
±0.00m标高		基底标高	
结构类型		基础类型	
边坡支护型式		竣工日期	
设计单位			
勘察单位			
施工单位			
距线路距离			
重要性等级			
备注	说明有无影像资料		
示意图			

表 4.2 - 3 桥梁调查成果记录表

工点名称			
桥梁名称		编号	
桥梁位置			
管理部门及电话			
类型（规模）		建筑材料	
跨度		外观	
结构类型		基础类型	
桩径		桩长	
养护情况		竣工日期	
设计单位			
勘察单位			
施工单位			
距线路距离			
重要性等级			
备注	说明有无影像资料		
示意图			

表 4.2 - 4 地下管线调查成果记录表

工点名称			
管线名称		编号	
管线位置			
权属单位及电话			
管线类型（用途）		工作压力	
埋设方式		基底埋深	
管线材质		直径	
管节长度		接口形式	
覆土厚度		竣工日期	
设计单位			
勘察单位			
施工单位			
距线路距离			
重要性等级			
备注	说明有无影像资料，标明节门位置		
示意图			

4.2.2.3　空洞普查

1. 主要内容

（1）注意发现空洞以及空洞存在的要素，从空洞形成的要素分析空洞存在的可能性和部位。

（2）容易形成空洞的地段一般包括雨污水管线周边、深基坑工程附近、地下水位动态变化较大地段、原有空洞部位（菜窖、墓穴、鼠洞等）、管线渗漏地段、砂土复合地层结构地段等。

（3）施工勘察阶段应进行空洞探测的专项勘察。

（4）空洞探测的范围对于明挖基坑为基坑周围一倍的基坑深度范围，对于隧道工程为隧道两侧一倍的隧道底板埋深范围。

（5）空洞探测专项勘察应分工前空洞探测和工后空洞探测。

（6）工前空洞探测目的是探查施工场地已存在的人工空洞，确保施工安全。

（7）工后空洞探测目的是检测施工对周边土体的扰动情况，及时进行处理，不留隐患。

（8）当出现地面异常沉降、塌方、出土量异常、注浆量和注浆压力异常等情况时应进行工后空洞探测。

（9）工后空洞探测的重点部位一般为施工降水部位（尤其是采用辐射井降水施工的部位）、塌陷特征地层分布区、地面沉降异常部位及出现出土量大、注浆量异常、注浆压力小等施工异常部位。

2. 管理流程

空洞普查首先由施工单位编制普查方案，经监理和建设单位审核后方可实施空洞普查，普查完成后编制普查报告，并送监理单位审核后，报建设单位备案，由建设单位移交相关单位。空洞普查管理流程见图4.2-4。

3. 工作方法

空洞探测专项勘察的一般工作方法具体如下。

（1）首先进行调查分析，通过对场地施工历史、管线渗漏、检查井附近以及沿线建筑物的降

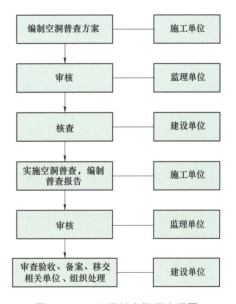

图4.2-4　空洞普查管理流程图

水等对土层造成扰动的情况进行调查和分析，分析可能出现空洞的区域。

（2）根据场区条件和探测深度的要求，选用物探结合勘探的方法。

（3）物探一般包括地质雷达、高密度电法及浅层地震等方法。具体方法选择应考虑其使用性。

（4）对物探发现的异常部位采用勘探手段进行验证，最终确定空洞的位置和范围。

4.2.3　设计文件分析

4.2.3.1　设计文件分析主要内容

1. 明挖法设计文件分析内容

明挖法设计文件分析主要包括以下内容。

（1）施工工艺。主要对支护工艺、开挖工艺、辅助工法工艺等实施的重点、难点及可能的安全风险进行分析。

（2）受力条件复杂部位。主要对基坑阳角处、明暗挖结合处、支（锚）与护壁（墙面）联结处、坑内分区开挖时无围护坡面、不同支护体系转换处、车站主体与出入口或风道接口处、围护结构不连续处等部位进行识别，分析工法工艺方案实施重点、难点及可能的安全风险。

（3）环境保护措施。主要对地面建（构）筑物、桥桩、地下建（构）筑物、地下管线等保护措施实施的重点、难点及可能的安全风险进行分析。

（4）地下水控制。主要对地下水控制方案、降水或堵水工艺方法及施工参数等实施的重点、难点及可能的安全风险进行分析。

2. 矿山法设计文件分析内容

矿山法设计文件分析主要包括以下内容。

（1）施工工艺。主要对超前支护工艺、初期支护工艺、其他临时支护工艺、开挖工序等实施的重点、难点及可能的安全风险进行分析。

（2）受力复杂部位。主要对特大断面、马头门、变断面、陡坡段、出入口、明暗法结合处、施工工序转换等受力复杂部位进行识别，分析工法工艺方案实施重点、难点及可能的安全风险。

（3）环境保护措施。主要对地面建（构）筑物、桥桩、地下建（构）筑物、地下管线等保护措施实施的重点、难点及可能的安全风险进行分析。

（4）降水设计。主要对降水方案、工艺参数等实施的重点、难点及可能的安全风险进行分析。

3. 盾构法设计文件分析内容

盾构法设计文件分析主要是盾构始发（到达）端头加固方案，区间联络通道和/或泵房等区间构筑物的位置，加固方案实施的重点、难点及可能的安全风险进行分析。

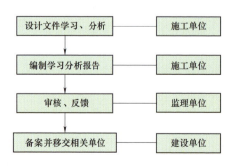

图 4.2-5　设计文件分析管理流程图

4.2.3.2　设计文件分析管理流程

施工单位应在施工准备期，从安全风险控制方面加强对设计文件的学习和分析，针对有疑义处，应书面报监理单位。监理单位应监督施工单位对设计文件的学习与分析情况，并针对有疑义处，及时反馈设计单位，按照相关管理程序组织处理，并报建设单位备案，详见图4.2-5。

4.2.4　安全风险深入识别与工程风险分级调整

4.2.4.1　主要内容

（1）施工单位根据施工安全设计交底、安全风险管理技术交底和管线交底等风险交底熟悉了解工程本体风险和周边环境风险。

（2）施工单位在原有设计资料和管线调查资料的基础上应对工程风险进行进一步调查了解。对风险类型、发生地点、时间及原因进行识别，并进行筛选、分类。

（3）施工单位深入识别工程自身风险和环境风险因素后，结合施工图设计阶段工点所确定的施工风险等级进行工程风险分级综合调整，形成调整清单，经项目经理签认后，报监理单位。申报表见表4.2-5。

表 4.2-5　　　　　　　　　　　施工阶段工程风险分级申报表

施工标段：　　　　　　　　　　　　　　　　　　　　工点名称：
施工单位：　　　　　　　　　　　　　　　　　　　　监理单位：

序号	工程风险名称	位置、范围	风险基本情况描述	工程风险等级			备注
				施工单位申报	监理单位申报	土建部复审	
1	×××站						
1.1	工程自身风险						
1.1.1	主体						
1.1.2	附属工程						
1.2	工程环境风险						
1.2.1	主体						
1.2.2	附属工程						
1.2.3	×××区间						
2	工程环境风险						

注：1. 风险基本状况描述应包含车站或区间各主体和附属工程的风险基本状况描述，如工法、基坑深度、隧道断面大小、地质状况、工程环境描述（含环境特征及其与轨道工程关系）等。
　　2. 各层审查需给出审核意见。

施工单位编制人：　　　　　　复审：　　　　　　　　　申报时间：　　　　　年　月　日
监理单位初审：　　　　　　审核时间：　　年　月　日
土建部复审：　　　　　　　时　　间：　　年　月　日　　　专家终审：　　时间：　　年　月　日

（4）监理单位负责对工程风险分级调整清单进行审核，经项目总监签认后，报建设单位。

（5）建设单位组织专家对工程风险分级调整清单进行审查。审查时应邀请公司相关部门和设计单位等参加，必要时邀请产权单位参加。

（6）施工单位负责根据审查意见，修改完善工程风险分级调整清单，形成专册，监理单位监督检查其落实情况，并负责报建设单位备案。

（7）建设单位根据工程风险分级调整清单的具体情况反馈设计单位，并按照相关管理程序组织处理。

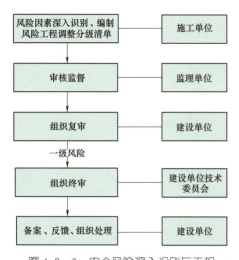

图 4.2 - 6 安全风险深入识别与工程
风险分级调整工作流程图

方案应包括但不局限于下列内容。

（1）工程概况。

（2）工程地质水文地质条件。

（3）工程风险因素分析。

（4）工程重点、难点分析。

（5）施工方案和主要施工工艺。

（6）工程环境保护措施。

（7）监测实施方案。

（8）监控量测控制指标和标准。

（9）应急预案。

（10）组织管理措施等主要内容。

4.2.5.2 安全专项施工方案审查参与单位及人员

监理单位应主持召开对安全专项施工方案的审查，并根据工程风险级别的不同邀请不同的相关单位和人员参加。

（1）三级工程风险：应邀请业主代表、设计代表参加。

（2）二级工程风险：应邀请土建部及相关部门、设计单位技术负责人参加。

（3）一级工程风险：应邀请土建部及相关部门、设计单位项目负责人参加，必要时邀请相关专业外部专家参加。

（4）对产权单位有特别要求的环境工程风险，必要时邀请产权单位参加。

（5）对于政府有特殊要求的环境工程风险，按其要求组织审查。

4.2.5.3 安全专项施工方案工作编审管理流程

安全专项施工方案经施工单位项目经理签认后，报监理审查。对深基坑支护与降水工程、地下暗挖工程和其他认为有必要进行专家论证审查的危险性较大工程，施工单位尚应按照《危险性较大工程安全专项施工方案编制及专家论证审查办法》（建质〔2004〕213

（8）建设单位将全线一级、二级环境风险和一级工程本体风险分级调整清单汇编成册，下发各参建单位，并报送相关主管部门备案。

4.2.4.2 工作流程

安全风险深入识别与工程风险分级调整整个工作流程见图 4.2 - 6，在工程施工中如果由于设计变更、风险清单风险等级与实际有出入和风险源新增的情况，需按照工作流程进行重新风险识别和分级。

4.2.5 安全专项施工方案编审

4.2.5.1 安全专项施工方案编制内容

施工单位根据环境条件、地质条件、设计文件等基础性资料和相关工程建设标准，结合自身施工经验，针对各级工程风险编制安全专项施工方案，号）组织专家论证审查，提出书面论证审查意见，并作为安全专项施工方案的附件。

施工单位应根据审查意见修改完善安全专项施工方案，报监理单位审批后方可正式施工，同时报土建部备案。在施工过程中，施工单位应严格按照审查、完善后的安全专项施工方案组织施工，工作流程见图 4.2-7。

4.2.6　施工安全风险交底

施工安全风险交底流程图见图 4.2-8。

4.2.6.1　交底目的

施工安全风险交底是依据设计文件、安全设

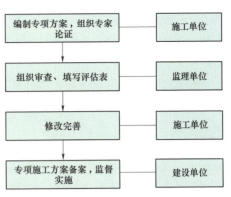

图 4.2-7　安全风险深入识别与工程风险分级调整工作流程

计交底纪要、安全专项施工方案、风险辨识成果等文件，将现场施工过程中涉及的风险源及处置措施向参与施工的技术管理人员和作业人员传达的过程。

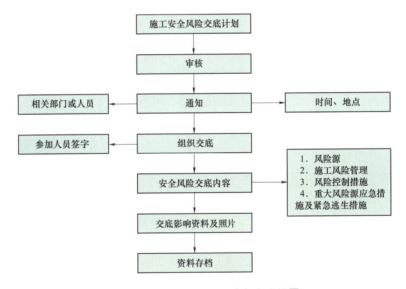

图 4.2-8　施工安全风险交底流程图

4.2.6.2　交底要求

施工安全风险交底需做到以下几个方面。

（1）安全总监负责组织对项目部各部室进行施工安全风险交底，工程技术人员负责组织各班组长进行交底，然后由各班组长对作业人员进行交底，实行三级交底模式。

（2）在施工前期，施工单位组织技术人员及各班组进行施工安全风险交底。施工安全风险交底的内容原则上应涵盖安全设计交底所有内容，以及自身风险辨识评估的内容。

（3）工程技术人员及施工作业班组应仔细、全面熟悉设计图纸、风险评估内容及施工方案内容，查对交底文件与现场实际情况是否相符，如不相符应及时要求项目部进行修改。

（4）交底的内容必须具体、明确、针对性强。

（5）交底内容应包括各分部分项工程主要风险源、施工注意事项、消除风险源的具体措施、重大风险源的应急救援措施及紧急逃生措施等。

4.2.6.3　交底参与人员

根据不同的层级参加的人员各有不同，项目部层面的交底由项目各部门成员参加，对各班组的交底由班组负责人和工程技术人员参加，班组成员的交底由班组负责人和班组成员参加。

4.2.6.4　交底记录

安全风险交底应以书面形式进行，并辅以口头讲解。交底人和接受人应履行交接签字手续，由资料员存入技术档案。施工安全风险交底记录见表 4.2-6。

表 4.2-6　　　　　　　　　　　　施工安全风险交底记录表

编号：　　　　　　　　　　　　　　　　　　　　　　　　　　共　　页　　第　　页

项目名称			
交底单位			
交底名称			
项目编号		专业负责人	

本次交底内容

一、工程概况

二、各分部分项工程主要风险源

三、施工注意事项

四、消除风险源的具体措施

五、重大风险源的应急救援措施及紧急逃生措施

六、应急预案

交底人签名		日期		审核人签名		日期	
接受交底人签名	参加人签名（签字）						

4.2.7　关键节点风险控制

在风险管理过程中，对于一些关键性节点都会通过条件验收会议和风险提示等进行把控，如盾构始发、盾构接收、基坑开挖等条件验收会议。这些条件验收会议一般都有主控项目与一般项目两个控制条件，只有两个项目都满足条件后才能进行施工。同时对于即将施工的盾构始发、掘进、下穿建筑物、穿越小区率半径、桩基托换等重大风险源都会进行风险分析与提示，起到风险提示及时性和专业性的效果。条件验收一般项目、主控项目样例分别如图 4.2-9、图 4.2-10 所示。风险分析与提示样例如图 4.2-11 所示。

10		配套设备准备	1、10kv高压开关柜及下井电缆安装到位。 2、龙门吊安装调试完成，并经过相关部门验收取得准用证。 3、拼装站组装调试标定完成，并通过验收形成验收记录。 4、水平运输列车编组完成，电瓶充电完成，保证盾构施工需要。 5、盾构施工所涉及的设备管控机、装数机等设备就位。 6、二次注浆设备全部就位，并调试验收。	符合要求
11	一般条件	配套设备设施准备	1、竖井施工完成，容量满足一天盾构施工出土量。 2、砂场施工完成，满足二周盾构施工同步注浆用砂需求。 3、充电站、充电房施工完成，保证盾构列车用电。 4、水泥、膨润土库，库容满足二周盾构施工需求；防水材料库建设完成，库容满足二周盾构施工需求。	符合要求
12		主要物资准备	1、管片生产数量满足盾构掘进进度要求，到场管片为合格管片。 2、管片螺栓、螺栓孔密封圈到场，并检验合格，数量满足施工要求。 3、管片防水弹性密封条、传力衬垫等已到场，并验收合格，数量满足施工要求。 4、盾构施工用盾尾油脂、润滑脂、泡沫剂等已到场，数量满足盾构施工要求。 5、盾构施工用钢轨、轨枕、走道板（包括支架）、道夹板、压板、轨道拉杆等周转料已到场，数量满足施工要求。 6、盾构施工应急物资（聚氨酯、双快水泥、水泥、水玻璃、木楔、锯纱等）已到场。	满足现场施工需要

图4.2－9　条件验收一般项目样例

1		工作井	工作井已按设计要求完成，其标高、轴线、结构强度等各项技术参数符合设计和规范要求并能满足盾构施工各阶段受力要求（端头井结构尺寸和洞门中心已复核且符合设计要求。	符合要求
2		内业技术资料	1、始发前形成经过审核的方案：《盾构施工方案》《盾构区间始发方案》《盾构法施工应急预案》《盾构区间建筑物调查报告》等。 2、始发前需要完成盾构区间图纸会审和设计交底。 3、编制详细可行的盾构施工安全技术交底和安全技术交底，并交底到每一个作业人员。 4、同步注浆材料准备到位，相应试验和检测报告已完成。 5、具备盾构施工"三图一表"（管片排版示意图、地质纵剖面图、监测点布置图和沉降监测表）。	已完备
3	主控条件	监测、测量	监测、测量方案已审批，监测控制点已按设计方案布置好，且已测取初始值，井下控制点不含项固定；测量结果经过监理及业主第三方测量单位复核并批准使用。	符合要求
4		盾构机安装调试	盾构机达到下井组装、调试工作，并经过验收形成验收记录。	验收合格
5		始发托架、反力架及导轨	盾构始发所需反力架及托架必须经过力学验算，强度应该满足要求，按方案施工完毕、验收合格；导轨稳固。	符合要求

图4.2－10　条件验收主控项目样例

工程部位	红谷中大道站	页数	2
主要内容	关于红谷中大道站土方开挖风险分析及建议措施		

质量安全部：

　　2号线土建四标红谷中大道站基坑一期工程在进行土方开挖，基坑东面为华尔街广场喜来登酒店，南面为国际金融中心、南昌日报社报业大厦，距基坑东面的2m处有两根DN1200给水管线和一根DN300煤气管线，工点离赣江不足0.5km，水位受其影响较大且水位埋深较浅，主要接受大气降水垂直补给和赣江水体的侧向补给，大部分开挖面处在砂质地层中，为有效规避风险，我方进行了初步风险分析，仅供参考：

　　(1) 地下水丰富且水位较高，坑内外水压差较大，砂层施工过程中存在地墙涌水涌砂风险。

　　(2) 管线沉降过大或施工不当引起管线破裂，造成漏水漏气风险。

工程部位	学府大道站~前湖大道站区间下行线	页数	2
主要内容	关于学~前区间下行线盾构始发风险分析及建议措施		

质量安全部：

　　土建三标学府大道东站~前湖大道站区间下行线近期将始发，盾构始发是施工中重大风险源之一，易发生工程质量安全事故。根据该区间地质及现场情况，我方进行了初步风险分析，供参考：

　　1. 详勘测得地下水位埋深1.2m~5.0m，与赣江水系有一定联系，补给较充足，洞门处地质为粉砂层，洞门凿除时，在水压力作用下，加固效果不佳易形成渗漏通道，出现涌水涌砂风险。

　　2. 始发托架受力不佳、扭矩控制不当会致盾构机侧滚。

　　3. 洞门密封失效，盾构始发推进，地下水、土体从盾壳和洞门间隙处流失。

　　4. 盾构始发、推进过程中，盾构基座发生变形，使盾构始发偏离设计轴线。

图4.2－11　风险分析与提示样例

4.2.8　动态风险评估

4.2.8.1　数据分析

　　安全监测数据是工程施工的耳目，是工程安全性判断的重要依据，因此，它的正确性决定着判断结果，必须严肃认真地对待。风险管理应通过对监测数据的去伪存真，结合安全风险管理系统的应用，将施工监测、第三方监测数据以及现场巡视情况进行综合分析，才能作为判断工点安全状态的重要信息。

　　判别监测数据正误常用的方法一般有异常容错分析法（粗差分析）、对比分析法、数据拟合法等。通过计算机对数据容错、自动分析等初步筛选之后，形成一系列供人工进行有针对性分析的数据和相关信息，从一定程度上提高了专业安全分析的效率，在人工分析的基础上，参考现场巡视、风险源跟踪信息等相关情况以及施工计划、工况等相关信息，最终综合评定基坑/区间隧道的安全状况（安全或预警）。一般数据分析工作流程如图4.2－12所示。

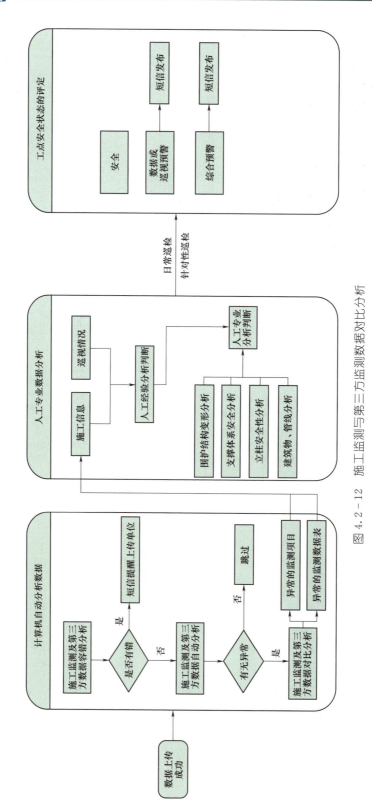

图 4.2 - 12 施工监测与第三方监测数据对比分析

通过分析第三方监测单位、施工单位的监测、巡视信息及安全状态初步判定，结合现场风险源跟踪信息，综合判定风险工程或监控单元的安全状态；根据工点内所有风险工程或监控单元的安全状态，给出工点的安全状态。

综合分析判定过程可见图4.2-13。

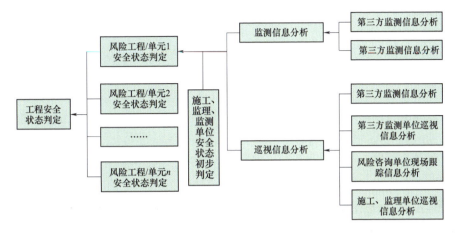

图4.2-13　工点安全状态分析及判定流程图

1. 施工监测及第三方监测数据异常分析

当前国内轨道交通工程采用信息化施工，对工程本体以及周边环境进行监测，普遍引入代表施工方的施工监测系统及代表建设方的第三方监测系统。引入两方监测系统提升了轨道交通信息化施工水平，但由于监测数据出自不同监测单位，对于同一工点、同一监测项目、同部位的监测点甚至是同一测点，监测数据将有差异。监测预警工作都建立在数据的准确性基础上，这就给建设单位决策带来困惑，监测数据质量问题凸显。

一般通过计算机自动筛选功能和人工专业分析的方法，对施工监测与第三方监测数据进行辨识，科学地评估统计数据的准确性。

根据相关经验和参考文献，监测数据异常一般表现为以下几个方面。

（1）监测数据达到预警值。"双控"指标（变化量、变化速率）是否超过监控量测控值。

（2）突变。监测数据变化量较大或变化速率加快（一般伴随预警出现），如测斜曲线出现尖角、拐点等。

（3）雨雪天气、雨季汛期、台风等导致当日当次监测无法正常进行的情况（无数据、漏测、跳测导致关联量测项目数据缺失）。

（4）施工监测和第三方监测数据对比差异较明显的情况（双方差异过大，变化趋势不一致）。

（5）关联量测项目数据不合常理、其变化过程线过于完美，或明显不符合该工况的一般规律（如测斜变形曲线明显不符合工况）。

（6）测点布设不符合规范要求（结合现场巡视）情况下采集的数据，可信度降低。

确定数据异常的一般流程具体如下。

（1）收到监测数据后，发现有数据异常时，首先联系监测单位，了解情况，排除测量失误、数据误传等因素。

（2）确定数据异常由变形引起的，进一步向现场施工方、监理方了解情况；启动分级预警，召集相关单位响应、处置。

（3）对于已探明原因或已采取控制措施的，要求监测单位继续加密监测。

（4）原因暂时不明，视数据变化情况要求加强监测，赴现场调查，共同分析原因，制定方案措施。

（5）分析原因，提出建议措施，撰写专项分析报告。

2. 施工监测与第三方监测数据对比分析

目前，国内在轨道交通建设中同一条建设线路均采用第三方监测和施工监测平行监测模式。通过风险监控系统完成施工与第三方监测数据对比，生成数据对比表格，对两者之间相比异常的数据进行特殊提示（如短信提示、醒目的闪烁等），可以提醒对差异性较大的监测数据重点监控，并再要求第三方监测单位对施工监测数据进行核实，系统同时也完成了对第三方监测核实成果的审查，见图 4.2-14。

图 4.2-14　施工监测与第三方监测数据对比分析

3. 监测数据人工专业分析

计算机的自动分析大大提高了专业安全分析的效率，在经过计算机对数据的初步筛选之后，专业分析人员会对部分疑难数据和重点工程的重点数据进一步进行人工分析。

4.2.8.2　工程安全分析要点

针对工程的安全性分析主要从监测数据、变形原理、变形曲线、影响范围、影响程度等方面进行综合性分析。结合现场工程实践总结，就工程施工过程中工程本体及周边环境动态安全分析要点进行提炼及分析具体如下。

（1）基坑本体安全分析。

1）数据、曲线分析。通过对基坑围护结构变形曲线的细致分析来判断围护结构自身的安全状态，进而分析基坑的安全状态，如通过对数据曲线形状变化的辨识可以发现超挖、支撑不及时、支撑失稳等一系列非正常工况。

根据对围护结构深层水平位移、顶部竖向及水平位移以及支撑轴力变化等项目变形曲线的细致分析来判断基坑的安全状态。通过对数据曲线形状的辨识可以发现超挖、支撑不及时、支撑失稳等一系列非正常工况，如依据墙体测斜曲线的形态特点及变形规律初步判断墙体状态是否正常。

正常的监测曲线具有以下特点：①向下逐步增大；②已加支撑处的变形小；③墙顶可能会向基坑内位移；④开挖时变形速率增加；⑤有支撑时，变形小值稳定增加或不变；⑥应根据工况条件综合判断，以及和其他测值相互印证。

测斜出现的异常情况一般包括以下几个方面：①已有支撑处的变形继续增加，支撑轴力会增加、拱起、失稳，支撑与墙体接触点压损；②墙顶位移持续增加，悬臂、折断、整体失稳；③踢脚位移大于最大位移的 1/3 以上，基坑易整体失稳；④墙体局部大变形，墙体折断、破坏；⑤墙体的变形速率加速增长；⑥墙体变形大于规范中依据基坑保护等级确定的控制要求；⑦车站基坑的不对称变形。

2）结构安全性计算。根据墙体内力和墙体变形进行综合分析判断。

（a）依据墙体测斜曲线的形态特点及变形规律初步判断墙体状态是否正常。

（b）根据墙体累计变形及变形速率监测值对照变形安全评判标准进一步分析。

（c）若变形分析结果认为墙体偏于不安全，则根据地下连续墙的测斜数据，通过对变形曲线的定性分析可以发现现场的一些非正常工况，此外通过定量的内力计算，可以准确给出结构现有的安全度，让工程管理者做到对工程的安全状态心中有数。对于围护结构的弯矩可以通过其变形曲线来反算或者通过内置的钢筋计实测结果进行推算。利用公式 $P = M/M_{u}$ 并对照内力安全评判标准判断内力安全状态。判断结果即为墙体的安全状态。

3）支撑体系安全性评判。地铁车站主体基坑的支撑往往采用单跨或双跨压杆式钢支撑及混凝土支撑。支撑属于压弯杆件，受自重、围护墙体传来的侧向水、土压力和地面超载以及立柱隆起位移产生的上抬力等。支撑的安全性分析主要从强度和稳定性的角度出发，结合极限状态、设计控制值等，对于支撑的内力和变形进行分析，并确定对其安全状态进行评判的限值。

立柱竖向位移是引发支撑系统破坏的主要因素之一。对于混凝土支撑杆，表现为与墙体连接的杆端开裂、支撑杆—立柱联结节点附近开裂或断裂；对于钢支撑则是引发墙体—支撑杆—立往联结节点失效，引起支撑系统失稳，从而导致的墙体水平位移过大或基坑坍塌。

4）立柱安全性评判技术。基坑开挖后，坑底应力释放，坑内土体回弹，带动立柱桩上移，桩身上部承受向上的正摩阻力作用，桩被抬升；桩身下部土体阻止桩的上移，对桩产生向下的负摩阻力，正、负摩阻力最终达到平衡。立柱桩在正、负摩阻力的作用下，产生弹性伸长。下部土体对立柱桩产生向下的负摩阻力，由于反作用力立柱桩对下部土体有向上的作用力，致使立柱桩周与立柱桩端土体垂直应力减小，导致立柱桩端土体应力释放，产生隆胀，立柱也随之上升。

对立柱桩的受力与位移模式进行初步分析，以中性点为界，认为中性点以上桩土之间产生相对位移，中性点以下桩土协调。中性点以上的土体位移通过坑底土体卸荷回弹计算得到，桩体位移通过实测的桩顶位移与分段积分求得的桩体压缩量得到。桩土之间的相对位移从桩顶的最大值线性递减至中性点为零。中性点以下的立柱桩的受力与位移分析采用

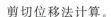

剪切位移法计算。

立柱隆起会带动支撑上浮，这样会产生对支撑的附加弯矩。支撑的差异变位将改变支撑受力状态，过大的附加弯矩可能使混凝土支撑达到极限承载力而破坏，使钢支撑发生平面失稳从而造成工程事故。钢支撑可以通过调整与立柱的连接来防止失稳破坏，而混凝土支撑由于和钢立柱浇筑在一起，因而只能通过控制立柱隆起量来防止支撑破坏。因此可从混凝土支撑破坏形式合理确定立柱竖向位移警戒值。

在深基坑工程施工中风险因素多，不确定性强，而这些不确定因素往往难以用准确的定量方法来描述。不同的风险因素重要程度不同，评级标准和自然状态模糊，也就是说，在做出任何一个评估时，都必须对多个相关因素作综合考虑，而且评估的结果也往往不是用单一指标就能够完全表达的，这就需要进行综合评估，即结合深基坑本体安全评判指标的研究，应用综合集成风险评估方法对轨道交通深基坑工程基坑本体进行风险评估。

（2）盾构隧道结构安全分析。盾构隧道结构接周边环境安全评判主要从隧道自身情况、工程地质条件、施工控制水平、隧道纵向长期沉降等方面进行综合评判。隧道施工引起地层移动的可能影响因素包括隧道自身情况、工程地质条件、施工控制水平等。

1）隧道自身情况。主要由隧道直径、埋深、工法、断面形状等组成。通过"相对埋深"这个指标，即隧道埋深与隧道直径之比判断其是"深埋"或"浅埋"，故只需考虑隧道埋深的影响。"浅埋"隧道开挖引起的地层位移对周边环境的影响更为显著（相对于"深埋"隧道）。隧道衬砌的变形对于地表沉降的影响通常是非常微小的。

2）工程地质条件。隧道穿越不同地层对地表沉降往往产生不同影响，其也会对施工控制水平带来影响而间接影响地层位移。

3）施工控制水平。这是在隧道工程中的一个关键因素，其受到人为因素影响，所以往往是最难研究的一个因素。盾构隧道施工控制包含开挖面稳定控制、盾尾同步注浆技术、管片拼装、盾构姿态控制等一系列问题，其水平的高低直接影响了盾构推进中地层损失的大小，如果控制不当极有可能带来灾难性的后果。

盾构隧道施工的环境安全评价主要以施工引起的地表沉降作为参考，在周边存在地下管线、房屋、相邻地下结构时根据其影响程度不同综合考虑盾构隧道施工的环境安全问题。环境安全评价的重点应放在地表沉降的环境安全评价上面，建立相应的安全评价体系。

根据工程实际情况，在已知盾构姿态、盾构位置、隧道埋深等条件的情况下，可以对施工状况予以更准确的评价。

（3）联络通道冻结法施工安全性分析。冻结施工安全性分析主要结合卸压孔孔压变化情况及测温孔测温情况进行综合判断分析。卸压孔孔压变化是判断冻结是否交圈的重要指标，而冻结壁温度场是决定冻结壁安全性的最重要因素。一般来说，冻结壁温度越低，其冻土强度越高，整体结构稳定性越好。而现实中导致温度场变化的因素很多，比如存在未知的地层热源、冻结地层中水渗流速度过快、盾构隧道管片散热、开挖后的空气对流散热作用、盐水循环管路局部堵塞、制冷机发生故障等，都将削弱冻结壁整体强度，使其安全性存在问题。因此，对冻结壁温度场的监测和分析十分重要，一般情况下，通过对进路、回路盐水温差分析、卸压孔压力变化情况分析及测温孔所测冻结壁温度状况分析，即可初步判断出冻结壁厚度、平均温度大小，而后对照设计文件或强度重新验算，可确定是否符合开挖条件或开挖后冻结壁是否处于安全状态。对于监测数据存在相互矛盾的情况，需结合实际现场巡视情况，及对监测资料的综合分析，必要时需结合有限元模拟分析，以辨别各数据的真伪。

（4）基坑（隧道）工程周围环境安全分析。

1）建筑物安全性分析。基坑开挖对房屋的影响可以通过监测房屋的沉降和倾斜来进行反映，并按照预警标准进行从严控制。对于基坑边的老式天然地基房屋加强监测，并对已有裂缝的房屋做好裂缝标记并观察其发展趋势。

房屋承受变形的能力一般根据其结构、基础形式、房龄的不同而不同。以对上海外滩历史保护建筑的监控经验，房屋的监控预警值应最好由房屋检测部门确定。中国电建集团华东勘测设计研究院有限公司远程监控在实际应用中一般以应变和倾斜来作为控制标准。具体工程上常用差异沉降作为建筑物的变形控制标准。

建筑物破坏特征很多，但最典型而且易定量分析的当属不均匀沉降导致的开裂和倾斜。监测项目一般为沉降、倾斜监测。

建筑物沉降监测数据分析需注意以下几个方面。

（a）建筑物的允许沉降值。建筑裂缝为 0.1%，结构裂缝为 0.2%。

（b）建筑物的差异沉降（倾斜）。

（c）裂缝的发展。

（d）建筑物的易开裂、敏感部位，包括围墙、门、窗角部、地面，应力集中处，砖石房屋等。

（e）总沉降量与差异沉降量的关系。

（f）总沉降量过大，建筑物与公共管线的连接处破坏。

建筑物倾斜监测数据分析需注意以下几个方面。

（a）较小的沉降值也可能很危险，如高层建筑基础沉降较大。

（b）以整体下沉为主，倾斜沉降相当危险。

（c）桩基最怕水平位移冲切破坏，特别是有接头的预制桩，导致建筑物倾斜、开裂或倒塌。

2）管线的安全性分析。一般规定管道的沉降或水平位移警戒值根据现有管线保护单位提出的警戒值确定，或应根据当地管线主管部门提出的要求确定。在管线单位没有对管线的预警值作出特殊规定的情况下，对于重要管线需要对其使用情况和极限情况进行计算。其验算的内容包括管线开口度大小和管壁应力大小等内容。

管线监测项目一般为沉降监测。对于管线的安全性分析一般考虑以下几个方面。

（a）管线的曲率半径，刚性管线和柔性管线各有不同。

（b）相对沉降、倾斜。

（c）允许张开值。

（d）总沉降的控制。

（e）接头的形式，各种接头的差别。

（f）测点的布置要求，直接点或间接点（布置在接头上和土中）。

3）边坡安全性分析。类似于围护结构变形监测，边坡位移监测一般包括土体深层水平位移、坡顶（坡脚）沉降等监测项目。判断其位移一般根据位移大小及速率是否超规范或设计控制值，辅以巡检措施，及时发现是否有裂缝、冒水、渗水、冒泡、土体软化、蠕变等现象。

4）地表、道路等安全性分析。一般通过地面沉降、地下水位等项目监测地表、道路沉降情况及地下水位变化情况，应根据设计及规范要求进行数据判读。

综上所述，通过分析第三方监测单位、施工单位的监测信息、巡视信息、安全状态初步判定，结合风险咨询单位必要的现场跟踪信息，综合分析判定风险工程或监控单元的安全状态；根据工点内所有风险工程或监控单元的安全状态，综合评判工点的安全状态。

4.2.9 预报警管理及现场处置

结合目前各地实施工程的预报警管理模式，一般情况下施工安全预警、消警及其信息报送实行三层次管理机制，即由决策指挥层（地铁公司领导）、中间管理层（第三方监测、风险咨询、地铁公司风险主管部门等）和现场监控实施层（施工、监理、施工监测、业主代表等）组成，如图 4.2-15 所示。

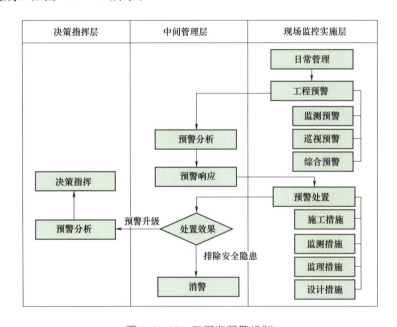

图 4.2-15 三层次预警机制

工程预警、报警后，需对工程预报警情况进行相关事件处理，保证所有工程预报警事件都能得到及时、有效的处理。

施工单位、监理单位与施工监测单位在工程现场安全风险管理过程中通过监测、现场巡查、视频监控等手段，对数据异常及工程存在一定安全隐患时，根据单项预警指标发布单项预警事件，现场实施层及时响应单项预警流程，参与警情分析，提出并落实控制措施。当工程出现可能对工程安全造成较大影响的安全隐患时，由中间管理层监控管理中心通过现场核查、数据分析及专家咨询等手段对警情进行分析判断，发布综合预警，并召开现场会议，确定风险处置与控制措施，必要时启动应急处置流程。

轨道交通行业一般把预警分为数据预警、巡视预警和综合预警三类，各类预警按照严重程度由小到大分为三级，即黄色预警、橙色预警和红色预警。

1. 数据预警

（1）数据预警级别。根据现场基坑或隧道结构本体及周边环境变化监测数据异常情况，按一定控制指标将单项预警划分为三个级别，即黄色单项预警、橙色单项预警及红色单项预警。当"双控"指标（变化量、变化速率）均超过监控量测控制值的70％时，或双控指标之一超过监控量测控制值的85％时为黄色预警；当"双控"指标均超过监控量测控制值的85％时，或双控指标之一超过监控量测控制值时为橙色预警；当"双控"指标均超过监控量测控制值，或实测变化速率出现急剧增长时为红色预警。

（2）数据预警流程。现场实施层（如分监控管理中心）根据现场基坑或隧道结构本体及周边环境变化监测数据异常情况，结合单项预警技术判断指标及判断单项预警后，由专业监理工程师发起预警建议。总监收到并审核后，由分监控中心通过风险信息平台或者手机短信发出黄色、橙色或红色单项预警，除参会各方外还应发送至监控管理中心。由总监代表主持单项预警分析会议，现场监理、施工、施工监测单位及第三方监测单位参加，必要时可邀请设计、勘察单位及通知风险咨询单位参加。各方对出现警情的原因进行分析，提出控制措施，会后由业主代表和监理单位督促施工单位落实。由监理单位撰写会议纪要上传至系统平台归档，主送参会各方，并抄送监控管理中心和建设单位备案。数据、巡视预警流程见图4.2-16，综合预警流程见图4.2-17。

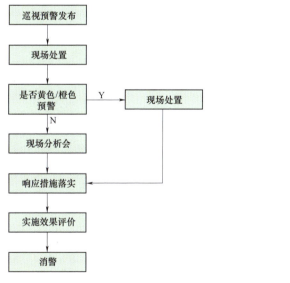

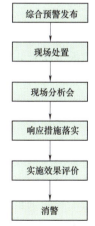

图 4.2-16 数据、巡视预警流程图　　　　图 4.2-17 综合预警流程图

（3）数据预警闭合流程。数据预警一般为监测点连续多个监测工作日变化稳定，曲线变化平缓后，由施工单位提出数据预警消警申请，含申请单与施工监测与第三方监测单位连续多个监测工作日监测报表。报监理单位与第三方监测单位审核满足要求后进行消警。

2. 巡视预警

（1）巡视预警级别。巡视预警主要通过对施工工况，围（支）护结构体系，盾构始发、掘进和接收，周边环境等情况进行评估，根据严重程度分为黄色、橙色和红色预警。

（2）巡视预警流程。巡视预警流程与数据预警流程级别一致，其不同在于巡视预警发起的单位比数据预警相对广泛，可能涉及监理单位、第三方监测单位、风险咨询单位和建设单位，这些单位在巡检过程中如发现异常都可以发出巡视预警。

（3）巡视预警闭合流程。巡视预警闭合需根据导致预警的因素是否已得到处置，周边环境情况和工点自身结构是否处于安全状态，如果满足要求就能够提交消警申请。

3. 综合预警

（1）综合预警级别。结合基坑和隧道工程风险特点，依据设计指标和咨询指标及专家评估，将综合预警险情分为三个级别，即黄色综合预警、橙色综合预警及红色综合预警。

（2）综合预警流程。综合预警一般是由风险咨询单位、第三方监测单位和建设单位根据监测数据、现场工况和周边环境情况综合判定，提交预警建议单后最终由建设单位发出。发出综合预警后，各参建单位需立即赶赴现场召开预警分析会，立即采取处置措施。

（3）综合预警闭合。综合预警闭合需根据导致预警的因素是否已得到处置，周边环境情况和工点自身结构是否处于安全状态，如果满足要求就能够提交消警申请。

4. 消警材料

递交消警申请报告时，施工单位应提交以下文件。

（1）预警现场会会议纪要。

（2）第一方、第三方的监测数据报告。

（3）相关处理及控制措施落实情况。

（4）消警申请单。

4.2.10　预警阶段工程专业技术分析

轨道交通工程建设风险高，且涉及结构、岩土、地质等多个专业，不可预知性强，现场发生的各类风险原因复杂，因此需根据监测数据以及巡视检查情况进行综合性分析，必要时需依靠各类专业技术分析手段，进一步对工程风险预警原因及后期变化进行分析及预测，以有效控制工程中的风险。下面主要就当前较为常用的地下各类工程专业分析手段作一介绍，主要包括针对预警工点的安全性验算的方法、针对预警工点专业性分析方案以及基于数值分析技术在风险预测及预报过程中的应用。

4.2.10.1　预警工程的安全性验算一般方法

1. 基坑整体稳定性验算

基坑整体稳定性验算的目的是要防止基坑支护结构与周围土体整体滑动失稳破坏。基坑的整体稳定性验算对于不同的支护形式其验算会有一定的差异，常用的验算方法有整体稳定性分析的条分法、坑底有软弱夹层时土坡的稳定性分析、考虑地下水渗流作用时的稳定计算等。随着近年来数值分析手段的进步和计算机性能的提高，近几年来边坡稳定分析中出现了强度折减有限元技术、多块体上限方法、权限分析上下限有限元技术等方法，其验算简图见图 4.2-18，基本验算公式为

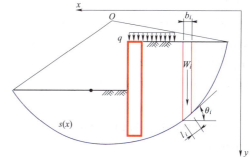

$$F_s = \frac{\sum_{i=1}^{n}\left[c_i l_i + (q_i b_i + W_i)\cos\theta_i \tan\varphi_i\right]}{\sum_{i=1}^{n}(q_i b_i + W_i)\sin\theta_i} \qquad (4.2-1)$$

图 4.2-18 整体稳定性验算简图

2. 抗隆起稳定性验算

基坑工程抗隆起稳定性验算是基坑支护设计中一项十分关键的设计内容，它不仅关系着基坑稳定安全问题，也与基坑的变形密切相关。当前基坑抗隆起稳定性分析方法可归纳为三大类：极限平衡法、极限分析法以及常规位移有限元法。无论是极限分析有限元还是常规位移有限元，主要针对的都是黏土基坑抗隆起稳定性的分析问题。对于同时考虑 $c-\varphi$ 土体抗隆起稳定性分析问题我国基坑工程实践中目前用的是地基承载力模式以及圆弧滑动的基坑抗隆起稳定分析模式，具体的分析方法有：黏土基坑不排水条件下的抗隆起稳定性分析、同时考虑 $c-\varphi$ 时基坑抗隆起稳定分析等。

坑底抗隆起验算类似于圆弧面整体稳定验算，但圆心取最下一道支撑与挡墙的交点，并且圆弧通过墙底端，最下一道支撑以下为圆弧滑动面，以上为竖直直线，如图 4.2-19 所示。圆弧面上的滑动力和抗滑力的求法与瑞典条分法一致（但考虑水平应力），竖直滑动面上的抗滑力为

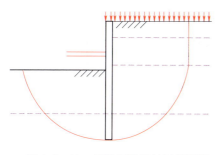

图 4.2-19 抗隆起稳定分析的圆弧滑动模式验算简图

$$F_r = \int_0^{H_i}(\sigma_z K_a \tan\varphi + c)\mathrm{d}z \qquad (4.2-2)$$

式中：H_i 为最下一道支撑深度；σ_z 为土层竖向应力；K_a 为主动土压力系数；φ、c 分别为土层内摩擦角和内聚力。

3. 抗倾覆稳定性验算

对于重力式围护结构，需要进行围护结构的抗倾覆和抗滑动稳定性验算。验算重力式围护结构的抗倾覆稳定性时，通常假定围护结构绕其前趾转动，但对于墙底土较软弱的情况，就会出现支护墙体的插入深度在一定范围内变化时，其插入比越大则计算的抗倾覆稳定性系数越小的不合理现象，究其原因就在于转动点位置选择不合理。对于重力式围护结构的倾覆转动中心位置对计算结果的影响以及转动点位置的合理选择，许多学者进行了研究，提出了各自的观点和解决办法，在实际安全验算的过程中，对转动点位置的选择可结合当地的城市轨道交通设计经验进行，一般重力式的围护结构抗倾覆、滑移验算简图如图 4.2-20 所示。其计算公式为

$$\frac{E_{pk}a_p + (G - u_m B)a_G}{E_{ak}a_a} \geqslant K_{ov} \qquad (4.2-3)$$

式中：E_{pk}、E_{ak} 为作用在挡土墙上的主动土压力和被动土压力标准值；K_{ov} 为抗倾覆稳定

安全系数，其值不应小于1.3；a_a为水泥土墙外侧主动土压力合力作用点至墙趾的竖向距离，m；a_p为水泥土墙内侧被动土压力合力作用点至墙趾的竖向距离，m；a_G为水泥土墙自重与墙底水压力合力作用点至墙趾的水平距离，m；u_m为水泥土墙地面上的水压力，kPa；B为水泥土墙的地面宽度，m。

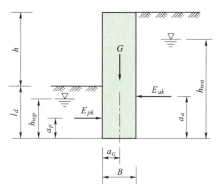

图 4.2 - 20　重力式围护结构抗倾覆、抗滑移验算简图

4. 抗渗流稳定性验算

针对基坑抗渗流稳定性验算，可参考《建筑地基基础设计规范》（GB 50007—2011）、《建筑基坑工程技术规范》（YB 9258—97）、《上海市基坑工程设计规程》（DBJ 08—61—97）以及《上海市地基基础设计规范》（DGJ 08—11—2010）等规范中相关规定要求，分两种情况进行计算：一是当坑底以下有承压水被不透水层隔开时的情况；二是当地层中无承压水层或承压水层埋置深度很深时的情况。抗渗流稳定性验算简图如图 4.2 - 21 所示。

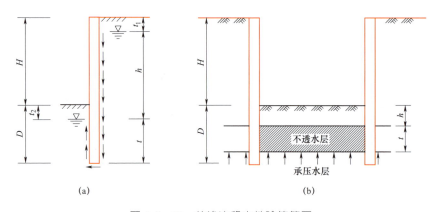

(a)　　　　　　　　　　　(b)

图 4.2 - 21　抗渗流稳定性验算简图

基于图 4.2 - 21 计算的抗流土安全系数公式为

$$k = \frac{\gamma'}{i\gamma_w} = \frac{\gamma'(h + 2t)}{\gamma_w h} \tag{4.2 - 4}$$

5. 抗承压水稳定性验算

当基坑下存在不透水层且不透水层又位于承压水层之上时，应验算坑底是否会被承压水冲溃，若有可能冲溃，则需采用减压井降水以保证安全。验算简图见图 4.2 - 22，计算原则为自基坑底部到承压水层上界面范围内土体的自动压力应大于承压水的压力，安全系数不小于1.2。

4.2.10.2　基于数值模拟技术的预警工点安全性专项分析

1. 围护结构变形数值模拟分析

针对基坑变形监测数据，结合数值模拟等理论计算结果对比分析，判断其变形超限情况。图 4.2 - 22 为某基坑墙体水平位移分工况进行启明星软件计算和 ANSYS 有限元分析模拟计算结果与实测结果对比。图4.2-23为基坑围护结构变形数值模拟云图。

2. 基坑开挖周边土体变形数值模拟分析

依据实测统计结果与专业计算软件计算结果对比分析，并结合数值模拟验算，判断施工对周边土体变形影响程度及范围。如某基坑标准段开挖地表沉降包络曲线如图4.2-24所示。

启明星专业计算软件分析结果见图4.2-25。

采用有限元计算来模拟土层变形规律，土体本构暂选MC模型，计算结果见图4.2-26~图4.2-28。

3. 基坑工程施工引发地表变形情况分析

对于车站基坑工程，依据地质勘查报告中的土体物理力学指标、围护结构设计参数及当前施工工况等资料，就基坑开挖过程中围护结构及周边地表变形情况进行全面的分析验算。

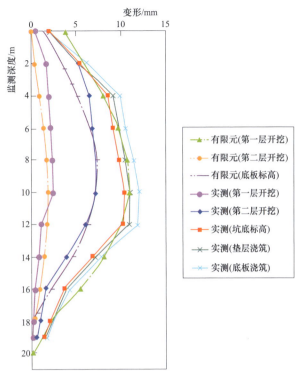

图 4.2-22　围护结构变形理论计算结果与实测结果对比

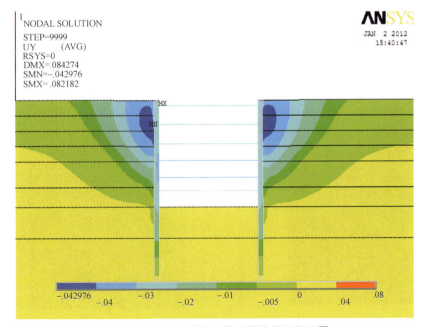

图 4.2-23　基坑围护结构变形数值模拟云图

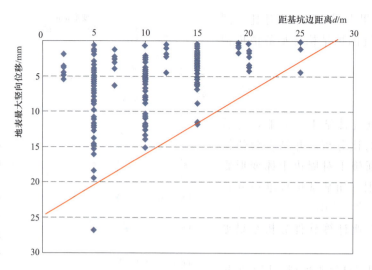

图 4.2-24　某基坑地表沉降包络线

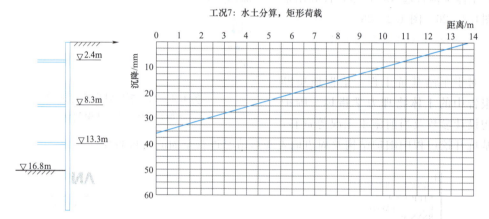

图 4.2-25　启明星软件计算所得某基坑开挖到 16.81m 时地表沉降曲线（包络线）

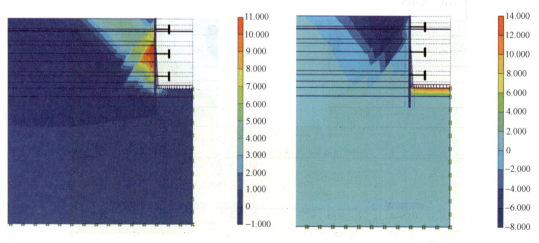

图 4.2-26　水平位移计算结果　　　　图 4.2-27　垂直位移分析结果图

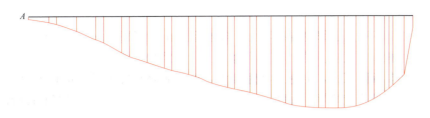

图 4.2-28 地表垂直位移示意图

对于区间盾构工程,依据地质勘查报告中的土体物理力学指标、隧道结构设计参数及盾构掘进参数等资料,进行流固耦合数值模拟计算,考虑隧道开挖、管片拼装、盾尾注浆、浆液固结等施工步骤,得出盾构推进过程中地表沉降变化规律。某基坑有支撑开挖时剖面 A 侧向、竖向变形云图见图 4.2-29,某盾构掘进时地层垂直位移云图见图 4.2-30。

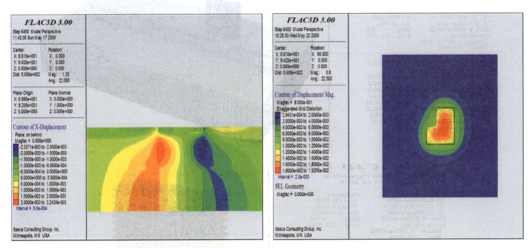

图 4.2-29 某基坑有支撑开挖时剖面 A 侧向、竖向变形云图

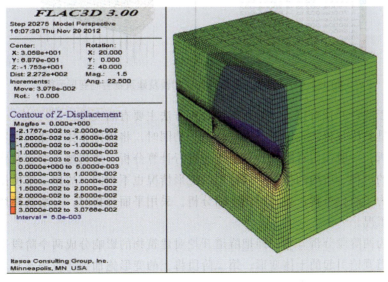

图 4.2-30 某盾构掘进时地层垂直位移云图

4. 建筑物沉降验算分析

基坑开挖必然引起近邻建筑物发生沉降变形。如果建筑物发生不均匀沉降，建筑物的结构就会产生相应的反应。若不均匀沉降太大，建筑物可能产生裂缝、倒塌等一系列问题。如果不均匀沉降不大，但绝对沉降较大，也可能对基坑附近的市政工程产生不利影响，如地下管网设施破坏等。所以，基坑近邻建筑物的绝对沉降、不均匀沉降都是工程施工中应十分关注的问题。基坑开挖引起的近邻建筑物沉降变形是多种因素耦合作用的结果，现有的计算理论很难考虑这种多因素的耦合作用。近年发展起来的基于计算机的数值模拟方法是分析基坑变形的一种有效方法。可应用 FLAC³ᴰ 对各种支护形式下基坑开挖引起的邻近建筑物沉降问题进行数值模拟分析，从而判断建筑物的安全状态，见图4.2-31。

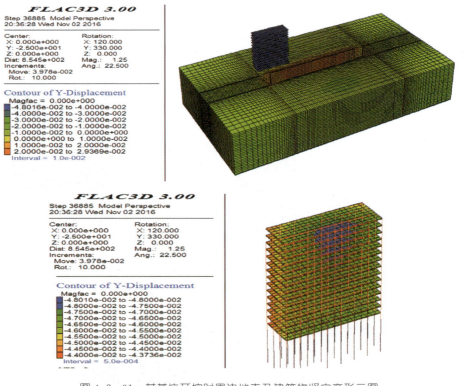

图 4.2-31　某基坑开挖时周边地表及建筑物竖向变形云图

目前关于隧道开挖对建筑物的影响的分析方法主要有两大类。

第一类是整体分析法，即在模拟开挖过程的同时，将周围土体、建筑物及其基础作为一个整体分析，一般需用有限元等数值方法进行计算分析。盾构施工对建筑物的影响是一个动态发展的过程。盾构的位置不同地层的变形情况也不相同，故用三维模型进行分析比较合适。但为了简化分析，也可采用平面分析。采用平面分析时，一般选择盾尾脱出建筑物时为模拟工况。

第二类为两阶段分析方法，即把隧道开挖对建筑物的影响分成两个阶段来分析：第一阶段分析隧道开挖引起的土体变形；第二阶段将土的变形施加到建筑物及其基础上，分析建筑物及其基础的变形和内力变化。

5. 旁通道冻结工程验算分析

对于旁通道冻结工程，依据已测得的地层岩土体热物理参数，以及实测的进回盐水温度和实际中的冻结管排布方式等资料，可就实际的地层冻结温度场及开挖解冻过程温度场进行全面的分析验算。将验算结果同测温孔所测温度进行对比分析进而改进验算模型参数，可获得比较准确的当前旁通道冻结壁整体温度场的发展情况及发展趋势，依此可对其安全性作出评价。考虑到 ANSYS 大型有限元数值计算软件对温度场模拟的准确度很高，且《旁通道冻结技术规程》（DG/T J08－902－2006）中推荐采用此法进行冻结壁平均温度计算，因此，在预警状态时，可利用其对某个特定工程进行冻结及局部开挖解冻过程温度场进行建模分析，其冻结过程可能的结果见图 4.2－32。联络通道冻结壁强度有限元计算模型见图 4.2－33，联络通道冻结壁强度验算结果见图 4.2－34。将分析结果同测温孔所测结果进行对比验证及预测。据此，计算出整体冻结壁最为薄弱的位置、冻结壁平均温度和冻结壁平均厚度，从而对照设计确定是否满足要求，进而评估其安全性。

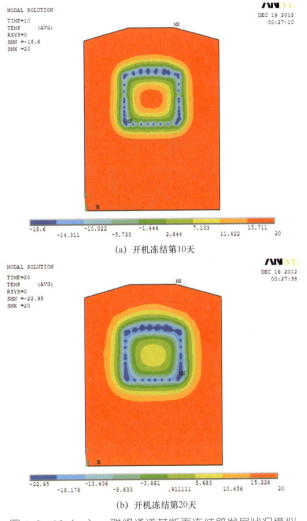

图 4.2－32（一）　联络通道某断面冻结壁发展状况模拟

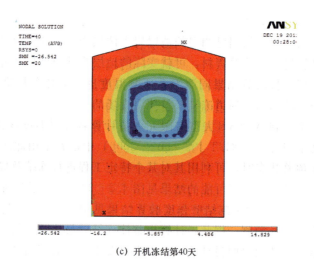

(c) 开机冻结第40天

图4.2-32（二）　联络通道某断面冻结壁发展状况模拟

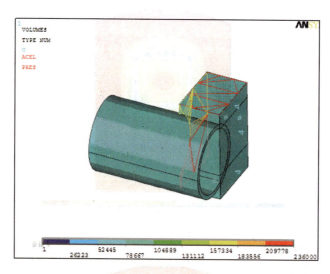

图4.2-33　联络通道冻结壁强度有限元计算模型

4.2.11　视频监控及巡视检查

4.2.11.1　日常巡检

工地现场工点多，条件与环境复杂，在施工过程中各种内外因素的变化可能出现新的风险源或促使风险类别发生转化。实践证明，重大安全事故发生之前或多或少出现风险的苗头与迹象，现场巡视是发现事故苗头和安全隐患的重要途径。建立现场巡视制度，规定巡视时间、路径与方法，落实巡视责任人与定期巡视机制，确保现场巡视工作的质量与周期。

地下轨道工程容易发生的工程事故多为围护结构坍塌、土体滑坡、支撑体系变形、周围建（构）筑物沉陷、裂缝等。现场监测点的数量有限，分布于常见的重要位置，有时仅从监测数据上并不能预测到个别部位的风险。通过经常的巡视检查往往能更及时地发现事

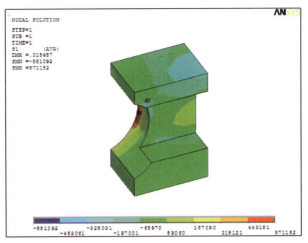

(a) δ_1

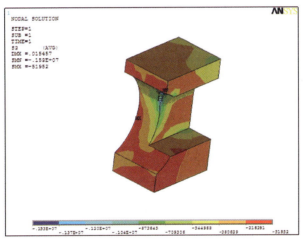

(b) δ_3

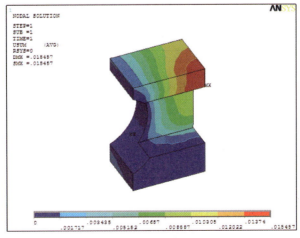

(c) 变形分布

图 4.2-34 联络通道冻结壁强度验算结果

故的前兆，特别是暴雨气候时周围土体的一些细微变化、土体的局部沉陷、地面与建筑的裂缝等。

另外，仪器的监测均是定量的数据，从数据上发现的往往是量变的过程，而一些规范和工程经验的预警指标都是长期沿用下来的安全底限或某工程的经验数据，是一个具体的量值。而不同工程、不同部位在不同阶段、不同条件下的预警指标差异较大，无法有效地使用一个统一的指标监控风险。直接导致工程事故或其前兆现象发生的量值具有很大的范围，可能高于常规预警值或低于常规预警值。而且，现场监测具有一定的时间间隔，不能连续地监控量值的发展及变化，因此现场巡视检查是及时发现风险发展、风险预兆及突发风险的有效办法。现场巡视检查具体措施有以下几个方面。

1. 监测点检查

按《监测点平面布置图》逐一检查，检查测量控制网的设置，包括控制基线、轴线和水准基点，检查监测布点方式、监测点位置（是否同原设计文件保持一致）和保护措施（包括测点有无损坏、测点上方有无堆载）。

2. 对比方案和工况

对现场所反映工况描述进行核实。对施工措施加以整理登记，特别留意降水工程、地基加固、临时附加的安全技术措施等。

3. 本体结构巡查

肉眼观察基坑支护结构外观，查看其壁上是否产生裂缝、流砂或其他变形，观察围护结构接缝处外观，看其是否有异常现象。

观察支撑体系及其端头附近的支护结构是否有变形，是否有裂缝等破坏现象。

观察盾构始发反力架、基座平面位置、刚度及强度；观察管片拼装控制有无渗漏、碎裂、错台等；观察始发井、接收井洞门加固及联络通道加固效果等。

4. 周边环境巡查

（1）建（构）筑物。如建（构）筑物自身的开裂，建（构）筑物地表地基处的开裂、不均匀沉降、倾斜情况，以及地下室渗水情况。相关巡视技术参考指标见表 4.2 - 7。

表 4.2 - 7　　　　　建（构）筑物巡视技术参考指标列表

影　响　程　度	巡视技术指标
施工造成建（构）筑物承重墙体、柱或梁出现裂缝、剥落	危险
施工造成建（构）筑物非承重墙体出现开裂、剥落，影响正常使用	注意
施工造成建（构）筑物非承重墙体出现开裂、剥落，不影响正常使用	安全

（2）地下管线。询问地下管线的探测、保护情况。巡视已探明的管体或接口破损或渗漏、检查井等附属设施的开裂、进水情况，以及管线附近有无漏水现象。

（3）城市道路。如路面开裂、路面沉陷、隆起、路面冒浆（泡沫）情况。

（4）城市桥梁。如墩台或梁体开裂情况。

（5）河流湖泊。如水面有无漩涡、气泡、堤坡开裂等情况。

（6）周边地质体。安全巡视指标，如土层性质及稳定性情况、地下水控制效果（询问）、主要查看地面是否有沉陷、裂缝、滑移、隆起等现象，特别是在大量降雨时，应及时进行多次观测。

（7）坑边情况。坑边超载情况、地表积水情况、截排水措施是否到位（询问）、管线沿线地面开裂、渗水情况、塌陷情况、管线检查井开裂及积水变化和其他情况。

现场巡视检查一般每周1～2次，当工程风险接近或处于预警状态时或暴雨等恶劣天气，应每天至少一次；当工程风险处于预警或预警状态时，应安排专人值守，不间断地巡视检查。

4.2.11.2　联合巡检

根据安全风险管理体系中分级管理模式，现场分监控中心实施层除日常巡检外，应建立中间管理层与现场实施层的联合巡检机制，每周由建设单位负责组织一次联合巡检，监理单位、施工单位、施工监测单位、第三方监测单位、风险咨询单位等单位参加。对于巡检发现的问题，存在较大安全隐患的短时间内可整改完成的，要求现场立即整改，巡检人员旁站监督直至整改完成，一般风险隐患或问题下发整改督查单要求限期整改监理单位负责督促施工单位进行整改，施工单位在规定期限完成整改，监理、业主代表复查后由施工单位将整改情况书面上报建设单位。巡检完后由参加巡检各方出具巡检意见，与整改复查情况汇总形成联合巡检周报。

4.2.11.3　针对巡检

当监测数据出现异常时，安全风险咨询单位或第三方监测单位会及时去现场查找异常原因。通过巡查排除任何工程安全工作可能存在的疑点，当怀疑现场监测单位数据造假等情况时，采用去现场突击检查的方式。同时为了调动现场监理的工作积极性、充分利用现场资源，将现场监理的巡视也纳入风险巡视中，所有巡视完成后均需在信息管理系统中填报风险巡检报告并完成上报。

4.2.11.4　视频监控

一般地铁公司都会要求组建视频监控系统，建立监控室，在关键部位安装摄像头，将施工画面实时传送到监控室。通过视频监控系统的应用，可及时对各工点风险较大的工程部位进行监控、跟踪并记录。同时现场所有视频通过现场监控室全部接入有建设单位管理的监控中心，由建设单位汇总对整个项目进行视频监控，这样能大大提高风险管理效率，有效把控工程安全风险。

1. 视频监控要求

（1）要求在围护结构施工前及隧道洞门及管片吊装区域摄像头。在洞门凿除前，必须完成部分视频设备安装，并建立现场监控室。

（2）视频监控必须能够实现监控、录像、回放、备份、报警及网络浏览等功能。

（3）实况图形宜采用可通过遥控进行变焦和扫视的设备装置。

（4）安装、拆除人员应同时具备安全生产监督管理部门颁发的电工作业证和高处作业证。

（5）视频监控管理系统的安装、拆除施工必须遵循国家相关技术标准，并切实做好防雷和接地。

2. 视频监控布设与验收

视频监控布设要求能够满足覆盖整个施工工区，在重点部位要求必须安装球机。以下部位建议进行安装。

（1）盾构施工：出土口、洞门、管片拼装区、管片吊装区。

（2）车站：基坑两端、钢筋加工间及材料堆放处、围护结构施工、基坑开挖与支护、结构施工作业面。

现场视频安装完成后，施工单位及时提请监理单位组织验收，监理单位组织施工单位、风险咨询单位、第三方监测单位和建设单位参与验收。

 ## 4.3 风险管理监督

4.3.1 安全风险管理监督及检查

在施工阶段，风险处于动态变化过程，现场情况也瞬息万变，工程风险管控形势最为严峻，需要定期开展风险管控情况的监督检查及考核，以确保工程各重大风险始终处于严密监控状态，现场工程风险管理体系始终处于最优化运行状态，才能保障工程整体实施顺利推进。

4.3.1.1 监督检查内容

城市轨道交通工程因地质条件复杂，施工难度较大，项目实施过程中必然遇到较多的安全风险隐患，为有效、及时发现并消除安全隐患，结合城市轨道交通工程安全检查指南中对各参建单位的职责要求，建立安全风险管理监督及检查制度，通过检查实现对现场风险管控情况全面把控。

1. 国家法律、法规、部门规章制度的执行情况

各参建单位在城市轨道交通工程建设期间关于质量安全相关法律法规、标准规范及规范性文件贯彻执行情况。

2. 相关管理制度落实情况检查

根据风险管理规范及相关管理办法及实施细则规定，各参建单位，如施工单位、监理单位、设计单位等承担各方主体相关责任落实情况，如设计单位制定风险源的控制指标、施工单位进行风险源的辨识和评估、监理单位进行风险源实施监理等。

3. 工程安全风险情况检查

城市轨道交通工程建设期间各单位根据设计图纸实施工程实体质量情况，施工现场安全隐患排查、治理情况，安全生产标准化工作开展情况。

4. 专项方案、措施落实情况检查

（1）检查施工单位编制的风险源专项施工控制方案编制及校审流程。

（2）检查专项方案措施落实情况。

4.3.1.2 现场分监控中心建设

为加强现场监测监控工作，地铁公司一般都要求现场各施工标段由监理、施工、施工监测、设计、业主代表组成现场分监控中心，由总监总体负责，各单位安排专人负责，各项职责落实到具体责任人，监控中心（风险咨询单位、第三方监测单位、建设单位等）岗

位人员与现场分中心建立完善的工作机制，充分利用图表管理工具开展现场施工工况记录、巡检、数据分析等风险管控工作，现场分监控中心的管理模式实施，提出责任自我管理机制，为轨道交通建设信息化施工提供了保证。

现场分监控中心通过视频监控和信息系统两种途径将相关信息上传至监控管理中心。监控管理中心通过安全风险管理信息系统平台和现场分中心的互动机制，以视频监控、系统平台作为数据分析、安全评价的重要工具，提供专业的技术分析与评估服务，以达到地铁公司各管理层对现场执行层进行远程监控的目的。现场分监控室、分监控中心办公室样例见图 4.3-1、图 4.3-2。

图 4.3-1　现场分监控室样例

图 4.3-2　现场分监控中心办公室样例

4.3.1.3　风险源发布、跟踪、更新及控制措施

现场通过对风险源进行辨识评估后将重大风险源清单提交给地铁公司，由地铁公司对重大风险源清单进行汇总发布。施工单位根据重大风险源清单制定专项保护方案，方案须经过专家评审。在过程中通过日常巡视、信息系统、安全风险周报和月报等形式对重大风险源进行跟踪。随着工程施工进度变化，原辨识重大风险源情况发生了重大变化，有的风险源已灭失，有的由于发生设计变更、前期风险辨识过程中存在遗漏和评估等级与实际不符、新增风险源等情况，风险源发生一定变化，现场需根据实际情况定期对风险源进行更新。

4.3.1.4　重大风险源公示

根据《城市轨道交通地下工程建设风险管理规范》《危险性较大的分部分项工程安全管理办法》（建质〔2009〕87 号）、重大风险

图 4.3-3　重大风险源辨识公示牌样例

清单等文件设立风险源公示牌（图 4.3-3），结合工点工况进度及施工安排，提前对即将施工的工序和部位存在的安全风险进行公示，内容包含危险源、防范及预控措施、可能造成的伤害等，便于进行土建施工期间的动态风险管控。

4.3.1.5　领导带班作业

为切实保证安全生产，提高风险管控能力，增强单位领导和职工的安全意识，进一步落实安全生产责任制，要求现场建立风险工点分级管理。Ⅰ级重大风险工点由项目负责人负责并带班，项目领导班子成员轮流带班作业；Ⅱ级重大风险工点，由项目部领导班子成员（项目技术负责人等）负责并带班，项目部领导班子成员及工点负责人、项目部工程部、安全环境部（或质安部）负责人可轮流带班作业；高风险隧道等技术难度高的还要执行技术和安全管理人员 24 小时跟班作业制度。负责带班领导或部门对风险工点每天检查不得少于 1 次，负责部门每天检查不得少于 1 次；负责带班领导或部门每次检查完成后必须认真填写工程项目安全风险负责检查登记表，见表 4.3-1。

表 4.3-1　　　　　　　　　　工程项目安全风险负责检查登记表

工点名称：_____　　　　　　　　　　　　　　　风险级别：_____

序号	日期	检查人	单位	检查主要问题	整改要求	备注
1						
2						
3						
4						
5						

要求：1. 此表须放置于工点现场并妥善保存。

　　　2. 检查人员应对主要情况登记。

　　　3. 每月由项目安全部门负责收回存档。

4.3.1.6　监控管理中心建设

为加强轨道交通工程建设安全管理，提高安全监控、预报警等方面的工作效率，高效发挥第三方单位的作用，大部分地铁公司会组建以第三方单位（风险咨询、第三方监测、安全监理和应急抢险等）为主的监控管理中心，监控管理中心以视频监控为依托，制定视频管理办法、预报警管理办法，对现场实施 24 小时监控制度，要求视频全方位无死角覆盖整个工作面。监控中心视频系统见图 4.3-4，监控中心值班人员见图 4.3-5。通过视

图 4.3-4　监控中心视频系统

图 4.3-5　监控中心值班人员

频监控系统的应用，可及时对各工点风险较大的工程部位进行监控、跟踪并记录施工过程、操作情况。这对规范施工作业具有一定监管作用，可有效减少违章施工及不文明施工现象，同时视频系统也具有可追溯性，能够实现视频存储、调用和回放。

4.3.2 专家巡查

目前城市轨道交通的主要建筑物是在地下，线路长，站点多，建设周期长。在工程建设过程中，工程面临的风险因素多，风险机理复杂，工程风险防范、监控与处置难度大。由于地下工程的特殊性和不确定性，常常会发生一些不可预知的安全风险事件，其中对城市既有建筑环境的潜在威胁又有穿越大量地下管线、河湖及周边建（构）筑物、富水的砂卵石、粉细砂等不良地层及恶劣天气诸如此类的不确定因素，使得工程建设更具复杂性。为保障工程的顺利实施，需组建专家库（具备丰富的专业知识、较宽的知识面和较合理的知识结构，掌握本行业国内外发展动态，有较丰富的实践经验），建立专家巡查制度，定期对工程实施情况进行专项巡查，形成书面巡查意见，根据专家书面报告进行完善。

4.4 管理系统平台应用

目前随着网络化和信息化的推进，针对地铁工程复杂多变的周边环境、大量的从业人员、建设规模的不断扩大，急需利用信息系统平台技术，以提高相应的风险管控效率，提升风险控制水平。当前城市轨道交通工程建设的特点是施工现场分散、参建方多、数据量大、数据与现场信息的分析与预警及时性较差、专家对风险的评判与建议范围有限。为保障轨道交通工程建设安全风险管理体系的顺利进行，有必要通过信息系统来处理现场庞大的数据量并实现有限专家资源的整合。当前有北京、上海、南京、杭州等地的专业化风险管理企业开发了相应的安全风险管控系统平台。下面结合中国电建集团华东勘测设计研究院有限公司联合浙江华东工程安全技术有限公司共同开发并已在 10 多个地铁城市广泛应用的安全风险管控系统，就主要的工程概况展示、通知通告、预报警管理、监测数据管理、风险控制管理、应急管理、可视化系统、安全质量管理、文档及考核功能等方面内容进行简要介绍。

4.4.1 工程概况展示

该模块主要通过展示整个项目线路规划、线路概况及工点概况，通过文字描述与 GIS 图形相结合，鼠标移至 GIS 图形上相应工点位置处能够显示该工点工程概况，参建单位及工程图片等信息，集图形与文字一体，动态展示工点工程进度、工程安全状况等信息。工程概况界面展示见图 4.4 - 1。

4.4.2 通知公告

该模块作为各参建单位发布通知、公告、处罚单、督查单等公告信息，信息根据不同权限可以进行添加、修改、删除和回复等功能。如督查单栏，现场可以将整改情况以附件的形式上传至信息系统，同时可以设置回复期限，如在规定的时间段没有进行整改回复，系统将自动以短信形式提醒现场。通知公告界面展示见图 4.4 - 2。

图 4.4 - 1　工程概况界面展示

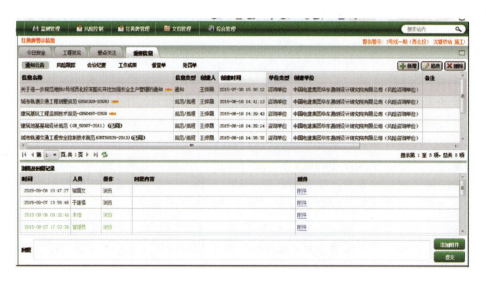

图 4.4 - 2　通知公告界面展示

4.4.3　预报警管理

信息系统预报警管理模块可根据不同需要对预报警标准、预报警流程和预报警范围进行设置。可以通过监测数据、监测数据曲线超预报警值显示不同预警颜色、CAD 测点布置图、GIS 线路图发生预报警工点闪烁不同颜色等方式实现预报警信息展示。如果是数据预警系统将自动发送短信到相应人员进行风险提示，短信内容由系统自动提取，包括预警位置工况、工程地质情况、监测数据大小及相应风险源等信息。如果是综合预警必须经过专业分析后，由人工发出，以专门界面显示预警状态、跟踪和处理等信息。当现场满足消警条件后由人工在系统上发布消警信息，系统能够记录整个预消警过程。综合预警界面展示见图 4.4 - 3，监测数据预警界面展示见图 4.4 - 4。

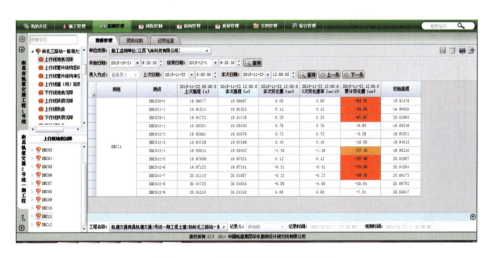

图 4.4-3　综合预警界面展示

图 4.4-4　监测数据预警界面展示

4.4.4　数据管理

1. 监测数据采集

系统能够提供给各方监测单位监测数据采集的报送窗口，系统能够自动汇总各方报送的数据，进行后台分析并且能够把监测信息通过多种途径展示，并提供信息的查询、打印等多种辅助功能。

系统应能提供人工监测数据采集、自动监测数据采集以及其他多途径的数据自动录入功能；系统应能对数据进行过滤判断数据合法性和准确性；系统应具备数据存储归档功能、数据导入导出功能。监测数据普通录入界面展示见图 4.4-5，监测数据自动化录入界面展示见图 4.4-6。

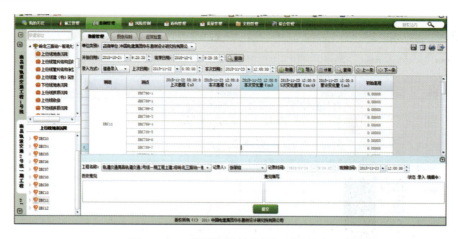

图 4.4 - 5　监测数据普通录入界面展示

图 4.4 - 6　监测数据自动化录入界面展示

2. 监测数据自动化分析

系统能对数据进行有效性、准确性识别功能，能够实现施工监测与第三方监测数据比对；能够根据工程监测数据、水文地质条件、支护设计形式、工程进度、周边环境情况进行监测分析；能够对 TBM、盾构法施工得到的数据自动进行接入、汇总和分析管理。监测数据比对界面展示见图 4.4 - 7。

3. 监测数据跟踪分析

系统具备监测数据跟踪功能，可以对异常数据自动进行跟踪，当数据处于稳定后系统能够自动发出提示信息。

4. 分析结果报表统计、图形显示和查询输出

系统具备综合数据自动分析汇总功能，能够自动反映监测数据的累计变化、本次变化、累计最大值、累计最小值、变化最大值和变化最小值等数据；能够具备综合曲线分析功能，进行多条曲线的对比分析；具备历史曲线功能，能够直接显示开始监测以来该选择测点的所有数据曲线，并能表格化显示鼠标所在位置测点的累计值、变化速率和时间。监测报表统计界面展示见图 4.4 - 8，图形显示界面展示见图 4.4 - 9。

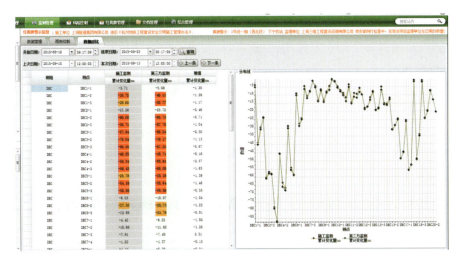

图 4.4-7 监测数据比对界面展示

图 4.4-8 监测报表统计界面展示

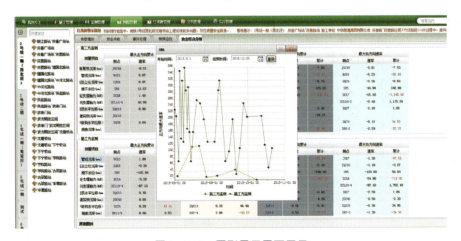

图 4.4-9 图形显示界面展示

4.4.5　风险控制管理

信息系统风险管理一般包括风险预报、风险跟踪、安全评估及事件处理等内容。

1. 风险预报

系统具备把经过专家研究分析后进行风险评估得出的风险源进行分类存储在信息系统中，建立按站点进行分类的施工阶段全线风险源库，该数据库能够显示工点名称、风险源名称及风险等级等信息。根据施工进度动态对风险源进行跟踪，提供风险源可能发生的开始时间到预计风险源结束时间，针对该风险源有哪些处置方案和应急预案等功能。风险预报界面展示见图 4.4－10。

图 4.4－10　风险预报界面展示

2. 风险跟踪

信息系统发布风险预报后，现场根据发布的风险预报中的风险源进行跟踪。系统能够记录风险发生区域、风险现场图片、风险状态描述、风险控制措施落实情况、风险控制效果以及风险控制落实人等信息。风险跟踪界面展示见图 4.4－11。

图 4.4－11　风险跟踪界面展示

3. 安全评估

系统能够结合监测数据、工程进度及风险跟踪相关情况自动生成每日安全评估报告，生成的评估报告能够进行人工编辑，最终报告编辑完成后可以保存到信息系统中，系统可以通过日期进行报告查询。如评估出当日工点存在一定风险，系统能够通过短信形式发送风险提示。安全评估界面展示见图 4.4-12。

图 4.4-12　安全评估界面展示

4. 事件处理

系统能够对安全评估出具有风险的工点进行事件处理跟踪，系统能够展示历史处理信息，能够提供数据处理过程记录上传界面，同时提供事件跟踪浏览回复功能。事件处理界面展示见图 4.4-13。

图 4.4-13　事件处理界面展示

4.4.6　安全质量管理

信息系统中安全质量管理主要对一些安全质量文件进行网上发起、审批与存档。网上可以根据审批流程表单建立审批步骤，系统将自动根据审批步骤将文件流转到下一个审批单位或个人，同时系统会通过短信的形式提醒审批人需处理网上审批文件，系统使用者一登录系统就会显示需办理的一些任务，文件处理完成后系统能够对最终版审批文件进行存档。在整个文件流转过程中都留有审核记录和流转过程。信息系统上对一些节点验收所必需的安全质量管理文件全部展示在信息系统上，如果文件已完成网上审批，系统将会通过标记的形式显示已完成审批流程，只有信息系统上所列文件全部完成网上报审后才能进行现场节点验收工作。审批文件实现网上审批避免了人工报审工作，提高了安全质量管理效率。安全质量管理界面展示见图 4.4 - 14。

图 4.4 - 14　安全质量管理界面展示

4.4.7　信息可视化

信息可视化大体包括盾构参数读取、视频门禁管理、GIS 图层管理等。

1. 盾构参数读取

通过读取现场盾构数据库中原始数据，将盾构参数与信息系统无缝连接，实时展示盾构原始参数。从盾构机上直接读取数据便于数据实时分析，确保盾构参数真实性。系统可以自动提取上面的参数进行分析评估，能够进行过程线、分布线等图形绘制，并能实现原始数据存储、调用功能。盾构参数读取界面展示见图 4.4 - 15。

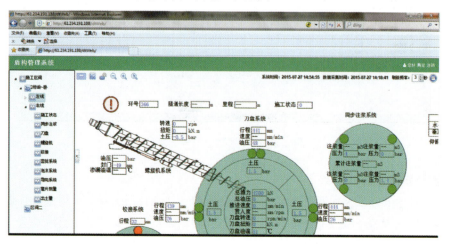

图 4.4 - 15　盾构参数读取界面展示

2. 视频门禁管理

信息系统能够对现场（包括工地、检测单位、商品混凝土厂、管片厂、盾构机等）布置的视频设备进行实时监控，可以同时浏览一个或者多个视频。能够实现对视频进行存储、回放及远程控制等功能。能够对现场门禁系统进行数据集成，实现实时统计进出工点人员数量、各人员信息以及违章进入自动报警等功能。视频门禁界面展示见图4.4-16。

图4.4-16　视频门禁界面展示

3. GIS图层管理

GIS引擎可以实现地图、卫星图与CAD图相结合，实现地图放大、缩小，地图漫游，全图显示，放大到一定程度后自动转换为CAD图。同时，如果现场出现工点报警，图上工点将会按照报警级别在线路图和测点布置图上进行闪烁。GIS图层界面展示见图4.4-17。

图4.4-17　GIS图层界面展示

4.4.8　应急管理

应急管理大体上包括应急启动与闭合、应急响应、应急信息资料、检索等功能。

1. 应急启动与闭合

信息系统在满足国家规范、规程、法规和地方规章制度的情况下，根据省、市、地铁公司及现场不同应急预案要求，制定应急启动和响应流程。预警启动由应急预案中总指挥进行启动，总指挥根据信息系统上现场提供的事件概况及事件发展资料和系统评估结果综合判定是否启动应急，启动几级应急。应急启动通过短信形式发给应急预案中相关人员，相关人员收到应急信息后能够进行回复，且回复的信息能够在信息系统中显示和储存。系统若通过对应急过程处理、跟踪资料对该事件进行综合评估后认为可以取消应急状态，则会自动发送短信建议指挥者取消应急状态，指挥者最终通过系统发出取消应急状态信息。

2. 应急响应

信息系统启动应急后能够自动显示本标段、相邻标段参建单位、人员和应急物资等信息。信息系统对事件处理过程进行跟踪，同时相关领导能够在上面进行留言和批示，能够添加附件，并对整个过程留有记录。

3. 应急信息资料

应急信息资料应包括相关单位、相关项目、物资设备、应急预案、应急演练、应急事件等资料。

（1）相关单位。按标段列出各参建单位，可以通过上传表格形式实现，可以按照标段进行查询和下载。

（2）相关项目。把所有项目信息列入系统，系统可以通过下拉框形式进行项目选择，选择该项目后页面显示该项目的项目概况。

（3）物资设备。按标段列出各标段应急物资设备，可以通过上传表格形式实现。可以按照标段进行查询和下载，可以通过查询物资设备名而显示物资设备存储在哪个标段。

（4）应急预案。按项目、线路、标段进行分类，显示应急预案，也可以进行查询。

（5）应急演练。按项目、线路、标段进行分类，每个界面显示一个应急演练，界面显示应急演练时间、地点、过程及相关图片和视频等信息。

（6）应急事件。按项目、线路、标段进行分类，每个界面显示一个应急演练，界面显示应急事件的发起、响应过程发展及相关图片和视频等信息。这些信息可以和应急启动、应急响应关联自动获取。

4. 检索

信息系统能够通过输入关键词，自动提取相关信息最终形成 Word 文档的报告，供决策者参考。同时能够对社会资源（如公安、医院）都可以公开网站查询的方式进行链接。

4.4.9　文档资料管理

系统能够对文档资料进行分类管理，能够对施工方、监测方、监理方、建设方等各种工程资料进行管理。能够实现文档的添加、修改和删除功能，同时系统能够通过线路、站点、资料类型、标题、关键字、内容等方式进行查询。文档管理界面展示见图 4.4－18。

图 4.4 - 18　文档管理界面展示

4.4.10　考核管理

系统具备用户使用情况考核功能，能够对登陆系统的用户进行全记录，记录登陆系统的时间、次数等信息。同时能够对各站点预警次数和系统操作违规等情况进行统计考核。登录考核管理界面展示见图 4.4 - 19。预警考核管理界面展示见图 4.4 - 20。

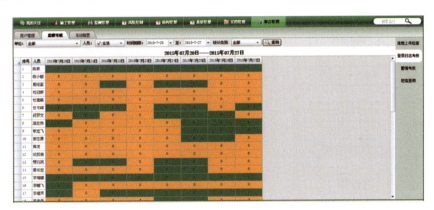

图 4.4 - 19　登录考核管理界面展示

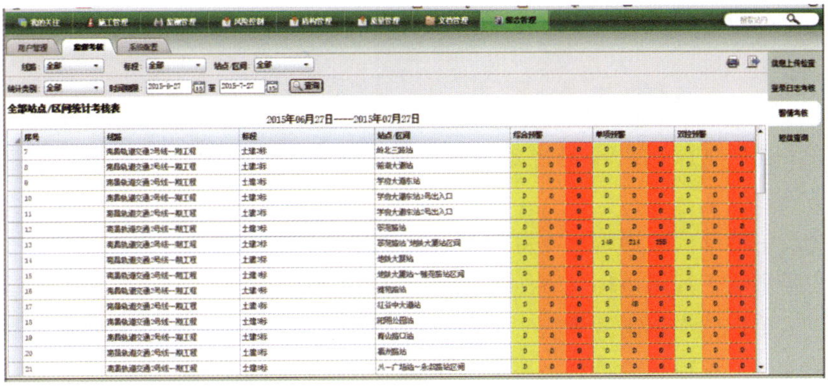

图 4.4 - 20　预警考核管理界面展示

第5章 应急预案与实例

5.1 应急预案编制

应急预案是指针对可能发生的事故和突发事件，为迅速、有序地开展应急行动而预先制定的行动方案，是突发事件或事故应对的原则性方案，它提供了突发事件处置的基本规则，是突发事件应急响应的操作指南。其一般包含完善的应急组织管理指挥系统；强有力的应急工程救援保障体系；综合协调、应对自如的相互支持系统；充分备灾的保障供应体系；体现综合救援的应急队伍等。应急预案编制流程和体系构成图见图5.1-1和图5.1-2。

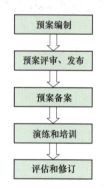

图 5.1-1 应急预案编制流程图

图 5.1-2 应急预案体系构成图

5.1.1 预案编制和内容

1. 编制概述及要求

根据 2014 年住房和城乡建设部颁布的《城市轨道交通建设工程质量安全事故应急预案管理办法》建质〔2014〕34 号规定，应急预案体系包括综合应急预案、工程项目应急预案和现场处置方案。

（1）建设主管部门应当编制本部门综合应急预案；建设单位应当编制本单位综合应急预案，并按照影响工程周边环境事故类别编制工程项目应急预案。

（2）施工单位应当编制所承担工程项目的综合应急预案，并按工程事故、影响周边环境事故类别编制工程项目应急预案，同时制定事故现场处置方案。

（3）综合应急预案是对城市轨道交通建设工程质量安全事故应对工作的总体安排。主要规定工作原则、组织机构、预案体系、事故分级、监测预警、应急处置、应急保障、培训、演练与评估等，是应对城市轨道交通建设工程各类质量安全事故的综合性文件。

（4）工程项目应急预案是指针对某一类型或某几种类型城市轨道交通建设工程质量安全事故而预先制定的工作方案。主要规定应急响应责任人、风险防范和监测、信息报告、预警响应、应急处置、人员疏散组织和路线、可调用或可请求援助的应急资源情况以及实施步骤等，体现自救互救、信息报告和先期处置特点。

（5）现场处置方案是指针对某一特定城市轨道交通建设工程事故现场处置工作而预先制定的方案。主要规定现场应急处置程序、技术措施及实施步骤。侧重于细化企业先期处置，明确并落实生产现场带班人员、班组长和调度人员直接处置权和指挥权；严格遵守安全规程，科学组织有效施救，确保救援人员安全，并强化救援现场管理。现场处置方案是工程项目应急预案的技术支持性文件。

（6）编制应急预案应当在开展风险评估、应急资源调查和能力评估的基础上进行。

（7）建设主管部门、建设单位、施工单位编制的应急预案应当相互衔接，并与所涉及的其他部门和单位应急预案相衔接。

（8）应急组织机构、应急救援队伍、应急装备物资储备清单、应急集结路线图等应急资源信息应当及时更新，确保信息准确有效。建设主管部门、建设单位、施工单位可根据实际需要建立应急资源管理信息系统，实现应急资源信息的及时更新与管理。

2. 预案基本框架

根据国家应急管理相关制度、办法，应急预案的基本内容包含如下方面。

（1）总则：说明编制预案的目的、工作原则、编制依据、适用范围等。

（2）组织指挥体系及职责：明确各组织机构的职责、权利和义务，以突发事故应急响应全过程为主线，明确事故发生、报警、响应、结束、善后处理处置等环节的主管部门与协作部门；以应急准备及保障机构为支线，明确各参与部门的职责。

（3）预警和预防机制：包括信息监测与报告、预警预防行动、预警支持系统、预警级别及发布。

（4）应急响应：包括分级响应程序（原则上按一般、较大、重大、特别重大四级启动相应预案），信息共享和处理，通信，指挥和协调，紧急处置，应急人员的安全防护，群众的安全防护，社会力量动员与参与，事故调查分析、检测与后果评估，新闻报道，应急结束等11个要素。

（5）后期处置：包括善后处置、社会救助、保险、事故调查报告和经验教训总结及改进建议。

（6）保障措施：包括通信与信息保障，应急支援与装备保障，技术储备与保障，宣传、培训和演习，监督检查等。

（7）附则：包括有关术语、定义，预案管理与更新，国际沟通与协作，奖励与责任，制定与解释部门，预案实施或生效时间等。

（8）附录：包括相关的应急预案、预案总体目录、分预案目录、各种规范化格式文本，以及相关机构和人员通讯录等。

5.1.2 预案评审和发布

（1）建设主管部门、建设单位、施工单位应当对各自编制的综合应急预案组织评审。工程项目应急预案和现场处置方案可视情况组织评审，评审人员应当包括城市轨道交通工程安全生产或应急管理方面的专家，以及预案涉及的其他部门和单位相关人员。

（2）评审的主要内容包括以下几个方面：

1）应急预案是否符合有关法律、行政法规等，是否与有关应急预案进行了衔接。

2）主体内容是否完备，组织体系是否科学合理，责任分工是否合理明确。

3）风险评估及防范措施是否具有针对性。

4）响应级别设计是否合理，应对措施是否具体简明、管用可行。

5）应急保障资源是否完备，应急保障措施是否可行。

（3）应急预案发布前，编制单位应当征求预案涉及的其他部门和单位意见。

（4）应急预案应经编制单位主要负责人或分管城市轨道交通工程质量安全的负责人审批。审批方式根据实际情况确定。

（5）应急预案发布后，编制单位应当将预案送达预案涉及的其他部门和单位。

5.1.3　预案备案

应急预案编制单位应当在综合应急预案印发后 20 个工作日内，向有关单位备案（提交应急预案文本、电子文档及评审意见）。

（1）建设主管部门综合应急预案报送本级人民政府和上一级行政主管部门备案。

（2）建设单位综合应急预案报送建设主管部门备案。

（3）施工单位综合应急预案报送工程所在地建设主管部门和建设单位备案。

5.1.4　演练和培训

（1）应急预案编制单位应当建立应急演练制度，根据实际情况采取实战演练、桌面推演等方式，组织开展联动性强、形式多样、节约高效的应急演练。

（2）建设主管部门、建设单位、施工单位应当制定应急预案演练计划，结合实际情况定期组织预案演练。建设主管部门每 3 年至少组织一次综合应急预案演练；建设单位、施工单位应当有针对性地经常组织开展应急演练，每年至少组织一次，视情况可加大演练频次。

（3）建设主管部门、建设单位、施工单位应当对应急预案演练进行评估，并针对演练过程中发现的问题，对应急预案提出修订意见。评估和修订意见应当有书面记录，并及时存档。

（4）建设单位、施工单位应当定期开展应急预案和相关知识的培训，至少每年组织一次，并留存培训记录。应急预案培训应覆盖预案所涉及的相关单位和人员。建设主管部门应当监督检查培训开展情况。

5.1.5　评估和修订

应急预案编制单位应当建立定期评估制度，分析评价预案内容的针对性、实用性和可操作性，实现应急预案的动态优化和科学规范管理；当前应急预案中出现应急指挥机构、主要负责人及其职责、工程建设规模、工程质量安全风险等发生较大变化的应当修订预案。

5.2 应急预案实例

根据《城市轨道交通工程安全质量管理暂行办法》《生产经营单位生产安全事故应急预案编制导则》等规定，编制的专项应急预案主要内容应包括事故类型和危害程度分析、应急处置基本原则、组织机构及职责、预防与预警、信息报告程序、应急处置、应急物资与装备保障等方面内容。基于上述基本要求，举例介绍如下。

章节 1：总则

（1）编制目的：加强轨道交通工程施工过程中对安全生产事故的防范，提高各有关部门应对突发事故的应急反应能力和处理能力，明确各相关部门的应急救援职责，一旦出现险情能迅速组织救援抢险工作，最大限度地减少险情造成的损失。

（2）编制依据：《中华人民共和国安全生产法》（中华人民共和国主席令第70号）、《中华人民共和国突发事件应对法》（中华人民共和国主席令第69号）、《建设工程安全生产管理条例》（国务院令第393号）、《生产安全事故报告和调查处理条例》（国务院令第493号）、《生产安全事故信息报告和处置办法》（国家安监总局令第21号）、《生产安全事故应急预案管理办法》（国家安全生产监督管理总局令第17号）、《生产经营单位安全生产事故应急预案编制导则》《国家处置城市地铁事故灾难应急预案》等。

（3）基本原则：根据《国家突发公共事件总体应急预案》规定，提出了六项工作原则，即：以人为本，减少危害；居安思危，预防为主；统一领导，分级负责；依法规范，加强管理；快速反应，协同应对；依靠科技，提高素质。

（4）适用范围：本预案适用于某市轨道交通某号线工程土建某标项目部车站基坑/盾构隧道发生安全生产事故时的应急救援工作。

章节 2：工程概况

1. 车站基坑工程概况

（1）工程简介：车站沿某路呈东西向设置，设计长度为 148m，宽 19.7m，为地下三层框架式结构，基坑开挖深度约 22.86～24.61m，围护结构采用 800mm 厚地下连续墙加内支撑围护方案。地下连续墙标准幅宽 6m，端头井及标准段第一道支撑均为混凝土支撑，其他为钢支撑，其中标准段共 3 道，端头井共 4 道。标准段钢支撑第 2、第 4 层为 $\phi609$，第 3 道为 $\phi800$；端头井第 4 层为 $\phi800$，其余层 $\phi609$，采用明挖顺筑法。

（2）工程地质及水文地质：车站开挖范围内地基土为填土、黏性土、砂土、基岩四类，各岩土分层及其特征，见表 5.2-1。

表 5.2-1　　　　　　　　　　　　××站地基土层划分表

地层编号	岩层名称	地 层 描 述
<1-2>	现代人工填积层	杂色，稍湿，松散，位于马路上的钻孔表层 30～50cm 为混凝土块，其下为人工素填土，主要由黏性土、砂组成，局部有较多块石等建筑垃圾。碾压程度中等，均一性较差。全部 29 个钻孔均有揭露。层顶高程 22.41～24.21m，层底高程 15.34～20.51m，层厚 3.2～8.1m，平均厚度 5.62m
<2-1>	粉质黏土	灰黄、褐黄色、灰褐色，软塑～可塑，切面较光滑，韧性中等，室内试验基本物性指标平均值为：液性指数 0.50，塑性指数 13.55。该层全场分布，共 24 个钻孔中有揭露。实测标贯击数 6～13 击/30cm，平均值为 8.9 击/30cm。层顶高程 11.18～20.51m，层底高程 9.98～17.32m，层厚 1.80～6.20m，平均厚度 4.24m
<2-2>	淤泥质粉质黏土	青灰色、灰褐色，流塑～可塑，有机质含量较高，有臭味，仅 MBZ2-YYL-046、MBZ2-YYL-047、MBZ2-YYL-049、MBZ2-YYL-050 四个钻孔有揭露。实测标贯击数 2～4 击/30cm，平均值为 3.0 击/30cm。层顶高程 13.28～17.09m，层底高程 10.68～16.39m，层厚 0.70～2.60m，平均厚度 1.77m
<2-3-1>	粉砂	灰、灰黄色、灰褐色，饱和，松散～稍密为主，偶夹中细砂。成分以石英、云母、长石为主，仅 MBZ3-HGZDD-008、MBZ3-HGZDD-025 两个钻孔揭露该层。层顶高程 10.58～15.06m，层底高程 1.15～13.39m，层厚 2.10～3.60m，平均厚度 2.85m
<2-3>	细砂	灰、灰黄色、灰褐色，饱和，松散～中密为主，偶夹细圆砾。成分以石英、云母、长石为主，砾石粒径<1cm，全场分布，共 25 个钻孔揭露该层。实测标贯锤击数 10～33 击/30cm，平均值为 18.59 击/30cm。层顶高程 11.60～18.01m，层底高程 6.21～13.28m，层厚 1.20～9.20m，平均厚度 5.21m
<2-4>	中砂	灰、灰黄色、灰褐色，饱和，稍密～中密为主。局部夹细砂或粗砂，偶夹细圆砾。成分以石英、云母、长石为主，砾石粒径小于 1cm 为主，全场分布，共 20 个钻孔揭露该层。实测标贯锤击数 12～47 击/30cm，平均值为 23.62 击/30cm。重型圆锥动力触探修正值 4.1～8.1 击/10cm，平均值 6.28 击/10cm。层顶高程 3.84～13.42m，层底高程 1.54～11.11m，层厚 1.6～8.4m，平均厚度 4.39m
<2-5>	粗砂	灰、灰黄、灰白色，饱和，中密为主。成分以石英、云母、长石为主。含少量砾石，砾石粒径以小于 1cm 为主。局部分布，共有 11 个钻孔揭露该层。实测标贯锤击数 18～48 击/30cm，平均值为 33.09 击/30cm。重型圆锥动力触探修正值 5.6～10.1 击/10cm，平均值 8.0 击/10cm。大部分钻孔有揭示，层顶高程 6.82～11.11m，层底高程 1.52～5.61m，层厚 0.9～8.9m，平均厚度 5.19m

续表

地层编号	岩层名称	地 层 描 述
<2-6>	砾砂	灰、灰白色，稍密~中密。成分以石英、云母、长石为主，含少量圆砾，粒径0.2~20mm，中细砂充填，偶夹薄层中粗砂透镜体。局部分布，共有10个钻孔揭露该层。重型圆锥动力触探修正值5.0~11.6击/10cm，平均值8.36击/10cm。层顶高程3.12~9.98m，层底高程2.12~7.98m，层厚为1.0~5.6m，平均厚度3.43m
<2-7>	圆砾	浅黄色、灰褐色、褐黄色，饱和，以中密~密实状为主，级配一般，砾石母岩成分以石英质岩、砂岩为主，粒径一般2~30mm含量约50%~70%，磨圆度好，呈浑圆~亚圆状，间隙由中、粗、砾砂充填，偶夹黏土薄层。重型圆锥动力触探修正值8.1~11.9击/10cm，平均值9.63击/10cm。仅MBZ2-CHL-02、MBZ2-CHL-04、MBZ2-CHL-06、MBZ3-HGZDD-022四个钻孔中有揭露。层顶高程3.70~6.88m，层底高程2.08~2.91m，层厚1.20~4.80m，平均厚度2.67m
<2-8>	卵石	灰色、灰褐色，饱和，中密~密实，卵石母岩成分以石英岩、砂岩为主，含量约50%~80%，粒径为2~5cm，磨圆度好，呈浑圆状，间隙充填中粗砂。本层仅在MBZ2-CHL-03号钻孔有揭露，层顶高程3.21m，层底高程3.61m，层厚0.4m
<5-1-1>	强风化泥质粉砂岩	紫红、暗红、褐红色，岩石风化强烈，节理裂隙极发育，岩芯呈半岩半土状、碎块状，遇水易软化、崩解，岩块手可掰断，局部夹有少量中风化碎块，岩体破碎、岩质软。岩体基本质量等级为Ⅴ类。本层在8个钻孔有揭露，层顶高程2.08~3.31m，层底高程-2.12~2.21m，层厚1.0~5.7m，平均厚度3.41m
<5-1-2>	中风化泥质粉砂岩	暗红、紫红色，粉砂质结构，层状构造，泥质胶结，节理裂隙发育，岩芯以柱状为主，少量碎块状，节长5~30cm，回次进尺$RQD=50\%~75\%$，采取率70%~95%，局部夹薄层状中风化钙质泥岩，岩质较软，锤击声闷，属软质岩。岩石风干易裂。岩体基本质量等级为Ⅳ类。本层仅在MBZ2-CHL-06钻孔中有揭露，层顶高程-2.12m，层底高程-5.12m，层厚3.0m
<5-2-1>	强风化砂砾岩	紫红、暗红、褐红色，岩石风化强烈，节理裂隙极发育，岩芯呈半岩半土状、碎块状，岩块手可掰断，局部夹有少量中风化碎块，岩体破碎、岩质软。岩体基本质量等级为Ⅴ类。全场均有分布，共22个钻孔中揭露该层。层顶高程-0.80~5.61m，层底高程-5.33~3.95m，层厚0.6~9.5m，平均厚度2.98m
<5-2-2>	中风化砂砾岩	暗红、紫红色，砂砾结构，中厚层状构造，泥质胶结，节理裂隙发育，室内试验各力学参数平均值为：单轴天然抗压强度为5.80MPa，单轴饱和抗压强度4.13MPa，软化系数0.25。岩芯以柱状、长柱状为主，少量呈短柱状、碎块状，节长5~70cm，回次进尺$RQD=75\%~90\%$，采取率80%~95%，锤击声闷，属软质岩。岩石风干易裂。岩体基本质量等级为Ⅳ类。该层在全部钻孔中均有揭露，揭露层顶高程-5.33~3.95m，层底高程-12.22~-2.99m，层厚3.00~12.10m，平均厚度6.72m

场地范围内地下水类型主要为孔隙性潜水、孔隙微承压水、红色碎屑岩类裂隙孔隙水三种类型。孔隙性潜水主要赋存于松散～中密状砂土以及稍密～中密的砾砂中。水位埋深 9.40～12.91m。地下水与××江水力联系密切，地下水水量丰富。孔隙承压水主要赋存于松散～中密状砂土以及稍密～中密的砾砂中，由于上覆土层存在淤泥质粉质黏土相对隔水层，该含水层水位高度高于相对隔水层底板，故具有一定的微承压性质。红色碎屑岩类裂隙孔隙水主要赋存于泥质粉砂岩、砂砾岩岩层的裂隙中，主要受上部孔隙水补给。富水性主要由裂隙孔发育程度，裂隙性质等条件影响。场地内泥质粉砂岩、砂砾岩裂隙发育一般，裂隙性质多呈闭合状，红色碎屑岩类裂隙孔隙水水量极为贫乏。

（3）周边环境：车站位于××市老城区，××路为东西向的交通干道，周边场地狭窄、建筑物密集，且建筑年代久远，各类管线密布，为施工带来了较大困难。××站受影响建筑物见表 5.2－2，××站受影响管线见表 5.2－3。

表 5.2－2　　　　　　　××站受影响建筑物一览表

序号	建筑物名称	建筑物概况	建筑物与车站关系	基础类型	基底土质类型	鉴定等级
1	××商厦	混凝土 9	距围护结构 4.0m	桩基	圆砾层	B
2	××市电子器材公司	混凝土 9	距围护结构 7.6m	桩基	圆砾层	B
3	××商厦	砖 4	距围护结构 6.0m	条形基础	杂填土层	C
4	××大厦	混 8	距围护结构 6.0m	桩基	圆砾层	A
5	房屋改造开发公司	混凝土 12	距围护结构 5.4m	桩基	圆砾层	A

表 5.2－3　　　　　　　××站受影响管线一览表

序号	管线类别	规格型号	埋深	与基坑位置关系
1	给水	DN1600	1.2m	距基坑最近 3m
2	军用光缆	1 孔/0.77	1.8m	距基坑最近 1.9m
3	强电	12 孔/1.4	1.1m	距基坑最近 2.5m
4	弱电	18 孔/1.4	0.8m	距基坑最近 1.9m
5	污水	DN1500	2.8m	距基坑最近 5m

2. 盾构隧道工程概况

（1）工程简介：区间采用泥水平衡盾构施工，隧道出××站，沿东西方向下穿××江，到达××站，区间总长 1889.518m，过江河床的长度为 1245m，隧道整体剖面上呈中部低，两侧高的倒人字形坡，最小平面曲线半径 360m，最大纵坡为 28‰。

（2）工程地质及水文地质：区间掘进范围内土层分为素填土、淤泥、细砂、粗砂、砾砂、圆砾、卵石、泥质粉砂岩，各岩土分层及其特征见表 5.2－4。

表 5.2－4　　　　　　　　　　　　　　××区间土层划分表

地层编号	岩层名称	地　层　描　述
<2-3-1>	粉砂	黄褐色、灰褐色，饱和，稍密～中密，成分为石英、长石，黏粒含量较高，含少量粗颗粒，有 7 个钻孔揭露。实测标贯锤击数 14～34 击/30cm，平均值为 21.28 击/30cm。层顶高程 15.28～16.66m，层底高程 7.16～11.88m，层厚 3.40～8.30m，平均厚度 5.20m
<2-3>	细砂	黄褐色、灰褐色，饱和，稍密～密实，成分为石英、长石，黏粒含量较高，含少量砾石，场地内有 15 个钻孔有揭示。实测标贯锤击数 10～38 击/30cm，平均值为 22.50 击/30cm。层顶高程 11.56～17.32m，层底高程 4.17～13.27m，层厚 2.20～9.90m，平均厚度 5.45m
<2-4>	中砂	青灰、灰黄色、灰褐色，饱和，稍密～中密，局部夹细砂或粗砂。成分以石英、云母、长石为主，含少量砾石和黏性土，砾石粒径小于 1cm 为主，场地大部分钻孔有揭示。实测标贯锤击数 6～37 击/30cm，平均值为 17.22 击/30cm。重型圆锥动力触探修正值 5.1～8.0 击/10cm，平均值 6.56 击/10cm。层顶高程 7.97～17.63m，层底高程 1.48～10.64m，层厚 2.10～13.60m，平均厚度 8.58m
<2-5>	粗砂	灰、灰黄、灰白色，饱和，中密。成分以石英、云母、长石为主，含少量砾石和黏性土，场地内 14 个钻孔有揭示。实测标贯锤击数 18～47 击/30cm，平均值为 34.96 击/30cm。重型圆锥动力触探修正值 5.6～10.1 击/10cm，平均值 8.00 击/10cm。层顶高程 6.46～13.27m，层底高程 2.32～10.17m，层厚 2.50～7.50m，平均厚度 4.21m
<2-6>	砾砂	灰、灰白色，稍密～中密。成分以石英、云母、长石为主，含少量圆砾，粒径 0.2～20mm，黏性土充填，偶夹薄层中粗砂透镜体，场地内有 7 个钻孔揭示。重型圆锥动力触探修正值 4.2～15.0 击/10cm，平均值 10.05 击/10cm。层顶高程 4.66～10.64m，层底高程 1.18～7.98m，层厚 1.80～8.60m，平均厚度 4.71m
<2-7>	圆砾	灰褐色、褐黄色，饱和，稍密～中密为主，级配一般，砾石母岩成分以石英质岩、砂岩为主，粒径一般 2～30mm 含量约 50%～70%，磨圆度好，呈浑圆～亚圆状，间隙由中、粗、砾砂充填，偶夹黏土薄层，仅 MBZ2-CHL-04、MBZ2-yycf-02 有揭示。重型圆锥动力触探修正值 6.0～11.5 击/10cm，平均值 8.56 击/10cm。层顶高程 5.88～8.07m，层底高程 2.88～6.37m，层厚 1.70～3.00m，平均厚度 2.35m
<5-2-1>	强风化砂砾岩	紫红、暗红、褐红色，岩石风化强烈，节理裂隙极发育，岩芯呈半岩半土状、碎块状，岩块手可掰断，局部夹有少量中风化碎块，岩体破碎、岩质软。岩体基本质量等级为 V 类。全场分布，层顶高程 −2.76～5.25m，层底高程 −5.21～3.55m，层厚 1.10～7.30m，平均厚度 3.03m

续表

地层编号	岩层名称	地 层 描 述
<5-1-2>	中风化泥质粉砂岩	紫红、暗红、褐红色，岩石风化强烈，节理裂隙极发育，岩芯呈柱状、短柱状，遇水易软化、崩解，局部夹有少量中风化碎块，岩体破碎、岩质软。岩体基本质量等级为 V 类。仅 MBZ2-yycf-06 有揭示，层顶高程-5.71m，层底高程-8.05m，层厚2.34m
<5-2-2>	中风化砂砾岩	暗红、紫红色，砂砾结构，中厚层状构造，泥质胶结，节理裂隙发育，岩芯以柱状、长柱状为主，少量呈短柱状、碎块状，节长5~70cm，回次进尺 $RQD=75\%~90\%$，采取率80%~95%，锤击声闷，属软质岩。岩石风干易裂。岩体基本质量等级为Ⅳ类，软化系数0.18~0.34，天然单轴抗压强度7.2MPa。全场分布，钻探深度内未揭露完全，层顶高程-5.21~4.62m

地表水主要为××江水源。场地浅层地下水属上层滞水、孔隙性潜水、微承压水，主要赋存于表层填土及砂土、砾砂、圆砾中；深部基岩裂隙水，主要分布于泥质粉砂岩、砂砾岩内；孔隙潜水主要赋存于表层填土以及砂砾石层中；孔隙微承压水主要赋存于砂砾石层中；基岩裂隙水主要赋存于场地泥质粉砂岩、砂砾岩岩层的裂隙中，主要受上部孔隙水或微承压水的补给。

（3）周边环境：区间隧道于 CK11+120 处左右下穿××江西驳岸，岸边有防汛墙和围护桩。于 CK12+670 处左右下穿××江东驳岸，卵石桩基础；CK12+680 处临近新洲电排站排洪箱涵（整板基础）；CK12+800 左右临近××市水电局宿舍。××站受影响建筑物见表 5.2-5

表 5.2-5 　　　　　　　　××站受影响建筑物一览表

序号	建（构）筑物名称	基础类型	建筑物与隧道关系	备注
1	防汛墙	桩径 ϕ750mm，长 6m	桩底离隧道约 6.28m	非住宅
2	新洲电排站排洪箱涵	整板基础	距离左线的距离为 11m，隧道埋深 15m 左右	非住宅
3	××水电局宿舍	预制方桩，桩长为 15m	平面距隧道最近净距约 2.22m，隧道埋深 17.2m	非住宅

章节 3：组织机构及职责

（1）现场项目部建立应急领导小组（图 5.2-1），全面负责项目部应急救援体系运作及其日常应急管理工作。

（2）当事故发生后，项目部应急领导小组迅速赶往事故现场，成立事故应急抢险指挥机构，由应急领导小组组长任总指挥。

1）项目经理是应急救援领导小组的第一责任人，担任组长（总指挥），其主要职责如下。

（a）贯彻执行国家有关法规、方针、政策，执行政府应急指挥部的调度指

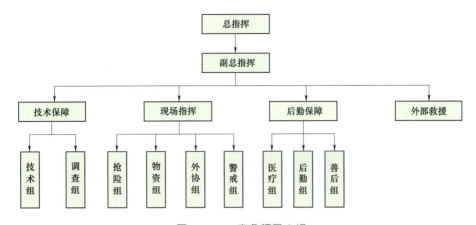

图 5.2-1　应急领导小组

令、预案和抢险方案，全面负责、统一领导指挥项目部抢险救援工作，安排落实应急资源，宣布启动或者结束应急预案。

（b）负责事故应急救援预案的审批。

（c）组织建立应急救援队伍。

（d）领导督促应急小组成员做好事故预防措施和应急救援的各项准备工作。

（e）负责应急资源的调配，组织指挥救援队伍实施救援行动。

（f）向上级汇报和向友邻单位通报事故情况，必要时向业主、政府及有关单位发出救援请求。

（g）组织恢复施工、组织或参与事故调查，总结应急演练和抢险救援经验教训。

2）副总指挥协助组长开展应急救援工作，具体职责如下。

（a）负责应急救援日常领导和抢险救援，以及警戒组、外协组的日常管理和指导工作，组长不在时行使组长职责；与地方相关部门取得联系，落实区域事故应急体系制度；制定和落实抢险组的责任制度；制定应急预案和演练计划并组织演练和修订；经常检查应急资源配置情况。

（b）负责相关法律、法规和员工事故应急意识方面的宣传教育；开展员工的思想动员和事故后的思想教育工作；必要时，组织党员、团员突击队参与救援抢险；负责领导医疗组、后勤组、善后组开展工作；负责内部治安和公共事件的调查处理。

（c）负责落实风险点、风险时机、风险预警值和警戒值、风险点影响范围、风险预防对策和措施；负责技术组、抢险组的日常管理、指导工作；对工程抢险、救援提供的技术方案和措施负总责。

（d）负责物资组的日常管理、指导工作。

3）其余各应急救援小组具体职责如下。

（a）技术组协助总工程师编制工程事故应急救援措施、应急处理技术方案和工程事故抢险的现场技术指导等工作；提供现场测量、监测数据，发现和分析地层的变化数值及趋势，反馈技术方面的信息；指导抢险抢修组实施应急方案和措施；绘制事故现场平面图，标明重点部位，向外部救援机构提供准确的抢险救援信息资料；对事故现场实施围护后拍照、摄像、取证。

（b）抢险组开展工程事故应急抢险技术措施、方案的教育培训和相关事故案例的教育；实施抢险方案，尽一切可能抢救伤员及被困人员，防止事故进一步扩大；寻找受害者并转移至安全地带；在事故有可能扩大的情况下进行抢险抢修或救援时，高度注意避免意外伤害；保护事故现场，及时向总指挥、副总指挥报告抢险进展情况；协助外部救援单位的抢险行动。

（c）医疗组负责组织医疗自救，对伤员进行现场分类和急救处理，及时拨打120急救电话；对现场救援人员进行医院监护，保证救治药品和救护器材的供应；保持同医院的联系，落实伤员的转院保护工作。

（d）对外协调组负责根据总指挥的指令，立即同外部救援单位进行联系，说明详细的事故地点、事故情况，并派人到路口接应。

（e）警戒组负责事故现场的警戒、治安、保卫，参与人员疏散工作；阻止非抢险救援人员进入现场；负责现场车辆疏通，维持秩序，维持应急救援工作的秩序，保护抢险人员的人身安全，为应急救援提供安全保障；保持与公安、消防等部门和相关单位应急部门的联系；收集有关事故信息向总指挥、副总指挥报告并通知到相关单位。

（f）物资保障组负责将应急物资落实到位，及时补足演练或事故抢险后的相应物资；组织机械设备的维修及现场清理，尽快恢复机械设备的正常运转。

（g）后勤保障组负责救援物资的供应和运输工作；解决全体参加抢险救援工作人员的食宿问题；负责事故处理措施相关计划资金的落实，并收集、核算、计划、控制成本费用，降低资源消耗，对救援活动提供资金保障；编制处理事故的所需物资及费用报表，并对物资采购进行监督管理。

（h）善后组组织协调现场抢救及善后工作；负责做好对伤亡人员家属的安抚工作，协调落实抚恤金和受伤人员住院费问题。

（i）调查组负责对事故现场的保护和图纸的测绘，收集各种现场证据供事故分析使用，查明事故原因；确定事件的性质，如确定为事故，提出对事故责任人的处理意见，通过调查形成调查报告。

章节 4：风险类别及分析

1. 车站基坑工程

车站地处老城区，建筑物及管线众多，周边环境复杂，且基坑开挖深度较大，作业期正值雨季，其中因围护结构深入岩层，地连墙接缝及砂层与岩层交界面存在薄弱区域，施工期间可能出现围护结构变形过大、涌水、涌砂、建筑物倾斜、管线破坏等，具体如表 5.2－6 所示。

表 5.2－6   车站基坑工程风险类别及分析

序号	风险发生位置	现 象	类 别	危 害
1	围护结构	涌水、涌砂	明挖法施工风险	坑外地下水位高，土层透水性好，地下连续墙幅与幅接缝处为薄弱区域，特别是在岩层与砂层交界面处，围护结构出现涌水涌砂、变形过大，甚至坍塌
2	建筑物	建筑物倾斜	周边环境风险	因围护结构变形、出现涌水涌砂危及邻近建筑物，出现开裂、倾斜破坏
3	管线	管线破损	周边环境风险	管线破坏，地表出现空洞、断电等

2. 盾构隧道工程

区间过江隧道穿越以泥质粉砂岩为主，隧道上部地层为圆砾、中粗砂，其透水性强，与××江水有密切的水力联系通道。隧道采用气压式泥水平衡盾构机施工，在过江隧道施工中可能发生漏水、漏浆甚至透水事故，以及盾构机主轴承及密封失效、地质塌陷、火灾断电等，具体如表 5.2－7 所示。

表 5.2－7   盾构隧道工程风险类别及分析

序号	风险发生位置	现 象	类 别	危 害 分 析
1	盾构隧道	隧洞漏水、漏浆、甚至透水	盾构法施工风险	下穿江底段，地层绝大部分为砂层，含水丰富，地层渗透性强，地层稳定性差，且部分区域为浅覆土，在高水压作用下，易发生涌水涌砂，致使地层冒顶，并和江水联通。导致盾构机设备受淹，甚至引发隧洞被淹事故
2	盾构机	供用电设备的断电、漏电	其他施工风险	洞内施工人员、设备安全受到威胁
3	建筑物	建筑物倾斜	周边环境风险	盾构下穿过程中，施工扰动较大，建筑物出现倾斜

章节 5：预防及控制

1. 车站基坑工程

（1）在地连墙接缝区域呈品子型设置旋喷桩止水。

（2）围护结构涌水涌砂预防措施。

1）基坑开挖前，进行降水实验，达到预计降水目标后方可开挖。

2）基坑开挖过程中及时跟进支撑体系，减少无支撑暴露时间。

3）开挖过程中观察围护结构渗漏水情况，特别是在岩层与砂层交界面区域渗漏情况。

4）加强监控量测，及时反馈，做到信息化施工。

（3）建筑物倾斜预防控制措施。

1）通过联合设计单位、建设单位、勘察单位、邀请专家等各方多次论证，制定专项施工方案，加大支撑的直径与密度，将 3m 一道的支撑调整为 2m，直径由 609mm 增加至 800mm，并增加钢围檩（钢垫箱）。

2）在确保安全的前提下，缩短开挖台阶，缩短整个放坡的长度，减少基坑无支撑暴露的面积。

3）采取专项的监测方案，加大监测频率，增设沉降观测点，每日对监测数据分析。

4）增加了班组及班组作业人员，确保主体结构施工速度，24 小时不间断作业，减少基坑暴露时间。

5）调整作业顺序，严格控制作业时间，保证工序的紧密衔接。

6）对建筑物进行加固，并围绕建筑物预埋袖阀管。

（4）管线破坏预防控制措施（略）。

2. 盾构隧道工程

（1）盾构穿过江底砂层地段及浅覆土时发生冒顶通联预防措施。

1）为了保证盾构安全掘进，在江底设立试验段推进，采集优化各类设施参数，做好防漏、防冒、防沉、防堵、防浮等防范措施，加强江底段江底地形沉降监测。

2）补充地质钻探和回声测深，准确查清江底段地质条件和覆土厚度，保障盾构掘进时参数的选取。

3）确保密封仓内压力平衡，设定切口压力大于自然水土压力 15kPa 以上，采用气垫调节仓加强对泥水压力的控制，保证切口压力的波动为 ±5kPa，避免压力忽高忽低，减少对土体的扰动。严格控制掘削干砂量，保证切削面稳定和地表沉降在允许范围内；严格控制盾构姿态，防止盾构磕头现象。

4）加强维护保养，使盾构机保持良好状态，过江底段保持连续快速通过。

5）选用单液注浆材料，控制初凝时间，必要时启动两套注浆系统，掘进时同时进行盾尾同步背填注浆和管片补充注浆，保证注浆充盈系数大于 1.80。

6）采用优质泥浆掘进，比重控制在 1.20～1.25，黏度大于 26s。保证泥浆具备良好的泥膜形成能力。

7）若掘削干砂量参数过大，说明隧洞开挖面有坍塌，必要时可采用反循环模式推进，以控制出土量，保持开挖面的稳定。

（2）供用电设备的断电、漏电预防控制措施。

（3）下穿建筑物期间沉降过大、倾斜破坏预防控制措施。

章节 6：预警及信息报告

1. 风险监控

明确本单位对危险源监测监控的方式、方法，如盾构法施工。

（1）落实 24 小时值班制度、例会制度和教育培训、交底制度。

（2）加强施工监测，实施动态信息化施工管理。

（3）正确确定注浆量和注浆压力，及时同步地进行注浆。

（4）严格控制平衡压力及推进速度，避免波动范围过大。

（5）施工时采取土体改良，确保土体和易性和流动性等，保持进出土顺畅。

（6）加强通风，每天检测，确保空气质量等。

2. 信息报告

信息报告的及时性和准确性对防止和减少生产安全事故具有十分重要的意义，因此在发生重大安全事故发生后要立即上报，在应急处置过程中及时续报有关情况，如：一旦突发事故或事件，事故单位现场负责人必须在第一时间向建设方现场业主代表报告；如遇重大事故直接向轨道公司相关主管部门报告，后按程序逐级报告。同时按照《企业职工伤亡事故报告和处理规定》（国务院令第75号）、《安全生产事故报告和调查处理条例》（国务院令第493号）逐级上报。

3. 预警响应

项目部各部门、作业班组及人员获得预警信息后，对信息应认真加以分析，按照早发现、早报告、早处理的原则，缜密加以应对。质安部作为行为安全责任部门，工程技术部作为结构安全责任部门，材料设备部作为机械设备、临时用电安全责任部门，要做好日常检查工作，发现安全隐患，必须坚决予以整改，对较大安全隐患，必须及时向项目部主管领导汇报。项目部主管领导获得预警信息后，应立即研究部署应对措施，按照应急预案程序和会议决定，通知各相关方面，做好预防和应急的各项准备工作。

章节 7：应急处置

1. 响应分级

针对事故危害程度、影响范围和单位控制事态的能力，将事故分为不同的等级。按照分级负责的原则，明确应急响应级别。

2. 响应程序

根据事故的大小和发展态势，明确应急指挥、应急行动、资源调配、应急避险、扩大应急等响应程序。

3. 处置措施

针对本单位事故类别和可能发生的事故特点、危险性，制定的应急处置措施（如：围护结构涌水涌砂、建筑物倾斜、管线破坏等事故应急处置措施）。

章节 8：应急物资与装备保障

明确应急处置所需物质与装备的数量、管理和维护、正确使用等。

 参考文献

［1］　中华人民共和国交通运输部．交通运输"十二五"发展规划［R］，2011．

［2］　钱七虎，戎晓力．中国地下工程安全风险管理的现状、问题及相关建议［J］．岩石力学与工程学报，2008，27（4）：649－655．

［3］　罗富荣．北京地铁工程建设安全风险控制体系及监控系统研究［D］．北京：北京交通大学，2011．

［4］　张雁，黄宏伟，胡群芳．《城市轨道交通地下工程建设风险管理规范》（GB 50652—2011）编制介绍［J］．施工技术，2012，41（1）：99－106．

［5］　王薇，黄叙，李军，等．地下工程安全风险管理技术标准体系研究［J］．铁道科学与工程学报，2012，9（4）：53－57．

［6］　张辉．风险管理标准现状及我国工程风险管理标准化发展趋势［J］．三峡大学学报：自然科学版，2014，36（4）：77－82．

［7］　孙长军，任雪峰，张顶立．北京市轨道交通建设安全风险管控［J］．都市快轨交通，2015（3）：49－53．

［8］　温玉君．风险管理在上海城市轨道交通建设中的应用［J］．城市轨道交通研究，2010，13（6）：18－19．

［9］　杨树才．城市轨道交通工程建设安全风险管理体系研究［J］．现代隧道技术，2014，51（001）：1－7．

［10］　李翔宇，林平，黄毅，等．宁波市轨道交通工程施工风险管理的探索与实践［J］．城市轨道交通研究，2010年增刊．

［11］　陈文华，张文成，戴民，等．轨道交通工程安全风险管理与远程监控系统设计与开发［J］．科技通报，2012，28（9）：151－154．

［12］　王荔平．天津市轨道交通工程风险管理研究［D］．山东：山东大学，2012．

［13］　刘光武．广州地铁工程建设安全风险管理信息系统研究与应用［J］．铁路计算机应用，2012，21（5）：29－33．

［14］　刘光武．标准化城市轨道交通工程安全风险管理体系的建设［J］．铁路计算机应用，2012，21（5）：6－10．

［15］　曾胜英．地铁土建工程风险管理研究：硕士论文［D］．福建：东南大学，2009．

［16］　丁烈云，吴贤国，骆汉宾，等．地铁工程施工安全评价标准研究［J］．土木工程学报，2011，44（11）：121－127．

［17］　刘国斌，王卫东．基坑工程手册［M］．第2版．北京：中国建筑出版社，2009．

［18］　宁资利．伍拥军突发公共事件应急管理［M］．长沙：湖南科技出版社，2007．

［19］　高小平．建设中国特色的应急管理体系［J］．中国应急管理，2009（4）．

［20］　Remenyi D, Heafield. A Business process reengineer: Some Aspects of How to Evaluate and Manage the Risk Exposure［J］. International Journal of Project Management, 1996, 14（6）: 349－357.

[21] Einstein H H，Vick S G. Geological model for tunnel cost model［J］. Proceedings of the 2nd Rapid Excavation and Tunneling Conference，2nd，1974：1701－1720.

[22] Einstein H H. Risk and Risk Analysis in Rock Engineering［J］. Tunnelling and Underground Space Technology，1996，11（2）：141－155.

[23] 范益群. 地下工程深基坑施工过程安全性分析若干理论问题研究及其工程应用［D］. 大连：大连理工大学. 1998.

[24] 黄展军. 南昌地区盾构施工引起的地表沉降分析［J］. 地下工程与隧道，2015，1：008.

[25] 黄展军. 某地区富水砂性地层深基坑变形特性分析［J］. 施工技术，2013（20）：99－102.

[26] 黄展军. 南昌地铁富水砂层基坑围护结构渗漏原因分析及处理措施［J］. 城市建设理论研究，2014（25）.

[27] 张凤详，傅德明，杨国祥. 盾构隧道施工手册［J］. 2005.

[28] 陈龙. 城市软土盾构隧道施工期风险分析与评估研究［D］. 上海：同济大学，2004.7.

[29] 仲景冰，李惠强，吴静. 工程失败的路径及风险源因素的FTA分析方法［J］. 华中科技大学学报（城市科学版），2003，20（1）：14－17.

[30] 毛金萍，钟建驰，徐伟. 深基坑支护结构方案的风险分析［J］. 建筑施工，2003，25（4）：249－252.

[31] 洪海春，徐卫亚，叶明亮. 基于模糊综合评判的边坡稳定性分析［J］. 河海大学学报（自然科学版），2005，33（5）：557－562.

[32] 马一太，曾宪阳，刘万福. 地铁火灾危险性的模糊综合评判［J］. 铁道学报，2006，28（3）：106－110.

[33] 陈神龙，陈龙珠，宋春雨. 基于模糊综合评判法的地铁车站施工风险评估［J］. 地铁空间与工程学报，2006，2（1）：32－41.

[34] 马楠，张立宁. 基于粗糙集粒子群神经网络的建设项目安全预测研究［J］. 中国安全科学学报，2007，17（4）：36－42.

[35] 宋译，肖国清，何利文. 基于人工神经网络理论的建筑物火灾安全评价研究［J］. 中国安全科学学报，2008，18（4）：61－65.

[36] 苏为华. 多指标综合评价理论与方法问题研究［D］. 厦门：厦门大学，2000.

[37] 中国土木工程学会，同济大学. 地铁及地下工程建设风险管理指南［M］. 北京：中国建筑工业出版社，2007.

[38] 毛儒. 隧道工程风险评估［J］. 隧道建设，2003，23（02）：1－3.

[39] 李惠强，吴静. 深基坑支护结构安全预警系统研究［J］. 华中科技大学学报，2002，19（01）：61－64.

[40] 王烨晟，张文成，陈文华. 轨道交通风险评估WBS工程结构分解准则研究［J］. 现代隧道技术，2013，V50（3）：40－50.

[41] 江萍，成虎. 施工项目结构分解（WBS）方法及准则研究［J］. 东南大学学报（自然科学版），2000，30（4）：105－108.

[42] 周洁静，宋永发. 基于WBS－RBS结构的地铁施工风险研究［J］. 价值工程，2009，11：76－80.

[43] 陈文华，王烨晟. 基坑支护止水体系缺陷引发土体渗透破坏的判断方法［P］. 国家发明专利（专利号：ZL 2015 2 0870091.4）.